HISTOIRE

DE

L'ÉGLISE CHRÉTIENNE.

DE L'IMPRIMERIE DE CRAPELET,
RUE DE VAUGIRARD, N° 9.

HISTOIRE

DE

l'Eglise chrétienne,

JUSQU'AU MILIEU DU XVIᵉ SIÈCLE,

CONTENANT

DES NOTICES BIOGRAPHIQUES

ET

DES EXTRAITS DES AUTEURS CHRÉTIENS;

Par J. Milner, A. M.

TRADUITE DE L'ANGLAIS
SUR UNE NOUVELLE ÉDITION REVUE ET IMPRIMÉE A LONDRES.

TOME TROISIÈME.

PARIS,

CHEZ J.-J. RISLER, LIBRAIRE,
RUE BASSE-DU-REMPART, Nº 62.

MDCCCXXXIX.

HISTOIRE
DE L'ÉGLISE DE CHRIST
AVANT LA RÉFORMATION,

CONTENANT

DES NOTICES BIOGRAPHIQUES ET DES EXTRAITS DES AUTEURS CHRÉTIENS DES PREMIERS SIÈCLES ET DU MOYEN AGE.

SIXIÈME SIÈCLE.

CHAPITRE PREMIER.

VIE DE FULGENCE ET SITUATION DES ÉGLISES D'AFRIQUE A L'ÉPOQUE OÙ IL VIVAIT.

Dans l'année 495, un nouvel orage menaça les églises d'Afrique. Alors commença le règne de Thrasamond, arien aussi décidé qu'Hunneric, mais plus prudent et moins cruel, et qui employa tour à tour la douceur et la sévérité pour venir à bout de les soumettre. D'un côté il essaya de gagner les orthodoxes par des motifs d'intérêt, de l'autre il interdit l'ordination des évêques dans les églises vacantes [1]. Eugène, dont la fidélité avait été si cruellement éprouvée durant la persécution précédente, avait été appelé à s'endormir en Jésus

---

[1] *Voyez* Fleury, liv. xxx, vol. 3.

avant le commencement de celle-ci. Les évêques d'Afrique prouvèrent cependant que la grâce divine ne les avait pas abandonnés. Ils résolurent unanimement de désobéir à un ordre qui menaçait d'éteindre l'orthodoxie. Ils consacrèrent des évêques, et remplirent les siéges vacans; et bien qu'ils prévirent qu'ils s'attireraient le ressentiment de Thrasamond, ils pensèrent que leur devoir était de prendre soin de leurs troupeaux plutôt que de se soumettre aux défenses injustes du roi. Thrasamond, furieux, se détermina à les bannir tous.

Vers cette époque, Fulgence fut élu évêque de Ruspe. Nous trouvons en lui une autre preuve du réveil religieux dont Augustin avait été l'instrument. La vie de Fulgence a été écrite par un de ses disciples, et a été dédiée à Félicien, successeur de Fulgence. Ces Mémoires, et ses propres ouvrages, nous présentent le tableau de la puissance de la grâce divine luttant victorieusement contre tous les désavantages de la superstition monastique, et de la puérile ignorance d'un siècle barbare.

Fulgence descendait d'une famille noble de Carthage, où son père était sénateur. Son grand-père Gordien, fuyant les armes d'Hunneric, s'était retiré en Italie. Après sa mort, deux de ses fils revinrent en Afrique, et s'établirent sous le gouvernement des Vandales; ils trouvèrent leurs biens entre les mains du clergé arien, mais l'autorité royale leur en fit rendre une portion, et ils se retirèrent à Constantinople.

Ce fut dans ce pays et dans la ville de Lepté que naquit Fulgence, de Claudius, un de ces deux frères, et de Marriana, dame chrétienne, qui devint veuve peu de temps après. Elle donna à son fils une éducation très libérale, et son esprit fut nourri de la littérature grecque et romaine.

Lorsqu'il devint sérieux et pieux, il pencha vers la vie monastique, et s'y prépara peu à peu par diverses austérités. Il fut reçu dans le monastère de Fauste, évêque que la persécution arienne avait banni de son diocèse, et qui avait établi un couvent tout près de là : Fulgence était tellement animé de l'esprit de ces temps-là, qu'il refusa d'abord de voir jusqu'à sa propre mère, bien qu'il lui ait témoigné plus tard beaucoup de respect et d'amour filial. Le renouvellement de la persécution arienne l'exposa à de cruelles souffrances corporelles ; il fut tellement battu avec des bâtons, qu'il avoua ensuite qu'incapable d'endurer la douleur plus long-temps, il avait cherché à obtenir un peu de répit à ses souffrances, en disant à ses bourreaux qu'il avait quelque chose à déclarer.

Sa constitution était faible et délicate, et la tendresse avec laquelle il avait été élevé le rendait encore moins capable de supporter de semblables traitemens; il paraît cependant qu'il avait de la sérénité et de l'énergie, et qu'il servit son Sauveur, selon l'Évangile, en toute humilité et en toute sincérité, bien qu'avec un mélange de la superstition du temps. L'évêque arien de Carthage, qui avait connu Fulgence et qui estimait son caractère, désapprouva hautement la manière dont l'avait traité un prêtre arien de son diocèse, et dit au jeune homme que s'il voulait présenter sa plainte en forme, il tirerait vengeance du mal qu'on lui avait fait. Bien des gens l'engageaient à suivre ce conseil; mais Fulgence répondit : « Il n'est pas permis à un chrétien de « chercher à se venger ; le Seigneur sait comment « il veut défendre ses serviteurs. Si le prêtre était « puni à cause de moi, je perdrais la récompense « de ma patience auprès de Dieu, d'autant plus que

« ce serait une occasion de scandale pour les faibles
« que de voir un arien puni à cause d'un moine. »
Il se retira alors dans l'intérieur de l'Afrique ;
quelque temps après, il s'embarqua pour Syracuse, et visita ensuite Rome, où il vit le roi
Théodoric au milieu d'une assemblée magnifique.
Fulgence dit alors aux frères qui l'accompagnaient : « Si les hommes qui ne cherchent que la
« vanité parviennent dans cette vie à une telle
« splendeur, que sera la gloire des saints qui cher-
« chent un véritable honneur dans la nouvelle Jé-
« rusalem ? »

Ruspe, en Afrique, fut la ville dont il fut enfin,
bien malgré lui, élu évêque ; mais dans cette position élevée, il ne changea rien à l'austérité de sa
vie, et par suite de la persécution arienne il fut
banni en Sardaigne avec d'autres témoins fidèles
de la vérité. Plus de soixante évêques furent exilés
en même temps que lui ; Thrasamond en envoya plus
tard un plus grand nombre, et ils s'y trouvèrent
enfin au nombre de deux cent vingt. Ce prince ne
négligeait aucun moyen pour triompher de la constance des orthodoxes, et se plaisait à les embarrasser par des questions captieuses. Il fit revenir
Fulgence à Carthage, et la promptitude de l'évêque
à répondre à ses questions, et son talent pour la
discussion, excitèrent l'admiration du roi ; mais
d'après les conseils de son clergé, qui voyait un
danger dans la présence de Fulgence à Carthage,
il le renvoya en Sardaigne.

Hilderic succéda à Thrasamond l'an 523 ; et comme
il se montra favorable aux orthodoxes, la persécution cessa entièrement, et Ruspe vit revenir son évêque. Il vécut au milieu de son troupeau depuis cette
époque jusqu'à celle de sa mort, et fut un modèle
de piété, d'humilité et de charité ; il souffrit de
violentes douleurs pendant près de soixante-dix

jours dans sa dernière maladie. « Seigneur, donne-moi la patience ici-bas et le repos ensuite, » telle était sa constante prière ; et il mourut enfin, comme il avait vécu, dans la pratique de toutes les vertus chrétiennes[1]. On éprouve une sorte de confusion, en présentant un tableau si froid de la vie d'un homme qui fut sans doute un excellent chrétien ; mais telle est la pauvreté des matériaux qui sont entre nos mains ; la vie de Fulgence aurait sûrement été écrite d'une autre manière dans un siècle où la science et le génie eussent été plus en honneur.

Nous trouvons le passage suivant dans son Traité à Morin sur la prédestination : « Le maître spiri-
« tuel de qui nous avons reçu la doctrine céleste,
« non seulement découvre à ceux qui cherchent la
« vérité les secrets de ses paroles, mais il leur in-
« spire la grâce de chercher la vérité. Nous ne pou-
« vons pas seulement par nous-mêmes avoir faim
« du pain qui descend du ciel, à moins que cet
« appétit ne soit donné à ceux qui ne s'en souciaient
« nullement auparavant par celui qui daigne aussi
« se donner lui-même pour rassasier ceux qui ont
« faim ; c'est lui qui nous donne cette soif qui nous
« fait courir à la source jaillissante, et qui se donne
« lui-même à nous pour nous désaltérer. » Il s'exprime avec une grande énergie sur la doctrine de l'inspiration divine, et dit que la vérité parle un langage d'autant plus doux qu'il est plus secret. « Je prie, ajoute-t-il, pour que celui de qui j'ai
« reçu le peu que je sais m'enseigne beaucoup plus
« de choses encore que je ne sais pas ; je demande
« à être instruit par sa grâce, qui nous prévient et
« qui nous soutient. » Il prouve que les sentimens d'Augustin étaient devenus les siens, en discutant

[1] A. D. 533.

des points extrêmement difficiles avec une habileté et une modestie qui rappellent cet auteur, et surtout en indiquant l'orgueil comme la source de tous les péchés [1].

Rien n'est plus facile que de soulever des difficultés par rapport à la prédestination. Fulgence remarque [2] « que quelques auteurs français avaient objecté à Augustin qu'il avait représenté les hommes comme prédestinés non seulement au jugement, mais aussi au péché. Le pieux et savant Prosper avait défendu l'évêque africain, que la mort avait empêché de se défendre lui-même. Prosper avait dit que l'incrédulité des hommes ne venait pas de la prédestination, car Dieu est l'auteur du bien et non du mal; et qu'ainsi on ne doit pas rapporter l'incrédulité au décret divin, mais seulement à la prescience divine. »

Il défendit aussi la doctrine de la trinité dans un livre adressé au roi Thrasamond. Il dit, en parlant du Saint-Esprit : « Si celui-là peut vivifier,
« qui n'est pas Dieu, si celui-là peut sanctifier, qui
« n'est pas Dieu, si celui-là peut habiter dans les
« fidèles, qui n'est pas Dieu, alors on peut nier que
« le Saint-Esprit soit Dieu; si une créature peut
« accomplir ces choses qui sont attribuées au Saint-
« Esprit, que le Saint-Esprit soit considéré comme
« une créature. » Dans un Traité sur l'incarnation et la grâce de Jésus-Christ [3], il répond à l'objection que paraissent présenter contre l'élection divine les paroles : « Dieu veut que tous les hommes soient sauvés, » en montrant que d'après la manière de penser de ceux qui ne voient aucun mystère dans ce sujet, mais qui expliquent toute distinction entre les hommes par leur mérite ou leur démérite, le Dieu tout-puissant cesse d'être in-

---

[1] Chap. XVII. — [2] Chap. XXX. — [3] Chap. VII.

compréhensible tel que l'Écriture nous le dépeint ; il admet la grande vérité que Dieu veut que tous les hommes soient sauvés, et il dit cependant qu'il y a des profondeurs que l'homme ne peut sonder dans la condamnation de tant de pécheurs. On pourrait ajouter beaucoup d'autres citations sur des sujets qui se rattachent essentiellement à l'Évangile de Christ ; mais les nombreuses citations que nous avons faites des ouvrages d'Augustin nous empêcheront de nous étendre davantage sur les opinions d'un auteur qui marcha de si près sur ses traces, et qui écrivit et vécut dans le même esprit que lui.

Outre les traités sur les doctrines, il existe encore quelques lettres de Fulgence. La quatrième, adressée à Proba, et qui a pour sujet la prière, mérite d'être lue avec soin ; elle offre une nouvelle preuve de l'humble piété qui régnait dans l'école d'Afrique. Fulgence expose à la femme pieuse à laquelle il écrit ses doctrines favorites de la grâce et de l'humilité, et dit avec raison que si l'homme encore innocent n'a pas pu rester dans cet état par sa force naturelle, on peut bien moins l'attendre de lui maintenant, qu'il est tombé dans une si grande corruption ; il décrit d'une manière attachante les piéges que nous tend la ruse de Satan et les mouvemens corrompus de notre cœur, déclarant que bien que le Seigneur accorde de temps en temps son secours dans cette rude guerre, de peur que ses enfans ne succombent, il laisse cependant notre nature sentir le fardeau de la corruption, afin que nous comprenions quelle est notre faiblesse et que nous ayons recours à la grâce divine. Il dépeint la lutte entre la chair et l'esprit ; montre qu'elle doit durer toute la vie ; que la prière et la vigilance sont toujours nécessaires, et qu'une fausse idée de perfection nous entraînerait dans un orgueil mortel. Il recommande au chrétien d'avoir un esprit humble et contrit, non seulement au commencement de sa conversion, mais pendant toute sa course, et termine par un tableau consolant de la parfaite délivrance du péché qui est réservée aux saints dans la vie à venir : il est doux de voir les vrais principes du christianisme exposés avec autant de clarté, de charme et d'énergie.

On reconnaît la manière d'Augustin dans la description qu'il fait de la charité dans son épître à Eugyptius [1], et elle porte l'empreinte de l'esprit bienveillant et doux de l'écrivain.

Dans une épître à Théodore, sénateur [2], il le félicite sur la victoire qu'il a remportée sur le monde; il paraît qu'il avait été consul romain, et qu'il avait renoncé aux honneurs par amour pour les choses célestes. Fulgence lui rappelle que c'est à la grâce qu'il doit ce changement, et l'exhorte à l'humilité [3], « vertu que ne connaissent ni ceux qui aiment le monde, ni ceux qui font profession d'avoir renoncé au monde par leur propre force. » En partageant ainsi les inconvertis en deux classes, il indique une division semblable qui avait eu lieu dès le temps de Christ : les pharisiens et les saducéens parmi les Juifs; dans le monde païen, les stoïciens et les épicuriens présentent la même distinction.

Dans l'école d'Augustin, on plaçait d'un côté ceux qui aiment le monde, de l'autre ceux qui se confient dans leur propre force; et de notre temps on désigne ordinairement la même différence par

---

[1] Ep. 5. — [2] Ep. 6. — [3] La conduite de Fulgence était conforme à sa doctrine. Vers l'an 524, un évêque disputa de rang avec lui dans un concile d'Afrique. Le concile décida en faveur de Fulgence, qui acquiesça alors à l'autorité du concile. Mais ayant vu que son confrère était très affligé de cette décision, il demanda publiquement qu'elle fût changée dans un autre concile. On admit son humilité, et on lui accorda sa demande.

les termes de mondains et d'hommes à propre justice, tandis que dans tous les temps la religion de l'humilité réelle demeure distincte de ces deux classes d'hommes. Fulgence recommande à Théodore l'étude constante des Écritures. « Si vous « venez à elles, lui dit-il, dans un esprit de dou- « ceur et d'humilité, vous y trouverez la grâce « qui prévient, qui vous relèvera quand vous se- « rez tombé; la grâce qui accompagne, par la- « quelle vous pourrez courir dans les voies de la « justice, et la grâce qui luit, par laquelle vous « arriverez au royaume des cieux. »

Dans l'épître à Venantia sur la repentance [1], il tient un juste milieu entre la présomption et le désespoir, et invite tous les hommes de tous les temps à se repentir et à se convertir, avec la confiance qu'ils seront acceptés de Dieu par Jésus-Christ, et il cite la parabole de Notre-Seigneur sur les heures différentes auxquelles les ouvriers sont appelés dans la vigne, pour prouver qu'il n'y a aucun temps marqué pour décourager le pécheur qui se repent, puisque Jésus ne serait pas venu sauver ceux qui sont perdus dans ces derniers temps du monde, si la corruption humaine avait jamais pu être trop forte pour la bonté et la miséricorde divine; il fait observer que ce qui manquait surtout à la repentance de Judas, c'est qu'il n'avait aucune foi au sang de celui qu'il avait trahi. Après avoir cité plusieurs passages des Écritures, il ajoute [2] : « La conversion salutaire con- « siste en ces deux choses, que la repentance ne « manque pas à celui qui espère en la miséricorde « de Dieu, et que l'espérance n'abandonne pas celui « qui se repent : et elle se manifeste en ceci, que « celui qui renonce de tout son cœur au péché place

[1] Ep. 7. — [2] Chap. v.

« aussi de tout son cœur son espérance dans le par-
« don de Dieu; car il arrive que Satan ôte tantôt
« l'espérance à celui qui se repent, tantôt la repen-
« tance à celui qui espère. Dans le premier cas, il
« accable l'homme qu'il laisse chargé de son fardeau;
« dans le second, il détruit celui qu'il semble déli-
« vrer. » Voici le témoignage que Fulgence rend
au mystère de l'Évangile : « Le Fils unique de Dieu
« a tant aimé la nature humaine, que non seule-
« ment il l'a délivrée de la puissance du démon,
« mais qu'il l'a placée en sa propre personne à la
« droite de Dieu, au-dessus de tous les bons anges. »

Il emploie le mot « justifier » dans le même
sens qu'Augustin ; et le monde chrétien ne paraît pas avoir recouvré la véritable idée de ce
mot avant le temps de Luther.

En parlant des maux qu'avait causés l'hérésie
de Pélage, il insiste sur l'énergie et sur la capacité
qui avaient été accordées à Augustin pour la combattre, et recommande fortement les écrits de ce
Père au monde chrétien ; et il ajoute qu'il y avait
bien long-temps qu'il n'avait été donné une instruction aussi complète par rapport à la grâce divine,
bien que la doctrine en elle-même eût toujours
été maintenue dans l'Église. [1]

CHAPITRE II.

ÉTAT DE L'ÉGLISE DE CHRIST DANS LES AUTRES
PARTIES DE L'EMPIRE ROMAIN JUSQU'A LA MORT
DE JUSTIN, EN Y COMPRENANT LA VIE DE
CÉSAIRE.

Au commencement de ce siècle, Alaric, roi des
Visigoths, régnait à Toulouse, et était souverain

[1] De Verit. præd. liv. I, chap. XIV. — *Ibid* liv. II, chap. XVIII.

d'un royaume qui s'étendait alors sur les frontières de la France et de l'Espagne; bien que les Visigoths aient été plus tard réduits à se renfermer dans cette dernière contrée par les armes victorieuses des Francs. Il était lui-même arien, tandis que la plupart de ses sujets appartenaient à l'Église générale; cependant il les traita avec beaucoup d'humanité, et permit aux évêques de son royaume de se réunir dans la ville d'Agde. Vingt-quatre évêques s'assemblèrent, et ils furent présidés par Césaire, évêque d'Arles. Ils firent plusieurs canons sur la discipline, entre autres les suivans : « Tous les ecclésiastiques qui serviront l'É-
« glise fidèlement recevront des salaires proportion-
« nés à leurs services. » Cette règle, si simple et si générale, était l'ancienne coutume pour l'entretien des pasteurs. Mais par un autre canon on permettait aux prêtres, pourvu qu'ils eussent obtenu la permission de l'évêque, de retenir les biens de l'Église, sauf le droit de l'Église, et sans pouvoir les donner ou les aliéner; et c'est là l'origine des bénéfices.[1]

« Dans toutes les Églises on expliquera le symbole
« des Apôtres à ceux qui sont compétens, le même
« jour, une semaine avant Pâques[2]. » — « Tous les
« laïques qui ne recevront pas la communion trois
« fois l'année, aux trois grandes fêtes, seront re-
« gardés comme des païens[3] ». — « On permet
« d'avoir des oratoires à la campagne à ceux qui
« demeurent à une grande distance des églises pa-
« roissiales, pour la commodité de leurs familles;
« mais ils doivent paraître dans leurs églises pa-
« roissiales à certaines grandes fêtes. » Il est dit dans un autre canon : « On ordonne aux laïques

---

[1] Fleury, liv. XXXI, vol. 4.
[2] Il paraît qu'il est ici question de ceux qui sollicitaient le baptême.
[3] Noël, Pâques et Pentecôte.

« de rester dans l'église jusqu'à ce qu'on ait pro-
« noncé la bénédiction. » Césaire travailla avec
beaucoup de zèle à extirper les abus contre lesquels
ce canon était dirigé. Il remarqua un jour quelques personnes qui sortaient de l'église pour éviter
d'entendre le sermon : « Que faites-vous, mes en-
« fans? » cria-t-il à haute voix, « où allez-vous?
« Restez, restez pour le bien de vos âmes; au jour
« du jugement, il sera trop tard pour vous exhor-
« ter. » Il était souvent obligé de faire fermer les
portes de l'église après la lecture de l'Evangile,
pour empêcher un pareil scandale. Les membres
de son troupeau se corrigèrent cependant, et furent amenés par degrés à mieux sentir le prix des
moyens de la grâce. On possède encore deux sermons de lui sur ce sujet. Dans tous les siècles, les
hommes sont portés à se lasser facilement de la parole de Dieu. Heureusement il y avait alors dans
l'Église d'Occident des pasteurs qui servaient Dieu
et leurs troupeaux par amour et non par avarice.

Un autre canon mérite d'être cité. Il défendait
d'avoir recours aux augures et aux divinations, et
d'ouvrir les Écritures dans le but de regarder
comme un présage les premiers mots qui se pré-
senteraient. Nous avons vu qu'Augustin avait combattu cette dernière superstition. Elle était inter-
dite ici sous peine d'excommunication. Elle se
perpétua cependant, et nous voyons les écoles
d'Afrique lutter vertueusement, mais sans succès,
contre les progrès des ténèbres et de la superstit-
tion.

Césaire avait passé une partie de sa jeunesse
dans le fameux monastère de Lérins[1]. Apprenant
ensuite qu'il était désigné pour l'évêché d'Arles,

---

[1] Cette petite île dont nous avons déjà parlé plus d'une fois, et qui s'appelle maintenant Saint-Honorat, est tout près de la côte de France, entre Nice et Toulon.

il se cacha parmi les tombeaux. Mais il en fut retiré, nommé évêque à l'âge de trente ans, et resta dans cette église plus de quarante ans. Il trouvait grand plaisir à chanter, et comme il s'aperçut qu'il arrivait aux laïques de parler dans l'église pendant que le clergé chantait, il engagea les laïques à se joindre aux ecclésiastiques pour chanter les psaumes; dans un sermon qui existe encore, il les exhorte à chanter du cœur aussi bien que de la voix. Dans un autre sermon, il les exhorte à rejeter toutes les pensées qui les distrairaient avant de se prosterner pour la prière. « Celui, dit-il, qui dans les prières pense à un lieu public de réunion, ou à la maison qu'il fait bâtir, rend un culte à ce lieu ou à cette maison, au lieu de servir le véritable objet de son culte. » Il leur recommanda aussi de ne pas se contenter d'entendre lire les Écritures dans l'église, mais de les lire dans leurs maisons.

Ce saint homme s'adonnait entièrement à la lecture et à la prédication. Il prêchait les dimanches et les jours de fêtes. S'il ne pouvait pas prêcher lui-même, il faisait lire ses propres sermons, ou bien ceux d'Augustin ou d'Ambroise par d'autres ministres. Son style était clair et adapté aux intelligences ordinaires. Il entrait dans des détails particuliers, sondait les consciences de ses auditeurs, et blâmait sévèrement les usages idolâtres et superstitieux.

Il fut une fois exilé de son église par suite de calomnies; mais Alaric, son souverain, ayant découvert son innocence, le rendit à son troupeau. Il fut exposé plus tard à de semblables souffrances; mais il fut encore délivré, et dans ce temps de trouble et de désordre, il se distingua par des actions qui prouvaient une grande charité. Il mourut dans l'année 542, universellement regretté.

Cependant la cause de l'arianisme déclinait peu à peu, en partie par les progrès des Francs, et en partie par l'influence de Sigismond, roi de Bourgogne, qui avait été amené à l'orthodoxie par Avit, évêque de Vienne, un an avant la mort de son père, Gondebaud, à qui il avait succédé.

Sigismond ayant été entraîné par les calomnies de sa seconde femme, à faire mettre à mort son fils Sigeric, et découvrant plus tard son erreur, se repentit avec une grande amertume de cœur, et supplia Dieu de le punir dans cette vie, et non dans l'autre. L'an 523, il fut attaqué par Clodomir, roi des Francs, successeur de Clovis; et fut ensuite tué avec sa femme et ses enfans. Clodomir lui-même périt bientôt après en Bourgogne, et ses trois fils furent élevés par Clotilde, leur grand'mère, veuve de Clovis. Tel fut l'état de l'Église en France durant la première partie de ce siècle. Bien que nous n'ayons aucun détail intéressant à rapporter sur l'Italie, on peut présumer qu'il y restait encore quelques traces de vraie piété.

Le pectacle que présente l'Orient est beaucoup plus triste. On ne voit de toutes parts que disputes et factions, opinions hérétiques et actions scandaleuses. Sous l'empereur Julien, il y eut enfin quelques améliorations, et la paix et le bon ordre se rétablirent jusqu'à un certain point, au moins dans les choses extérieures. L'an 522, Zamnaze, roi des Lazes, peuple qui habitait le pays anciennement appelé Colchide, étant mort, son fils Zathe se rendit à Constantinople, et déclara à l'empereur qu'il désirait renoncer à l'idolâtrie et recevoir l'Évangile, et qu'ainsi il ne pouvait se résoudre à être couronné par le roi de Perse, dont ses ancêtres avaient été vassaux, parce qu'il serait obligé d'offrir des sacrifices selon l'usage des Perses. Il se mit donc sous la protection de Justin, et désira recevoir la couronne de ses mains. Justin lui accorda sa demande, et ainsi les Lazes devinrent vassaux de l'empire d'Orient, et embrassèrent le christianisme. Les Ibériens, qui habitaient un pays limitrophe, et qui étaient aussi sujets du roi de Perse, avaient déjà reçu l'Evangile. On ne sait pas jusqu'à quel point ces peuples furent pénétrés du véritable esprit de la religion de Christ, mais les limites du nom chrétien s'étendirent ainsi dans l'Orient.[1]

Dans l'Arabie-Heureuse[2], des chrétiens étaient sujets d'un roi juif[3] appelé Dounouas, qui faisait jeter dans des fosses remplies de feu tous ceux qui refusaient de devenir juifs. L'an 522, il assiégea Negra, ville habitée par des chrétiens. Leur ayant persuadé de se rendre par capitulation, il viola son serment, fit brûler les pasteurs, fit décapiter les laïques, et emmena tous les jeunes gens en captivité. Ici donc on peut reconnaître les traces de l'église de Christ dans des souffrances endurées volontairement pour l'amour de lui. L'année suivante, Elesbaan, roi d'Abyssinie, pays qui, comme nous l'avons vu précédemment, avait été chrétien depuis les jours d'Athanase, soutenu par l'empereur Justin, envahit le territoire du juif arabe, subjugua son pays et le mit à mort. Ainsi les chrétiens arabes furent délivrés. Elesbaan lui-même renonça plus tard à sa couronne pour embrasser la vie monastique.

---

[1] Fleury, xxxi, 59. — [2] Ibid., 60.
[3] Bruce, dans ses voyages en Abyssinie, appelle ce roi Phinée, et dit qu'il avait jeté des chrétiens dans des fosses remplies de feu, et en particulier un prédicateur hawaryat, c'est-à-dire évangélique, avec quatre-vingt-dix-neuf de ses compagnons. Il appelle Caleb le roi d'Abyssinie qui combattit contre le roi juif. Son histoire, tirée des annales de l'Arabie et de l'Abyssinie, est la même que celle que nous avons rapportée. Cet accord est un témoignage favorable à l'authenticité des matériaux de l'histoire d'Abyssinie de Bruce.

CHAPITRE III.

ÉTAT DE L'ÉGLISE DE CHRIST SOUS LE RÈGNE DE JUSTINIEN.

A la mort de Justin, surnommé le Thrace, son neveu Justinien lui succéda à Constantinople, l'an 527. Il avait alors quarante-cinq ans, et il régna trente-neuf ans. Il y a un contraste frappant entre ce qu'il était réellement et ce qu'il paraissait à l'extérieur. Si nous le jugeons d'après les apparences, nous croirons voir en lui un des hommes les plus sages, les plus pieux et les plus heureux dans toutes ses entreprises qui aient jamais existé.

Il réunit de nouveau l'Afrique et l'Italie à l'empire romain; il est célèbre par son code de lois; il était prudent et modéré dans sa vie privée, et était continuellement occupé d'actes de dévotion et de cérémonies religieuses; il honorait les moines et les personnes qui avaient une réputation de sainteté; il bâtit des églises somptueuses, dota des monastères, et se montrait d'une libéralité sans mesure, toutes les fois qu'il s'agissait de soutenir le culte extérieur; il protégeait constamment l'orthodoxie, ou du moins ce qui lui paraissait tel; infatigable pour les affaires publiques pendant le cours d'une longue vie, il ne se permettait que rarement ou presque jamais aucun délassement; il employa beaucoup de temps à s'occuper des doctrines religieuses, poursuivit l'idolâtrie jusque dans ses repaires les plus obscurs, et amena un grand nombre de rois et de nations barbares à professer publiquement le christianisme. Quel homme que celui-là, si son cœur eût été droit devant Dieu!

C'est à tort qu'on a voulu élever des doutes sur l'étendue de ses facultés intellectuelles et sur sa capacité. Un homme qui n'aurait pas eu des moyens remarquables n'aurait pas pu opérer la moitié de ce qu'il a fait. Il avait certainement des talens supérieurs et des facultés très énergiques et très remarquables. Mais autant qu'on en peut juger d'après sa conduite, il était, par rapport à la religion, l'esclave de la superstition, et par rapport à la morale, l'esclave de l'avarice. Il vendit son empire tout entier pour de l'or à ceux qui gouvernaient les provinces, à ceux qui recueillaient les impôts, et à ceux qui profitaient de toutes sortes de prétextes pour conspirer contre la vie et la liberté de ses sujets. Il encourageait les hommes les plus infâmes dans leurs détestables calomnies, afin de partager leurs gains. « Il fit aussi d'innombrables actions de piété, dit Evagrius [1], de ces actions qui sont agréables à Dieu, *pourvu que ceux qui les font les accomplissent avec l'argent qui est à eux, et qu'ils offrent leurs OEuvres saintes comme un sacrifice à Dieu.* »

On peut donc voir bien clairement dans le caractère de cet empereur combien la forme du christianisme, sans son empire, est quelque chose de misérable. Et quant aux avantages que l'Eglise peut avoir retirés en certains cas de son administration, particulièrement en ce qui se rapporte à l'agrandissement de son domaine, on doit l'attribuer à l'adorable providence de Dieu qui tire le bien du mal. D'un autre côté, le mal qu'il fit est évident. Les dissensions et les schismes, les conversions forcées accompagnées de cruautés qui éloignèrent encore plus les hommes de la piété, les progrès de la superstition et de l'attachement aux formes, le déclin de la vraie piété, surtout en Orient, où son

---

[1] Liv. IV, chap. XXX. Evagrius Scholasticus. Son histoire ecclésiastique commence à l'époque où finissent celles de Socrate, de Sozomène et de Théodoret, historiens qui ont présenté la même période sous des aspects différens; et nous nous servirons quelquefois de son ouvrage à l'avenir, bien qu'il soit très inférieur aux trois premiers sous le rapport du mérite historique.

influence était plus puissante, et l'accroissement de l'ignorance et de la corruption, furent évidemment les tristes résultats des plans de Justinien.

Cet homme entreprit trop de choses. Il employa les menaces et les forces de l'empire pour établir partout l'uniformité des doctrines. Il travailla à amener toutes les nations à un attachement nominal au christianisme; il prescrivit aux évêques et aux laïques ce qu'ils devaient croire, et fut réellement lui-même le pape et l'empereur du monde romain; cependant, chose déplorable, il ne paraît pas avoir rien su comme il faut le savoir, par rapport à la religion. Il est impossible qu'il n'ait pas rencontré juste quelquefois dans les affaires extérieures; mais quant à la religion intérieure, il est à peine possible que cela lui soit arrivé; car il ne connaissait pas son propre cœur, tandis que ses yeux et ses oreilles poursuivaient avec une insatiable curiosité les hommes et les choses.

Il ne convient pas au but de cette histoire d'entrer dans le détail de sa vie; mais cette esquisse de son caractère, qui nous paraît justifiée par le témoignage réuni des historiens civils, et ecclésiastiques, peut enseigner aux hommes distingués par leur puissance, par leur érudition ou leur génie, qui dirigent leur attention vers la religion, à s'occuper premièrement et par-dessus tout de leur propre conversion et de leur piété personnelle [1]. Ils peuvent encore apprendre ici à renfermer leurs plans dans

---

[1] Rien ne montre sous un jour plus frappant combien son esprit était enclin à la vanité que son exclamation, lorsqu'il eut achevé la magnifique église de Sainte-Sophie : « Je t'ai surpassé, Salomon! » Cependant la divine Providence se servit de cet empereur comme d'un bouclier, pour protéger au moins le christianisme extérieur. Pendant son règne, Chosroès, roi de Perse, persécuta les chrétiens de ses états avec une extrême cruauté, et déclara publiquement qu'il ne ferait pas seulement la guerre à Justinien, mais aussi au Dieu des chrétiens. Les exploits militaires et le zèle religieux de Justinien furent un obstacle à sa férocité.

l'humble cercle qui convient à des créatures sujettes à l'erreur, et dont l'existence est si limitée, et à travailler constamment à propager et à soutenir l'Evangile de Christ, et à encourager tout ce qui est bon et digne de louange, sans se laisser entraîner par des idées romanesques et brillantes à entreprendre ce qui est au-delà de leur portée. Car il pourrait arriver ainsi qu'ils seraient les victimes de leur ambition ou de leur avarice, en croyant servir Dieu, et qu'ils couvriraient le monde d'un déluge de maux, en s'attribuant vainement le titre de bienfaiteurs. Justinien était sincère, quoiqu'il manquât d'humilité, de foi et de charité, et son caractère peut offrir une leçon utile aux princes sérieux; quant à ceux qui sont légers et incrédules, ils ne doivent jamais se mêler de ce qui tient à la religion.

Dès la première année de son règne, il fit des réglemens pour les évêques; il y est dit entre autres choses : « L'absence des évêques de leurs « églises est cause que le service divin se fait avec « négligence; que l'on ne s'occupe pas avec assez « de soin des affaires de l'Eglise, et que les revenus « ecclésiastiques sont employés aux dépenses de « leurs voyages et de leur résidence dans la ville de « Constantinople, avec les membres du clergé et « les domestiques qui les accompagnent. Aucun « évêque ne doit donc, quoi qu'il puisse arriver, « quitter son église pour venir dans cette ville sans « un ordre de nous. Si nous voyons que leur pré- « sence soit nécessaire ici, nous les enverrons cher- « cher. » Il est aisé de deviner quels étaient les motifs qui attiraient les évêques à la cour; et nous voyons par là combien l'esprit du monde avait envahi l'Eglise d'Orient, et avec quelle rapidité elle mûrissait pour les jugemens de Dieu.

Justinien dit encore : « Lorsqu'un siége épisco-
« pal deviendra vacant, les habitans de la ville se
« déclareront en faveur de trois personnes dont la
« foi et les bonnes mœurs auront été attestées par
« des témoins, afin que l'on puisse choisir le plus
« digne. » Il fait aussi des réglemens pour contenir
l'avarice des évêques ; on n'aurait jamais songé à
établir de semblables défenses dans d'autres temps,
lorsque le clergé était animé de sentimens plus
purs.

L'an 529 eut lieu, à Orange, en France, un
concile, mémorable à cause de l'esprit évangélique
qui y régna. Césaire le présidait. Il avait goûté la
doctrine d'Augustin sur la grâce, et était zélé pour
la propager. On peut supposer que les articles de ce
concile étaient destinés à combattre les efforts que
l'on faisait en France en faveur du semi-pélagianisme, aussi bien qu'à rendre témoignage à la
grâce de l'Evangile. Treize évêques étaient présens, et nous voyons que le Saint-Esprit continuait
son œuvre avec énergie en France, et en particulier à Orange et sur les bords du Rhône. « Le pé-
« ché d'Adam, dit le concile, n'a pas nui seule-
« ment au corps, mais à l'âme ; il a passé à sa pos-
« térité ; la grâce de Dieu n'est pas donnée aux
« hommes parce qu'ils l'invoquent, mais cette grâce
« est la cause pour laquelle les hommes l'invoquent :
« ce n'est pas par nous-mêmes, mais par la grâce que
« nous sommes purifiés du péché, et que nous avons
« un commencement de foi. Par les forces de la
« nature, nous ne sommes pas capables de faire ou
« de penser aucune chose qui puisse conduire à
« notre salut. Nous croyons qu'Abel, Noé, Abra-
« ham, et les autres pères n'avaient pas cette foi,
« que saint Paul loue en eux, par la nature, mais
« par la grâce. » Pour montrer qu'ils sont loin de

regarder le Tout-Puissant comme l'auteur du péché, ils ajoutent : « Cependant, non seulement « nous ne croyons pas que quelques uns puissent « être prédestinés au mal, mais nous détestons la « doctrine de ceux qui pensent ainsi. »

Ces paroles expriment en substance leurs sentimens. Mais afin que le lecteur puisse les connaître avec plus d'exactitude, nous donnerons ici deux passages des cinquième et septième canons traduits littéralement du latin : « Si quelqu'un dit « que le commencement ou l'accroissement de la « foi, et le sentiment de la foi en lui-même, existe « en nous, non par le don de la grâce, c'est-à-dire « par l'inspiration du Saint-Esprit qui porte notre « volonté de l'incrédulité à la foi, de l'impiété à la « piété, mais par la nature, il est ennemi de la « doctrine des apôtres. Si quelqu'un affirme qu'il « peut, par les forces de la nature, penser quelque « chose de bien qui appartienne au salut, comme « il le devrait, et choisir une prédication salu- « taire, c'est-à-dire évangélique, ou y consentir, « sans être éclairé et inspiré par le Saint-Esprit, « qui donne à tous un goût plein de douceur pour « consentir à la vérité et la croire, il est trompé « par un esprit hérétique. »

Ce *goût plein de douceur* dont on parle ici n'est certainement pas autre chose que ce plaisir ineffable de connaître l'Evangile, et de lui soumettre son cœur, qui caractérise les hommes pieux de tous les siècles, qui les expose, bien qu'injustement, à l'accusation d'enthousiasme, et qui produit le christianisme réel et pratique. Il se manifeste toujours avec abondance dans toutes les effusions de l'Esprit de Dieu, et il est aussi distinct des notions théoriques ou des formes extérieures de la religion, que la substance diffère de l'ombre. C'est un fait remarquable qu'un témoignage si clair rendu à la religion vitale dans le midi de la France, au sixième siècle, quand le monde chrétien était enveloppé de ténèbres. Il paraît que le semi-pélagianisme avait été comprimé, au moins dans cette portion de la France ; et comme plusieurs de ceux qu'il avait séduits étaient réellement des hommes pieux, on ne peut être étonné qu'en réfléchissant plus attentivement, et surtout en consultant leurs sentimens intimes, ils aient été amenés à embrasser comme système ce dont leur propre expérience devait leur avoir révélé la réalité ; c'est que, par sa nature, l'homme est perdu et sans ressource, et mort dans ses fautes et dans ses péchés, et que la grâce seule peut le rétablir. Il est très probable que Césaire d'Arles avait beaucoup contribué, entre les mains de Dieu, à amener ce changement d'opinion ; car nous ne devons pas oublier qu'Hilaire d'Arles avait été semi-pélagien. Nous aurions voulu pouvoir présenter à nos lecteurs une esquisse de la vie, des travaux et des écrits de ces treize évêques de France, qui furent probablement des serviteurs de Dieu utiles et édifians. Mais nous avons encore ici à regretter que l'on ait si peu écrit sur la véritable histoire de l'Eglise, tandis qu'on s'est si longuement occupé des erreurs et des abus qui l'ont désolée.

Il y eut encore la même année un concile à Vaison ; il s'y trouvait douze évêques, et entre autres Césaire [1]. Ils décidèrent que, selon l'usage établi en Italie, tous les prêtres des campagnes recevraient dans leur maison des jeunes gens qui liraient dans l'Eglise, et qu'ils élèveraient avec un soin paternel, leur faisant apprendre les psaumes et lire les Ecritures, et les préparant par la connaissance de la parole de Dieu à être un jour leurs

---

[1] Fleury, liv. XXXII, 12.

dignes successeurs[1]. Pour l'avantage du peuple, on permit aux pasteurs de prêcher non seulement dans les villes, mais dans toutes les paroisses de campagne.

On établit, vers cette époque, les règles monastiques de Benoît, qui furent ensuite reçues dans toutes les églises d'Occident. On y trouve beaucoup de choses qui se rapportent aux formes extérieures de la religion, mais elles ne respirent guère l'esprit de la vraie piété. Ce qui fait le plus d'honneur au superstitieux fondateur de cet ordre, c'est le zèle avec lequel il combattit l'idolâtrie. Le culte d'Apollon subsistait encore dans cette portion de l'Italie qu'habitaient autrefois les Samnites. Il détruisit cette idolâtrie, et prêcha le christianisme aux habitans de ces campagnes.

Dans un concile tenu à Clermont, en 535, on prit des précautions canoniques pour empêcher l'intervention de la puissance séculière dans la nomination des évêques. «Pour obvier à l'abus d'ob-
« tenir les évêchés par la faveur des princes, on
« décrète que celui qui est candidat pour un évêché
« sera ordonné par l'élection du clergé et des ci-
« toyens, et le consentement du métropolitain, sans
« faire usage de la protection des hommes qui ont
« du pouvoir. S'il en est autrement, le candidat
« sera privé de la communion de l'église qu'il dé-
« sire gouverner. »[2]

Hildéric, roi des Vandales en Afrique, ayant été déposé par Gilimer, Justinien reprit ce pays sur les Barbares, par le moyen de son célèbre général Bélisaire, le réunit à l'empire et mit fin à la

---

[1] Ceci s'accorde tout-à-fait avec l'ancienne méthode d'élever les jeunes gens pour les devoirs pastoraux, et l'on suppléait ainsi aux séminaires ecclésiastiques. Dans un temps où l'on apportait tant d'attention à l'éducation et à l'étude de la parole de Dieu, il y a des motifs de croire que les doctrines de l'Évangile étaient enseignées en France avec quelque succès.

[2] Fleury, liv. XXXII, 44.

domination de l'arianisme dans cette contrée. Les orthodoxes furent réinstallés dans leurs siéges; deux cent dix-sept évêques tinrent un concile à Carthage; on défendit aux ariens et aux donatistes de tenir des assemblées, et l'an 535, les terres qui avaient été prises par les ariens furent rendues aux orthodoxes par un édit. On ne rétablit pourtant guère dans ce pays que l'apparence de la religion. Le symptôme le plus favorable fut l'extension du christianisme parmi les Maures, par le zèle de Justinien; mais on ne voit pas bien jusqu'à quel point il s'opéra parmi eux un véritable changement de cœur et de conduite.

L'an 536, Bélisaire, le héros de ce siècle, prit Rome sur les Goths; mais ce ne fut pourtant que quelque temps après cet événement que leur puissance fut anéantie en Italie. Notre histoire n'a guère à s'occuper de ses triomphes. Son maître manifesta un grand zèle, mais mal dirigé pour la religion. Le général lui-même ne paraît pas avoir fait profession d'attachement pour aucun système religieux, et l'événement ecclésiastique le plus important auquel il ait pris part suffit pour le couvrir de honte [1]. L'impératrice Théodora ordonna à Virgile, diacre de l'église de Rome, de demander à Bélisaire d'assurer son élection à l'évêché de Rome, et l'expulsion de Silverius qui était alors évêque. Virgile devait reconnaître ce service en présentant à Bélisaire deux cents livres d'or. Cet homme vénal exécuta cet ordre à ces infâmes conditions; il livra Silverius entre les mains de Virgile, qui l'envoya dans l'île de Palmaria, où il mourut de faim [2]. Ceux qui se sont laissés entraî-

---

[1] Fleury, liv. XXXII, 57.
[2] C'est là ce que dit Liberatus dans son bréviaire; mais Procope, témoin contemporain, dit qu'il fut assassiné à l'instigation d'Antonine, femme de Bélisaire, par une femme qui lui était dévouée, nommée Eugénie.

ner à admirer Bélisaire à cause de ses exploits militaires, peuvent voir ici que l'éclat d'une fausse vertu peut entourer un homme entièrement privé de toute crainte de Dieu. Justinien parut d'abord vouloir réparer les conséquences de ce marché scandaleux de sa femme, de son général et de l'indigne évêque de Rome, mais à la fin il laissa subsister tout ce qu'ils avaient fait [1].

L'an 555 mourut Vigile, après avoir occupé dix-huit ans le siége qu'il avait acquis d'une manière si inique. L'égoïsme et la duplicité furent plus marqués chez lui que chez aucun de ses prédécesseurs; mais il paya cher ses intrigues et sa dissimulation. Justinien, qui avait l'ambition de décider lui-même comme juge infaillible des controverses, ne permit pas à Vigile d'être le pape de l'Église. Quelque temps avant sa mort, il fut contraint par l'empereur, malgré la répugnance qu'il éprouvait, à consentir aux décrets d'un concile qui se tint à Constantinople [2], et qui, sous l'influence de Justinien, condamna les écrits appelés les Trois-Chapitres; c'est-à-dire trois livres, ou passages de livres, dont l'un était l'ouvrage de Théodore de Chypre. La controverse en elle-même était oiseuse et frivole; cependant combien de pages des prétendues histoires de l'Église qui en sont remplies! Il serait difficile de trouver dans tout cela le moindre vestige de vraie piété.

Plusieurs évêques de l'église d'Occident furent bannis par ordre de Justinien, pour avoir refusé de condamner les Trois-Chapitres. De quel avantage était-il pour l'Église que l'Italie et l'Afrique eussent été rétablies dans une orthodoxie nominale, et réunies à l'empire romain, tandis que son

---

[1] Fleury, liv. xxx, 15.
[2] Ce fut le cinquième concile général, ou le second de Constantinople, A.D. 553, et l'an 27 du règne de Justinien.

prétendu protecteur faisait peser sur elle un tel joug?

Dans sa vieillesse, Justinien s'attacha à l'idée que le corps de Jésus-Christ était incorruptible; et selon sa coutume, il publia un édit pour contraindre ses sujets à admettre cette opinion. Eutychius, évêque de Constantinople, fut assez intègre pour refuser de publier l'édit. « Ce n'est pas là, « disait-il, la doctrine des apôtres. Il résulterait de « là que l'Incarnation n'a été qu'une vaine imagina- « tion. Comment un corps incorruptible aurait-il « pu être nourri par le lait de sa mère? Comment « aurait-il pu être percé par les clous ou par la « lance lorsqu'il fut attaché à la croix? On ne peut « l'appeler incorruptible que dans ce sens, qu'il ne « fut jamais souillé par le péché, et qu'il ne sentit « pas la corruption dans le tombeau. » L'édit de l'empereur l'emporta cependant sur les argumens de l'évêque, quelque raisonnables qu'ils fussent. Il fut traité avec dureté, fut banni de son siége, et mourut dans l'exil. Il se conduisit avec fidélité, et d'après sa droiture, il paraît avoir été un vrai chrétien.

Anastase, évêque d'Antioche, résista aussi avec beaucoup de fermeté; c'était un homme d'une piété exemplaire, que Justinien s'efforça en vain d'amener à ses opinions. Comme il savait que l'empereur avait l'intention de le bannir, il écrivit un discours d'adieu à son troupeau. Il s'appliqua à fortifier les esprits en donnant de justes idées de la nature humaine de Christ, et récita tous les jours dans l'église cette parole de l'apôtre : « Si quelqu'un vous annonce un autre Évan- « gile que celui que nous vous avons annoncé, qu'il « soit anathème [1]. » L'exemple d'un homme pieux

---

[1] Gal. 1. Evagrius, liv. IV, vers la fin.

et intègre, soutenant une cause juste, a une grande puissance. Il engagea la plupart de ceux qui l'entouraient à l'imiter. Une opinion qui renversait d'une manière aussi directe les souffrances réelles de Christ, sur lesquelles repose l'efficace de son expiation, parut tout-à-fait antichrétienne. On prépara une sentence d'exil contre Anastase et d'autres évêques; mais tandis que le vieux pape impérial la dictait, il fut frappé du coup de la mort.

Que les hommes sans religion ne voient pas dans la chute de Justinien un sujet de triomphe; mais qu'avertis par l'apostasie d'un homme qui, pendant plusieurs années, avait étudié la théologie, et qui tomba à la fin dans une erreur également opposée au bon sens, à la piété chrétienne et à l'Écriture, tous étudient la parole écrite avec humilité, avec un saint respect, et dans un esprit de prière.—Dieu fit servir ses folies et ses persécutions à manifester, au sein même de l'église d'Orient, quelques hommes excellens qui montrèrent qu'ils ne portaient pas le nom de chrétiens sans avoir un juste droit à ce titre, le plus élevé de tous.

CHAPITRE IV.

AFFAIRES DIVERSES JUSQU'A LA FIN DU SIXIÈME SIÈCLE.

JUSTIN, neveu de Justinien, lui succéda [1]. A l'exception d'Eutychius, évêque de Constantinople, il rappela tous les évêques que son prédécesseur avait exilés. On ignore le motif de cette exception; mais après la mort de Jean, son successeur, qui occupa le siége pendant douze ans,

---

[1] Evagrius, v. c. III.

on obtint de Justin de rétablir Eutychius, qui demeura évêque de Constantinople jusqu'à sa mort. On ne peut guère mettre en doute son intégrité et sa piété, après les longues souffrances qu'il a supportées pour la foi de Jésus; mais dans sa vieillesse, il embrassa l'opinion bizarre que nos corps, après la résurrection, deviendraient plus légers que l'air.[1]

Ce fait a si peu d'importance en lui-même, que nous aurions à peine songé à le rapporter, si ce n'était pour montrer dans quel état de décadence était alors la science chrétienne en Orient, et quelle était encore l'influence des idées d'Origène et de Platon, qui, depuis qu'elles avaient pénétré dans l'Église, n'avaient jamais complétement disparu en Asie. Cette opinion erronée, bien qu'elle n'eût pas autant d'importance que celle de Justinien, venait de la même école fantastique; et l'on voit ici combien il avait été avantageux pour l'Occident d'être instruit dans les doctrines chrétiennes de la grâce par Augustin. La pureté et la simplicité de la foi s'y conservèrent bien plus long-temps, et les notions fantastiques y rencontrèrent bien plus d'obstacles.

Les Anglo-Saxons ayant envahi la Grande-Bretagne, en 446, un certain nombre de familles bretonnes, chassées par eux, traversèrent la mer et s'établirent dans la province de France qui prit d'eux le nom de Bretagne. La foi de l'Évangile se conserva parmi eux aussi bien que parmi leurs frères des pays de Galles et de Cornouailles, et dans quelques portions de l'Écosse et de l'Irlande; tandis que la plus grande partie de l'Angleterre fut couverte des ténèbres de l'idolâtrie des Saxons.

---

[1] Eutychius rétracta cependant son erreur avant de mourir.

Samson, qui était originaire du pays de Galles, quitta son pays, et vint en Bretagne. Il fonda un monastère à Dol, et fut lui-même évêque de Dol pendant quelques années. Il mourut vers l'an 565, et laissa la réputation d'un homme pieux et savant. Il avait été élevé dans son pays natal par Heltut, que l'on croit avoir été disciple de Germain d'Auxerre. Ainsi la semence répandue dans la Grande-Bretagne par ce saint homme avait porté du fruit; et il est seulement à regretter que l'on sache si peu de chose sur ces événemens intéressans.

Vers le même temps mourut Malo, qui avait quitté l'Angleterre, et s'était enfui sur la côte de France, pour éviter d'être nommé évêque de Winchester. A l'ouest de la Bretagne, était une île qui s'appelait alors Aleth, qu'on a nommée depuis Saint-Malo, et qui était presque entièrement habitée par des païens. D'après le désir du petit nombre de chrétiens qui s'y trouvaient, Malo travailla parmi eux jusqu'à ce que la plupart des habitans eussent reçu l'Évangile; ils lui persuadèrent alors de demeurer parmi eux comme leur évêque, et il y resta en effet jusqu'à sa mort [1]. Il y eut dans le même siècle plusieurs autres évêques de la Grande-Bretagne qui se distinguèrent par leur piété et leurs utiles travaux en Bretagne.

Gildas, surnommé le Sage, autre disciple de Heltut, était né à Dumbarton, en Écosse; il paraît qu'il prêcha l'Évangile avec beaucoup de succès dans son pays natal et en Irlande. Il alla ensuite en Bretagne, et fonda le monastère de Buis, qui porte encore son nom, dit l'auteur que je cite. On possède deux de ses discours sur la ruine de la Grande-Bretagne, dans lesquels, déplorant les vices et les

[1] Fleury, liv. xxxiv, 14.

calamités des temps, et attribuant les ravages des Saxons à la corruption de ses compatriotes, il exhorte à la repentance six princes bretons, avec une noble véhémence. Il reproche avec beaucoup de vivacité au clergé de la Grande-Bretagne son ignorance, son avarice et ses simonies.

Il est évident d'après ces détails, ainsi que d'après ce que nous avons déjà rapporté, qu'il y avait eu beaucoup de vraie piété parmi nos ancêtres avant l'invasion des Saxons; et que même à cette époque de tiédeur et de corruption, il y avait encore de fidèles pasteurs, qui reportèrent en France cet esprit évangélique qui avait été apporté de ce dernier pays par le moyen de Germain d'Auxerre; il est probable que le poison du pélagianisme avait beaucoup contribué à amener dans la nation ce déclin de piété que Gildas déplore avec une douleur si profonde et si sincère.

Colomban, prêtre irlandais de ce siècle, s'établit au nord de l'Écosse, et travailla avec beaucoup de succès parmi les Pictes [1]. Les parties méridionales de l'Écosse avaient été évangélisées long-temps auparavant par Ninias, évêque breton, qui avait été lui-même instruit à Rome. Colomban vécut trente-quatre ans après qu'il eut fixé sa résidence dans la Grande-Bretagne; ses disciples étaient remarquables par la sainteté et par la frugalité de la vie qu'ils menaient [2]. Ainsi, tandis que l'Évan-

---

[1] Il est probable qu'ils étaient Bretons d'origine et qu'ils s'étaient enfuis en Ecosse pour échapper aux Saxons; on les nommait Pictes, parce qu'ils se peignaient le corps, selon la coutume des peuples barbares.

[2] On ne peut douter que Colomban et ses premiers disciples n'eussent des idées plus justes et plus claires de l'Evangile que la plupart de leurs contemporains. Il paraît qu'il avait étudié les Ecritures avec ardeur et avec prière, bien que ses vues fussent obscurcies par les ténèbres qui régnaient dans le siècle où il vivait. Les détails qui nous sont parvenus sur Colomban sont malheureusement accompagnés de récits superstitieux et fabuleux qui déguisent les vertus de ce chrétien zélé. — Ed.

gile s'éloignait rapidement de l'Orient, où il avait pris naissance, Dieu ne se laissait pas sans témoins dans les parties les plus lointaines de l'Occident.

Radegonde, fille de Berthaire, roi de Thuringe, ayant été faite prisonnière par les Francs dans son enfance, échut au roi Clotaire, qui l'épousa. Cette princesse aurait pu être ajoutée à la liste des femmes pieuses qui ont été entre les mains de Dieu des instrumens bénis pour amener les hommes à la religion, si elle n'eût été imbue des idées monastiques qui régnaient trop généralement alors chez les personnes pieuses, et qui, bien qu'elles ne pussent détruire leur communion avec Dieu, étaient ordinairement un grand obstacle à leur utilité dans l'Église. Elle obtint de se séparer de son mari, et suivit les règles monastiques avec une grande austérité jusqu'à sa mort. Ces règles étaient devenues plus strictes que jamais; les vœux étaient devenus perpétuels, et cette reine qui aurait pu faire briller dans le monde la lumière de sa piété et de ses bonnes œuvres, s'enferma dans un couvent pour le reste de sa vie.

Vers la fin de ce siècle, les Lombards vinrent de la Pannonie en Italie, et s'y établirent sous Alboin, leur premier roi; Pavie était leur capitale. Comme ils étaient ariens, l'hérésie s'enracina de nouveau en Italie, et les habitans furent exposés à toutes les cruautés et à toutes les misères que peut infliger une nation sauvage et victorieuse. L'Église avait besoin de cette verge; le siége de Rome avait été corrompu d'une manière effrayante sous Vigile, et la superstition attaquait au cœur la vraie piété.

C'est à cette époque que vivait Jean Climmaque, abbé du monastère du mont Sinaï, en Arabie, près duquel était un autre petit monastère, que l'on appelait la Prison, et dans lequel s'enfermaient volontairement tous ceux qui avaient commis quelque grand crime après qu'ils étaient entrés dans l'état monastique. Il y a quelque chose de bien frappant dans le tableau que fait Climmaque de cette captivité : les pauvres prisonniers passaient leur temps à prier avec toutes les marques extérieures possibles de renoncement et de misère ; ils ne s'accordaient aucune des douceurs de la vie. Dans leurs prières ils n'osaient pas demander d'être entièrement délivrés de châtiment ; ils demandaient seulement de n'être pas punis avec la plus grande rigueur. Les tourmens volontaires qu'ils s'imposaient étaient effrayans, et duraient jusqu'à la mort.

Combien l'Orient s'était éloigné du véritable esprit du christianisme, lorsque des hommes angoissés par le sentiment de leurs péchés ne pouvaient trouver d'espérance que dans de vaines cérémonies et de rigides austérités ! Que la lumière de l'Évangile est précieuse ! et avec quelle joie plusieurs de ces misérables prisonniers auraient reçu la doctrine du pardon gratuit par la foi au sang expiatoire de Jésus-Christ, si elle leur avait été fidèlement prêchée ! Mais d'un autre côté, le repentir sérieux de ces hommes ignorans n'adresse-t-il pas un sévère reproche à la légèreté des pécheurs présomptueux qui, à l'éclat de la lumière qui brille de nos jours, osent se faire un jeu du péché !

L'an 584, Lévigilde, roi des Visigoths d'Espagne, ayant marié son fils aîné, Herménigilde, à Ingonde, fille du roi de France, commença à voir des résultats bien inattendus de cette alliance. Ingonde, bien que persécutée par sa belle-mère, femme du monarque espagnol, persévéra dans l'orthodoxie, et avec le secours de Léandre, évêque de Séville, et sous l'influence de la grâce divine, elle amena son mari à la vraie foi. Le père, irrité, commença à persécuter les orthodoxes dans ses États. Herménigilde fut entraîné dans la faute grave de se révolter contre son père, non pas, à ce qu'il paraît, par ambition, mais par crainte de son père, qui annonçait l'intention de le détruire. Il fut obligé de se réfugier dans une église, et les promesses de son père l'engagèrent à se rendre.

Lévigilde le traita d'abord avec douceur, mais il le bannit ensuite à Valence. Sa femme, Ingonde, voulut s'enfuir auprès de l'empereur grec, et mourut en chemin. Quelque temps après, le jeune prince, chargé de fers, eut l'occasion d'apprendre quelle est la vanité des grandeurs terrestres, et il donna toutes sortes de marques de piété et d'humilité. Son père lui envoya un évêque arien, lui offrant sa faveur, s'il voulait recevoir la communion de sa main; Herménigilde demeura ferme dans la foi, et le roi, courroucé, envoya des officiers qui le mirent à mort. Le père vécut cependant assez pour se repentir de sa cruauté; et le jeune prince, malgré la démarche inexcusable dans laquelle ses passions l'avaient entraîné, avait assez vécu pour donner un bel exemple de piété chrétienne.

Lévigilde, avant de mourir, pria Léandre, évêque de Séville, qu'il avait beaucoup persécuté, d'élever son second fils Récarède dans les mêmes principes dans lesquels il avait élevé son fils aîné [1]. Récarède succéda à son père dans le gouvernement, et soutint l'orthodoxie avec beaucoup de zèle : la conséquence fut l'établissement de l'orthodoxie en Espagne, et le renversement de l'arianisme, qui ne fut plus légalement établi que parmi les Lombards en Italie. Ce récit offre un exemple frappant de l'intervention de la providence divine, qui opéra

---

[1] Grégoire de Tours, liv. VIII, c. ult.

une révolution très salutaire dans la religion par le moyen d'une pieuse princesse.

CHAPITRE V.

GRÉGOIRE Ier, ÉVÊQUE DE ROME, SON ZÈLE ET SES TRAVAUX.

Grégoire était romain de naissance et appartenait à une famille noble; mais ses sentimens de piété l'engagèrent à adopter la vie monastique, qu'il quitta à regret pour être chargé de la direction des affaires ecclésiastiques et des occupations séculières de l'Église. « Maintenant, » dit-il en exprimant son chagrin d'avoir perdu les avantages de la retraite religieuse, « maintenant, je
« suis oppressé par les affaires séculières qui se rat-
« tachent aux devoirs pastoraux; après une douce
« perspective de repos, mon esprit est de nouveau
« souillé par la poudre des occupations terrestres.
« Distrait par les choses extérieures, tout en sou-
« pirant après les choses intérieures, il y revient
« plus froidement. Je compare ce que j'endure
« avec ce que j'ai perdu, et les fardeaux que j'ai à
« porter en deviennent plus pesans. »[1]

Il fut en effet entraîné d'un extrême à l'autre dans les différentes périodes de sa vie. Dans un temps, endormi dans le calme de la solitude; dans un autre, plongé dans le tumulte des soucis épiscopaux à Rome. S'il eût vécu à une époque où le christianisme eût fleuri dans toute sa pureté, il

---

[1] Il avait auparavant étudié le droit romain, et s'était distingué dans cette étude comme dans toutes les autres branches de science en vogue alors; il avait été distingué comme sénateur et avait été nommé, par Justin II, gouverneur de la ville de Rome, charge pénible et importante dont il s'était acquitté avec beaucoup de prudence, de fidélité et de justice. Bède, hist. ecclés., liv. II, c. I.

n'eût été ni un moine, ni un évêque, chargé de si vastes intérêts, et il eût ainsi évité les inconvéniens dont il se plaignait. Dans ce siècle, les évêchés considérables, et celui de Rome en particulier, par les progrès de la domination spirituelle et le fardeau des affaires temporelles qu'on y avait joint, convenaient assez aux esprits ambitieux, mais occasionnaient une grande fatigue aux hommes qui aimaient sincèrement les choses célestes.

Rien ne pouvait être moins raisonnable que l'usage qui prévalait alors d'encourager tout à la fois l'esprit monacal et de très grands gouvernemens épiscopaux. La transition de l'un à l'autre était fréquente à l'époque où vivait Grégoire, et ce devoir était une rude épreuve pour des esprits comme le sien. Les plaintes que lui inspirait sa position venaient de la spiritualité de ses affections, et tous ceux qui ont goûté dans la retraite les douceurs de la communion avec Dieu, et qui ont éprouvé combien il est difficile de conserver le même esprit au milieu du tumulte des affaires, sympathiseront avec lui. Un mélange d'occupations extérieures et de retraite est certainement la situation la plus favorable pour le perfectionnement religieux.

Lorsqu'on l'eut tiré de son couvent et consacré prêtre, on l'envoya de Rome à Constantinople pour diriger des affaires ecclésiastiques. Il y trouva Léandre, depuis évêque de Séville, dont nous avons déjà parlé à l'occasion des affaires d'Espagne; la conformité de leurs sentimens les unit intimement, et Grégoire lui ouvrit son cœur : « J'étais convaincu, » lui disait-il, « de la néces-
« sité d'assurer mon salut, mais enchaîné par le
« monde, je tardai trop long-temps. Je me jetai
« enfin dans un monastère, croyant avoir élevé
« une barrière insurmontable entre le monde et

« moi, et me voilà de nouveau balotté sur une mer
« agitée, et ce n'est que lorsque je puis jouir de la
« communion de mes frères que je trouve quelque
« consolation pour mon âme. »[1]

Il avait emmené avec lui quelques frères de son
monastère, et il trouvait dans leur société l'avantage des conversations chrétiennes et de l'étude
des Écritures. Ce fut à leur demande qu'il commença son long commentaire sur le livre de Job[2].
Son séjour à Constantinople fut utile à l'Église.
Par ses argumens et par son influence, il renversa
l'opinion fantastique de l'évêque Eutychius, sur
l'état du corps humain après la résurrection. Si un
homme aussi respectable que Grégoire n'avait pas
combattu à temps et avec vigueur cette étrange
notion, elle se serait peut-être perpétuée dans
l'Église jusqu'aujourd'hui. L'empereur Tibère,
qui avait succédé à Justin, appuya de son autorité
les travaux de Grégoire.[3]

Dès sa jeunesse, Grégoire avait beaucoup souffert de douleurs d'estomac, et, d'après ses lettres,
il paraît qu'il eut toute sa vie une très mauvaise
santé.

Après son retour à Rome, il y eut une si grande
inondation du Tibre, qu'il passa par-dessus les
murailles de la ville et renversa plusieurs anciens
monumens[4]; l'eau pénétra dans les greniers de
l'église, et une grande quantité de blé fut perdue.
Peu de temps après, une maladie épidémique ravagea la ville; l'évêque Pélage fut au nombre des
premières victimes de ce fléau, et plusieurs maisons demeurèrent sans un seul habitant. Dans cette
détresse, le peuple, impatient de choisir un évê-

---

[1] Grég., préf. à Job., chap. 1. — [2] Bède. — [3] Vita Gregor. incert.
autor.

[4] Ces inondations du Tibre n'étaient pas rares. Le lecteur se rappellera Horace, Od. II, lib. 1. *Ire dejectum monumenta regis*, etc.

que à la place de Pélage, élut unanimement Grégoire. Il refusa, et proclama hautement sa propre indignité; il fit plus, il écrivit à l'empereur Maurice, successeur de Tibère, et le supplia de refuser son assentiment [1]. Germain, gouverneur de Constantinople, intercepta le messager, ouvrit la lettre de Grégoire, et informa Maurice de l'élection; l'empereur la confirma avec joie. Cependant la peste continuait à désoler la ville, et Grégoire, quelque répugnance qu'il eût à recevoir le titre d'évêque, n'oublia pas les devoirs de pasteur. Un passage d'un des sermons qu'il prononça dans cette circonstance peut nous donner quelque idée de la meilleure prédication de ces temps-là; car il n'y avait alors en ce genre rien qui surpassât, et bien peu de chose qui égalât ce que faisait Grégoire.

« Mes bien-aimés frères, nous aurions dû
« craindre la verge de Dieu avant qu'elle nous
« fût envoyée; tremblons du moins maintenant
« qu'elle pèse sur nous; que l'affliction nous
« ouvre le chemin de la conversion, et que le
« châtiment qui nous est infligé triomphe de la
« dureté de nos cœurs; car, pour employer le
« langage du prophète, « l'épée est venue jusqu'à
« l'âme. » Notre peuple est frappé par l'arme de
« l'indignation divine, et il est emporté par une
« rapide dévastation. La langueur ne précède pas
« la mort; mais la mort, qui marche à grands
« pas, dépasse la course tardive de la langueur.
« Celui qui est frappé est emporté avant d'avoir
« eu le temps de pleurer ses péchés. Représentez-
« vous dans quel état paraîtra devant son juge cet

[1] Il paraît clairement que l'assentiment de l'empereur était nécessaire pour l'élection d'un évêque de Rome. Mais le peuple n'avait pas encore été exclu de toute participation à cette élection. On doit aussi remarquer ici à quel point l'évêque de Rome dépendait de l'empereur. L'antechrist n'était pas encore formellement entré dans son règne.

« homme qui est emporté au milieu de ses péchés.
« — Que chacun de nous se repente pendant qu'il
« a le temps de pleurer, avant que l'épée le dé-
« vore. Rappelons le souvenir de nos voies; ve-
« nons devant la face de Dieu en confessant nos
« iniquités, et élevons nos cœurs et nos mains au
« Seigneur. Il donne véritablement de la confiance
« à nos cœurs tremblans; lui qui a dit par le
« prophète : « Je ne veux pas la mort du pécheur,
« mais plutôt qu'il se convertisse et qu'il vive. »
« Que personne ne désespère à cause de la gran-
« deur de ses crimes. Souvenez-vous que les pé-
« chés invétérés des Ninivites furent effacés par
« trois jours de repentance [1], et que le brigand
« converti obtint à l'article de la mort les récom-
« penses de la vie. Changeons nos cœurs, et en-
« courageons-nous à l'avance par la pensée que
« nous obtenons ce que nous demandons. L'impor-
« tunité, qui est si désagréable à l'homme, plaît
« au juge de la vérité; parce que le Seigneur, qui
« est bon et miséricordieux, aime à être vaincu
« par les prières. Souvenez-vous du psalmiste :
« Invoque-moi au jour de la détresse; je t'exau-
« cerai, et tu me glorifieras. »

Grégoire termina ce discours en décidant qu'une litanie [2] serait récitée par sept compagnies qui devaient partir de différentes églises à la pointe du jour, et se réunir au même endroit. La première était composée du clergé; la seconde, d'abbés avec leurs moines; la troisième, d'abbesses avec leurs religieuses; la quatrième, d'enfans; la cinquième, de laïques; la sixième, de veuves; la septième,

---

[1] Je traduis fidèlement; l'expression indique que l'exactitude évangélique manquait à Grégoire, et non pas certainement l'humilité évangélique. On ne doit pas s'imaginer qu'il considérât la repentance comme une expiation convenable pour le péché.

[2] Ce mot signifie supplication.

de femmes mariées. Quatre-vingts personnes moururent de la peste en une heure, pendant que l'on était occupé à présenter cette litanie. Grégoire persista cependant à prier et à prêcher tant que la peste dura.

Il se montra pendant tout ce temps aussi empressé à éviter l'honneur du titre d'évêque qu'il était zélé à en remplir les devoirs. Pendant un temps on veilla aux portes et on l'empêcha de s'enfuir ; mais il trouva le moyen de se faire porter hors de la ville dans une corbeille d'osier, et se cacha trois jours. Le peuple parvint enfin à le découvrir, et l'an 590 il fut obligé d'accepter la charge d'évêque.

Grégoire continua à s'acquitter de ses fonctions dans le même esprit. D'autres évêques ont rempli les églises d'ornemens d'or ou d'argent ; mais lui se consacra au soin des âmes [1]. Les tristes circonstances de son avénement correspondaient à la sombre situation de l'Église, presque entièrement déchue en Orient, ternie en Occident par la superstition, et souillée par la corruption. Pendant les treize années et demie que dura son épiscopat [2], l'Italie fut désolée par les féroces Lombards, et Grégoire fut fermement persuadé que la fin du monde approchait : aussi avait-il un profond mépris pour les choses terrestres, et aimait-il à rafraîchir son âme par la perspective de ce qui existe au-delà du tombeau.

L'esprit sceptique ou prétendu philosophique de nos jours n'a pas sujet de se glorifier en se comparant avec les dispositions de Grégoire. Qu'y a-t-il, par exemple, dans la scène que nous venons de retracer, qui doive exciter le mépris du philosophe, ou plutôt de l'incrédule qui s'arroge le

---

[1] Bède. — [2] *Idem.*

titre de philosophe? On y voit des traces de superstition: c'était un siècle de superstition. La forme du christianisme avait dégénéré même chez les hommes les plus pieux; mais la religion divine étincelait, au milieu de l'obscurité, dans la vie de l'humilité, de la foi et de la repentance. Il est probable que bien des âmes durent de grands avantages spirituels aux travaux pastoraux et aux supplications de Grégoire; et quelle est la conduite la plus raisonnable, craindre la colère de Dieu quand sa main est sur nous, pleurer, prier et implorer sa grâce et sa miséricorde en s'appuyant sur les promesses de sa parole, ou endurcir son cœur en se moquant de la faiblesse de la superstition, et ne rien apprendre des jugemens du Tout-Puissant qui puisse nous amener à la repentance?

Parmi les œuvres de Grégoire se trouve une collection d'épîtres qui font connaître ses travaux. L'autorité et la juridiction étendue que la superstition avait déjà données à l'évêque de Rome, et qui ont fourni tant d'alimens à l'ambition de quelques uns de ses prédécesseurs et à plusieurs de ses successeurs, paraissent n'avoir été pour lui qu'un motif d'anxiété et de consciencieuse sollicitude. L'Italie et la Sicile étaient par elles-mêmes une trop vaste sphère d'action; mais outre le gouvernement de ces contrées, on lui attribuait encore la surintendance du siége de Rome sur toutes les Églises, en qualité de successeur de saint Pierre. Son diocèse était beaucoup trop grand pour la capacité d'un seul homme, et pourtant il trouva encore le temps d'expliquer les Écritures, de remplir les fonctions de pasteur et de beaucoup écrire pour l'instruction de l'humanité. La perspective et les espérances de l'immortalité devaient avoir produit une bien profonde impression sur l'esprit de cet homme, qui, au milieu d'infirmités corporelles et dans des temps de perplexité publique, pouvait persévérer dans des travaux aussi pénibles.

Le lecteur lira avec plaisir quelques passages de ses lettres, malgré les traces de superstition qui s'y trouvent.

Il engage les évêques de Sicile à tenir une visitation annuelle à Syracuse ou à Catane sous son sous-diacre, et à s'occuper de tout ce qui concerne les affaires publiques et ecclésiastiques, à pourvoir aux besoins des pauvres et des opprimés, à exhorter et à reprendre ceux qui sont tombés dans des erreurs.[1]

Il exhorte le préteur de Sicile, qui était chargé d'envoyer du blé en Italie, à être juste et équitable dans ses marchés, à se souvenir que la vie est courte, qu'il paraîtra bientôt devant le juge de tous les hommes, et qu'il ne pourra rien emporter avec lui de ses gains, puisque les motifs qui l'auront guidé et les moyens qu'il aura employés pour ces gains seront les seules choses qui l'accompagneront au dernier jugement.[2]

Il parle ainsi à un ami sur sa promotion : « Je « ne fais aucun cas des complimens des étrangers « sur mon élévation; mais ce qui est un chagrin « sérieux pour moi, c'est de voir que vous, qui me « connaissez à fond, vous me félicitez dans une « semblable occasion. Vous savez depuis long-temps « quel est mon désir. »[3]

« Si la charité, » écrit-il à Jean, évêque de Constantinople, « consiste à aimer notre prochain, « pourquoi ne m'aimez-vous pas comme vous-« même? Je sais avec quelle ardeur et avec quel « zèle vous voudriez éviter le poids de l'épiscopat, « et cependant vous n'avez pris aucune peine pour

---

[1] Liv. I, ep. 1. — [2] Ep. 2. — [3] Ep. 3.

« empêcher que ce fardeau me fût imposé; mais
« comme le gouvernement d'un vaisseau vieux et
« endommagé m'est confié, à moi qui suis si faible
« et si indigne, je vous supplie, au nom du Sei-
« gneur, d'étendre la main de la prière pour me
« secourir [1]. »

L'occupation de juger des procès, qui faisait
alors partie des fonctions des évêques, devait être
pénible et fatigante pour un homme aussi consciencieux ; il se plaint ainsi de ce fardeau dans une
lettre adressée à Théoctiste, sœur de l'empereur[2].

« Sous couleur de l'épiscopat, je vois que je
« suis ramené au monde, et que je suis devenu
« l'esclave d'une telle multitude de soins tempo-
« rels, que je ne me souviens pas d'en avoir ja-
« mais eu autant lorsque j'étais laïque. J'ai perdu
« les joies sublimes dont je jouissais ; je gémis de
« me sentir privé de la clarté de la face de mon
« Créateur. Je m'efforçais de vivre hors du monde
« et de la chair : d'éloigner de l'œil de mon intelli-
« gence toutes les apparences corporelles, afin de
« voir mentalement des joies surnaturelles ; et sou-
« pirant après Dieu dans l'intérieur de mon âme,
« je disais : Mon cœur t'a dit : « Je chercherai ta
« face, ô Eternel. » Ne désirant rien et ne crai-
« gnant rien de la part du monde, il me semblait
« avoir presque réalisé cette parole du prophète :
« Je te ferai passer à cheval par-dessus les lieux
« haut élevés de la terre. » Il en est sûrement
« ainsi de celui qui, de son élévation intellectuelle,
« abaisse ses regards sur toute la grandeur et toute
« la gloire de la terre. Mais précipité tout à coup
« de cette hauteur par le tourbillon de cette ten-
« tation, je suis tombé dans des craintes et dans
« des terreurs, parce que bien que je ne craigne

[1] Ep. 4. — [2] Ep. 5.

« pas pour moi-même, je crains beaucoup pour
« ceux qui me sont confiés. Lorsque j'ai achevé
« d'entendre les causes qui sont portées devant
« moi, je désire retourner à mon cœur, mais le
« vain tumulte de mes pensées m'empêche d'y
« rentrer. »

Tel est le tableau que fait Grégoire de la situation de son esprit au milieu de ses grandeurs si enviées. L'expérience et l'habitude ont pu diminuer avec le temps ses anxiétés. Et ce n'était certainement pas faute de capacité pour les affaires qu'il souffrait tant. Aucun siècle n'a jamais vu un évêque plus ferme et plus circonspect. Le nombre immense des affaires ecclésiastiques qui passaient par ses mains semble à peine croyable. Nous trouvons en lui des traces vivantes de cette vie spirituelle que nous nous appliquons surtout à suivre, selon qu'elle s'est manifestée de siècle en siècle dans l'Église, et qui distingue autant les vrais chrétiens des chrétiens de nom, que de tous les autres hommes. Nous avons, d'un autre côté, bien des motifs de regretter que tandis que la puissance et l'expérience de la piété se trouvaient dans une telle décadence, l'étendue des évêchés se fût tellement accrue, et que tant de choses étrangères à leurs fonctions, et qui auraient dû être confiées à d'autres mains, fussent retombées sur eux. La conséquence en a été que les dignitaires ecclésiastiques ont toujours été placés depuis dans les circonstances les plus funestes. Ceux qui ont été animés d'un esprit mondain ont travaillé dans un but terrestre et égoïste, sans éprouver de dommage pour leur vie spirituelle, parce qu'ils n'en avaient aucune ; ceux dont les affections étaient spirituelles ont gémi sous le fardeau des soucis et d'un tumulte de pensées très défavorable à la vie chrétienne.

Nous avons déjà fait connaître à nos lecteurs le

pieux et intègre Anastase d'Antioche. Grégoire s'était lié intimement avec lui pendant qu'il était en Orient, et il répond ainsi à sa lettre de félicitation : « J'ai reçu votre lettre comme un homme « accablé de fatigue reçoit le repos, comme un « malade reçoit la santé, comme un voyageur « haletant et mourant de soif se réjouit d'avoir « trouvé une source, et un ombrage qui le met à « l'abri des rayons du soleil brûlant. Ce ne sont « pas de simples paroles que j'ai lues : j'ai senti « l'affection de votre cœur envers moi. » Il se plaint ensuite de la cruelle amitié d'Anastase, qui avait contribué à sa promotion, et décrit en son style habituel les fardeaux dont il était accablé; puis il ajoute : « Mais quand vous m'appelez « la bouche et la lampe du Seigneur, et un homme « capable de faire du bien à plusieurs, vous ajou-« tez au poids de mes peines, en me faisant recevoir « la louange au lieu de la punition de mes péchés. « Les paroles ne peuvent exprimer à quel point « je suis surchargé. Vous pouvez vous en former « quelque idée d'après la brièveté de ma lettre, « dans laquelle je parle si peu de Celui que j'aime « par-dessus tout. J'ai prié l'empereur de vous « permettre de me visiter à Rome, afin que pen-« dant que je jouirai de votre société, nous puis-« sions adoucir les ennuis de notre pélerinage, en « nous entretenant ensemble de notre céleste pa-« trie [1]. »

Les personnes qui ne connaissent pas leur propre cœur auront de la peine à croire ce sentiment profond d'indignité tout-à-fait sincère; mais les hommes qui se connaissent eux-mêmes croiront aisément que Grégoire n'exprimait que ce qu'il sentait réellement.

[1] Ep. 7.

Grégoire désirait vivement de voir les Lombards renoncer à l'hérésie arienne, et il écrivit aux évêques d'Italie d'employer leur influence pour ramener à l'Église générale tous les jeunes gens de cette nation qui avaient été baptisés dans la communion arienne; de leur prêcher la doctrine de la vie éternelle, et d'obtenir ainsi un précieux témoignage de leurs travaux pastoraux au dernier jour[1]. Sous son administration, bien des Lombards revinrent peu à peu à l'Église, malgré la grande puissance des princes lombards, et leur attachement obstiné à l'arianisme.

L'exemple de Grégoire lui-même devait faire une très puissante impression sur les esprits de tous ceux qui avaient occasion de le connaître. Comme il aimait à imiter son prédécesseur Gélase[2], il adopta l'état des revenus qu'il avait fait faire, et en fit une estimation en argent; il distribua cet argent au clergé, aux monastères, aux églises, aux officiers de sa maison et aux hôpitaux. Il réglait les sommes qu'on devait remettre à chacun quatre fois par an, ordre qui continua à être suivi pendant trois cents ans. On gardait dans le palais de Latran un grand livre qui contenait les noms des pauvres de Rome, d'Italie, et même de provinces éloignées, qui, suivant leur âge et leur situation, participaient à ses libéralités. Chaque premier jour du mois il fournissait aux besoins des pauvres, et leur donnait, selon la saison, différentes provisions. Tous les jours il distribuait des aumônes aux malades et aux infirmes; et avant de prendre ses repas il envoyait des portions de sa table aux pauvres honteux qui n'osaient pas se montrer en public. Il serait trop long de rapporter les preuves de sa libéralité qui sont contenues dans

---

[1] Ep. 17. — [2] Fleury, liv. xxxv, chap. xvi, vol. 4.

ses lettres[1]. Il pressait ses agens de lui faire connaître des objets de compassion, et aimait à dépasser les espérances de ceux qui s'adressaient à lui. Mais tandis qu'il répandait si largement des bienfaits, il ne voulait pas en recevoir lui-même. « Nous devons refuser, » écrivait-il à Félix, évêque de Messine, « les présens qui sont onéreux aux « églises. Envoyez tous les ans aux autres ecclésias- « tiques ce qui est établi par l'usage. Mais comme « je n'aime pas les présens, je vous défends de « m'en envoyer aucun à l'avenir. Je vous remercie « des palmiers que vous m'avez envoyés ; mais je « les ai fait vendre et je vous en ai fait passer le prix. »

Les malheureuses guerres d'Italie ayant causé une grande désolation dans les églises, il confia le soin de ces églises aux évêques voisins, afin que les habitans qui avaient survécu ne fussent pas abandonnés. Si deux de ces églises ne contenaient pas séparément un nombre de personnes suffisant pour constituer un diocèse, il les joignait ensemble sous un évêque, et insistait pour qu'il surveillât avec le même zèle celle dans laquelle il ne résidait pas. Il ne faisait aucune difficulté d'obliger un évêque à quitter une petite église, où il n'était guère que pasteur titulaire, pour remplir un poste plus important.[2]

Ayant découvert plusieurs abus dans l'emploi des revenus en Sicile, il prit soin de les réformer. « Nous apprenons, dit-il[3], qu'on achète du blé « aux paysans au-dessous du prix du marché ; j'en- « tends qu'ils soient toujours payés d'après le prix « courant, sans déduire le blé qui se perd dans « les naufrages, pourvu que vous veilliez à ce

---

[1] Ep. 18, 44, 23, 57, 65, 54, 30.
[2] Liv. I, ep. 42. Cette épître est adressée à Pierre, son agent en Sicile.
[3] Ep. 64, etc., liv. II, ep. 20.

« qu'ils ne le transportent pas à des époques défa-
« vorables. Nous interdisons toutes les exactions ;
« et afin que les fermiers ne soient pas surchargés
« après ma mort, il faut leur délivrer un certificat
« par écrit qui contienne la somme que chacun est
« obligé de payer. Veillez d'une manière particu-
« lière à ce qu'on ne fasse pas usage de faux poids
« en recevant les paiemens (ce que le diacre Ser-
« vus-Dei avait découvert), mais détruisez ces faux
« poids, et faites-en faire de nouveaux. J'ai appris
« que les fermiers se trouvaient dans l'embarras
« à l'époque du premier terme de leurs rentes ;
« car, n'ayant pas encore vendu leurs denrées,
« ils sont obligés d'emprunter à gros intérêts. Ren-
« dez-leur donc sur le fonds de l'Eglise ce qu'ils
« peuvent avoir emprunté, et recevez leurs paie-
« mens peu à peu, de peur de les obliger de vendre
« leurs denrées au-dessous du cours, pour payer
« leurs rentes. JE NE SOUFFRIRAI PAS QUE L'EGLISE
« SOIT SOUILLÉE PAR DE VILS GAINS. »

Il exprime avec larmes à Léandre de Séville l'ac-
cablement de son esprit sous ces monceaux de sol-
licitudes, et il lui demande ardemment le secours
de ses prières [1]. Il le félicite aussi de la conversion
du roi Récarède en Espagne ; et en se réjouissant
d'apprendre quelles sont les vertus et la piété de
ce prince, il recommande à l'évêque de veiller sur
ce royal converti, afin que sa vie réponde à un si
heureux commencement. Il écrivit quelque temps
après à Récarède lui-même, pour lui recommander
de veiller attentivement contre la colère, l'orgueil
et les désirs impurs, qui sont les vices auxquels les
princes sont le plus exposés. Il paraît que de tous
ceux de ce temps ce fut celui qui se montra le
plus fidèle à l'Evangile par sa conduite. Il était

[1] Ep. 41.

juste et libéral ; avant de quitter le monde, il confessa publiquement ses péchés, et manifesta une vraie piété. Il mourut vers la fin de ce siècle.

Pierre, évêque de Terracine, avait consenti à une espèce de persécution des juifs dans son diocèse, en permettant qu'ils fussent troublés dans la célébration de leurs fêtes, et qu'ils fussent chassés du lieu où ils les célébraient. Grégoire, évêque de Rome, écrivit à Pierre pour condamner cette conduite, et pour déclarer de la manière la plus positive que les juifs ne devaient pas être vexés le moins du monde, qu'on devait les gagner à la foi par la douceur de la prédication de l'Evangile, et par l'annonce des jugemens de Dieu contre l'incrédulité ; ajoutant que c'étaient là les méthodes et les armes des chrétiens, tandis que des moyens d'une autre nature ne servaient qu'à endurcir et à éloigner l'esprit des hommes.[1]

Grégoire écrit encore à Virgile et à Théodore, évêques de Marseille, à l'occasion des persécutions qu'on faisait subir aux juifs. Il rend encore témoignage contre les moyens violens, et déclare combien il est affligé d'apprendre que plusieurs juifs ont été amenés au baptême par la force plutôt que par la prédication. « Si un juif est amené
« là par la nécessité, et non par la douceur de la
« parole, il retourne à son ancienne superstition,
« et meurt dans un état pire que celui dont il avait
« paru être régénéré. Prêchez-leur souvent, afin
« qu'ils désirent d'être changés par l'amour de ce
« qu'ils entendent. Ainsi votre désir de sauver
« les âmes sera accompli, et le converti ne sera
« pas comme le chien qui retourne à ce qu'il a
« vomi. Prêchez afin que leurs esprits ténébreux
« soient éclairés, et que, par la bonté de Dieu,

[1] Liv. I, ep. 34.

« ils puissent être amenés à une vraie régéné-
« tion[1]. »

Il écrivit aussi à Paschase, évêque de Naples, pour se plaindre de la violence dont on avait usé envers les juifs en les forçant de renoncer à leurs fêtes solennelles. Il blâme cette méthode, et ajoute des exhortations semblables à celles que nous avons déjà citées. On sait que depuis l'époque où vivait Grégoire, les papes de Rome ont employé des méthodes bien différentes de celles que recommande ce saint évêque[2]. D'un autre côté, Grégoire s'opposait avec zèle aux efforts que faisaient les juifs pour séduire les chrétiens, et il leur défendit d'acheter des esclaves chrétiens.[3]

Les Lombards étaient alors un fléau pour l'Italie, et Grégoire, sachant bien qu'ils avaient l'intention d'envahir la Sicile, écrivit à tous les évêques de cette île d'adresser des supplications au Seigneur, en public, le quatrième et le sixième jour de la semaine; et il les exhorta à ne pas se contenter d'attirer les membres de leurs troupeaux dans cette association de prière, mais de leur prêcher aussi la doctrine de la repentance. « Car, dit-il,
« si notre divin Maître nous voit aimant ses com-
« mandemens, il est capable de nous défendre
« contre l'ennemi, et de nous préparer des joies
« éternelles[4]. »

Natalis, évêque de Salone, avait écrit à Grégoire pour défendre les repas donnés par les ecclésiastiques. L'évêque de Rome admet ses assertions, mais avec ces restrictions importantes: « Que dans
« ces réunions on ne médira d'aucun absent,
« qu'on ne tournera personne en ridicule, qu'on

---

[1] Liv. I, ep. 45. — [2] Le terme de *pape* est donné ici à l'Antechrist, qui, à proprement parler, n'existait pas encore dans l'église d'Occident. — [3] Liv. II, ep. 76. — [4] Liv. IX, 48.

« évitera les vains discours des affaires séculières,
« qu'on y lira la parole de Dieu, qu'on ne boira
« ni ne mangera plus qu'il n'est nécessaire pour
« entretenir le corps en bonne santé et le mettre
« en état de remplir les devoirs de la vie. Si c'est
« ainsi que vous agissez, je reconnais que vous
« êtes en possession de la tempérance [1]. » Mais il
paraît que les observations de Grégoire sur les festins du clergé de Salone avaient choqué; car
il ajoute : « Vous supportez difficilement d'être
« repris par moi, qui, bien que je sois votre supérieur dans les dignités ecclésiastiques (je ne
« veux pas dire comme homme), suis pourtant
« disposé à être corrigé et repris par tous. Je re-
« mercie en effet comme un ami l'homme par les
« conseils duquel je puis effacer les taches de mon
« âme, avant la venue du juge solennel. »

On ne peut pas avoir une grande idée de la
piété de ce Natalis, qui s'excusait de lire assidûment les Ecritures, en partie à cause du poids des
tribulations, en partie sous prétexte que le Seigneur a dit à ses disciples, qu'il leur sera donné à
l'heure même ce qu'ils auront à dire. Grégoire lui
répondit qu'il aurait dû se souvenir « que la pa-
« role a été écrite pour notre instruction, afin que
« par la patience et par la consolation que les Ecri-
« tures nous donnent, nous retenions notre espé-
« rance [2]. » Natalis avait aussi cherché à plaire à
l'évêque de Rome en le flattant; mais il lui répondit : « Les éloges que vous m'adressez me sem-
« blent une dérision, parce que je ne puis les trou-
« ver réalisés dans mon expérience. » Nous voyons
dans tout cela, d'un côté, un pasteur zélé qui travaille à ranimer un esprit de piété chez ses frères;
de l'autre, un ministre négligent qui s'excuse mi-

---

[1] Liv. II, 37. — [2] Rom. XV, 4.

sérablement, par de vains prétextes, de faire l'œuvre du Seigneur avec vigueur et avec sincérité.

Après avoir fait une belle description de la charité en écrivant à Dominique, évêque de Carthage [1], Grégoire montre combien son âme était profondément pénétrée de l'importance des fonctions pastorales. Plusieurs des anciens Pères que nous tournons en ridicule à cause de leurs superstitions, sont bien supérieurs à la généralité des pasteurs de nos jours, par leurs vues sur ce sujet. « C'est une charge bien solennelle et bien importante que celle d'un pasteur. Il doit être en exemple au troupeau, et après cela il doit apprendre à demeurer humble. Il faut qu'il soit toujours occupé du ministère de la parole, se rappelant qui est celui qui a dit : *Faites valoir ces marcs jusqu'à ce que je revienne.* C'est ce que nous ne faisons réellement que lorsque, par notre vie et par notre doctrine, nous gagnons des âmes, nous fortifions les faibles en leur montrant les joies du royaume des cieux, et nous faisons plier les orgueilleux en dénonçant publiquement les châtimens de l'enfer, et lorsque, adonnés à des affections célestes, nous ne craignons pas l'inimitié des hommes. Je tremble dans le sentiment de ma propre faiblesse. Comment pourrai-je soutenir le dernier jugement, moi qui vois si peu de fruit de mes travaux ? Mon cher frère, j'implore vos prières ; nous avons un intérêt commun par le lien de la charité. »

Il blâme Boniface, évêque de Reggio, de s'être vanté des bonnes actions qu'il avait faites. Il lui dit qu'il s'était réjoui d'apprendre qu'il faisait beaucoup d'œuvres de miséricorde, mais qu'il

[1] Liv. II, 39.

avait été fâché que lui-même en eût parlé à plusieurs personnes. Il l'engage à prendre garde de ne pas tout gâter par l'ostentation. « Nous ne « sommes que poudre et cendres, devons-nous « désirer la louange des hommes? Vous devriez « chercher à plaire à celui dont vous attendez la « venue, et dont les rétributions ne finiront jamais.[1] »

Evangélus, diacre de l'église de Siponte, s'était plaint à Grégoire de ce que sa fille avait été séduite par Félix, petit-fils de l'évêque de ce nom. L'évêque de Rome, après avoir censuré Félix d'avoir montré une coupable négligence dans l'éducation de son petit-fils, ordonna, dans la supposition que le fait fût vrai, que le coupable fût obligé d'épouser la jeune fille, ou en cas qu'il s'y refusât, qu'il fût fouetté, enfermé dans un monastère, excommunié, qu'il restât dans un état de pénitence, et qu'on ne lui rendît pas sa liberté avant de nouveaux ordres[2]. Nous avons ici un ancien exemple de la manière de procéder dans les cours spirituelles. Il paraît qu'elles étaient, dans leur origine, des cours de censure pour des scandales qui ne pouvaient guères être portés devant les cours ordinaires : la charge de censeur chez les Romains était du même genre. On se montre généralement bien moins jaloux de l'honneur de Dieu et de la pureté des mœurs, que des intérêts matériels de la propriété. On sait que ces cours ont donné lieu en Angleterre à beaucoup d'abus. Mais pourquoi les personnes distinguées par leur rang et par leur fortune dans l'Église établie ne travaillent-elles pas à les régler ou à instituer une censure des mœurs praticable et efficace? Elles condamnent le

---

[1] Liv II, 43. — [2] Liv. II, 79, 81.

principe, tout en laissant le champ libre à la licence la plus effrénée.

Grégoire fut en correspondance avec Theudelinde, reine des Lombards : elle était veuve de leur roi Autharit, zélé arien. Après sa mort, elle épousa Agilulphe, Lombard, que la nation reçut comme roi. Comme elle était elle-même orthodoxe, elle finit par amener à la même persuasion son mari et la nation tout entière. Grégoire la félicita de l'heureuse perspective des progrès du christianisme parmi les Lombards; bien que l'on n'ait que trop de motifs de craindre qu'il n'y ait eu en tout cela que peu à gagner pour la vraie piété, il est évident que les travaux de Grégoire eurent, sous le rapport temporel, le précieux avantage d'établir la paix pendant quelque temps entre les Lombards et l'empire romain.[1]

Il paraît que Grégoire avait une considération particulière pour Anastase, évêque d'Antioche. Il avait été chassé de son siége par l'injustice de Justin, successeur de Justinien, et avait passé plusieurs années dans l'exil. Il fut enfin rendu à son troupeau, et Grégoire lui écrivit une lettre pleine de sentimens tendres et pieux[2]. Dans cette lettre, il s'efforce de consoler le serviteur de Dieu par ces mêmes vues et par ces mêmes promesses de l'Écriture qui avaient fortifié son âme dans ses diverses afflictions : il est évident que l'espérance de la gloire qui doit un jour être révélée était pour lui une source de joie, et lui donnait la force de supporter les calamités avec patience[3]. Il lui dit dans une autre lettre : « Vous ferez bien de « vous rappeler, comme vous le faites sûrement, « qu'il est écrit: «Dans les derniers jours, il y aura « des temps fâcheux; » et si vous souffrez beau-

[1] Liv. XII, ep. 7. — [2] Liv. IV, 81. — [3] Evagre, liv. VI, vers la fin.

« coup dans votre vieillesse, souvenez-vous de Ce-
« lui qui a dit à saint Pierre que lorsqu'il serait
« vieux, un autre le ceindrait. Cependant, en di-
« sant cela, je me rappelle que dès votre jeunesse
« vous avez eu à lutter contre bien des adversités.
« Comme vous le dites, il y a bien des gens qui
« se réjouissent de nos chagrins; mais nous sa-
« vons quel est Celui qui a dit: « Vous pleurerez
« et vous vous lamenterez, et le monde se réjoui-
« ra; vous serez dans la tristesse, mais votre tris-
« tesse sera changée en joie. » Nous éprouvons l'ac-
« complissement de la première portion de cette
« déclaration, attendons aussi l'accomplissement
« de la seconde. — Vous dites que quelques uns de
« ceux qui devraient vous soulager ajoutent à
« vos fardeaux : je sais qu'il y en a qui viennent
« à nous revêtus de peaux de brebis, et qui, au-
« dedans, sont des loups ravissans. Nous ne som-
« mes pas troublés à cause de cette ambition qui
« les porte à s'arroger tout honneur, parce que
« nous nous confions dans le Tout-Puissant, dont
« la loi est que ceux qui convoitient ce qui appar-
« tient aux autres sont privés tôt ou tard, à cause
« de cela, de ce qui est à eux. Car nous savons
« qui a dit : « Celui qui s'élève sera abaissé, » et
« que « la fierté d'esprit va devant la ruine. » Je vois
« qu'il s'élève aujourd'hui de nouveaux héréti-
« ques qui voudraient réduire à néant les prophè-
« tes, les Évangiles, et tous les Pères. Mais tant
« qu'Anastase vivra, nous avons cette confiance
« dans la grâce de notre protecteur, leurs épées
« se briseront en pièces, comme si elles frap-
« paient contre un rocher. Et cependant, par la
« subtilité des hérétiques, l'Église pénètre plus
« avant dans la connaissance de la doctrine, et
« apprend à mieux connaître la vérité. Dieu s'ap-
« proche de nous, et par les tentations nous som-

« mes amenés à sentir plus distinctement sa pré-
« sence. Je ne veux pas vous raconter ce que je
« souffre de l'épée des Barbares, et de la per-
« versité des juges, afin de ne pas augmenter le
« chagrin de celui que je désire consoler. Mais je
« pèse ces paroles. « C'est ici votre heure, et la
« puissance des ténèbres. » La puissance de la lu-
« mière aura aussi son jour, ne regrettons donc
« pas ce que nous avons à souffrir à l'heure de la
« puissance des ténèbres. Vous voudriez que nous
« pussions converser sans plume et sans encre, et
« il est pénible que nous soyons presque aussi loin
« l'un de l'autre, que l'orient est éloigné de l'oc-
« cident. Mais nous sommes vraiment *un* par la
« grâce. Pourquoi désirez-vous les ailes de la co-
« lombe que vous avez déjà? Ces ailes sont l'a-
« mour de Dieu et de notre prochain. Par elles,
« l'Église vole à travers toute l'étendue de la
« terre : si vous n'aviez pas ces ailes, vous ne se-
« riez pas venu à moi par vos épîtres avec tant
« d'affection. Comme votre vie est nécessaire à
« tous les hommes pieux, puissiez-vous ne par-
« venir qu'après de longues années aux joies de
« votre céleste patrie! [1] »

Anastase vécut cinq ans après avoir été rendu
à son église, et mourut vers la fin du siècle.
Nous savons peu de chose sur les épreuves de ce
pieux évêque, mais nous pouvons croire qu'il fut
un flambeau pour l'Orient, qu'il fut envié et
persécuté, qu'il rendit témoignage à la foi de
Christ dans le déclin de l'Église d'Orient, et que
sa vie aurait été très instructive si elle avait été
transmise à la postérité.

A l'époque où vivait Grégoire, Jean, évêque
de Constantinople, troubla la paix de l'Église en

[1] Liv. VII, ep. 3.

prenant le titre d'évêque universel [1]. Grégoire écrivit avec beaucoup de véhémence contre sa hauteur, et en cette occasion il établit quelques règles mémorables d'humilité qui condamnent sévèrement ceux qui lui succédèrent dans le siége de Rome [2]. Dans quel état devait être l'Orient pour révérer comme un grand saint, pendant sa vie et après sa mort, un homme aussi orgueilleux que Jean de Constantinople! Hélas! la piété y était presque expirante, et le fléau du mahométisme s'approchait.

Il paraît, d'après une lettre que Grégoire écrivit à Dominique, évêque africain, pour lui demander ses prières et le remercier de ses présens, que l'esprit de la vraie piété n'était pas encore éteint en Afrique [3]. Il écrivit encore à ce même Dominique, qui était alors, à ce qu'il paraît, évêque de Carthage, une autre lettre remplie de sentimens de piété et de charité. [4]

Cyriaque succéda à ce Jean de Constantinople, dont nous avons signalé l'orgueil. A sa consécration solennelle, le peuple s'écria : « C'est ici la « journée que l'Éternel a faite, égayons-nous et « nous réjouissons en elle. » La superstition préparait naturellement les voies à la domination du clergé ; et les évêques des siéges supérieurs croissaient par degrés en grandeur *séculière*. Une acclamation aussi flatteuse que celle que nous venons de citer était propre à encourager Cyriaque à imiter l'ambition de son prédécesseur. Grégoire blâme avec raison l'application qu'on avait faite de ces paroles, et, dans une lettre aux principaux de Constantinople [5], il prouve que cette acclamation regarde proprement la pierre que le Sei-

---

[1] Cet évêque est connu sous le nom de Jean le *Jeûneur*. Il mourut A. D. 595.
[2] Liv. IV, 82. — [3] Liv. V, 119. — [4] Liv. V, 162. — [5] Liv. VI, 171.

gneur avait posée comme le fondement de son Église [1], fait observer qu'il y a une sorte d'impiété à attribuer à la créature les louanges qui appartiennent au Créateur, et excuse cependant cette méprise comme provenant d'une intention charitable. On ne peut douter que Grégoire ne se fît lui-même des idées trop élevées de la dignité de son propre siége, et sa relation supposée avec saint Pierre aveuglait son jugement. L'exaltation de Constantinople, par les prétentions dominantes du dernier évêque, excitait sa jalousie; et les mouvemens du cœur sont si subtils et si compliqués, qu'il ne se rendait peut-être pas bien compte lui-même de l'égoïsme qui influençait sa conduite.

Grégoria, dame de la chambre de l'impératrice Auguste, dans son anxiété pour son âme, et dans son admiration exaltée pour Grégoire, lui écrivit pour le prier de lui apprendre s'il pouvait lui dire par révélation que ses péchés lui étaient pardonnés [2]. Grégoire l'assura que l'on ne pouvait arriver à la certitude sur ce point; que nous devons nous repentir, gémir sur nos péchés, et implorer continuellement notre pardon, mais qu'il était indigne qu'une semblable révélation lui fût accordée. Il paraît avoir eu les mêmes sentimens qu'Augustin et la même confusion d'idées, par rapport à la doctrine de la justification. A quel point, hélas! la superstition, et les ténèbres, et un esprit de servitude dominaient alors dans l'Église! Grégoire était pourtant un flambeau, lorsqu'on le compare à la plupart de ses contemporains.

L'idée que l'on approchait alors de la fin du monde avait fait une forte impression sur Grégoire, et il écrivit d'une manière frappante sur la vanité des biens terrestres à un personnage nommé André,

---

[1] Psaume CXVIII, 24. — [2] Liv. IV, ep. 186.

qui paraissait très occupé des grandeurs de ce monde[1].

Sérénus, évêque de Marseille, remarquant que quelques membres de son troupeau adoraient les images qui avaient été placées dans les églises, les brisa dans son zèle: ce qui choqua plusieurs personnes, qui se retirèrent de sa communion. Grégoire le reprit, et l'engagea à se concilier les affections du peuple en permettant qu'on fît usage des images comme d'objets historiques pour enseigner les grands faits du christianisme. Il conseilla de les laisser subsister comme des livres pour les gens illettrés, mais en même temps de les mettre sérieusement en garde contre le danger de les adorer. Telle est la substance des opinions de ces deux évêques[2]. Il ne paraît pas probable que ceux qui avaient abandonné Sérénus pour un semblable motif eussent beaucoup de piété. Grégoire n'avait pas eu l'occasion de connaître aussi bien que nous le danger de son avis; il est évident que le culte des images n'avait pas généralement commencé à l'époque où vivait Grégoire, et qu'il blâmait sérieusement cette erreur, mais on reconnaît dans ces faits une marche progressive vers l'idolâtrie; et le mal que peut produire un mode d'enseignement semblable à celui que recommande Grégoire a été si abondamment prouvé depuis l'époque où il vivait, qu'il est clair que dans cette circonstance l'évêque de Marseille avait mieux jugé que lui.

Grégoire eut aussi une correspondance importante avec Brunehaut, reine d'Austrasie ou de Bourgogne, royaume formé par le partage de la monarchie française, qui eut lieu dans les troubles qui suivirent la mort de Clovis[3]. C'était une femme ambitieuse et de mœurs déréglées; ce-

---

[1] Liv. VI, ep. 190. — [2] Liv. VII, 190. Liv. IX, 9. — [3] Liv. VII, 113. Liv. IX, 57, 64.

pendant, dans ce siècle de superstition, elle tâchait d'en imposer au monde et à elle-même par une apparence de piété. Elle chercha à étendre son pouvoir pendant que les jeunes princes qui descendaient d'elle étaient sur le trône; et elle permit, ou plutôt encouragea leur conduite vicieuse, afin de continuer à tenir elle-même les rênes du gouvernement.

Bien que Grégoire approuve son respect pour les formes de la religion, il blâme sa conduite dans des affaires ecclésiastiques d'une grande importance; il insiste très vivement sur les consécrations irrégulières et même simoniaques de plusieurs pasteurs de France, et déplore avec beaucoup d'énergie le triste état des troupeaux, et le déclin de la piété qui devaient être le résultat d'une semblable conduite. Voyant que ses remontrances produisaient peu d'effet, il la pressa encore plus fortement sur le même sujet, et lui annonça que la vengeance divine s'exercerait probablement sur sa famille, si elle ne réprimait pas de tels abus. Il est remarquable que cette méchante femme souffrit une mort cruelle, et que ses descendans furent tués ou chassés. D'après quelques portions des premières lettres de Grégoire à Brunehaut, on pourrait penser qu'il avait une haute idée de ses vertus. Le temps le détrompa cependant, et on doit reconnaître qu'il la traita avec la franchise qui convient à un pasteur chrétien.

Les maux corporels de Grégoire, et la douleur que lui causaient les misères de son temps, sont décrits avec force dans une de ses lettres à Italica, dame patricienne [1].

« Je ne puis rien trouver à dire de moi, si ce
« n'est que j'ai été retenu dans mon lit près de

---

[1] Liv. VII, 127.

« onze mois, en juste punition de mes péchés. Je
« suis si tourmenté par la goutte, que la vie m'est
« un rude châtiment. Je suis accablé de douleurs
« tous les jours, et je soupire après la mort comme
« après mon unique remède. Parmi le clergé et le
« peuple de la ville, il y a à peine un homme libre
« ou un esclave qui soit exempt des fièvres; l'Afri-
« que et l'Orient sont aussi remplis de misère et de
« désolation. Je vois approcher la fin de toutes
« choses : soyez donc moins inquiète de vos propres
« calamités. Cherchez avec ardeur cette piété qui
« a les promesses de la vie présente aussi bien que
« de celle qui est à venir. »

Il écrit, environ un an après, à Euloge, évêque d'Alexandrie : « J'ai été retenu dans mon lit près
« de deux ans par des maux continuels; la vio-
« lence de la douleur m'a souvent forcé d'y re-
« tourner lorsque je venais à peine de le quitter.
« Ainsi je meurs journellement, et pourtant je vis.
« Mais je suis un grand criminel, et, comme tel,
« je mérite d'être enfermé dans cette dure prison.
« Je crie tous les jours avec le psalmiste : « Tire
« mon âme hors de prison afin que je célèbre ton
« nom[1]. » Il eut beaucoup à souffrir durant tout le reste de sa vie; mais la vigueur de son esprit se soutint, et ses facultés n'en reçurent aucune atteinte.

Nous trouvons encore ce passage sur ses souffrances dans une lettre à son ami Venance, qui était aussi attaqué de la goutte : « Qu'avons-nous
« à faire, si ce n'est de rappeler le souvenir de nos
« péchés, et de rendre grâces à Dieu de ce qu'il

---

[1] Les écrits et les prédications de cet Euloge fortifièrent les mains des hommes pieux dans l'Orient, et combattirent l'influence des hérétiques. D'après la correspondance de Grégoire avec lui, il paraît que c'était un pasteur sage et pieux, tel qu'on en trouvait rarement à Alexandrie et dans l'Orient.

« nous purifie en affligeant notre chair? Prenons
« garde de ne pas passer d'un degré de tourment à
« un autre, et considérons la bonté de Dieu, qui
« nous menace de la mort, afin d'imprimer en
« nous une crainte salutaire de ses jugemens. Com-
« bien de pécheurs qui sont demeurés plongés
« toute leur vie dans le péché sans avoir un mal
« de tête, et qui ont été subitement jetés dans
« l'enfer! Veuille le Seigneur faire pénétrer ces
« paroles dans votre âme par l'inspiration du Saint-
« Esprit; puisse-t-il vous purifier de vos iniquités,
« vous donner ici-bas la joie de ses consolations,
« et dans le monde à venir une récompense éter-
« nelle [1]. » On se plaît à trouver chez Grégoire
des marques de cette profonde humilité qui distingue les vrais convertis, et de ce prudent usage
des afflictions dont il est facile de parler en
théorie, mais que les saints peuvent seuls comprendre.

Grégoire ayant appris qu'une dame de qualité, nommée Clémentine, avait nourri quelques soupçons contre lui, lui écrivit dans un esprit de
charité, et dans l'intention d'effacer ces pénibles
impressions. Il la reprit en même temps avec douceur de ce qu'elle n'était pas disposée à l'indulgence et au pardon; lui rappela ce que contient
à cet égard l'Oraison dominicale, et ajouta plusieurs argumens importans adaptés au sujet. [2]

Grégoire ne laissait jamais passer aucune occasion d'exhorter les hommes à songer au salut de
leurs âmes. Deux personnes ayant sollicité son secours pour leurs difficultés temporelles, après leur
avoir dit ce que le cas exigeait, il les engagea
à ne pas murmurer contre les dispensations de
Dieu, et à ne se laisser aller à aucune injustice

---

[1] Liv. IV, 25. — [2] Liv. VIII, 16.

sous prétexte de nécessité ; mais de fixer leur espérance sur la miséricorde de leur Rédempteur, qui n'abandonne pas ceux qui se confient en lui; à s'occuper des choses divines, et à se reposer sur celui qui nous donne ce que nous n'avons pas, remplace ce que nous avons perdu, et qui conserve ce qu'il a renouvelé.[1]

Les sous-diacres étaient des officiers de l'Église qui avaient l'inspection des évêchés et des paroisses éloignées dépendantes de la juridiction de l'évêque de Rome[2]. Grégoire écrivit à Anthémius, sous-diacre de Campanie, qu'il avait entendu dire qu'un évêque nommé Paschase était tellement indolent qu'il négligeait tous les devoirs pastoraux, et repoussait tous les conseils, pour s'occuper de faire construire un vaisseau. Il paraît qu'il se rendait sur le bord de la mer avec un ou deux membres de son clergé, pour se livrer à une occupation aussi peu ecclésiastique, et qu'il était un objet de dérision pour tout le pays.

Grégoire engagea son sous-diacre à le réprimander en présence de quelques prêtres, ou de quelques hommes de qualité du voisinage, et d'essayer ainsi de le réformer. Si ce moyen était sans efficace, il devait envoyer Paschase à Rome répondre de sa conduite devant Grégoire.

On ignore quel fut le résultat de ce conseil; mais combien il est déplorable qu'il se soit trouvé dans tous les temps un si grand nombre de pasteurs qui n'en avaient que le nom, et qui, par leurs goûts et leurs dispositions, aussi bien que par leurs idées et leurs sentimens, semblaient plus propres à tout autre emploi qu'à la prédication de l'Évangile. L'avarice profane des parens qui destinent leurs enfans au ministère sans examiner

---

[1] Liv. XI, 23. — [2] Liv. XI, 29.

leur vocation est une des choses qui contribuent le plus à amener ce triste résultat.

CHAPITRE VI.

CONDUITE DE GRÉGOIRE ENVERS LES EMPEREURS MAURICE ET PHOCAS.

Il est impossible que les personnes qui ont apporté quelque attention à l'étude de l'esprit et de la conduite de Grégoire, tels qu'ils se manifestent dans son pastorat, n'éprouvent pas un sentiment de respect pour son caractère. La conduite qu'il a tenue pendant les dernières années de sa vie a pourtant été attaquée avec sévérité. On l'accuse d'ingratitude envers un empereur vertueux et excellent, et de coupable flatterie envers un autre empereur, qui était tyrannique et déréglé dans ses mœurs. Ce que nous avons déjà fait connaître de son caractère et de ses sentimens doit naturellement nous disposer à accueillir avec beaucoup de précaution de semblables accusations, et à examiner soigneusement les faits.[1]

Plusieurs événemens avaient donné à Grégoire de fortes préventions contre le gouvernement de Maurice. L'opposition qui s'était manifestée dans leurs sentimens avait remarquablement changé leurs dispositions, bien qu'ils eussent eu jadis la plus sincère estime l'un pour l'autre. Grégoire avait inspiré une grande bienveillance à Maurice, qui avait favorisé de tout son pouvoir sa promotion au siége de Rome; et l'on n'a aucun motif de douter de la sincérité de l'évêque, lorsqu'il avait fait profession d'une très haute considération pour l'empereur.

[1] *Voyez* l'Histoire des papes par Bower, vol. II, *Grégoire*.

Maurice fit une loi pour défendre aux hommes qui avaient rempli des charges civiles dans le gouvernement d'entrer dans l'administration de l'Église. Grégoire approuva cet édit; mais il n'accorda pas la même approbation à une clause de la même loi qui défendait aux soldats d'entrer dans les monastères avant l'expiration du temps de leur service, ou avant qu'ils fussent hors d'état de servir. Grégoire, trop prévenu en faveur des institutions monastiques, et les regardant comme nécessaires au salut de quelques hommes, bien qu'il n'en fût pas ainsi pour tous, fit des représentations à l'empereur sur cette portion de son décret. Il le fit cependant en termes respectueux. Il se trompait certainement, et les hommes les plus pieux de ces temps partageaient son erreur. Il promulgua pourtant le décret de l'empereur dans toute l'Italie, et ainsi, comme il le dit lui-même, il fut tout à la fois fidèle envers Dieu, et obéissant envers son prince. [1]

Dans cette occasion, le zèle de Grégoire était stimulé par de forts pressentimens de l'approche du jour du jugement. Grégoire paraît avoir conservé jusqu'à la fin de sa vie cette opinion, qui n'était pas pour lui une pure spéculation. Cette attente lui inspirait un sérieux pratique. Dans une lettre aux nobles et aux propriétaires de l'île de Sardaigne, il s'appuie sur cet argument pour leur reprocher de laisser leurs serviteurs et leurs ouvriers dans un état d'idolâtrie. Il leur déclare qu'ils étaient obligés, en conscience, de veiller à l'instruction religieuse de ceux qui travaillaient pour eux dans les choses temporelles, et il les exhorte avec énergie à s'employer à cette œuvre de charité [2]. Notre attention se porte ici naturel-

---

[1] Liv. XII, ep. 100. — [2] Liv. III, 23.

lement sur l'égoïsme et sur l'insensibilité avec lesquelles tant de personnes peuvent aujourd'hui tirer des avantages lucratifs des travaux des marins, des esclaves et des apprentis, sans apporter plus d'attention à leurs intérêts spirituels que s'ils étaient des bêtes brutes. D'autres lettres du même genre montrent le zèle de Grégoire pour la propagation du christianisme parmi les idolâtres et les incrédules.

Comme nous l'avons déjà dit, l'Italie eut beaucoup à souffrir des Lombards, et nous ne pouvons nous former une idée bien satisfaisante de la sincérité de la conversion d'Agilulphe, qu'avait épousé Theudelinde, en le voyant continuer à ravager le territoire de Rome, et à y porter la misère et la désolation. Ces maux étaient une source continuelle d'affliction pour le cœur compatissant de Grégoire, et il ne manquait pas d'en tirer parti dans ses *Homélies pour l'instruction de son troupeau.* Désirant arrêter l'effusion du sang, et répugnant à répandre celui des Lombards eux-mêmes, en nourrissant des querelles intestines parmi eux, comme il l'aurait pu, il travailla à faire la paix avec Agilulphe, et il avait même réussi, lorsque l'exarque de Ravenne, qui gouvernait pour l'empereur en Italie, rompit perfidement la paix, et excita le roi lombard à renouveler les hostilités. L'exarque lui-même, qui trouvait son intérêt à continuer la guerre, désirait la prolonger à tout événement, et son cœur était endurci contre les souffrances du peuple, que déplorait Grégoire. Ce prélat se trouva ainsi bien plus mêlé aux intérêts politiques qu'il ne l'aurait voulu.

Nous avons déjà parlé de l'inquiétude jalouse que l'orgueil de Jean, évêque de Constantinople, avait inspirée à Grégoire. Le titre d'évêque œcuménique ou universel lui avait été conféré, à sa demande, dans un concile d'Orient, et la politique de quelques empereurs les avait déjà portés à l'accorder aux prélats de Constantinople, parce qu'ils ajoutaient ainsi à la gloire et à l'influence de la ville impériale. Grégoire en était d'autant plus choqué, que le synode de Chalcédoine avait offert le même titre aux évêques de Rome, et qu'ils ne l'avaient pas accepté[1]. Dans ses lettres il s'appelait lui-même le serviteur des serviteurs de Dieu. On pourrait trouver un peu d'affectation dans une semblable humilité, et il aurait certainement mieux fait de ne pas s'attribuer un pareil titre, qui est demeuré jusqu'aujourd'hui le titre de ses successeurs, et n'est plus qu'un monument d'insigne hypocrisie. Grégoire avait une opinion erronée de la prééminence de son propre siége, comme ayant appartenu à saint Pierre. Si pourtant il eût été lui-même plus complétement humble et moins superstitieux, il eût laissé passer cette affaire avec la plus grande indifférence. Il adressa des sollicitations à l'empereur Maurice sur ce sujet, mais ce fut en vain.

On ne peut excuser Maurice d'avoir soutenu l'orgueil de Jean contre les justes réclamations de Grégoire. L'appui de l'empereur perpétua ce mal, et le successeur de Jean s'attribua comme lui ce même titre anti-chrétien. Mais Grégoire eut de plus puissans motifs de se plaindre, et ils étaient tels que son devoir d'évêque l'appelait à les exposer à l'empereur.

C'est ce qu'il fit dans une lettre à l'impératrice Constantine : « Sachant, » lui dit-il, « qu'il y avait « en Sardaigne beaucoup de gentils[2], qu'ils ado-

---

[1] Liv. IV, ep. 76.
[2] Ce terme signifie des idolâtres, dans le langage des Pères. Liv. IV, ep. 77.

« raient des idoles, et que le clergé négligeait de
« leur prêcher le Rédempteur, j'y envoyai un
« évêque d'Italie, qui, avec le secours du Sei-
« gneur, en amena plusieurs à la foi. J'ai appris
« que ceux qui persévéraient dans l'idolâtrie
« payaient une amende au juge de l'île, afin de
« pouvoir servir leurs faux dieux avec impunité;
« que quelques uns de ces gentils, qui ont été
« baptisés, et qui ont cessé d'adorer des idoles,
« sont encore obligés de payer la même amende
« au juge : ce magistrat ayant répondu à l'évê-
« que, lorsqu'il est allé lui porter ses plaintes,
« qu'il avait payé sa charge si cher qu'il ne pou-
« vait recouvrer ses frais qu'en continuant à em-
« ployer de semblables moyens [1]. L'île de Corse
« est aussi opprimée par de telles exactions, que
« les habitans peuvent à peine payer les tributs,
« même en vendant leurs enfans. De là vient que
« plusieurs des propriétaires de l'île abandonnent
« le gouvernement romain, et sont réduits à se
« mettre sous la protection des Lombards. Et en
« effet, que pourraient-ils craindre de plus de
« l'oppression des Barbares que de se voir réduits
« à vendre leurs enfans? Je sais que l'empereur
« dira que tout le produit du revenu de ces îles

---

[1] Grégoire fut très affligé d'apprendre que presque tous les paysans de cette île étaient encore idolâtres. Janvier, évêque de Cagliari, était indolent; les esclaves qui appartenaient à sa propre église étaient ido-lâtres; les autres évêques de la province étaient également négligens. Hospiton, chef des Barbares, avait pourtant reçu l'Evangile; Grégoire lui recommanda ses missionnaires, et l'exhorta à s'occuper lui-même du salut de ses compatriotes. Grégoire reprocha à Janvier de négliger la discipline en général, bien qu'il l'eût exercée sévèrement dans un cas où il avait reçu un affront personnel. Le monde est toujours le même; il serait à désirer que ce que nous avons cité n'eût pas donné de justes motifs au lecteur de se rappeler l'état de la religion non seulement dans les Indes occidentales, mais aussi plus près de nous, en Irlande, où règne encore aujourd'hui une religion superstitieuse et idolâtre, bien qu'il y ait un si grand nombre d'évêchés et d'églises.

« est appliqué à l'entretien et à la défense de l'I-
« talie. Quand il en serait ainsi, la bénédiction
« divine peut-elle accompagner les produits du
« péché ? » Il écrivit aussi à l'impératrice contre
l'orgueil de Jean ; il lui rappelle encore que l'É-
glise romaine avait été désolée pendant vingt-sept
ans par les dévastations des Lombards, et qu'il était
entraîné à des dépenses journalières immenses, à
cause de la guerre et des indigens qu'il avait à
soutenir.

Evagre fait un grand éloge de Maurice ; mais
ses louanges sont vagues et déclamatoires, et
comme Maurice vivait encore, on peut le soupçon-
ner de flatterie. Cet empereur avait des vertus
militaires, et il n'était pas dépourvu de quelques
sentimens de religion ; mais l'avarice était le trait
dominant de son caractère, et l'on ne vit jamais
plus clairement que dans sa conduite combien ce
vice peut éclipser toutes les qualités les plus loua-
bles. Caghan, roi des Avares, nation de Scy-
thes sur les bords du Danube, offrit de délivrer
quelques milliers de prisonniers moyennant une
rançon. Il proposa même de le faire à bas prix ;
mais Maurice ne voulut pas se dessaisir de son argent, et le Barbare, furieux, massacra tous ses prisonniers. Maurice, bien qu'il fût avare, n'était
pas inhumain : en apprenant cet événement, il fut
saisi d'horreur, et supplia Dieu de le punir dans
cette vie et non pas dans l'autre. On doit espérer
que sa prière fut exaucée dans ce qui se rapporte
au monde à venir ; il souffrit cruellement dans
celui-ci. Comme il s'était aliéné les affections de
ses soldats en refusant de fournir à leurs besoins,
ils élevèrent au trône impérial un centurion nommé
Phocas. Maurice s'enfuit, mais il fut arrêté, et
massacré avec sa femme et sa famille, par les ordres
de l'usurpateur. Cinq de ses fils furent tués sous

ses yeux avant qu'il fût mis à mort lui-même. L'étincelle de piété qui n'avait conservé qu'une existence douteuse dans son cœur, pendant un si grand nombre d'années, produisit une grande flamme lorsqu'elle fut agitée par le souffle d'une affliction salutaire. Maurice supporta un semblable spectacle avec une silencieuse résignation, répétant seulement, au moment où chacun de ses enfans était frappé de mort : « Tu es juste, ô Eter-« nel, et droit en tes jugemens! » La nourrice de son plus jeune fils le remplaça par son propre enfant. Maurice, s'apercevant de cette fraude généreuse, la découvrit aux bourreaux, et en empêcha ainsi l'effet. Ses fautes furent punies par la cruauté du monstre Phocas, et cette histoire doit servir d'avertissement à ceux qui font profession de piété, pour les mettre en garde contre l'amour du monde. Il paraît que Maurice sut entendre la voix de cette verge, et qu'il mourut dans la disposition d'esprit qui n'appartient qu'au chrétien.— Nous ne sentons pas assez combien le christianisme est avantageux à la société. Si cet empereur n'eût pas connu les principes chrétiens, ou qu'ils n'eussent trouvé en lui qu'un sentiment d'opposition, combien ses dispositions naturelles, qui n'auraient été réprimées ni à l'intérieur ni à l'extérieur, auraient produit de plus pernicieux résultats!

Les images de Phocas et de sa femme Leontia furent envoyées à Rome, et furent reçues avec beaucoup de respect par le peuple, et, il est pénible de le dire, par Grégoire lui-même! On ne peut supposer que l'évêque de Rome ne connût pas le caractère personnel de Phocas, qui était extrêmement méchant et corrompu; mais bien que les événemens qui venaient de se passer à Constantinople eussent sans aucun doute été racontés en détail dans les récits qui étaient parvenus à Rome,

Grégoire écrivit une lettre de félicitations à l'usurpateur, et évita avec soin de rien dire de circonstances qui n'auraient pas dû échapper au blâme d'un fidèle pasteur chrétien, et insista seulement sur la main adorable de la Providence divine qui change les temps, et dispense les royaumes selon qu'il lui plaît. Il se réjouit de l'espérance prématurée d'une administration sage, juste et pieuse. Il fait modestement quelques allusions aux grands abus du dernier règne, et exhorte Phocas à les réparer, lui rappelant qu'un empereur romain commande à des hommes libres et non à des esclaves [1]. Telle est la substance de cette lettre honteuse, qui ne peut qu'affliger le vrai chrétien, tandis qu'elle fournit un prétexte de triomphe aux ennemis de la vérité.

Dans une lettre à Leontia, Grégoire manifeste une déplorable superstition. Il parle de l'apôtre Pierre, lui rappelle le texte sur la fausse interprétation duquel repose tout l'édifice de la papauté [2] et de l'intercession de Pierre dans le ciel. Il prie pour qu'elle et son mari soient doués des vertus convenables aux princes, et exprime, sinon avec flatterie, du moins avec une trop grande confiance, l'espérance des bienfaits que va répandre la nouvelle administration.

Phocas était mécontent de Cyriaque, l'évêque de Constantinople, parce qu'il avait manifesté un généreux intérêt pour les branches de la famille de Maurice qui subsistaient encore; et tandis qu'il recherchait au loin la faveur de Grégoire et des Romains, il tyrannisait ceux qui l'entouraient. Grégoire mourut l'année qui suivit la promotion de Phocas; il n'eut peut-être pas le temps de bien connaître son caractère, et il était lui-même telle-

---

[1] Liv. XI, ep. 36. — [2] Matt., XVI, 18.

ment accablé de chagrins et d'infirmités, qu'il devint de moins en moins, jusqu'à sa mort, capable de s'occuper d'affaires. S'il avait eu plus de temps et plus de forces, il faut espérer qu'il aurait parlé au tyran de manière à faire tomber le blâme qu'il s'était justement attiré. Celui qui avait repris ouvertement Maurice n'aurait certainement pas dû épargner son meurtrier, dont la conduite était bien plus blâmable [1].

Telles que sont les choses, la vérité exige de nous que nous reconnaissions que Grégoire sanctionna jusqu'à un certain point, par son silence, l'odieuse conduite de Phocas.

CHAPITRE VII.

CONDUITE DE GRÉGOIRE PAR RAPPORT A L'ANGLETERRE. [2]

Durant le cinquième et le sixième siècle, les Saxons détruisirent tout vestige de christianisme dans la plus grande partie de l'Angleterre, et établirent à la place leurs superstitions payennes; mais dans la province de Cornouailles et dans le

[1] Phocas ôta le titre d'évêque universel au prélat de Constantinople, et l'accorda à Boniface III, qui remplaça le successeur de Grégoire. Après la mort de Phocas, l'évêque de l'Orient reprit ce titre. Les évêques de Rome et de Constantinople le conservèrent tous les deux, et luttèrent pour la prééminence avec une égale ambition.

[2] Il est convenable d'avertir le lecteur que ce qui est dit dans le chapitre des missionnaires de Grégoire et d'autres circonstances relatives à l'Angleterre, diffère de ce qu'a écrit sur ce sujet M. Milner. Le témoignage réuni des meilleures autorités, anciennes et modernes, devait être préféré aux vues particulières qu'une opinion trop favorable de Grégoire avait suggérées à M. Milner par rapport à ces événemens. Le même motif a nécessité les mêmes modifications dans les observations relatives à Phocas, au chapitre précédent, et dans le récit des progrès de la religion dans la Grande Bretagne, que contient celui qui suit. — Ed.

pays de Galles, la religion chrétienne continua à subsister parmi le petit nombre de Bretons qui ne se laissèrent pas subjuguer par les païens, et l'on a des motifs suffisans de croire qu'il existait quelque chose de plus que la simple profession extérieure dans ces provinces retirées.

Le réveil du christianisme dans la masse de la nation sortit d'une autre source; et les écrivains monastiques ont pris de là occasion de reprocher aux Bretons d'avoir laissé leurs voisins Saxons persévérer dans les ténèbres du paganisme, sans travailler à éclairer leurs esprits en leur faisant connaître les vérités de l'Evangile. Mais l'on répondit à cela : « Ce reproche est injuste et peu fondé. « Les indigènes, opprimés avec cruauté par les « Saxons, pouvaient-ils devenir des instrumens « capables d'instruire ou de convertir leurs persé- « cuteurs ? S'ils avaient entrepris une œuvre sem- « blable, quel succès aurait-on pu en attendre ? « Quelles occasions avaient-ils, et comment pou- « vaient-ils s'assurer l'attention de ces hommes qui « les menaient à la boucherie comme des agneaux, « ou les forçaient à chercher un asile dans les bois « et dans les montagnes ? »

Enfin, après plus d'un siècle passé dans ce déplorable état, Ethelbert devint roi de Kent, et tua un des princes saxons les plus sages et les plus puissans; et les autres rois qui se partageaient l'Angleterre le reconnurent comme leur chef. Il avait pour femme Berthe, fille de Caribert, roi de France, qu'il épousa A. D. 570. Les parens de Berthe s'étaient d'abord refusés à cette union avec un prince idolâtre et païen. Ils donnèrent à la fin leur consentement, parce qu'Ethelbert promit de laisser à Berthe le libre exercice de sa religion, et lui permit

---

* Warner, Hist. ecclés. d'Angleterre, liv. II, page 39.

de choisir des ministres chrétiens pour l'accompagner en Angleterre. Le roi saxon exécuta ponctuellement ces conditions, et une église bâtie dans le temps des Romains, à l'est de Cantorbery, fut de nouveau consacrée au culte chrétien. Berthe était une femme pieuse et prudente, sa conduite était digne des principes qu'elle professait, et elle usa de son influence sur son mari pour soutenir la vérité. Elle ne paraît pas avoir été inférieure en piété à la reine Clotilde, qui avait été une si grande bénédiction pour la France. D'après toutes ces circonstances et d'après les lettres de Grégoire, il paraît que l'attention des Saxons qui habitaient cette portion de la Grande-Bretagne s'était fixée sur cette pieuse reine et sur la religion qu'elle professait [1].

Les pensées de Grégoire s'étaient dirigées vers l'Angleterre avant qu'il eût été élu évêque de Rome. Se promenant un jour dans le forum, lorsqu'il n'était encore qu'archidiacre, il avait vu quelques beaux esclaves exposés en vente. Frappé de la beauté de leur taille et de leurs traits, il avait demandé de quel pays ils étaient, et on lui avait répondu qu'ils étaient natifs de l'île de Bretagne, et que les habitans de ce pays étaient païens [2]. Il éprouva dès lors un ardent désir d'annoncer les joyeuses nouvelles de l'Evangile dans ce pays, et en ayant obtenu la per-

---

[1] Gregor. Ep. liv. v, ep. 58, 59.
[2] « Hélas, dit-il, quel dommage que le prince des ténèbres règne sur des hommes qui ont des figures si éclatantes de beauté, et que de si belles têtes renferment des esprits privés de la grâce éternelle! Quel est le nom de cette nation? — Les Angles ou Angli, lui dit-on. — Ils ont véritablement des figures d'anges, et il est déplorable qu'ils ne soient pas cohéritiers des anges du ciel. De quelle province viennent-ils? — De celle de Deira, le pays de Northumberland. — C'est bien, répondit-il : *De irâ*, arrachés à la colère de Dieu, et appelés à la miséricorde de Christ. — Comment s'appelle leur roi? — Ella. — *Alleluia*, continua-t-il; on devrait chanter des alleluia à Dieu dans ces contrées.

mission de l'évêque de Rome, il se mit en route ; mais le clergé et le peuple de Rome avaient trop d'attachement pour Grégoire pour consentir à ce qu'il s'éloignât, et d'après leurs pressantes sollicitations, il fut rappelé. Il n'oublia pourtant pas l'île de Bretagne : un moment plus favorable était arrivé ; l'exemple et les efforts de la reine Berthe avaient fait quelque impression sur les esprits du peuple, et d'après une lettre écrite par Grégoire à cette princesse, il paraît que son mari était assez disposé à recevoir l'Evangile.

L'an 597, Grégoire envoya dans l'île de Bretagne un certain nombre de moines, à la tête desquels était Augustin, et les chargea de l'œuvre importante d'une mission dans ce pays païen. Ils s'y rendirent par terre, et en traversant la France ils entendirent des rapports faux et exagérés sur les difficultés et les dangers qui les attendaient. A cette époque la foi, le zèle et la simplicité d'un missionnaire chrétien étaient devenus bien rares, et ces vertus ne se manifestèrent certainement pas chez les moines choisis par Grégoire. Augustin retourna à Rome pour demander à l'évêque de les dispenser de cette mission, mais Grégoire lui persuada de marcher en avant, et écrivit à ses compagnons pour les exhorter à travailler à accomplir la grande œuvre à laquelle la grâce de Dieu les avait appelés [1]. Il écrivit aussi à Ethérius, évêque d'Arles, au roi de France, et à d'autres grands personnages, pour leur recommander ses missionnaires. Ainsi encouragés, et pourvus d'interprètes, ils continuèrent leur voyage et arrivèrent en sûreté dans l'île de Bretagne [2]. Entre autres conseils, Grégoire engagea Augustin à rechercher l'assistance de quelques ecclésiastiques français, et lui

---

[1] Gregor. Ep. liv. IV, ep. 57. — [2] Bède, liv. I, chap. 23, 24.

recommanda de faire usage de la liturgie et des rites de Rome ou de ceux de la France, selon qu'il le trouverait le plus convenable. Il paraîtrait, d'après cela, que le christianisme, introduit par la reine Berthe et par ses prêtres français, avait déjà fait quelques progrès.

Les missionnaires débarquèrent dans l'île de Thanet, au royaume de Kent. Augustin envoya quelques uns de ses compagnons informer le roi Ethelbert de leur arrivée, et lui annoncer qu'ils lui avaient apporté les meilleures nouvelles du monde [1]. Le roi leur fit dire d'attendre son arrivée, et quelques jours après il se rendit dans cette île. Il est probable qu'il était résolu à accueillir favorablement Augustin et ses compagnons, mais qu'il ne jugeait pas convenable de manifester trop promptement cette disposition. Il s'établit au milieu d'un champ, et fit engager les missionnaires à venir le trouver, et nous voyons ici combien l'on s'était éloigné de la simplicité qui existait aux jours des apôtres. Augustin fit marcher en procession ses compagnons, qui portaient une croix d'argent et une bannière sur laquelle était peint le Sauveur, et les moines s'avancèrent avec beaucoup de pompe et en chantant des litanies. Le roi les engagea à s'asseoir, et Augustin délivra son message, prêchant avec beaucoup de zèle et d'énergie. Le roi répondit : « Vous m'apportez de belles paroles et de belles
« promesses, mais comme ce sont là des choses nou-
« velles et incertaines, je ne puis leur donner mon
« assentiment, ni abandonner les pratiques religieu-
« ses que toute la nation des Anglais a si long-temps
« observées ainsi que moi. Cependant, comme vous
« êtes venus d'un pays éloigné, et que je crois dé-
« couvrir que vous désirez nous communiquer des

---

[2] Bède, liv. I, chap. XXV.

« choses que vous croyez vraies et très excellentes,
« nous ne voulons pas vous rebuter, mais plutôt
« vous recevoir d'une manière amicale, et vous
« fournir tout ce qui vous sera nécessaire; et nous
« ne vous empêchons pas d'unir à la foi en votre re-
« ligion tous ceux que vous pourrez persuader par
« la prédication ». Il avait déjà vu chez la reine les
bons effets que produit la croyance au christianisme.

Ethelbert permit alors à Augustin et à ses compagnons de s'établir à Cantorbery, et il ordonna
qu'on leur fournît tout ce qu'il leur fallait pour
leur subsistance. Warner dit à ce sujet : « Ces fa-
« veurs furent-elles l'effet de la bénédiction de Dieu
« sur le discours et le projet d'Augustin, ou bien le
« résultat des sollicitations de la reine et du roi de
« France, parent et allié d'Ethelbert? ou bien en-
« core vinrent-elles du désir qu'avaient les Anglais
« eux-mêmes de recevoir l'Evangile? C'est là ce qu'à
« cet intervalle de temps il n'est pas possible et serait
« peut-être peu utile de déterminer d'une manière
« précise[1]. » Nous lisons dans les Ecritures que Dieu
tient dans ses mains le cœur des rois et qu'il l'in-
cline comme il lui plaît (Prov. xxi, 1). Ce qu'il
y a de certain, c'est que cette réception favorable
fut l'œuvre de Dieu; mais il ne nous convient pas
de décider quel fut l'instrument qu'il se plut à employer pour amener les habitans de cette île à la
connaissance de la vérité.

Augustin se rendit à Cantorbery, et eut encore
recours à la pompe et à l'apparat pour faire impression sur ce peuple païen. Il entra dans la ville avec
sa croix élevée et sa bannière déployée, ses compagnons marchant en procession et chantant une
litanie qu'avait composée Grégoire, lors de la grande
peste qui avait désolé Rome.

---

[1] Warner, liv. ii, page 42.

Ces missionnaires continuèrent à suivre la marche qu'annonçaient de semblables commencemens. Ils pratiquèrent les austérités et les cérémonies qui étaient en usage dans l'église de Rome; mais nous pouvons croire qu'ils prêchaient aussi ces doctrines de vérité qui n'étaient pas encore tout-à-fait obscurcies, aussi bien que ces principes de l'Evangile que nous avons vus exposés dans les écrits de Grégoire qui les envoyait. On reconnut bientôt le bon effet de ces vérités qui avaient déjà été annoncées jusqu'à un certain point sous l'influence de la reine Berthe. Augustin et ses compagnons prièrent, prêchèrent et tinrent leurs assemblées dans l'église que l'on avait donnée à la reine. Plusieurs des courtisans assistèrent à ces services et embrassèrent la religion chrétienne, et quelque temps après le roi lui-même renonça à ses idoles et fut baptisé [1]. L'exemple du roi fut suivi par des multitudes de ses sujets; plusieurs des temples païens furent transformés en églises, et Augustin et ses compagnons se trouvèrent solidement établis; mais, comme le font remarquer les historiens, il manifesta un esprit d'ambition et d'arrogance très peu compatible avec le saint caractère dont il était revêtu, et avec l'œuvre pour laquelle il avait été envoyé.

Les progrès rapides du christianisme dans le royaume de Kent firent supposer à Augustin que les efforts de ses compagnons seraient partout accompagnés du même succès. Empressé de se faire donner le gouvernement de cette église naissante, il retourna en France et se fit consacrer archevêque d'Angleterre [2]. Cet empressement déplacé d'acquérir de l'autorité sur des évêques qui étaient en fonction long-temps avant qu'il fût arrivé dans la

---

[1] Bède, liv. I, chap. XXVI. — [2] Bède, liv. I, chap. XXVII.

Grande-Bretagne, et de s'assurer la primauté sur d'autres qui n'étaient pas encore nommés (car on n'en avait encore choisi aucun dans les royaumes saxons), montre bien qu'il était animé d'un esprit ambitieux et dominant, bien éloigné des dispositions qu'auraient manifestées les apôtres dans une semblable situation.

Augustin envoya alors Laurent et Pierre, deux de ses compagnons, à Grégoire, pour l'informer de ses succès, et obtenir des réponses à diverses questions qui se rapportaient à la direction des affaires de l'église sur laquelle il s'arrogeait ainsi une autorité supérieure. Plusieurs auteurs ont cité ces questions et les réponses qu'y fit Grégoire [1]. Il suffira de dire ici qu'elles étaient frivoles ou peu convenables; quelques unes méritaient même d'être caractérisées d'une manière beaucoup plus sévère, et il est impossible de se former une bien haute idée de la piété ou des principes chrétiens du pontife et du missionnaire, dont l'un pouvait faire sérieusement de pareilles questions, et l'autre pouvait y répondre sans faire sentir combien elles étaient déplacées. On est pourtant bien aise de voir Grégoire, dans sa réponse aux questions d'Augustin sur les rites et les cérémonies qu'il devait établir en Angleterre, montrer un degré de modération que n'imitèrent pas long-temps ses successeurs; il écrivit à Augustin qu'il le verrait avec plaisir introduire parmi les nouveaux convertis ce qui lui paraîtrait le plus convenable pour le service et pour la gloire de Dieu, soit que ce fût pratiqué dans l'église de Rome ou dans les églises de France. « Car, ajoute-t-il, on ne doit pas aimer les choses « à cause des lieux, mais on doit aimer les lieux à

---

[1] Bède, liv. I, chap. xxvii. Spelman, con. I, page 95. Le lecteur anglais trouvera ces questions tout au long dans les actes et monumens de Fox, qui contiennent plusieurs détails sur l'église d'Angleterre.

« cause des choses qui sont bonnes et religieuses ;
« choisissez ces choses-là dans toutes les églises, et
« introduisez-les dans votre culte, afin qu'elles
« puissent prendre racine dans les esprits des An-
« glais ». Ce passage suffirait seul à établir une
grande différence entre Grégoire et ses successeurs.

L'ambition d'Augustin se manifesta encore par la question qu'il fit sur la manière dont il devait se conduire envers les évêques de France, et envers ceux des anciennes églises de l'île de Bretagne qui existaient encore. Quant aux premiers, Grégoire lui dit qu'il ne devait intervenir en rien dans leurs affaires ; mais quant aux autres, il les confia entièrement à ses soins, lui recommandant d'instruire les ignorans, d'affermir les faibles, et de corriger les esprits pervers et obstinés. Grégoire s'attribuait certainement ainsi une puissance qu'il ne pouvait appuyer ni sur aucun passage de l'Ecriture ni sur l'exemple des apôtres ; nous reconnaissons à de semblables prétentions les progrès de l'antechrist, et l'esprit dominant d'Augustin ne s'accommodait que trop bien d'autorisations de ce genre. Il se prévalut aussitôt de ces directions, que Grégoire lui avait évidemment données sans informations suffisantes, et sans bien connaître les dispositions de l'individu qu'il élevait en puissance, et rien ne peut justifier cette usurpation d'autorité si peu chrétienne sur l'église de la Bretagne.

Grégoire écrivit aussi une lettre particulière à Augustin pour l'encourager dans ses travaux, et lui donner plusieurs directions sur la manière dont il devait s'y prendre pour établir les formes du culte chrétien ; dans ce dessein, il lui envoya une provision considérable de vases sacrés, de vêtemens, de reliques, et d'autres objets dont l'usage s'était introduit peu à peu dans l'église de Rome.[1]

Nous ne pouvons lire sans un douloureux regret les instructions qui se rapportent aux rites religieux et aux usages idolâtres des Saxons païens. Il n'engage pas Augustin à les abolir, mais à les changer jusqu'à un certain point, et à les introduire dans le culte chrétien! Voici ce qu'il dit de quelques unes de ces fêtes païennes : « Puisqu'ils
« étaient accoutumés à offrir une grande quantité
« de bœufs aux démons, vous pouvez leur persua-
« der d'introduire ce changement dans cette so-
« lennité, qu'à l'anniversaire de la dédicace de
« leurs églises, en l'honneur des saints dont elles
« portent le nom ou dont elles contiennent les re-
« liques, ils peuvent dresser des tentes de feuillages
« autour de ces églises, et célébrer la solennité par
« de joyeux festins; et au lieu de sacrifier leurs
« bœufs aux démons, ils doivent les tuer pour les
« manger à la louange de Dieu, qui les leur a don-
« nés. Par ce moyen, en leur permettant de conti-
« nuer leurs anciennes réjouissances extérieures,
« leurs esprits seront plus facilement amenés à
« goûter des joies spirituelles! Car il serait impos-
« sible de retirer tout d'un coup à des esprits si
« grossiers et si intraitables toutes leurs anciennes
« coutumes; on ne peut les amener à la perfection
« d'un seul bond, mais peu à peu, à pas lents et
« par degrés.[2] »

---

[1] Bède, liv. I, chap. XXVIII, 33. Spelman, con. I, page 81.
[2] Bède, liv. I, chap. XXX. Warner, liv. II, page 49. On conserva ainsi plusieurs coutumes païennes qui furent censurées par le concile de Calcuith, près de deux cents ans après; mais il en existe encore des traces; elles ont donné lieu à bien des superstitions qui se sont perpétuées, et aux fêtes et aux foires qui se tenaient et se tiennent encore aux anniversaires de ces dédicaces. On est attristé quand on réfléchit à l'étendue du mal auquel cette décision de Grégoire donna lieu; et dont nous voyons encore aujourd'hui quelques effets.

Quelle distance entre de pareils conseils et les préceptes de notre Seigneur et la pratique de ses apôtres! Les églises d'Angleterre, qui avaient puisé leur christianisme à une source plus pure, avaient bien sujet de se méfier de la manière d'agir d'Augustin. Grégoire aurait-il pu concilier ses préceptes avec ces paroles de l'apôtre? « Quel accord y a-t-il « entre Christ et Bélial, et quel rapport y a-t-il du « temple de Dieu avec les idoles? C'est pourquoi « sortez du milieu d'eux, et vous en séparez, dit « le Seigneur, et ne touchez point à celui qui est « impur. » (II. Cor. vi.)

Ce que nous venons de dire suffit pour signaler le caractère général du christianisme introduit en Angleterre par Augustin, sous les auspices de Grégoire. Nous pouvons espérer que Dieu se servira de ces prédications pour sauver les âmes de quelques individus; mais il est évidemment inutile de suivre dans leurs détails les conversions opérées par Augustin, ou de répéter les prétendus miracles par lesquels, au dire des auteurs monastiques, sa mission fut confirmée. Il est cependant important d'insister sur la persévérance délibérée avec laquelle il s'efforça d'assujettir à sa juridiction les anciennes églises de l'île de Bretagne.

Ayant obtenu une conférence avec les évêques bretons, il leur proposa de s'unir à lui et à son clergé, dans leurs efforts pour convertir les Saxons païens; mais il commença artificieusement par y mettre la condition qu'ils se conformeraient aux usages de l'église de Rome quant à l'époque de la célébration de la fête de Pâques (qui dans certaines années différait de quelques jours de la règle observée par les églises de Bretagne), et qu'ils adopteraient aussi les autres rites et les cérémonies en usage à Rome [1]. Le clergé breton ne voyait aucun motif pour des concessions qui l'auraient soumis à la domination d'un évêque étranger; les exhortations d'Augustin furent inutiles [2]. Il eut recours à un prétendu miracle, et un aveugle recouvra en apparence la vue par ses prières. Un tel miracle, opéré dans un tel but, n'exige pas de commentaire. Comme il ne fit aucune impression sur les chrétiens bretons, il n'en doit faire aucune sur nous, si ce n'est de nous exciter à déplorer la conduite d'Augustin.

Les Bretons convinrent de réfléchir aux propositions d'Augustin, et d'avoir avec lui une seconde conférence; ils virent que c'était là une affaire d'autant plus importante, que le roi Éthelbert y avait pris une assez grande part pour que leur refus pût les exposer à son déplaisir, et qu'il était alors reconnu comme le chef de tous les autres rois saxons. Dans cet embarras, ils s'adressèrent à un ermite ou anachorète qui était très estimé, à cause de sa sagesse et de sa piété, et lui demandèrent s'ils devaient abandonner les coutumes de leurs ancêtres pour adopter celles que voulait introduire Augustin. L'ermite leur répondit que la simple demande d'un étranger n'était pas un motif suffisant pour justifier ces changemens; mais que, comme ce qu'il y avait de plus essentiel dans la religion, c'étaient l'amour et l'union, ils feraient bien de suivre ses avis, s'il était véritablement un

---

[1] La circonstance de quelques jours de différence, quant au temps où l'on célébrait la pâque, peut sembler à peine suffisante pour justifier la séparation entre l'église romaine et l'ancienne église de l'île de Bretagne; mais le lecteur doit se souvenir que ce n'était pas une cause, mais un effet. Des principes d'une plus grande importance se trouvaient compromis dans cette séparation. L'époque où l'on observait la pâque n'était qu'une marque extérieure ou une preuve qui montrait à quelle église on appartenait.

[2] Bède, liv. II, chap. II. Spel. con. I, page 104.

saint homme envoyé de Dieu. Ils lui demandèrent alors comment ils pourraient distinguer si c'était là le caractère d'Augustin. L'ermite leur dit que s'il était doux et humble de cœur, il était disciple de celui qui avait appris aux hommes à reconnaître son joug à la douceur et à l'humilité de ceux qui le portent; mais que s'il était fier et arrogant dans sa conduite, les déclarations qu'il faisait d'être envoyé de Dieu n'étaient sûrement pas bien fondées [1]. Ils désirèrent avoir un moyen d'éprouver et de discerner ses dispositions. Le vieillard leur conseilla, avec beaucoup de sagesse, de laisser arriver Augustin et ses compagnons les premiers à l'endroit où la conférence devait se tenir : « Et alors, ajouta-t-il, s'il se lève à votre
« approche et s'il vous salue avec condescendance
« et avec charité, vous le regarderez comme un
« serviteur de Christ et vous acquiescerez à ce
« qu'il désire; mais s'il vous témoigne du mépris
« et ne se lève pas pour vous, qui êtes en plus
« grand nombre que ses compagnons, gardez-vous
« de vous laisser influencer par son insolence et
« par ses réclamations, pour obtenir une autorité
« supérieure à la vôtre. »

Les Bretons se rendirent à la conférence, résolus à se conformer à ses conseils. Augustin et ses compagnons demeurèrent assis, et les reçurent avec hauteur. Les Bretons suivirent l'avis de l'ermite; ils résistèrent avec fermeté à ses argumens et à ses demandes, et lui dirent enfin clairement qu'ils n'adopteraient pas les rites de l'Église de Rome, et qu'ils ne le reconnaîtraient pas pour leur archevêque. L'esprit dominant d'Augustin se manifesta alors, et il déclara avec menaces que « s'ils ne voulaient pas accepter la paix de leurs

---

[1] Bède, liv. II, chap. II. *Voyez* aussi la réponse de Jewel à Harding, page 185.

« frères, ils devaient s'attendre à avoir la guerre
« de leurs ennemis; et que s'ils ne voulaient pas
« prêcher la parole de vie aux Anglais, ils souffri-
« raient la mort de leurs mains. » Tel est le récit
que fait Bède, historien monastique; mais les anciens auteurs bretons rapportent d'une manière plus détaillée les argumens de leur clergé.

Ils racontent que Dinoth, abbé de Bangor, s'adressa ainsi à Augustin : « Vous nous proposez
« d'obéir à l'Église de Rome; ignorez-vous que nous
« devons déjà la déférence de l'amour et de la cha-
« rité à l'église de Dieu, à l'évêque de Rome, et à
« tous les chrétiens, ce qui nous oblige à nous
« efforcer, par tous les moyens possibles, de venir
« à leur aide et de leur faire tout le bien que nous
« pouvons? Nous ne connaissons pas une autre
« obéissance envers celui que vous appelez pape,
« et celle-là nous sommes toujours prêts à la lui
« rendre. Mais quant à un supérieur, qu'avons-
« nous besoin d'aller aussi loin que Rome, lorsque
« nous sommes dirigés, après Dieu, par l'arche-
« vêque de Coerleon (dans le pays de Galles),
« qui a l'autorité de veiller sur nous et sur nos
« affaires ecclésiastiques?[1] »

On voit clairement quel était celui de ces deux partis chez lequel se faisait le plus sentir l'influence de l'esprit chrétien. Il y avait peut-être un peu de chaleur dans la réponse de Dinoth, mais on ne saurait censurer trop sévèrement les menaces vindicatives d'Augustin. Bède ajoute que
« les événemens arrivèrent comme Augustin l'avait
« prédit[2]. » Les historiens ne sont pas d'accord sur la part que prit le prophète lui-même à l'accomplissement de sa prophétie. Le fait est que peu de

---

[1] Galfridus monometensis, liv. IV, chap. XII. — [2] Bède, liv. I chap. III.

temps après, Edelfrid, roi de Northumberland, attaqua les Bretons avec une grande armée, et non seulement tailla en pièces les soldats, mais massacra les moines sans armes, qui, après trois jours passés dans les jeûnes et les actes de dévotion, s'étaient assemblés dans un champ à quelque distance de l'armée, et priaient pour que leurs compatriotes pussent triompher des ennemis qui avaient envahi leur pays. Environ douze cents de ces moines sans défense furent tués, et la prophétie d'Augustin fut accomplie. Les écrivains anglais n'hésitent pas à accuser cet ambitieux prélat d'avoir persuadé à Ethelbert de faire faire, ou du moins de conseiller cette invasion, tandis que d'autres l'ont nié avec énergie, soutenant que le massacre n'avait eu lieu qu'après sa mort. D'autres encore ont repoussé cette assertion, et ont même représenté Augustin comme ayant encouragé personnellement cette cruauté : mais lors même qu'il serait mort en effet avant que ce massacre eût eu lieu, l'invasion et les événemens qui suivirent pouvaient avoir été le fruit de ses suggestions. Quelque pénible qu'il soit de supposer Augustin capable d'une si grande méchanceté, l'évidence contre lui est forte, et l'évêque Jewel la regarde comme conclusive.[1]

Mais soit qu'Augustin ait participé à cette cruauté, ou qu'il l'ait seulement encouragée, sa conduite à d'autres égards mérite suffisamment la censure, et le signale comme s'étant déplorablement éloigné de l'esprit apostolique, et bien plus encore que Grégoire lui-même, qui, nous devons le faire remarquer, mourut avant l'événement

---

[1] Défense de l'apologie par Jewel, cinquième partie, page 493. Il cite plusieurs auteurs anciens, et termine en disant: « Il paraît de là que cet Augustin n'avait pas seulement allumé cette cruelle guerre, mais qu'il vivait encore et qu'il était présent dans l'armée!!! »

que nous venons de rapporter, et même avant la dernière conférence entre Augustin et le clergé breton. Si l'on avait fidèlement rapporté à Grégoire ce qu'avait fait son missionnaire, nous pouvons espérer qu'il l'aurait sévèrement blâmé, et cependant sa conduite envers Phocas, usurpateur et meurtrier, peut bien nous porter à douter si son penchant pour la domination spirituelle ne l'eût pas engagé à passer par-dessus ce qu'il y avait d'anti-chrétien dans les actions d'Augustin.

On peut terminer cette courte esquisse de la conduite de Grégoire envers l'Angleterre par les paroles d'un historien anglais. « Nous avons maintenant fini avec Augustin. Il trouva dans ce pays « une religion simple pratiquée par les Bretons, « dont quelques uns vivaient dans le mépris, et « un beaucoup plus grand nombre dans l'igno« rance des vanités mondaines, dans un pays sté« rile, où sûrement l'atmosphère est plus favorable « à la piété, et où elle peut moins se charger de « plaisirs terrestres. Il y apporta une religion tissue « d'un fil plus grossier, bien qu'entourée d'une « plus riche bordure, et rendue agréable aux sens « par des cérémonies magnifiques, de sorte que « bien des gens qui ne pouvaient pas juger de « son excellence, furent attirés par son éclat ap« parent. [1] »

CHAPITRE VIII.

OUVRAGES DE GRÉGOIRE.

GRÉGOIRE, usé par les travaux et par les maladies, mourut l'an 604[2], après avoir été évêque de

---

[1] Fuller, liv. II, cent. VII, sect. 26. — [2] Fleury, vol. VIII, liv. XXXVI, 51.

Rome pendant treize ans et demi. S'il avait vécu dans notre siècle, il aurait sûrement vu avec étonnement, d'un côté l'esprit mondain de plusieurs de ceux qui portent le titre de pasteurs chrétiens, et de l'autre l'impiété de nombreux incrédules, qui se moquent continuellement des hommes religieux.

Son esprit, naturellement vigoureux et actif, aurait peut-être secoué la crédulité et la morosité de la superstition ; mais il aurait été étonné d'entendre des gens qui n'ont qu'une instruction superficielle, élever de pompeuses prétentions à la philosophie. Il aurait examiné les fruits, et n'aurait pu comprendre comment l'on peut appliquer le titre de philosophe à des sceptiques, à des blasphémateurs, à des athées, à des niveleurs, et à des sensualistes. Il aurait tâché d'arrêter le torrent; il y aurait employé sa fermeté et son habileté, en se servant de la voix de la discipline dans laquelle il excellait ; il se serait consolé par les pensées d'un meilleur monde, et aurait agi de tout son pouvoir par l'exemple d'une vie sainte, par des prédications assidues, et par de pieux écrits.

Nous possédons plusieurs de ceux qui sont sortis de sa plume. Il se distinguait surtout dans les compositions de dévotion. Avant lui on avait déjà employé les litanies en Occident dans les temps calamiteux, comme durant la peste ou la famine. Il rassembla ces litanies, choisit ce qu'il y avait de mieux, et en compila une grande litanie qui ne diffère pas beaucoup de celle qu'emploie encore aujourd'hui l'église anglicane. Elle se corrompit plus tard sous le papisme, fut corrigée par Hermanus, archevêque de Cologne, dans le temps de Luther, et fut ensuite améliorée par les réformateurs anglais.

Dans son sacramentaire, Grégoire fit un corps

des collectes ou prières de l'Eglise, perfectionna les anciennes, ou en fit de nouvelles. Avant lui, Gélase avait institué des prières publiques composées par lui ou par d'autres. Elles furent toutes placées dans les offices par Grégoire. En comparant le livre de prières de l'église anglicane avec son sacramentaire, il est évident que presque toutes les collectes pour les dimanches et les principales fêtes, ont été tirées du dernier. Il est impossible de déterminer exactement dans quel temps certaines portions de la liturgie ont été écrites, mais on ne peut douter qu'elles ne remontent à une haute antiquité [1].

Nous trouvons là une preuve historique de l'esprit religieux de cette époque. L'église d'Occident était bien loin d'être entièrement corrompue à la fin du sixième siècle. Les doctrines de la grâce ranimées par Augustin dominaient encore: la vraie piété était, il est vrai, encombrée de beaucoup de superstition; mais elle était pourtant vigoureuse. L'usage perpétué de ces liturgies dans les églises d'Occident présente le témoignage de l'antiquité en faveur de la doctrine évangélique.

Nous n'avons pas besoin d'ajouter d'autres citations des épîtres de Grégoire aux nombreux extraits qui nous ont fourni des matériaux pour son histoire.

Son commentaire du livre de Job est très volumineux. Dans une lettre à Léandre qui lui sert de préface, il parle du triple sens, selon les idées d'Augustin et avec assez d'exactitude; cependant la passion du système l'entraîne si loin qu'il laisse quelquefois de côté le sens littéral, d'après la dan-

---

[1] Cette ode, si belle et si sublime, qu'on appelle *Te Deum*, et qu'on attribue à Ambroise, bien qu'on n'ait pas de certitude à cet égard, était incontestablement en usage dans l'Eglise avant le milieu du sixième siècle.

gereuse méthode d'Origène. Peu de lecteurs auront le courage de lire tout l'ouvrage, qui est puissamment écrit, mais qui manque entièrement d'élégance.

Quelques citations du commentaire sur le cantique de Salomon plairont aux esprits qui connaissent spirituellement Jésus-Christ, tandis que les profanes seront tentés de les tourner en ridicule et que les tièdes les blâmeront. Un esprit d'union avec Christ a toujours subsisté dans son Eglise.

Il s'exprime ainsi sur le premier verset du Cantique des cantiques, « Que celui que j'aime par-
« dessus tout, et même uniquement, vienne à
« moi, et qu'il me fasse sentir la douceur de son
« inspiration. Car lorsque je sens son influence,
« par un changement subit je me quitte moi-
« même, mon âme se fond, et je suis transformé
« à sa ressemblance. L'esprit qui est saint est
« dégoûté de tout ce qu'il ressent et qui vient
« du corps; il désire devenir entièrement spiri-
« tuel; et tandis que les objets sensibles murmu-
« rent autour de lui, il s'envole vers les choses
« spirituelles pour y chercher un refuge. Voilà
« pourquoi il désire la gratuité du Seigneur, parce
« que sans elle il ne se sent aucune puissance pour
« s'approcher de lui. »

Sur les paroles « Tire-moi, que nous courions
« après toi, » il fait cette remarque : « La grâce
« divine nous prévient ; celui qui est tiré court,
« parce qu'étant fortifié par l'amour divin, il passe
« par-dessus tous les obstacles. »

On pourrait extraire des ouvrages de Grégoire beaucoup de passages dans le genre de celui que nous allons citer : « Ceux qui sont les plus avan-
« cés dans la contemplation divine sont générale-
« ment ceux qui sont le plus accablés de tenta-
« tion. Par la première, l'âme est élevée à Dieu;
« par la seconde, elle est refoulée en elle-même.

« S'il n'en était pas ainsi, l'esprit tomberait dans
« l'orgueil ; la direction divine établit un mer-
« veilleux tempérament à ce sujet, afin que le
« saint ne soit pas élevé trop haut et qu'il ne
« tombe pas trop bas.[1] »

Voici comment il s'exprime sur ces paroles de l'évangile de saint Jean : « Il (le Saint-Esprit)
« vous enseignera toutes choses : Si le Saint-Esprit
« n'est pas avec le cœur de l'auditeur, la parole
« de celui qui enseigne demeure stérile. Que
« personne n'attribue à celui qui parle ce qu'il
« entend de sa bouche ; car, à moins qu'il n'y ait
« un docteur intérieur, la langue du docteur ex-
« térieur s'agite en vain. Pourquoi y a-t-il une
« telle différence entre les sensations des audi-
« teurs qui entendent tous les mêmes paroles ?
« On doit l'attribuer à cet enseignement spécial.
« Jean lui-même, dans son épître, déclare la
« même chose : « L'onction vous enseigne toutes
« choses[2]. »

Il est évident que l'esprit du Seigneur ne s'était pas encore entièrement retiré des individus immédiatement unis à la hiérarchie romaine, puisque ses instructions intérieures, méprisées par les profanes et discutées avec une si froide subtilité par plusieurs soi-disans orthodoxes de nos jours, étaient considérées par Grégoire avec tant de simplicité et de respect.

Ses dialogues, s'ils sont véritablement de lui ou s'ils n'ont pas été défigurés par un grand nombre d'interpolations, ne font pas honneur à sa mémoire ; car on y trouve les preuves d'une excessive superstition.

Bien que ce soit la vérité, ce ne serait pas dire assez à la louange du premier des Grégoire que

---

[1] Tom. II. Homélie sur Ezéchiel, XIV. — [2] Tom. II, page 451.

d'affirmer qu'il eût été avantageux à l'Église romaine qu'il eût été le dernier de ce nom.[1]

CHAPITRE IX.

AUTEURS DU VIe SIÈCLE.

FULGENCE fut l'ornement de ce siècle à son commencement et Grégoire à sa fin, et il ne produisit pas d'autres auteurs d'un mérite égal à celui de ces deux hommes ; le déclin de l'érudition et des talens était alors si grand que cet article sera fort court.

Ennodius, évêque de Pavie, écrivit contre ceux qui affirmaient que l'homme ne pouvait choisir que le mal. Dans une ignorance grossière de la liaison et du but de l'argument de saint Paul, il cite ces paroles de l'épître aux Romains (ch. VII), comme favorables à ses vues : « J'ai bien la vo-« lonté de faire ce qui est bon; mais je ne trouve « pas le moyen de l'accomplir, » attribuant ainsi à l'homme, comme tel, ce que l'apôtre comprend évidemment dans la description de l'homme régénéré. Il soutient que l'homme, par sa nature, a la puissance de se tourner vers Dieu, et il tire de la doctrine contraire les mêmes conséquences que les avocats de la doctrine du libre arbitre lui ont attribué, dans tous les siècles, depuis les jours de

---

[1] On a de justes motifs de croire à la piété personnelle de Grégoire ; mais ce n'est pas une raison pour pallier ses défauts. Campbell dit très bien, en parlant de ses dispositions comme homme public et politique : « Son but n'était pas tant de convertir les hommes du péché à Dieu, et du vice à la vertu, que de les amener à tout prix dans ce qu'on appelle l'enceinte de l'Église, et par conséquent sous la domination de son chef; de les attirer de la profession du paganisme à la profession du christianisme. Pourvu que ce but fût atteint, il s'inquiétait peu qu'ils demeurassent encore plus d'à moitié païens ». — Ed.

Cicéron, qui, et cela est assez remarquable, raisonne exactement comme eux.

D'un autre côté, Jean Maxence, moine scythe, soutenu par quelques autres moines, ses frères, défendit vigoureusement les doctrines de la grâce. On trouve cette phrase dans une confession de leur foi : « Depuis l'entrée du péché dans le monde, « le libre arbitre n'a par lui-même d'autre pouvoir « que celui de choisir quelque bien et quelque plai- « sir charnel, et il ne peut rien désirer, rien vou- « loir, ni rien faire pour la vie éternelle, que par « l'opération du Saint-Esprit [1]. » Cette confession semblerait annoncer une connaissance distincte de la corruption du cœur.

Maxence et ses frères furent très mal traités par Hormisdas, évêque de Rome, politique habile et hardi qui n'a laissé aucune preuve de ses connaissances théologiques et de sa piété pratique; il les accusa de turbulence et de présomption, et après un an de séjour à Rome ils en furent éloignés par son ordre. Hormisdas ne mit en avant lui-même aucune opinion sur ce sujet; il ne l'avait probablement jamais étudié, mais il agit d'une manière impérieuse et décisive. Maxence avait écrit avec énergie pour soutenir les doctrines de la grâce, et il est à regretter qu'on n'ait pas des informations plus étendues sur un homme qui fut jugé digne de souffrir l'opprobre pour la foi de Christ. La controverse entre les champions de la grâce et de la puissance de l'homme était toujours animée, et ce sujet divisait encore les chrétiens de l'Occident.

Le nom de Facundus, évêque d'Hermiana, en Afrique, mérite de trouver place ici, à cause d'une phrase de ses écrits : « Le fidèle, en rece-

---

[1] Dupin, siècle vi.

« vant le sacrement du corps et du sang de Jésus-
« Christ, reçoit son corps et son sang; non pas
« que le pain soit proprement son corps ni la
« coupe son sang, mais parce qu'ils contiennent
« en eux le mystère du corps et du sang de Jésus-
« Christ [1]. » C'est là un témoignage bien clair
contre la transubstantiation.

On doit à Grégoire de Tours des renseignemens
historiques sur l'Église d'Occident, et à Évagre
sur celle d'Orient; ces deux historiens sont peu
judicieux, et manquent d'élégance : ils avaient le
goût littéraire de ce siècle.

Nous avons déjà parlé du second concile d'Orange
et de l'esprit évangélique qui s'y manifesta : dans
le second concile de Mâcon, on montra beaucoup
de sollicitude pour l'exacte observation du jour
du Seigneur. « Que personne ne s'occupe d'aucune
« affaire ce jour-là, dirent les membres de cette
« assemblée; que personne ne mette les bœufs sous
« le joug et ne poursuive des procès, mais que tous
« s'appliquent à chanter les louanges de Dieu. » On
décréta des peines contre ceux qui profaneraient
le sabbat; on éloignait du tribunal un avocat coupable de cette faute, et les paysans ou les esclaves
devaient être condamnés à recevoir un certain
nombre de coups. On exhorta aussi les chrétiens à
passer en prières la soirée du dimanche, et l'on
défendit aux évêques d'entretenir des oiseaux de
proie ou des chiens pour la chasse ; on décida
qu'il y aurait un synode, tous les trois ans, dans
une ville désignée par l'évêque de Lyon et par le
roi Gontran. Les objets qui fixèrent l'attention de
ce concile prouvent qu'il y avait encore en France
quelque attachement à la vraie piété.

[1] Dupin, *Facundus.*

FIN DU SIXIÈME SIÈCLE.

SEPTIÈME SIÈCLE.

CHAPITRE PREMIER.
ÉGLISE D'ANGLETERRE.

Dans le siècle qui va nous occuper, et qui fut généralement stérile et peu intéressant, la Grande-Bretage brilla d'un vif éclat. Comme elle formait un monde à part, ses affaires ecclésiastiques se liaient peu à celles du continent; nous pouvons donc, sans inconvénient, les considérer séparément. Nous prendrons pour guide Bède, dont le récit s'étend jusqu'à l'an 731. Bien que son histoire contienne beaucoup de choses fabuleuses et superstitieuses, elle a pourtant du prix, en ce qu'elle est la seule lumière que nous ayons sur les progrès de l'Évangile en Angleterre pendant plusieurs générations, et quelques rayons de vérité, de piété et de bon sens percent de temps en temps dans cette histoire au milieu des nuages des romans de la légende.

Après la mort d'Augustin, Laurent, qu'il avait consacré, lui succéda dans le siége de Cantorbery. Il marcha sur les traces de son prédécesseur[1]. Désireux d'établir une unité nominale, il travailla, comme avait fait Augustin, à amener les églises bretonnes à la conformité avec les églises de Rome. Il était poussé par le même esprit subtil d'ambition égoïste qui s'est manifesté chez un trop grand nombre d'hommes excellens dans tous les siècles, et qui opère souvent imperceptiblement par la puissance du péché qui habite en nous.

Laurent travailla, de concert avec Mellit, évê-

[1] Bède, liv. II, chap. IV.

que de Londres, et Juste, évêque de Rochester, à amener les *Scots* « qui habitaient l'Irlande ¹ » à la conformité avec l'église anglaise. Les trois prélats leur écrivirent dans ce but, et s'annoncèrent comme envoyés par le siége de Rome pour propager l'Evangile parmi les nations païennes. Laurent se plaignit de la bigoterie d'un certain évêque irlandais qui vint à Cantorbery, et qui refusa de manger à la même table et même dans la même maison que lui. L'archevêque ne put réussir à persuader aux Bretons ou aux Irlandais d'entrer dans ses vues. « Les « temps présens eux-mêmes, dit Bède, attestent « combien il eut peu de succès. » En effet, à l'époque où Bède termine son histoire, la plupart des églises bretonnes demeuraient encore séparées. Les évêques de Rome continuèrent à surveiller celles qui s'étaient nouvellement établies en Angleterre, et tant qu'Ethelbert vécut, l'Evangile prévalut, au moins nominativement. Ce prince mourut après un règne de cinquante-six ans, et après avoir professé le christianisme pendant vingt et un ans, et il fut enterré auprès de la reine Berthe, qui l'avait précédé dans la tombe. Entre autres bienfaits dont les évêques lui furent redevables était un code de lois composé d'après l'exemple des Romains ; ce code était encore en vigueur du temps de Bède, et il était *particulièrement* destiné à protéger les personnes et les propriétés des ecclésiastiques. ²

Edbald, son fils et son successeur, non seulement méprisa le christianisme, mais entretint des liaisons incestueuses avec la femme de son père. A son exemple, tous ceux qui n'avaient embrassé l'Évangile que par des motifs d'intérêt, retombèrent

---
¹ Ce sont les propres paroles de Bède ; elles prouvent que les Irlandais étaient anciennement appelés Scots.
² Bède, id. chap. v.

dans l'idolâtrie. Sabereth, roi des Saxons orientaux, qui avait suivi l'exemple d'Ethelbert, étant mort, ses trois fils héritèrent conjointement de son royaume. Ils revinrent aussitôt à l'idolâtrie, qu'ils avaient un peu abandonnée pendant que leur père vivait, et ils encouragèrent leurs sujets à les imiter. Ces princes voyant Mellit, évêque de Londres, distribuer le pain de l'eucharistie dans l'église, demandèrent pourquoi ils ne leur donnait pas de ce pain, comme il l'avait fait pour leur père, et comme il le faisait alors pour le peuple. Mellit leur répondit que s'ils voulaient être baptisés comme l'était leur père, ils pourraient avoir part à ce pain sacré, mais que s'ils méprisaient ce premier sacrement, on ne pouvait les laisser participer au second. Ils refusèrent le baptême, et continuèrent à insister pour recevoir la cène du Seigneur. En vain Mellit leur fit de sérieuses représentations : ils entrèrent en fureur et lui dirent : « Si vous refusez de nous complaire dans « une chose si facile, vous ne resterez pas dans « notre province. » Ils lui ordonnèrent donc de s'éloigner ainsi que ses compagnons.

Mellit, ainsi chassé, vint dans le Kent pour consulter Laurent et Juste. Les trois évêques résolurent de quitter le pays, afin de pouvoir servir Dieu en liberté dans quelque autre lieu, plutôt que de rester sans fruit au milieu de leurs ennemis. Mellit et Juste se retirèrent d'abord en France, abandonnant ainsi leurs troupeaux quand l'heure de l'épreuve fut venue ! Peu de temps après, les trois princes furent tués dans une bataille.

Laurent, qui avait l'intention de suivre les deux autres évêques, se retira dans la cathédrale durant la nuit. Le lendemain matin il rendit visite au roi, qui, saisi d'horreur à la pensée de ses crimes, et reculant en se voyant en danger de perdre pour jamais ses instituteurs chrétiens, l'engagea à rester, réforma sa conduite, fut baptisé, et devint un zélé protecteur de la profession du christianisme.[1]

Edbald résolut de montrer la sincérité de son zèle. Il rappela Mellit et Juste de France, après un an d'exil. Laurent étant mort, Mellit fut nommé troisième archevêque de Cantorbéry, et Juste continua à gouverner l'église de Rochester.

L'Angleterre était toujours soumise à l'heptarchie saxonne, c'est-à-dire divisée en sept royaumes, souvent en guerre les uns avec les autres et avec les anciens Bretons indigènes, et ils faisaient de cette île le théâtre des scènes les plus déplorables. L'Évangile fut alors introduit dans le nord où régnait Edwin, roi des Northumbriens, et une femme devint encore une fois un instrument béni pour faire connaître le christianisme à un roi son époux, et à un grand nombre de ses sujets. Edwin avait envoyé demander à Edbald sa sœur Edelburge ou Tate en mariage[2]. Le prince répondit avec une sincérité chrétienne qu'il ne pouvait pas marier sa sœur à un païen. Edwin répondit qu'il accorderait une pleine liberté de conscience à la princesse et à ceux qui l'accompagneraient, et ajouta que lui-même embrasserait la même religion, si elle lui paraissait plus digne de Dieu. Edbald consentit alors à envoyer sa sœur dans le Northumberland[3], ac-

---

[1] Bède, chap. VI. Il n'est pas nécessaire de rapporter ici l'histoire de l'apparition de saint Pierre, qui frappa, dit-on, Laurent de coups pendant la nuit dans l'église, et lui reprocha sa lâcheté; on prétend que ce fut là ce qui l'engagea à aller trouver Edbald le lendemain, et que le roi fut saisi de remords à la vue des meurtrissures de l'évêque. Des histoires de ce genre étaient innombrables dans ce temps-là, et il n'y a pas lieu à discuter si celle-là fut une imposture imaginée par Laurent, ou si, comme cela paraît plus probable, ce fut une invention d'une date postérieure.

[2] Bède, chap. IX. — [3] Ce mot comprenait alors toute la portion de l'Angleterre qui est située au nord de l'Humber.

compagnée de Paulin, que Juste avait consacré évêque du nord de l'Angleterre, l'an 625.

On désirait que par ses exhortations journalières et par la célébration de la sainte cène, il préservât la jeune princesse et ceux qui l'accompagnaient des dangers de l'idolâtrie. Mais il paraît que Dieu avait un plus vaste dessein, et il mit au cœur de Paulin un vif désir de propager l'Évangile dans ces contrées[1]. Il travailla beaucoup pour conserver Edelburge, et ceux qui l'avaient suivie, dans la simplicité chrétienne, et pour attirer quelques uns des païens à la foi. Mais quoiqu'il prêchât long-temps, « le Dieu de ce monde, dit Bède, continua à aveugler les esprits des infidèles. »

Quelque temps après, Edwin manqua d'être tué par un assassin envoyé par le roi des Saxons occidentaux, et la même nuit la reine accoucha d'une fille. Tandis que le roi remerciait ses dieux de la naissance de sa fille, Paulin commença à rendre grâce au Seigneur Jésus-Christ. Edwin lui dit qu'il adorerait aussi le Christ, et renoncerait à tous ses dieux, s'il voulait lui accorder la victoire sur le roi des Saxons occidentaux qui avait voulu le faire périr, et pour le présent, il donna le jeune enfant à baptiser à Paulin. Edwin rassembla son armée, il vainquit les Saxons occidentaux, et tua ou soumit tous ceux qui avaient conspiré contre lui. Quand il revint victorieux, il résolut de ne plus servir les idoles. Il ne se pressa pourtant pas de recevoir le baptême, mais il se détermina à examiner sérieusement les fondemens et les principes du christianisme. Il écouta les instructions de Paulin, tint des conférences avec des personnes prudentes et bien informées, et on le vit souvent consulter en silence avec son propre

---

[1] C'était un des moines que Grégoire avait envoyés en Angleterre.

cœur, et chercher avec anxiété quelle était la vraie religion. Ceux qui emploient de semblables moyens, et qui prient ardemment pour être éclairés de Dieu, ne peuvent manquer d'arriver à connaître la vérité.

Edwin, sérieusement occupé de la décision qu'il avait à prendre, tint enfin une consultation avec ses conseillers et ses amis intimes : « Qu'est-ce, « leur dit-il, que cette doctrine inconnue jusqu'ici, « ce nouveau culte ? » « Coisi, le premier de ses pontifes, répondit : « C'est à vous, roi, d'examiner « ce qu'on nous prêche maintenant ; mais, quant « à moi, je déclare franchement que la religion « que nous avons suivie jusqu'ici n'est d'au- « cune valeur. Si les dieux pouvaient quelque « chose, ils m'auraient sûrement distingué d'une « manière particulière par leurs faveurs, moi qui « les ai servis avec tant de zèle. Si la nouvelle « doctrine vaut réellement mieux, embrassons-la. »

« J'ai remarqué, il y a peu de temps, dit un au- « tre noble, une hirondelle qui a rapidement tra- « versé le palais du roi, entrant par une porte « et sortant par l'autre. Cela est arrivé pendant « que le roi soupait dans la salle : un feu était « allumé au milieu, et la chambre était échauffée, « tandis que la pluie et la neige tombaient avec vio- « lence au dehors ; cette pauvre hirondelle a senti « un moment la chaleur, et puis elle s'est échap- « pée de la salle. Telle est, ajouta-t-il, la vie de « l'homme ; mais ce qui précède et ce qui suit est « enseveli dans une profonde obscurité. Nous som- « mes donc obligés de confesser notre ignorance, « d'après les principes que nous avons professés « jusqu'ici ; mais si cette nouvelle doctrine nous « enseigne réellement quelque chose de plus cer- « tain, elle mérite d'être suivie. »

Les conseillers du roi firent d'autres réflexions

semblables[1]. Coisi exprima alors le désir d'entendre prêcher Paulin, ce qui eut lieu par ordre du roi. Le pontife s'écria, après avoir entendu le sermon : « Je savais déjà que ce que nous adorions n'était rien; parce que plus je cherchais « assidûment la vérité, moins je la trouvais. Maintenant, je déclare que je trouve dans cette prédication la vérité qui peut nous procurer la vie, « le salut, et le bonheur éternel. Je conseille que « nous détruisions sur-le-champ les temples et les « autels où nous avons servi en vain de faux « dieux. »

Le roi, qui éprouvait une conviction aussi forte, confessa ouvertement la foi en Christ, et demanda à Coisi qui est-ce qui profanerait le premier les temples des idoles. « C'est moi qui dois « le faire, répliqua le pontife; moi, qui les ai servies dans ma folie; je donnerai l'exemple aux « autres en les détruisant, par la sagesse que m'accorde le vrai Dieu. » Il se rendit aussitôt au temple et le profana, se réjouissant de ce qu'il connaissait le Très-Haut, et il ordonna à ses compagnons de brûler l'édifice et toute son enceinte. On montrait encore la place au temps de Bède, à peu de distance d'York, à l'est de Derwent. Telles paraissent être les circonstances de l'introduction du christianisme parmi les Saxons du nord, lorsqu'on les dépouille des contes de légendes dont les histoires monastiques sont remplies.

La onzième année du règne d'Edwin, ce prince, tous ses nobles, et un grand nombre de ses sujets furent baptisés, cent quatre-vingts ans après l'arrivée des Saxons dans l'île de Bretagne, et l'an de Christ 627. Cette cérémonie se passa à York, dans un oratoire de bois, dans lequel Edwin avait été

---

[1] Bède, chap. XIII.

proposé comme catéchumène pour le baptême. D'après l'avis de Paulin, il commença ensuite à bâtir sur le même lieu une église de pierre qu'il n'acheva pas, mais qui fut terminée par Oswald, son successeur. Paulin, premier évêque d'York, continua pendant six ans, et jusqu'à la mort d'Edwin, à prêcher l'Evangile; et tous ceux qui étaient destinés à la vie éternelle, crurent [1]. Les enfans d'Edwin furent ensuite baptisés; et ses sujets étaient tellement attirés vers le christianisme, que Paulin étant allé avec le roi et la reine dans une terre appelée Adregin, il y passa trente-six jours à enseigner et à baptiser depuis le matin jusqu'au soir. Une autre fois, il baptisa un grand nombre de personnes dans la rivière Swale [2], qui coule près de Catterick. On ne peut douter qu'un assez grand nombre de ces conversions n'eussent pour principal motif le désir de plaire au roi.

Edwin engagea ainsi Carpwald, roi des Anglais orientaux, à embrasser l'Évangile. Redwald, père de ce prince, avait été baptisé dans le royaume de Kent, mais sa femme l'avait entraîné de nouveau dans l'idolâtrie. Carpwald eut pour successeur son frère Sibert, qui fut remarquable par son zèle et par sa piété, et qui fut puissamment assisté dans ses travaux pour le bien spirituel de ses sujets par Félix, chrétien de Bourgogne qui avait été envoyé par Honorius, successeur de Juste à Cantorbéry, pour prêcher parmi les Anglais orientaux; il s'acquitta de cette mission avec beaucoup de succès, et mourut évêque de Dummock. [3]

Le zélé Paulin prêcha aussi dans le Lincolnshire, province au midi de l'Humber [4], et le gouverneur

---

[1] Ce sont les paroles de Bède; le lecteur familiarisé avec l'Écriture saura d'où il les a empruntées. *Id.*, chap. XIV. — [2] *Sualva, qui vicum juxta cataractum præterfluit.* — [3] Maintenant Dunwich dans le Suffolk. — [4] Bède, chap. XVI.

de Lincoln fut converti à Dieu avec sa maison [1]. Bède nous apprend qu'un de ses amis avait entendu un vieillard faire cette déclaration : « J'ai été baptisé avec une multitude d'autres personnes, dans la rivière Chanta [2], par Paulin, en présence d'Edwin. » On dit des choses merveilleuses de la paix parfaite, de l'ordre et de la justice qui régnèrent dans le Northumberland, sous le gouvernement de ce sage et pieux roi.

Les évêques continuèrent à faire des efforts pour engager les Irlandais à s'unir à l'Église d'Angleterre ; mais ce fut en vain. Jean, évêque de Rome, écrivit aussi des lettres en Irlande contre l'hérésie pélagienne qui s'y montrait de nouveau.

Après avoir servi six ans la cause de Christ, Edwin fut tué dans une bataille qu'il livra à Cedwalla, prince breton, chrétien de profession, et à Penda, roi de la principauté saxonne de Mercie, qui professait le paganisme. Après cet événement, Paulin fut obligé de fuir avec la veuve et les enfans d'Edwin, dans le royaume de Kent, d'où il l'avait amenée. Le siége de Rochester se trouvait alors vacant ; Edbald, qui régnait encore, l'y plaça et il y resta jusqu'à sa mort. Son diacre Jacques, qu'il avait laissé dans le Northumberland, conserva quelques restes du christianisme dans cette province tombée au pouvoir des païens. Telles sont les vicissitudes de l'Église dans ce monde : son repos parfait est là-haut.

La situation du nord de l'Angleterre fut alors déplorable. Cedwalla tyrannisa avec une sauvage cruauté les sujets d'Edwin, jusqu'à ce qu'enfin Oswald, neveu d'Edwin, le vainquit et le tua, et s'établit dans le royaume. Il avait été exilé en

---

[1] Lindecolina. — [2] Maintenant la Trente.

Irlande dans sa jeunesse, et y avait été baptisé. Désirant évangéliser son peuple, il fit venir un pasteur d'Irlande, qui, après quelques efforts inutiles, retourna dans son pays en déplorant le caractère intraitable des habitans du Northumberland. « Il « me semble, lui dit Aidan, moine qui entendait « ses plaintes, que vos manières austères et votre « conduite envers eux ne convenaient guère à leur « état d'excessive ignorance. On devait les nourrir « comme des enfans avec du lait, jusqu'à ce qu'ils « pussent recevoir une nourriture plus forte. » La conséquence de cette observation, qu'Aidan prévoyait probablement bien peu, fut qu'un concile d'Irlande le chargea lui-même de cette mission.

Le caractère de ce missionnaire aurait fait honneur à des temps meilleurs.[1] Nous pouvons ajouter d'autant plus de confiance à ce qui nous est rapporté de lui qu'il n'appartenait pas à la communion romaine, à laquelle Bède était superstitieusement dévoué, mais qu'il en différait par rapport à la célébration de la Pâque, comme tous les chrétiens des îles britanniques, excepté les Saxons. Bède lui applique assez mal à propos cette expression qu'il « avait du zèle pour Dieu, mais non entièrement selon la connaissance; » il admet cependant qu'il était un des plus excellens chrétiens de ce temps-là. Oswald le plaça comme évêque dans l'île de Landisfarne[2]. Mais une grande difficulté se présenta dans l'exercice de son ministère : Aidan parlait l'anglais très imparfaitement. Oswald, qui savait très bien l'irlandais, lui servit lui-même d'interprète, ce qui annonce un zèle extraordinaire chez ce monarque. Encouragés par sa protection, d'autres ministres irlandais vinrent

---

[1] Bède, liv. III, chap. III-v. — [2] Appelée maintenant île Sainte à quatre milles de Berwick.

dans le nord de l'Angleterre, et l'on y éleva des églises ; l'Évangile fut prêché, et par le zèle et la piété des nouveaux missionnaires, il recouvra dans ce pays le terrain qu'il avait perdu par l'expulsion de Paulin.[1]

Aidan donna lui-même l'exemple d'une profonde piété, et sa conduite fut conforme aux doctrines qu'il prêchait. Il travaillait à convertir les infidèles et à fortifier les chrétiens. Il donnait aux pauvres tous les présens qu'il recevait des grands, et s'occupait continuellement à lire les Ecritures avec ses compagnons. Il évitait avec soin tout luxe et tout ce qui aurait pu avoir l'apparence de l'avarice ou de l'ambition ; il rachetait des captifs avec l'argent que lui donnaient les riches ; il les instruisait ensuite et les préparait pour le ministère. Sous tous les rapports, ce missionnaire présentait un frappant contraste avec Augustin et ses compagnons.[2]

Le roi travaillait avec autant de zèle que l'évêque aux progrès de la vraie piété. Humble et réglé dans ses mœurs, au milieu de la prospérité, il se montrait le bienfaiteur des pauvres et des nécessiteux, et encourageait avec joie tous les efforts que l'on faisait pour répandre parmi les hommes la connaissance et la pratique de la piété.

Dans ce même temps, Birin avait été envoyé de Rome dans l'île de Bretagne. En arrivant parmi les Saxons de l'occident, il les trouva tous païens, et travailla à les instruire. Cinegisle leur roi, beau-père d'Oswald, fut baptisé par lui. Les deux princes donnèrent à Birin la ville de Dorcinque[3], où

---

[1] Bède, chap. IV. Les principes de la piété évangélique fleurirent dans l'école d'Irlande jusqu'à l'an 716, époque où ce peuple, amené à la communion romaine, reçut toutes les superstitions de Rome. — [2] *Voyez* Warner, liv. II. page 74. — [3] Maintenant Dorchester, près d'Oxford.

il résida comme évêque, et l'Evangile fut propagé avec succès dans cette branche de l'heptarchie.

Edbald roi de Kent mourut l'an 640[1], et eut pour successeur son fils Erconbert, qui régna vingt-quatre ans, montra beaucoup de zèle pour la religion, et fut le premier roi saxon qui détruisit toutes les idoles dans ses états.

Oswald fut tué dans une bataille par Penda, ce même roi de Mercie dont nous avons déjà parlé; il n'avait pas encore trente-huit ans, exemple mémorable qui vient encore nous prouver que nous ne saurions sonder les décrets de Dieu!

La Providence préparait cependant les voies pour la propagation du christianisme dans toute l'heptarchie. Le jeune Penda, fils du tyran de Mercie, désira épouser la fille d'Oswy, frère et successeur d'Oswald, et l'on mit pour condition à ce mariage qu'il embrasserait le christianisme. On dit que le jeune prince déclara, après avoir entendu prêcher les doctrines de l'Évangile, qu'il deviendrait chrétien lors même qu'on lui refuserait la fille d'Oswy. Deux ans avant la mort du vieux Penda, son fils épousa la princesse de Northumberland, et protégea le christianisme dans la portion du royaume dont le gouvernement lui était confié. Mais son père renouvela les hostilités contre Oswy, et fut à la fin tué dans une bataille[2]. Oswy, possesseur de la Mercie et du Northumberland, s'appliqua à propager le christianisme parmi ses nouveaux sujets. Il fut aussi rétabli par son influence dans le royaume des Saxons orientaux; et Londres, qui avait rejeté le ministère de Mellit, embrassa de nouveau la religion de Christ.

Dans ce siècle, Kentigern, évêque de Glascow

---

[1] Bède, chap. VIII. — [2] La bataille entre Oswy et Penda fut livrée près de Loyden, maintenant Leeds, dans le Yorkshire, à Winwidfield, sur la rivière Winvaed, maintenant Aire.

en Écosse, ayant été chassé de son siége, fonda un monastère et un évêché sur les bords de la rivière Elwy dans le nord du pays de Galles. L'archevêque Usher, citant Jean de Tinmouth, dit qu'il y avait dans cette abbaye neuf cent soixante-cinq moines dont l'un se nommait Asaph. Kentigern, étant rappelé à Glasgow, nomma Asaph abbé et évêque de Llan-Elwy. Il paraît qu'Asaph était un zélé prédicateur et qu'il disait souvent : « Ceux-là sont en-« vieux du salut des âmes qui s'opposent à la pré-« dication de la parole. » Ce lieu a porté depuis son nom, et Asaph semble avoir été supérieur par son esprit aux superstitions monastiques dans lesquelles il avait été élevé[1]. Marian Scot dit de ce siècle dans sa chronique : « L'Irlande était rem-« plie de saints, leurs écoles furent renommées « pendant des siècles[2]. »

Mais il est temps de terminer l'histoire de l'église d'Angleterre dans ce siècle. Il est évident qu'il y eut dans ce pays une véritable œuvre du Saint-Esprit, de sorte qu'un grand nombre de personnes furent converties des idoles au Dieu vivant. Mais il est bien rare que le zèle et la pureté de l'esprit chrétien dure beaucoup plus de trente ou quarante ans dans le même pays. Peu à peu la corruption naturelle de l'homme résiste à l'esprit de Dieu, et la puissance de la piété n'agit plus que faiblement au milieu des luttes, des partis et des convoitises charnelles. Il en arriva ainsi en Angleterre pendant la dernière moitié de ce siècle.

Wilfrid, évêque d'York, homme d'un caractère très douteux, travailla dans son exil parmi les habitans de la Frise, et passe pour avoir été le premier missionnaire de ce pays. S'il y fit un bien réel, ce fut la portion la plus utile de sa vie;

---

[1] Alban Butler, vol. v. — [2] *Ibid.*

car, en Angleterre, il ne fit que fomenter les troubles et les disputes. Il prépara cependant les voies à des missionnaires plus pieux, dont les travaux dans la Frise nous occuperont plus tard.

La ruse de Satan ne réussit que trop souvent à susciter des divisions, même parmi ceux qui travaillent avec une égale sincérité pour la meilleure des causes. Tant que vécurent des hommes tels que Paulin et Aidan, la diversité des opinions ne produisit pas de graves inconvéniens. Plus tard, à mesure que la corruption augmenta et que l'esprit de la foi et de l'amour se refroidit, il s'éleva de dangereuses disputes, qui causèrent du scandale, et furent funestes à l'Évangile.

L'église romaine acquit toujours de plus en plus d'influence, quoiqu'elle fût bien loin d'avoir envahi toute l'étendue des îles britanniques à la fin de ce siècle.

CHAPITRE II.

PROPAGATION DE L'ÉVANGILE EN ALLEMAGNE ET DANS LES CONTRÉES VOISINES.

Les parties septentrionales de l'Europe étaient demeurées dans les ténèbres de l'idolâtrie. Dans ce siècle, Dieu voulut les visiter, et honora les Bretons, les Ecossais et les Irlandais, en les choisissant comme les principaux instrumens de cette œuvre; cette circonstance fournit une nouvelle preuve de l'esprit de piété qui régnait alors dans les îles britanniques. Les Français eurent aussi part à cette sainte mission.

Nous rassemblerons ici les renseignemens très imparfaits qui nous sont parvenus sur ces événemens intéressans. Bien que le premier fait qui se présente à nous se rapporte plutôt à la France qu'à l'Allemagne, il peut sans inconvénient trouver place dans ce chapitre. Omer, évêque de Térouanne, l'ancienne métropole des Morins de l'Artois, travailla avec succès à défricher ce désert. Le vice et l'idolâtrie régnaient ouvertement dans son diocèse; mais avec le secours d'un de ses parens nommé Bertin, qui était Suisse, il parvint à déraciner ces maux invétérés et à civiliser une race de barbares.

On éleva en Allemagne plusieurs couvens, dont quelques uns subsistent encore, pour les Ecossais et les Irlandais, et ce fait s'explique facilement par les rapports qui existèrent alors entre ces peuples. Plusieurs hommes pieux et zélés de la Grande-Bretagne et de l'Irlande se rendirent dans les Pays-Bas, la Belgique et l'Allemagne, dans le but d'y prêcher Christ [1]. Et, bien que la superstition ait terni l'éclat de leurs travaux, ce n'est que par l'influence d'un noble principe que les hommes se décident à s'exposer à tant de dangers, sans être excités par la perspective de l'intérêt ou de la gloire. Les philosophes sont généralement prodigues de censures et de railleries; mais il est bien rare qu'on les voie se dévouer à des œuvres d'une nature si désintéressée. L'amour de Dieu en Christ peut seul soutenir le courage des hommes, dans de semblables entreprises.

Colomban, moine irlandais, qu'il faut distinguer du moine du même nom qu'on appelle « l'ancien », avait extirpé les restes du paganisme en France, vers la fin du siècle précédent. Il passa aussi le Rhin, et prêcha l'Evangile aux Suèves [2], aux anciens Bavarois, et aux autres nations germaniques. Il se dévoua à cette œuvre jusqu'à sa mort, qui arriva l'an 615. Gall, un de ses compagnons, travailla avec beaucoup de zèle aux envi-

---

[1] Mosheim, septième siècle, chap. I.
[2] Ce peuple habitait le pays situé entre le Rhin et l'Elbe.

rons des lacs de Zurich et de Constance. Près de ce dernier lac, et à une petite distance de Bregents, il bâtit un monastère qui porte encore son nom. Il ne fut inférieur à aucun des missionnaires de ce siècle, en courage et en activité; mais il nous reste peu de détails sur ses travaux.

On connaît mieux l'histoire de Kilien, autre missionnaire irlandais. Vers la fin de ce siècle, il reçut de l'évêque de Rome la mission de prêcher aux fidèles; et, accompagné de quelques uns de ses disciples, il se rendit à Wirtzbourg, sur le Mein, dont un duc païen, appelé Gosbert, était gouverneur. Le duc reçut l'Evangile et fut baptisé, et un assez grand nombre de Bavarois suivirent son exemple. Gosbert avait épousé la femme de son frère; le missionnaire, qui avait autant de prudence que de zèle, attendit, pour lui faire des représentations sur ce sujet, qu'il parût affermi dans la foi [1]. Kilien résolut, enfin, de suivre l'exemple de Jean-Baptiste, et l'événement fut à peu près le même. Gosbert promit d'obéir, mais il remit l'exécution de sa promesse au moment où il reviendrait d'une expédition qu'il allait entreprendre. Jamais on ne vit plus clairement l'inconvénient de tarder à obéir à la voix de sa conscience. En son absence, Geilane, ainsi se nommait cette nouvelle Hérodias, fit assassiner Kilien et ses compagnons. On les trouva occupés d'exercices de piété, et ils moururent avec la patience de martyrs, l'an 688. Les artifices de Geilane obtinrent de Gosbert de laisser les meurtriers impunis. Mais tous les acteurs de cette tragédie, et Gosbert aussi bien que les autres, finirent malheureusement; l'on ne peut douter que dans ce cas, comme dans beaucoup d'autres,

[1] Fleury, liv. XL, 37.

le sang des martyrs ne soit devenu la semence de l'Eglise. Un grand nombre de Francs orientaux embrassèrent le christianisme et furent les fruits du ministère de Kilien.

Barbatus, né dans le territoire de Bénévent, en Italie, au commencement de ce siècle, fut aussi un de ses plus beaux ornemens. Son plus grand plaisir était de méditer l'Écriture, et il était renommé pour sa prédication. Il était curé de Morcona, près de Bénévent, et choqua beaucoup les adversaires de l'Évangile par sa fidélité, de sorte qu'ils le contraignirent à se retirer à Bénévent. Cette ville était alors au pouvoir des Lombards, qui étaient généralement ariens ; il y en avait même qui étaient idolâtres, et d'autres en petit nombre appartenaient à l'Église générale, avec leur duc Arichis, ami de Grégoire Ier. Barbatus, lorsqu'il vint prêcher dans cette ville, vit que ceux qui portaient le nom de chrétiens s'adonnaient réellement à l'idolâtrie. Ils adoraient une vipère d'or, et un arbre auquel était suspendue la peau d'une bête sauvage. Il prêcha et pria pendant long-temps : enfin, l'empereur Constant étant venu assiéger Bénévent, les habitans effrayés se repentirent de leur idolâtrie. Ils permirent à Barbatus de couper l'arbre, et de faire fondre la vipère d'or, dont il fit un calice pour la communion. Ce zélé chrétien fut nommé évêque de Bénévent en 663, et détruisit tout vestige d'idolâtrie dans le pays. Il témoigna ensuite par sa présence contre l'hérésie monothélite dans le concile de Constantinople, et mourut en 682.

Vers la fin de ce siècle, Villebrod, missionnaire anglais, passe la mer avec onze de ses compatriotes pour venir travailler parmi les Frisons. Mais le roi du pays les ayant maltraités, et ayant fait mettre à mort un d'entre eux, ils se retirèrent en Danemarck [1]. Ils revinrent cependant dans la Frise en 693, et y propagèrent la vraie religion avec succès. Villebrod fut consacré évêque de Viltbourg [2] par l'évêque de Rome, et il travailla dans son diocèse jusqu'à sa mort, tandis que ses associés répandaient l'Évangile dans la Westphalie et les contrées voisines. [3]

Ce fut dans la première moitié de ce siècle, suivant un auteur [4], et dans la dernière, au dire d'un autre [5], que la Bavière reçut l'Évangile par le ministère de Rupert ou Robert, évêque de Worms. Il fut appelé par Théodon, duc de Bavière. Ses travaux furent couronnés de succès, et il fut nommé évêque de Saltzbourg. Comme l'accroissement de la moisson exigeait d'autres ouvriers, il retourna dans son pays, et en ramena douze missionnaires : depuis ce temps l'Évangile a été établi en Bavière. Corbinien, autre missionnaire français, arrosa ce que Rupert avait planté. Le duc Théodon le reçut avec joie. Grimoald, son fils et son successeur, consentit à se séparer de sa femme, qu'il n'avait pu épouser légitimement d'après les lois Lévitiques sur le mariage ; et autant qu'on en peut juger d'après des documens très imparfaits, l'Évangile fut reçu avec une grande sincérité dans ce pays. [6]

[1] Mosheim, septième siècle, chap. I. — [2] Maintenant Utrecht.
[3] Disen, moine irlandais, prêcha l'Évangile en Irlande, en France et en Allemagne. Ses travaux furent remarquablement bénis dans le voisinage de Mayence. — Alb. Butler.
[4] Velserius, Rerum boicarum, lib. IV.
[5] Fleury, liv. XLI, 31. Si la chronologie de Fleury est exacte, la plus grande partie de ce récit appartient au siècle suivant.
[6] Ce missionnaire était aussi remarquable par sa piété que par ses travaux publics. Il se réservait tous les jours un temps considérable pour la prière et la méditation. Alban Butler, dit Grimoald, persécuta Corbinien à cause de sa fidélité, et Piltrude, veuve de son frère, qu'il avait épousée, paya des assassins pour le tuer. Grimoald et Piltrude périrent tous deux misérablement. Si le premier se repentit

Quelque temps après[2], Emmeran, Français d'Aquitaine, abandonna son pays et ses grands biens, et se rendit à Ratisbonne pour y répandre l'Évangile. Il fut bien reçu par un autre Théodon, duc de Bavière. Il remarqua qu'il y avait encore parmi les Bavarois beaucoup de gens qui mêlaient au christianisme des rites idolâtres. Les anciens habitans du pays se rendirent surtout coupables de ce péché. Il travailla parmi eux pendant trois ans, prêchant dans les villes et dans les villages, et ne se réservant que le strict nécessaire. Il eut un grand succès, et sa mort fut digne de sa vie. Lambert, fils du duc, le massacra avec une sauvage barbarie. Théodon lui avait offert un établissement à Ratisbonne, et un revenu considérable, mais il l'avait refusé, déclarant qu'il ne désirait autre chose que de prêcher Christ crucifié. Marin et Anian, deux Égyptiens, vinrent en Bavière, et travaillèrent avec succès à l'avancement du règne de Dieu. Mais l'excessive austérité qu'ils apportèrent d'Orient dut nuire à leur œuvre. Le premier fut massacré par des voleurs; le dernier mourut de mort naturelle.

Éloy, évêque de Noyon, visita soigneusement son vaste diocèse, surtout les portions habitées par les païens, et il fut abondamment béni parmi les Flamands, les habitans d'Anvers, et les Frisons. Il les trouva d'abord cruels et extrêmement obstinés, mais Dieu fut avec lui dans sa vie et dans sa doctrine. A chaque fête de Pâques il baptisait un grand nombre de personnes qui avaient été amenées à la connaissance de Dieu dans le cours de l'année précédente. Des personnes très âgées venaient se faire baptiser au milieu de multitudes d'enfans,

d'abord, il paraît qu'il retomba. Après la mort de ses persécuteurs, Corbinien retourna à Frisingue, et travailla jusqu'à sa mort, qui arriva l'an 730. — [2] Velser. *Id.*

ce qui est la meilleure preuve de son succès évangélique.

Voilà tout ce qu'on sait d'une manière authentique sur la propagation de l'Évangile en Allemagne et dans les pays voisins, pendant le septième siècle. Il y a sûrement de l'exagération dans les censures de quelques historiens qui paraissent croire que la plupart des missionnaires n'étaient pas sincères, et qu'un grand nombre de moines couvraient leur ambition du manteau de la mortification. Chez presque tous, il est vrai, on voit très distinctement une grande superstition, et un attachement excessif au siége de Rome, mais les faits dont nous avons une connaissance imparfaite rendent témoignage en faveur de leur droiture.

CHAPITRE III.

HISTOIRE GÉNÉRALE DE L'ÉGLISE DE CHRIST DANS CE SIÈCLE.

L'empereur Phocas fut déposé et mis à mort par Héraclius, l'an 610. C'était un tyran cruel et débauché que l'on peut comparer à Caligula, à Néron, et à Domitien. De semblables empereurs avaient été rares depuis Constantin. Car telle est la salutaire influence de l'Évangile, que bien qu'il fût alors altéré par beaucoup d'erreurs et d'abus, les empereurs avaient généralement montré une modération et une décence que ne connaissaient guère leurs prédécesseurs païens. Héraclius, successeur de Phocas, régna trente ans. Au commencement de son règne, les Perses désolèrent la partie orientale de l'empire, et se rendirent maîtres de Jérusalem. Tandis que l'Asie gémissait sous le poids de leur tyrannie et de leur cruauté, et était continuellement visitée par de nouveaux fléaux, pour avoir si long-temps abusé du précieux don de Dieu, l'évêque d'une église qui avait cessé depuis long-temps de porter du fruit, trouva dans ces malheurs l'occasion d'exercer les vertus chrétiennes.

Cet évêque était Jean d'Alexandrie, appelé l'aumônier à cause de sa rare libéralité. Il fournissait tous les jours aux besoins de ceux qui fuyaient en Égypte pour échapper aux Perses. Il envoya de grands secours à ceux qui étaient restés à Jérusalem; il rachetait les captifs, plaçait les malades et les blessés dans les hôpitaux, et les visitait en personne deux ou trois fois par semaine. Il paraît même qu'il interprétait trop littéralement le saint précepte : « Donne à celui qui te demande. » C'était pourtant un cœur noble que celui qui inspirait une parole comme celle-ci : « Le « monde entier viendrait à Alexandrie, qu'il ne « pourrait épuiser les trésors de Dieu. »

Le débordement du Nil n'ayant pas atteint la hauteur ordinaire, les denrées étaient rares, et des foules de réfugiés se précipitaient à Alexandrie. Jean continua à répandre ses libéralités jusqu'à ce qu'il n'eût plus ni argent, ni crédit. La prière de la foi était sa ressource, et il persévérait à espérer. Il refusa même une offre séduisante de la part d'un homme qui voulait lui faire un présent considérable, s'il consentait à le consacrer diacre. « Quant à mes frères les pauvres, » dit le saint évêque, « Dieu, qui les a nourris avant que « vous ou nous fussions nés, aura soin de les « nourrir maintenant, si nous lui obéissons. » Bientôt après il apprit l'arrivée de deux grands vaisseaux qu'il avait envoyés chercher du blé en Sicile. « Je « te rends grâce, ô Seigneur, » s'écria l'évêque

dans un transport de joie, « de ce que tu n'as pas
« permis que je vendisse tes dons pour de l'ar-
« gent. »

Depuis son entrée dans l'épiscopat, il soutenait
sept mille cinq cents personnes par des aumônes
journalières. Il était accessible pour elles en toute
occasion ; et ce qui est plus important, ses actes
de charité paraissent avoir été inspirés par une
véritable piété. « Si Dieu, disait-il, nous permet
« en tout temps d'entrer dans sa maison, et si nous
« désirons qu'il soit toujours prêt à nous entendre,
« comment devons-nous nous conduire envers nos
« frères ? » Il étudiait constamment les Écritures,
et sa conversation était instructive et exemplaire.
Il ne pouvait souffrir la calomnie et la médisance ;
si l'on s'y livrait en sa présence, il cherchait à
donner un autre tour à la conversation, et si l'on
persistait à tenir de pareils discours, il recommandait à ses officiers de ne plus laisser entrer chez lui
ces médisans.

Il devait y avoir bien peu de piété à Alexandrie
après la longue succession d'hérésie, de licence
et d'ambition qui avait profané cette église sous le
gouvernement de Théophile, et d'autres pasteurs
sans foi et sans moralité, qui suivaient ses déplorables exemples ; on ne doit donc pas s'étonner
que l'on se conduisît d'une manière inconvenante,
même dans le culte public. Jean voyant un jour
plusieurs personnes quitter l'église après la lecture de l'Evangile, sortit aussi et s'assit au milieu
d'elles. « Mes enfans, leur dit-il, là où sont les
« brebis, là doit être le pasteur ; je pourrais
« prier chez moi, mais je ne peux pas prêcher
« chez moi. » En agissant deux fois de cette manière il réforma cet abus. Jean d'Alexandrie avait
à cœur la prédication de la parole, et c'est là une
preuve du zèle de cet évêque, qui semblait avoir

été envoyé, comme le roi Josias, pour réformer une église déchue. Le mépris de la prédication est une marque assurée de décadence.[r]

En 616, Jean l'aumônier quitta Alexandrie, par la crainte des Perses, et il mourut bientôt dans l'île de Chypre, animé du même esprit avec lequel il avait vécu, et avec lui finit tout ce qui est digne de mémoire dans l'église d'Alexandrie.

Dans la même année, le fier Chosroès, roi de Perse, ayant conquis Alexandrie et l'Égypte et pris Chalcédoine, Héraclius, qui voyait approcher la ruine de son empire, demanda la paix. « Je n'y « consentirai jamais, répondit le tyran, jusqu'à « ce que vous renonciez à celui qui a été crucifié, « et que vous appelez Dieu, et que vous adoriez « avec moi le soleil. » Si nous comparons Chosroès et Héraclius, nous ne trouverons pas une différence bien réelle dans leur caractère personnel. Le premier est un hardi blasphémateur de Christ; le second un chrétien de nom, dont la vie ne fit aucun honneur à l'Évangile. Aux yeux des hommes il y avait cependant une grande différence entre eux, et le Seigneur, qui est un Dieu jaloux, a toujours confondu ses ennemis déclarés à la face du monde. Chosroès était un second Sennachérib, et il fut traité comme lui par le souverain de l'univers. Héraclius retrouva son courage, et Dieu lui accorda de merveilleux succès : le roi de Perse fut vaincu à plusieurs reprises, quoiqu'il ne cessât pas de persécuter les chrétiens, tant qu'il en eut le pouvoir; après qu'il eut perdu la plus grande portion de ses états, il fut tué par son

---

[r] L'an 614, l'année même de la prise de Jérusalem, on fit à Paris, dans un concile, un canon qui ordonne que celui-là sera consacré pour remplacer un évêque, qui aura été choisi par l'archevêque avec les évêques de la province, le clergé et le peuple, sans aucune vue d'intérêt; et que, si la consécration avait lieu autrement par suite de violence ou de négligence, l'élection sera déclarée nulle.

propre fils, comme cela était arrivé à Sennachérib, et en l'an 628 le pouvoir des Perses cessa d'être formidable pour l'empire romain.[1]

Ce n'est pas sans raison que saint Paul nous exhorte à « réprimer les discours profanes et « vains; parce que la parole des profanes ronge « comme la gangrène[2]. » Les hérésies des nestoriens et des eutychiens, qui sont les deux extrêmes opposés, l'une partageant la personne de Jésus-Christ, l'autre confondant ses deux natures, dominaient encore en Orient, quoiqu'elles eussent été condamnées par des conciles; et la résistance des orthodoxes produisait peu d'effet, parce qu'il leur manquait l'énergie de la vie spirituelle qui subsistait jusqu'à un certain point en Occident[3]. Là en effet, la saine doctrine de la grâce et de la véritable humilité était une bannière autour de laquelle les hommes pieux ralliaient de temps en temps leurs forces. Mais en Asie et en Égypte, la religion n'était le plus souvent qu'une spéculation de l'esprit à laquelle le cœur n'avait point de part; et vers l'an 630, l'hérésie des eutychiens en produisit une autre, celle des monothélites, qui n'attribuaient à Jésus-Christ qu'une seule volonté. Cette opinion était la conséquence naturelle de celle qui ne lui accordait qu'une seule nature. Théodore évêque de Pharan en Arabie fut le premier auteur de cette hérésie, promptement adoptée par Sergius, évêque d'Alexandrie, qui soutint la même erreur. Les subtilités du parti attirèrent l'empereur Héraclius dans le piége, et cette hérésie se répandit rapidement en Orient.

Dans un concile tenu à Alexandrie, Sophrone, homme simple et sincère, qui avait été disciple de Jean l'aumônier, protesta avec prières et avec lar-

---

[1] Fleury, liv. xxxvii, 34. — [2] II. Tim ii, 16, 17. — [3] Fleury, liv. xlvii, 41.

mes contre cette innovation, mais ce fut en vain. Ayant été élu en 629 évêque de Jérusalem, il exerça son autorité en 633 contre les progrès de l'hérésie, avec la douceur de la sagesse; dans une lettre synodale il expliqua d'une manière solide et exacte les effets des natures divine et humaine de Jésus-Christ, et éclaircit sa pensée par des exemples bien choisis.[1]

« Quand le Seigneur le jugeait convenable, il
« donnait à sa nature humaine les occasions d'agir
« ou de souffrir, selon que cela lui appartient. Son
« incarnation n'était pas une chose fantastique, et
« il agissait toujours volontairement. Jésus-Christ,
« comme Dieu, a revêtu volontairement la nature
« humaine, il a souffert dans sa chair pour nous
« sauver et pour nous délivrer de la souffrance par
« ses mérites. Son corps était sujet à nos passions
« naturelles et innocentes; il lui permit de souffrir,
« selon sa nature, jusqu'à sa résurrection; alors il
« se délivra de toutes les infirmités de notre nature,
« afin de nous en délivrer aussi. »

Ainsi, dans les temps du plus grand déclin de la religion évangélique, Dieu suscita toujours des hommes qui comprenaient la vérité, et qui savaient la défendre par de solides argumens, par une vie sainte, et avec un esprit de charité.

Cependant l'hérésie monothélite se répandait toujours davantage. Honorius lui-même, évêque de Rome, fut entraîné dans l'erreur; il ne reconnut qu'une volonté en Jésus-Christ, et imposa silence à tous les controversistes. Héraclius employait toujours son autorité impériale à soutenir ce fantôme spéculatif, et tandis qu'il trompait son propre cœur par une affectation spécieuse d'exactitude théologique, il donnait un exemple funeste pour les mœurs en épousant sa propre nièce.

---

[1] Fleury, liv. XXXVIII, 5.

Sophrone se recommande aux prières de Sergius, auquel il écrit, et il ajoute : « Priez pour « nos empereurs; » il veut parler d'Héraclius et de son fils, « afin que Dieu leur donne la victoire « sur tous les barbares, et en particulier pour qu'il « humilie l'orgueil des Sarrasins, qui se sont subi-« tement élevés contre nous, à cause de nos pé-« chés, et qui ravagent tout avec une odieuse bar-« barie et une confiance impunie. »

Ces Sarrasins, dont parlait Sophrone, étaient les troupes victorieuses de Mahomet, l'imposteur arabe. Il avait commencé l'an 608 à se déclarer prophète, et, avec le secours d'un juif et d'un renégat chrétien, il avait composé un mélange de doctrines et de rites qui portait l'empreinte de paganisme, de judaïsme et de christianisme, et il était ainsi parvenu à attirer à son parti quelques membres des différentes religions de l'Arabie. Un siècle d'une ignorance excessive favorisa ses projets : de nos jours, un livre aussi absurde que le Coran ne produirait probablement aucune impression sur les esprits en Europe. Mais il prit pour auxiliaires les penchans corrompus de l'homme, et en flattant la sensualité, l'ambition et l'avidité de ceux qui le suivaient, et en leur promettant un paradis charnel après cette vie, il inventa une religion plus appropriée aux passions des hommes qu'aucune de celles qui aient jamais existé. En même temps, en déclarant la guerre à tous ceux qui ne la recevaient pas, il donna un droit évident à toutes les nations d'attaquer un système qui ne pouvait prospérer que par l'oppression des autres.

Mais il y a des temps d'aveuglement et d'étourdissement où, pour les péchés des hommes, les empires et les royaumes sont abandonnés à une sorte de torpeur, et où l'on n'a recours à aucune mesure efficace de résistance, de sorte que des attaques, d'abord faibles et méprisables, deviennent bientôt un torrent qui entraîne tout avec lui. Il en fut ainsi du mahométisme. Le temps était venu où les « sauterelles d'Arabie » devaient tourmenter le monde chrétien, et où la prophétie de l'Apocalypse, chap. IX, 1-12, devait s'accomplir. Les Grecs se laissaient absorber par la nouvelle controverse, et le vice et l'iniquité régnaient sous toutes les formes en Orient. Il y avait alors, à la vérité, quelques chrétiens qui gémissaient sur les maux de l'Eglise, et qui étaient les ornemens de la doctrine de vérité par leur humilité et leur sainteté; mais il se présenta à peine quelques auteurs chrétiens pour combattre sérieusement les doctrines de Mahomet, et à l'époque de sa mort, qui arriva l'an 631, il avait conquis presque toute l'Arabie [1].

La mort de l'imposteur n'arrêta pas les conquêtes des mahométans. Damas tomba entre les mains de ses successeurs, et Sophrone exhorta son troupeau à profiter de cet avertissement et à se repentir. Cependant Jérusalem fut prise par l'ennemi l'an 637, et Sophrone mourut peu de temps après. Antioche et Alexandrie succombèrent successivement, la Perse elle-même fut subjuguée. Ainsi Dieu punit également les idolâtres persécuteurs et les chrétiens de l'Orient qui se montraient si indignes de ce beau nom. Ils furent condamnés à une longue servitude sous le mahométisme, et ces ténèbres durent encore. Héraclius mourut l'an 641. Dieu lui avait

---

[1] Dieu a laissé subsister jusqu'à ce jour cette odieuse et méprisable religion, et l'on doit observer avec soin que, quelles que fussent la méchanceté et la duplicité de Mahomet, il ne combattit pas ouvertement Dieu ou son Christ. Quoique ce fût là réellement la conséquence de ses doctrines, il ne nia pas directement la divine révélation de l'ancien ou du nouveau Testament. Il parla toujours avec respect de Moïse et de Christ, comme de deux prophètes inspirés de Dieu; il emprunta au christianisme tout ce qui peut s'accorder avec le socinianisme.

donné de grands encouragemens à chercher la vraie piété par les victoires qu'il avait fait remporter sur les Perses, vers le milieu de son règne. Mais il vécut dans le péché, et se contenta de s'occuper de raisonnemens opposés à l'Ecriture; et il s'éleva une nouvelle puissance qui recueillit les fruits de ses triomphes sur les Perses, et lui arracha les plus belles provinces de l'Orient.

A quoi servirait-il de parcourir les labyrinthes de la controverse monothélite? Nous devons pourtant dire quelque chose du rôle qu'y joue Maxime. C'était un des hommes les plus savans de ce siècle, et Héraclius l'avait employé comme secrétaire; mais un homme vraiment pieux, comme lui, ne pouvait qu'éprouver une grande aversion pour une cour telle que celle d'Héraclius. Il entra dans le monastère de Chrysopolis, près de Chalcédoine, et en fut enfin élu abbé. Ce fut lui qui succéda à Sophrone dans la défense de la foi primitive, et il confondit énergiquement les hérésiarques.

En 1649, Martin, évêque de Rome, excité par le zèle de Maxime, assembla dans le palais de Latran un concile de cent cinq évêques. Constant était alors empereur, et il avait fait un décret pour défendre de prendre part à cette controverse. Sergius, Pyrrhus et Paul, qui avaient été successivement évêques de Constantinople, avaient soutenu l'hérésie. Il y avait dix-huit ans que la controverse durait. Des hommes d'un esprit actif, qui n'avaient aucun amour pour la vérité, mais qui se revêtaient avec empressement de l'apparence de la piété, satisfaisaient leur penchant pour la propre justice et toutes leurs passions malveillantes dans de longues controverses, tandis qu'il n'y avait plus de piété pratique. Ni les calamités du temps, ni la désolation des Églises d'Orient ne pouvaient les ramener à l'amour de la paix et de la vérité.

Dans ces circonstances, Martin osa anathématiser dans un concile ceux qui soutenaient l'hérésie monothélite. On ne peut le blâmer d'avoir désobéi à l'empereur Constant, en refusant d'observer le silence sur un point de doctrine qui lui paraissait important. Constant oubliait quelle était sa position quand il exigeait des choses semblables. Il y eut certainement dans le langage et dans la conduite de Martin, une hauteur et une âpreté qui ne conviennent guère à un chrétien; mais sa cause paraît juste, et il ne paraît pas qu'il y eût aucune trace de trahison dans ses intentions ou dans ses actes; il défendit la portion de vérité qu'on attaquait avec la magnanimité, mais non avec la douceur qui convenait à un évêque. Constant le fit transporter en Orient, et le fit souffrir avec une longue barbarie. Martin demeura ferme jusqu'à la fin. « Quant à ce misérable corps, dit-« il, le Seigneur en prendra soin. Il est prêt; « pourquoi me laisserais-je troubler? Car j'espère « dans sa miséricorde qu'il ne prolongera pas ma « carrière. » Il mourut l'an 655. Tout ce qu'on lui fit souffrir par la prison, la faim, les chaînes et mille autre traitemens cruels, doit inspirer une profonde compassion; sa fermeté commande le respect, bien qu'elle manifestât une ambition blâmable dans la manière dont il soutenait la dignité du siége de Rome.

Maxime fut aussi amené à Constantinople, et, par l'ordre de Constant, il subit plusieurs interrogatoires. En lui demandant de signer le type, (on nommait ainsi l'édit de Constant), l'officier ajouta: « Signez seulement, et croyez ce que vous « voudrez dans votre cœur. »—« Dieu n'a pas renfer-« mé notre devoir dans notre cœur seulement, ré-

« pondit Maxime, nous sommes aussi obligés de
« confesser Jésus-Christ de la bouche devant les
« hommes[1]. » C'est quelque chose d'étonnant que
la peine qu'on se donna pour l'engager à reconnaître le parti monothélite, et l'on ne peut l'expliquer autrement que par l'opinion que l'on avait
généralement de sa piété et de sa sincérité, et par
l'influence qu'aurait exercée son exemple [2]. Mais
tous ces efforts furent inutiles : Maxime, quoiqu'il eût alors soixante et quinze ans, conservait
toute la vigueur de son esprit, et il confondit
ceux qui l'interrogeaient par la solidité de ses réponses. Il prouva clairement: « que ne reconnaî-
« tre qu'une volonté ou qu'un acte en Jésus-Christ,
« c'était en réalité ne lui attribuer qu'une seule
« nature; que l'opinion pour laquelle l'empereur
« montrait tant de zèle n'était rien autre que
« l'hérésie d'Eutychès ressuscitée sous une nou-
« velle forme; qu'il n'avait pas tant condamné
« l'empereur que la doctrine, qui que ce fût qui
« l'adoptât; qu'elle était combattue par tout l'en-
« semble de l'antiquité ecclésiastique; que depuis
« les temps apostoliques on avait toujours reconnu
« que notre Sauveur était Dieu parfait et homme
« parfait, et qu'il devait, par conséquent, avoir
« la nature, la volonté et les opérations, qui ap-
« partiennent distinctement à Dieu et à l'homme;
« que la nouvelle opinion tendait à confondre l'i-
« dée de la divinité et de l'humanité, et à ne lui
« laisser aucune existence proprement dite; que
« l'empereur n'était pas un pasteur, et que, dans
« les meilleurs temps, les empereurs chrétiens n'a-
« vaient jamais eu l'idée d'imposer silence aux
« évêques; que leur devoir était de ne pas dégui-
« ser la vérité par des expressions ambiguës, mais

---

[1] *Voyez* Butler, vol. 12. — [2] Fleury, liv. xxxiv, 12.

« de la défendre par des termes clairs, distincts et
« appropriés au sujet; que l'arianisme avait tou-
« jours essayé de se soutenir par des artifices sem-
« blables à ceux qu'employait l'empereur, et
« qu'une paix obtenue dans l'Église par de sem-
« blables moyens se faisait toujours aux dépens
« de la vérité. »

Le bon sens et la sincérité éclatent dans sa longue défense, dont nous n'avons donné ici qu'un court extrait. Si Dieu n'avait pas suscité de semblables champions dans son Église de siècle en siècle, humainement parlant, il ne resterait pas aujourd'hui un atome de vérité chrétienne dans le monde; car les hérétiques, sous prétexte de l'amour de la paix et de l'union, ont toujours imposé silence aux orthodoxes toutes les fois qu'ils en ont eu le pouvoir; tandis qu'ils continuaient à propager leur doctrine.

La question qui nous occupe était obscure et métaphysique, et pourtant si le parti de l'empereur l'eût emporté, au lieu d'un parti insignifiant, appelé les maronites, qui subsiste encore en Orient, les monothélites couvriraient aujourd'hui la moitié du globe.

Le tyran, furieux de ne pouvoir triompher de la résistance de Maxime, ordonna de le fouetter, et de lui couper la langue et la main droite; et ensuite il le condamna à l'exil et à la prison pour le reste de sa vie. On infligea le même châtiment à deux de ses disciples qui portaient tous les deux le nom d'Anastase. Ces trois courageux martyrs furent séparés l'un de l'autre, et renfermés dans trois châteaux, dans des contrées obscures de l'Orient. Ils furent condamnés en 656; Maxime mourut en 662; et l'un des Anastase en 664; tous deux avaient souffert les traitemens les plus cruels, et on les avait privés de toute consolation, excepté de celles qui appartiennent toujours aux hommes qui souffrent pour la justice. L'autre Anastase mourut dans un château situé au pied du mont Caucase, en 666.

L'indigne empereur Constant fit mourir jusqu'à son propre frère Théodose, et continua à être l'opprobre du nom chrétien par ses folies, ses vices et ses cruautés. Il fut lui-même tué dans la vingt-septième année de son règne, en 668.

Tandis que des chrétiens, qui ne l'étaient que de nom, employaient des traitemens si cruels pour soutenir des doctrines condamnées par l'Écriture, on ne peut s'étonner que la Providence ne se montrât pas favorable à l'empire. Les Sarrasins avaient alors conquis l'Arabie, la Perse, la Mésopotamie, la Chaldée, la Syrie, la Palestine, l'Égypte et une partie de l'Afrique. L'Europe elle-même était exposée aux ravages des Arabes, et ils avaient soumis une partie de la Sicile.

L'an 680, on convoqua un concile général à Constantinople; l'empereur Constantin-Pogonat le présida; on anathématisa l'hérésie monothélite, ceux qui l'avaient soutenue furent condamnés, et parmi eux Honorius qui avait été évêque de Rome. Preuve certaine que l'évêque de Rome ne réclamait pas alors l'infaillibilité, et qu'elle ne lui était pas attribuée; car les légats d'Agathon, alors en possession de ce siége, assistaient au concile, et ni eux ni leur maître ne firent aucune opposition à la condamnation d'Honorius.[1]

Si nous comparons l'Orient et l'Occident durant le cours de ce siècle, nous trouverons une

---

[1] Ce fut le sixième concile général; il se tint l'an 13e de Constantin V, surnommé Pogonat, et l'an 3e d'Agathon. Honorius était mort en 638. Il avait écrit deux lettres à Sergius, patriarche de Constantinople, dans lesquelles il soutenait l'hérésie monothélite.

différence très frappante. La vraie religion brilla long-temps en Angleterre : il y avait aussi en France assez de piété, et des messagers partis de ces deux pays annoncèrent la vérité en Allemagne et dans tout le Nord, avec un glorieux succès. En Italie, les Lombards échappèrent de plus en plus au joug de l'arianisme ; et bien qu'il n'y ait eu aucun évêque de Rome qu'on puisse comparer à Grégoire sous le rapport des opinions théologiques, tous, excepté un, conservèrent la pureté de la foi ; sa condamnation, que nous venons de rapporter, prouve que l'Antechrist n'était pas encore parvenu à sa maturité. On ne songeait pas alors à l'infaillibilité comme attachée à la personne de l'évêque de Rome, quoique sa puissance fût beaucoup trop grande, ainsi que sa pompe et son influence. Il en était de même des évêques des autres grands siéges ; et l'évêque de Constantinople conserve encore jusqu'aujourd'hui le titre d'évêque universel. L'évêque de Rome ne possédait pourtant alors aucun pouvoir temporel, et n'y formait aucune prétention ; et les marques les plus décisives de l'Antechrist, l'idolâtrie et la fausse doctrine, ne dominaient pas encore à Rome.

En Orient, les influences de la grâce divine s'étaient éclipsées d'une manière bien plus frappante. Dès le temps d'Origène, un déclin de la saine doctrine, et l'esprit naissant de la philosophie sceptique, toujours hostile au système de la grâce, avaient maintenu les chrétiens d'Orient dans un état d'infériorité religieuse envers leurs frères de l'Occident. Combien elle était précieuse, cette grâce de l'Évangile qui, ranimée en Europe, dans le temps d'Augustin d'Hippone, n'avait pas cessé de produire des effets salutaires, et d'étendre la vraie religion jusqu'aux nations les plus sauvages !

Les nestoriens qui habitaient la Perse et l'Inde, et les eutychiens d'Égypte, firent à la vérité des efforts pour propager ce qu'ils appelaient le christianisme. Les premiers réussirent d'une manière particulière à accroître le nombre de leurs adhérens ; mais la vraie piété ne fut pas le résultat des travaux de ces deux sectes. L'Abyssinie, qui, dès les jours d'Athanase, s'était toujours considérée comme une fille d'Alexandrie, reçoit encore aujourd'hui son pontife de cette ville ; quand l'hérésie d'Eutychès dominait en Égypte, il en était de même en Abyssinie, et depuis le VIIe siècle, elle a régné le plus souvent dans les deux pays.

Les mahométans réduisirent ceux qui professaient l'orthodoxie à un état de faiblesse. Et ce fut un des châtimens que Dieu exerça par l'imposture arabe, que ces conquérans, tandis qu'ils écrasaient les orthodoxes, encourageaient et protégeaient les hérétiques. On trouva encore, à la vérité, des patriarches orthodoxes en Égypte, quelque temps après que ce pays eut été conquis par les Sarrasins ; mais l'ignorance, la superstition et l'immoralité, inondèrent ce malheureux pays pendant plusieurs siècles. L'Orient, d'où s'était levée la lumière, est demeuré long-temps assis dans les ténèbres, à l'exception de quelques individus qui se sont succédé de siècle en siècle, tels que Jean-l'Aumônier, et quelques autres qui ont été nommés dans ce chapitre. Dieu veut avoir une Église sur la terre, et il la transportera dans les pays les plus méprisés, plutôt que de la laisser disparaître entièrement. Ces dispensations de sa providence n'ont-elles pas une voix qui adresse à l'Europe des avertissemens bien solennels ?

Vers la fin de ce siècle, l'Afrique tomba au pouvoir des mahométans. Elle avait pris part depuis long-temps à la corruption générale, et elle eut part aussi au châtiment général. Ce pays sur lequel nos regards se sont si souvent reposés avec satisfaction, lorsqu'on y voyait briller la lumière évangélique, cette contrée dans laquelle Cyprien avait souffert, et Augustin enseigné, fut enveloppée des ténèbres du mahométisme, et nous n'aurons maintenant que bien peu d'occasions de nous en occuper dans cette histoire.

CHAPITRE IV.

AUTEURS DU SEPTIÈME SIÈCLE [1].

Isidore de Séville, qui florissait dans la première moitié de ce siècle, gouverna l'église de Séville pendant quarante ans, ayant succédé à son frère Léandre que nous avons déjà cité honorablement. Cet auteur a beaucoup écrit, et en faisant la part de la superstition de ce siècle, il paraît avoir eu une vraie piété. La portion la plus utile de ses ouvrages est peut-être sa collection des sentences tirées des écrits de Grégoire. Il semble que la Providence voulut le donner à l'Espagne pour conserver quelque chose de l'ancienne érudition, et empêcher les hommes de tomber dans une ignorance et une grossièreté complètes.

Nous devons aussi citer Colomban comme écrivain, après l'avoir montré sous un jour plus brillant comme missionnaire. Il était certainement pieux et plein de ferveur : il écrivit des règles monastiques, et bien que ses écrits soient infectés de cet esprit de servitude qui s'était alors emparé de l'Eglise, nous pouvons citer de lui une phrase qui montre en lui le vrai chrétien : « Il faut recourir à Christ, la source de la vie. »

[1] Dupin, septième siècle.

Sophrone de Jérusalem écrivit une lettre synodale pour réfuter les monothélites; déjà nous l'avons citée en parlant de la part qu'il prit à cette controverse. Il y soutient que nous ressusciterons avec le même corps, et que les peines de l'enfer sont éternelles. Ce qu'il y a de plus remarquable en lui c'est une doctrine saine, accompagnée d'une vraie piété, et de la pureté de la vie.

Martin, évêque de Rome, qui eut tant à souffrir des persécutions du tyran Constant, fut un des grands hommes de ce siècle. On possède encore quelques unes de ses lettres, et elles prouvent la force de son esprit, et son zèle pour la religion. Amand, évêque d'Utrecht, lui écrivit qu'il était si affligé de voir des prêtres qui avaient vécu d'une manière déréglée après leur consécration, qu'il était tenté de quitter son évêché. Martin l'en dissuada, et l'exhorta en même temps à exercer une discipline salutaire sur ceux qui avaient donné ce scandale, déclarant que ces prêtres-là devaient être entièrement déposés des fonctions sacerdotales, afin qu'ils pussent se repentir dans une condition privée, et trouver miséricorde au dernier jour. Il exhorta Amand à supporter patiemment toutes les épreuves pour le salut des brebis, et pour le service de Dieu. Cet évêque de Rome défendit la vérité évangélique avec beaucoup de fermeté; et ce fut pour une branche de la doctrine de l'Écriture qu'il souffrit avec constance et avec intégrité.

Les écrits de Maxime, son compagnon de souffrances, sont trop scolastiques pour fixer notre attion; c'était certainement un logicien habile, et, ce qui vaut mieux encore, un homme pieux et plein de droiture.

Nous pourrions ajouter à cette liste les noms d'auteurs peu connus et peu utiles. Il y avait alors peu d'érudition, et le goût du siècle était barbare; mais cependant le Seigneur avait alors une église, et en traversant des temps bien plus sombres encore, nous y trouverons pourtant quelques faibles lueurs qui annonceront que Christ ne s'était pas entièrement retiré.

HUITIÈME SIÈCLE.

CHAPITRE PREMIER.

LE VÉNÉRABLE BÈDE, PRÊTRE ANGLAIS.

L'histoire de l'Eglise d'Angleterre, écrite par le célèbre Bède, s'étend jusqu'à l'an 731. On dit qu'il mourut en 735, mais on n'est pas d'accord sur l'âge qu'il avait alors. Nous pensons qu'il est convenable de commencer l'histoire du huitième siècle par un rapide exposé de la vie et des ouvrages de cet historien.

Il était né près de Durham, dans un village qu'on appelle à présent Farrow, près de l'embouchure de la Tyne. Il perdit son père et sa mère avant l'âge de sept ans, et ses parens le placèrent dans le monastère de Wéremouth, où il fut élevé avec beaucoup de soin; il paraît qu'il s'était consacré au service de Dieu dès sa jeunesse. Il passa plus tard dans le monastère de Jarrow qui se trouvait dans le voisinage, et il y finit ses jours. On le regardait comme l'homme le plus savant de son temps. Prier, écrire et enseigner, furent ses occupations familières durant toute sa vie[1]. Il fut ordonné diacre avant d'avoir dix-neuf ans, et prêtre lorsqu'il en avait à peine trente. Il se consacra entièrement à l'étude des Écritures, à l'instruction de ses disciples, aux fonctions du culte public et à la composition d'ouvrages religieux et littéraires. Une semblable vie présente peu de variété; ce ne fut pourtant pas faute d'occasions de briller dans le monde qu'il vécut dans l'obscurité. Il était re-

---

[1] Vie de Bède, placée en tête de ses œuvres. Edition de Cologne.

nommé dans tout l'Occident ; l'évêque de Rome l'invita de la manière la plus pressante à visiter la métropole de l'Eglise ; mais le grand monde n'avait point de charme aux yeux de Bède. Il ne paraît pas qu'il soit jamais sorti de l'Angleterre ; et quoiqu'il fût profondément pénétré de l'esprit superstitieux et de la dévotion au siége de Rome qui dominait si généralement alors, il était évidemment sincère et désintéressé.

Constamment occupé à lire ou à écrire, toutes ses études étaient subordonnées à la dévotion. Comme il sentait que c'est par la grâce de Dieu, plutôt que par ses facultés naturelles, que l'on acquiert la connaissance la plus profitable des Ecritures, il méloit la prière à ses études. Il ne savait pas ce que c'est que d'être oisif. Il a écrit sur toutes les branches de la science que l'on cultivait alors en Europe. Il avait une connaissance du grec et de l'hébreu très rare dans ce siècle de barbarie, et plusieurs savans se formèrent par ses instructions et d'après son exemple. La science était alors plus cultivée dans les îles Britanniques que dans aucun autre pays de l'Europe.

Le catalogue des ouvrages de Bède prouve sa merveilleuse activité. Son histoire de l'Église est ce qu'il a écrit de plus précieux pour nous, parce que c'est le seul monument anglais de l'histoire de l'Eglise pendant le septième siècle ; et dans la disette de bons auteurs qu'il y avait à cette époque, ses commentaires et ses homélies doivent avoir été extrêmement utiles. On ne voit en lui que trop de traces de l'ignorance de ces temps. Il suivit de si près Augustin d'Hippone et les autres Pères, et recueillit tant de morceaux de différens auteurs, qu'il paraît assez prouvé qu'il y avait peu d'originalité dans son talent. Ses travaux prouvent l'amour de la science, quelque peu importans que puissent paraître ses progrès, dans un siècle tel que le nôtre.

Dans sa dernière maladie, il éprouva pendant une quinzaine de jours une grande difficulté à respirer, mais son esprit conserva une grande sérénité et une douce joie, et ses pensées se portèrent constamment vers le ciel; au milieu de ses infirmités, il continuait à instruire ses disciples. Il consacrait une grande partie de la nuit à prier et à rendre grâces; et sa première occupation, le matin, était de méditer les Écritures et d'adresser sa prière à Dieu. Il s'écriait souvent : « Dieu châtie tous ceux qu'il « reconnaît pour ses enfans! »

Malgré la faiblesse de son corps, il s'occupa à écrire deux petits traités. Voyant que sa fin approchait, il dit. « S'il plaît à mon Créateur, je quit- « terai la chair, pour aller à celui qui, lors que je « n'étais pas, m'a formé de rien. — Mon âme désire « de voir Christ, mon roi, dans sa beauté. » Il chanta gloire au Père, au Fils et au Saint-Esprit, et expira avec un calme, une fermeté et une piété, qui surprirent tous ceux qui étaient présens. Le récit de sa mort a été écrit par un de ses disciples.

Quelques citations de ses commentaires sur l'Écriture montreront sur quels solides fondemens reposaient ses sentimens de piété. En expliquant ces paroles : « Tu m'as fait connaître le chemin de la « vie; tu me rempliras de joie en me faisant voir ta « face. (Act. II, 28); » il dit : « On ne doit pas en- « tendre ces choses uniquement de Notre-Seigneur, « qui n'avait pas besoin de guide pour vaincre le « royaume de la mort, mais qui, ayant reçu tout « à la fois la plénitude de la force et de la sagesse « divine, pouvait vaincre la mort par lui-même, « reprendre la vie, et monter vers son Père; on « doit l'entendre aussi de ses élus qui, par le don « de sa grâce, trouvent la source de la vie, par

« laquelle ils s'élèvent au bonheur qu'ils avaient
« perdu en Adam, et seront enfin remplis d'une
« joie céleste. Notre félicité sera parfaite lorsque
« nous le verrons face à face. Philippe savait bien
« cela quand il disait : « Seigneur, montre nous le
« Père, et cela nous suffit. » Le bonheur de voir
« la face de Dieu suffit : il n'y aura rien de plus ;
« et nous n'avons pas besoin de rien de plus que
« de voir celui qui est au-dessus de toutes choses. [1]

« Laissant de côté d'autres méthodes innombra-
« bles de sauver les hommes, la sagesse infinie a
« choisi celle-ci, c'est-à-dire que sans rien perdre
« de sa divinité, elle a pris aussi l'humanité; et
« dans l'humanité, elle a procuré tant de bien
« aux hommes, qu'elle a payé la mort temporelle
« qu'elle ne devait pas, pour les délivrer de la
« mort éternelle qu'ils devaient. Telle a été l'effi-
« cace de ce sang que Satan, qui a fait mourir
« Christ par une mort temporaire qui n'était pas
« méritée, ne peut retenir dans une mort éter-
« nelle aucun de ceux qui sont revêtus de Christ,
« quoiqu'ils aient mérité cette mort éternelle par
« leurs péchés. [2]

Telles étaient les vues évangéliques qui bril-
laient encore au nord de l'Angleterre, dans la nuit
de la superstition. Les doctrines ranimées par Augustin d'Hippone florissaient encore en Europe,
et nulle part plus que dans les îles Britanniques. Il est vrai cependant que la superstition
monastique croissait aussi excessivement, et qu'à
la fin elle corrompit entièrement les doctrines de
la vérité. Les choses n'en étaient pas encore à ce
point, et le prêtre saxon comprenait et sentait

---

[1] Rétractation sur les Actes des apôtres. L'expression de Philippe ne répond pas aussi bien au dessein de l'auteur que quelques autres portions de l'Ecriture; mais ce passage fait bien connaître quel était l'esprit de Bède. — [2] Sur Romains V.

évidemment la véritable nature de l'Évangile, et les fruits qu'il porte, qui sont la foi, l'humilité et la haine du péché.

On peut regarder le septième chapitre de l'épître aux Romains, comme la pierre de touche de l'intelligence des choses spirituelles. Un trop grand nombre de théologiens modernes ont montré qu'ils ne comprenaient rien à l'argument de saint Paul, en supposant qu'il décrit seulement la lutte entre la raison et la passion, à la manière des anciens philosophes. Celui-là seul qui sent et déteste le péché qui habite en lui, et qui lutte sincèrement et en humilité par cette conviction, peut bien comprendre l'apôtre, et apprécier la grâce réelle de Dieu en Jésus-Christ. Tel était Bède : les meilleurs commentateurs des temps les plus évangéliques ne lui sont pas très supérieurs en clarté et en solidité, dans l'explication de ce chapitre. Ainsi il dit, d'après l'apôtre, que le désir de pécher s'accroît par les défenses de la loi, qui, par conséquent, augmente le péché sans donner aucune force pour le vaincre; et que le bien de cette portion de l'économie divine, c'est que les hommes gémissent sous la loi et soient amenés au médiateur. Il soutient avec force que l'homme misérable, charnel et vendu au péché, dont il est parlé dans ce chapitre, n'était pas une personnification de l'homme naturel, mais Paul lui-même; et il confirme cette opinion en faisant remarquer que l'apôtre confesse dans l'épître aux Philippiens, « qu'il n'était « pas parfait, » et qu'il n'était pas encore parvenu à la résurrection des morts; et dans une autre épître, qu'il est souffleté par Satan, et qu'il a une écharde dans la chair, de peur qu'il ne soit tenté de s'élever. Notre auteur soutient que cette lutte intérieure doit durer toute la vie. « Dans la résur-

« rection, ajoute-t-il, tout sera parfait. Jusque-
« là, c'est beaucoup que de ne pas abandonner le
« champ de bataille, et de n'être pas vaincu, bien
« qu'on ne soit pas dispensé de combattre. »

Mais quoique Bède soit allé aussi loin qu'Augustin, dont les travaux lui furent extrêmement utiles, il ne paraît pas qu'il soit jamais allé plus loin que lui. Ses commentaires sont surtout des extraits et des compilations des Pères, et principalement d'Augustin. Les doctrines qu'ils contiennent lui appartenaient, dans ce sens qu'il comprenait et éprouvait leur vérité et leur efficace. La pensée que nous allons citer n'est probablement pas de lui, mais elle présente un tableau instructif de l'état de l'humanité considérée comme divisée en quatre classes. En parlant de la lutte avec le péché qui habite en nous, décrite dans le septième chapitre des Romains, il dit, « qu'il y
« a des gens qui ne combattent pas du tout, et
« qui se laissent entraîner par leurs convoitises;
« d'autres qui combattent à la vérité, mais qui
« sont vaincus parce qu'ils combattent sans foi, et
« dans leur propre force; d'autres qui combattent
« et qui sont encore sur le champ de bataille, et
« qui ne sont pas vaincus, et c'était le cas de saint
« Paul, et de tous les vrais chrétiens dans ce mon-
« de; et enfin d'autres qui ont vaincu et qui se
« reposent dans le ciel. » Bède donne, comme Augustin, dans l'excès des allégories, et ses commentaires ont quelque chose de vague et de décousu : ses vues sur le cantique de Salomon sont justes, mais il est trop minutieux dans ses explications : ce défaut frappe encore davantage dans le tableau qu'il trace du tabernacle et du temple de Salomon.

Un an avant sa mort, Bède écrivit à Egbert,

archevêque d'York, une lettre qui mérite d'être citée.[1]

« Par-dessus toutes choses, lui dit-il, évitez les discours inutiles, et appliquez-vous à l'étude des saintes Écritures, surtout aux épîtres à Timothée et à Tite, au Pastorat de Grégoire, et à ses homélies sur l'Evangile. Il est inconvenant que celui qui est consacré au service de l'Eglise se laisse aller à des actions ou à des discours qui ne sont pas d'accord avec le caractère dont il est revêtu. Entourez-vous toujours de gens qui puissent vous secourir dans la tentation : ne soyez pas comme quelques évêques qui se plaisent à avoir autour d'eux des gens qui aiment la bonne chère, et qui les divertissent par une conversation frivole et fastueuse.

« Votre diocèse est trop grand pour que vous puissiez le parcourir en une année ; placez donc dans chaque village des prêtres qui instruisent et administrent les sacremens ; et que ce soient des hommes studieux, afin que chacun d'eux puisse apprendre par cœur le Symbole des Apôtres et l'Oraison Dominicale ; et que s'ils ne comprennent pas le latin, ils puissent les répéter dans leur propre langue. Je les ai traduits en anglais pour les prêtres ignorans. On m'a dit qu'il y avait dans les contrées montagneuses de notre île plusieurs villages dont les habitans n'ont jamais vu un évêque ou un pasteur ; et cependant ils sont obligés de payer leurs redevances à l'évêque.

« Le meilleur moyen de réformer notre Église est d'augmenter le nombre des évêques. Qui ne voit combien il est plus raisonnable qu'un nombre de personnes suffisant se partagent ce fardeau ?

---

[1] OEuvres de Bède, édition de Paris, p. 46.

« Voilà pourquoi Grégoire avait recommandé à
« Augustin de nommer douze évêques, dont l'ar-
« chevêque d'York devait être le métropolitain.
« Je voudrais que vous puissiez compléter ce nom-
« bre, avec l'aide du roi de Northumberland.[1]
« Je sais qu'il n'est pas facile de trouver un en-
« droit libre pour y ériger un évêché. Vous pou-
« vez choisir dans ce dessein quelque monastère.
« En vérité, il y a bien des maisons qui portent le
« nom de monastère sans le mériter. »

Il continua à montrer comment l'abus scandaleux
des monastères s'était étendu depuis trente ans,
et combien plusieurs de ces établissemens étaient
inutiles à l'Église et à l'état, parce qu'ils ne conservaient ni piété ni décence. Il recommande à
Egbert d'instruire les membres de son troupeau
dans la foi et dans la pratique des bonnes œuvres,
et de les engager à communier souvent. Il blâme
l'accroissement excessif du nombre des moines,
et exprime la crainte qu'avec le temps l'état manque de soldats pour repousser une invasion. Cette
dernière observation s'accorde avec ce qu'il dit à
la fin de son histoire; que de son temps beaucoup
d'habitans du Northumberland, de toutes les classes et de tous les âges, étaient plus occupés de vœux
monastiques que de l'exercice des armes. « La gé-
« nération nouvelle rendra témoignage, ajoute-
« t-il, des effets que tout cela produira. » De telles
paroles prouvent beaucoup de jugement chez un
homme qui avait toujours été moine[2]. Il n'est pas
difficile d'expliquer comment un semblable abus
s'était introduit en Angleterre; mais Bède ne pré-

---

[1] Son nom était Cedulfe. Deux ans après la mort de Bède, il renonça à sa couronne, et vécut vingt-deux ans dans un monastère.

[2] Les rois eux-mêmes pratiquaient des retraites de ce genre, et il ne
manque pas d'exemples de princes saxons qui entreprirent des pélerinages de dévotion à Rome.

sente pas un tableau bien satisfaisant de l'état de la religion dans ce pays, à l'époque où il vivait.

CHAPITRE II.

ÉVÉNEMENS DIVERS.

Vers le commencement de ce siècle, Lambert, évêque de Maëstricht, fut assassiné. Il avait remplacé Théodard sous les yeux duquel il a avait été élevé, et avait été pendant quarante ans l'honneur de l'Evangile, par une vie de piété et de charité. Il avait été privé de son siége pendant sept ans par suite des troubles qui avaient eu lieu en France, mais il avait été rétabli vers l'an 681. Ce prélat avait travaillé avec beaucoup de zèle dans son diocèse, et avait amené à la foi beaucoup de païens qui se trouvaient dans son voisinage. Sa patience avait produit sur eux un effet salutaire, ainsi que sa doctrine. Mais il n'est pas au pouvoir des hommes les meilleurs et les plus sages de contenir la violence de leurs parens et de leurs amis.

Deux frères, Gallus et Riold, avaient pillé les biens de l'église de Maëstricht, et porté le trouble et la terreur dans tout le voisinage. Les parens de Lambert, et en particulier ses deux neveux, manifestèrent un esprit très peu chrétien, et les tuèrent, au grand chagrin de l'évêque. Les parens de Lambert auraient dû, sans aucun doute, s'adresser au magistrat civil; quoique la justice fût alors très mal administrée en France. Dodon, puissant baron du voisinage, et parent des voleurs, résolut de venger leur mort sur l'évêque lui-même; et il l'attaqua à la tête d'hommes armés, à Leodium[1], sur la Meuse. Dans l'agitation que lui causa la

---

[1] Maintenant Liége. Fleury, XLI, 16.

première nouvelle de leur approche, Lambert saisit une épée ; mais revenant bientôt à lui, et élevant son cœur à Dieu dans la prière, il posa son épée, et se prépara à recevoir la mort. Deux de ses neveux commencèrent par opposer de la résistance. « Si vous m'aimez sincèrement, leur dit Lam- « bert, aimez aussi Jésus-Christ, et confessez- « lui vos péchés. Quant à moi, il est temps que « j'aille vivre avec lui. — N'entendez vous vous « pas, dit un autre de ses neveux, — qu'ils crient « de mettre le feu à la maison, pour nous brû- « ler vifs ? — Souvenez-vous, répliqua tranquil- « lement l'évêque, que vous vous êtes rendus cou- « pables de ce meurtre : soumettez-vous, et rece- « vez la juste punition de vos fautes. » Il continua à prier avec ferveur, et les hommes armés passèrent au fil de l'épée tout ce qu'ils trouvèrent, et entre autres Lambert lui-même. On ne peut douter qu'il n'eût véritablement un esprit chrétien.

Dans la première moitié de ce siècle, Céolfrid gouverna les deux monastères de Weremouth et de Jarrow, que Bède habita successivement. Les Pictes, qui peuplaient le nord de la Grande-Bretagne, furent amenés par son influence à adopter l'usage de Rome pour la célébration de la Pâque, et entrèrent ainsi en communion avec cette Eglise[1]. Mais ce ne fut pas là une source de progrès dans la piété pour ces peuples ; l'Eglise romaine étant devenue de plus en plus corrompue pendant le cours de ce siècle, tous ceux qui s'unirent à elle furent infectés de ses superstitions.

L'an 713, les mahométans passèrent de l'Afrique en Espagne, et mirent fin au royaume des Goths, qui avait duré près de trois cents ans. Les Goths furent réduits en esclavage, et ainsi furent châtiés

---

[1] Un Anglais, nommé Egbert, opéra peu de temps après le même changement parmi les Irlandais.

ces chrétiens de nom, qui avaient long-temps retenu la vérité captive, et qui invoquaient le nom de Christ, tandis qu'ils le reniaient par leurs œuvres, et qu'ils enterraient la foi sous des monceaux de superstitions. Il y eut cependant un certain nombre de ces chrétiens qui conservèrent leur indépendance, et qui se retirèrent dans les montagnes des Asturies en choisissant pour roi Pélage, qui descendait d'une famille royale. Il exprima l'espérance qu'après que Dieu les aurait châtiés pour leurs péchés, il ne les livrerait pas entièrement aux mahométans. Sa confiance en Dieu ne fut pas trompée. Dans des circonstances extrêmement désavantageuses, il défit l'ennemi, repeupla les villes, rebâtit les églises, et avec la pieuse assistance de plusieurs pasteurs, maintint l'Evangile dans un district de l'Espagne, tandis que la plus grande partie du pays était soumise aux Arabes; mais Pélage recouvra peu à peu d'autres villes sur l'ennemi.

Les pays dans lesquels la religion chrétienne avait été professée présentaient à cette époque un douloureux spectacle. L'idolâtrie régnait alors en Europe et en Asie, parmi ceux qui faisaient profession d'être chrétiens [1] : on avait généralement abandonné la foi et les préceptes de Jésus dans tous les lieux qui avaient été long-temps évangélisés. Les habitans de la Grande-Bretagne et de quelques autres contrées qui avaient reçu l'Évangile depuis peu de temps étaient, à ce qu'il paraît, les chrétiens qui servaient alors le Seigneur avec la plus grande pureté et la plus grande sincérité [2]. Tant il est vrai qu'il y a dans la nature

---

[1] Cet événement important sera expliqué dans le chapitre suivant.
[2] L'Irlande, que Prideaux appelle le principal siége de la science dans la chrétienté, pendant le règne de Charlemagne, se distingua surtout dans ce siècle, où elle était encore peu infectée de la superstition romaine; Uscher a prouvé que le nom de *Scotia* désignait alors l'Irlande. Eginhard, secretaire de Charlemagne, appelle l'Irlande

humaine, une tendance perpétuelle à dégénérer et à se corrompre. Telle est pourtant la bonté de Dieu, qu'il usa d'un long support malgré les offenses les plus graves ; et lorsqu'il eut enlevé à quelques églises leur chandelier, il le porta dans d'autres lieux [z], de sorte que la lumière de son Evangile n'a jamais disparu de la terre. Ce qu'il y a de plus merveilleux dans des cas semblables, c'est que les hommes ne paraissent pas avoir le sentiment de leurs crimes, et ne voient pas la main vengeresse de Dieu qui s'appesantit sur eux. Les chrétiens de nom de ce temps-là ne sentaient pas leur état ; et bien que les Arabes marchassent à grands pas vers la domination universelle, ce ne fut que lorsqu'ils furent parvenus au cœur de la France, et qu'ils eurent fait des ravages affreux dans ce pays, que l'on fit des efforts vigoureux pour leur résister. L'an 732, ils furent entièrement défaits près de Poitiers, par le valeureux Charles-Martel, événement mémorable dans l'histoire, parce que la providence de Dieu arrêta ainsi la marche triomphale des sauterelles d'Arabie. Il est étonnant que toutes les nations civilisées n'eussent pas formé depuis long-temps une ligue pour arrêter ce torrent qui menaçait l'humanité tout entière. Ceux qui, depuis des siècles, se confiaient bien plus dans les reliques, les autels, les austérités, les pélerinages, qu'en Christ crucifié, et qui avaient vécu dans la fraude, l'avarice et l'impureté, furent abandonnés pour un temps à eux-mêmes, et se laissèrent subjuguer par de barbares conquérans. Bénie soit la Providence qui, au mo-

---

Hibernia Scotorum insula. Plusieurs de ces *Scots* (Irlandais) travaillèrent dans la vigne du Seigneur durant le règne de Charlemagne, et devinrent évêques en Allemagne. Ils enseignèrent avec succès les sciences sacrées et profanes.

[z] Ceci sera expliqué dans le chapitre IV.

ment de la crise, préserva l'Europe d'une ruine complète, et qui, en sauvant la France du joug de ces farouches mahométans, a conservé un peuple pour servir Dieu dans les régions de l'Occident [1]!

CHAPITRE III.

CONTROVERSE SUR LES IMAGES. L'ANTECHRIST ARRIVE A SA MATURITÉ.

Vers l'an 727, l'empereur grec commença à être ouvertement en hostilité avec l'évêque de Rome, et pour employer les paroles de Sigonius [2], Rome et le duché romain passèrent de l'empereur grec à l'évêque de Rome. Il aurait été plus exact de dire que le fondement du pouvoir temporel de ce prélat fut posé, que de prétendre qu'il fut actuellement établi. Cependant, comme il le fut quelques années après, et qu'une rupture commença à l'époque que nous venons d'indiquer, cette date semble la plus convenable pour le commencement de la maturité de cette papauté, que l'on doit regarder, à compter de ce temps-là, comme étant réellement l'Antechrist; car elle s'appuya sur le pouvoir temporel pour soutenir de fausses doctrines, et en particulier celle qui mérite le nom d'idolâtrie.

Le merveilleux penchant de tous les siècles au péché de l'idolâtrie, qui implique l'égarement du

---

[1] Le fléau des sauterelles (Apoc. IX) dura cinq mois, c'est à dire cent cinquante ans, un jour comptant pour un an dans le langage prophétique. Il est difficile de calculer exactement le temps pendant lequel les Arabes étendirent leurs conquêtes, à cause de la confusion et du peu d'exactitude des historiens; mais la vérité divine fut sans doute exacte, et dans tous les calculs possibles, la période d'environ cent cinquante ans limite convenablement la durée des conquêtes des Sarrasins.

[2] Sigon. Hist. de Regn. Italie, liv. III.

cœur qui s'éloigne du Dieu vivant et vrai, doit avoir sa source dans quelque principe qui tienne à la nature de l'homme déchu. Voici ce qui me paraît l'explication de ce fait si extraordinaire et si déplorable. — Dieu est un être immatériel, il existe par lui-même, il a une bonté et une puissance infinies, et comme il nous a créés et nous conserve, il a un droit incontestable à notre vénération et à notre amour suprême. L'homme, considéré comme une créature raisonnable, est doué de facultés suffisantes pour découvrir cet être si grand et si parfait, du moins en ce qui se rapporte à ses devoirs et à ses intérêts. C'est là ce qu'ont souvent prouvé d'éloquens moralistes, et c'est ce qu'affirme expressément saint Paul, dans le premier chapitre de l'épître aux Romains, où il dit : « que ce qu'on peut connaître de Dieu a été ma- « nifesté parmi les hommes, Dieu le leur ayant « manifesté. Car les perfections invisibles de Dieu, « savoir, sa puissance éternelle et sa divinité, se « voient comme à l'œil, depuis la création du « monde, quand on considère ses ouvrages; de « sorte qu'ils sont inexcusables. »

Par le fait, l'homme déchu n'est jamais parvenu, par le simple usage de sa raison, à trouver Dieu d'une manière salutaire et à le servir, et lors même que Dieu a daigné expliquer et manifester son véritable caractère à un peuple particulier par une révélation spéciale, il y a toujours eu parmi ce peuple bien peu d'hommes qui l'aient servi long-temps comme ils auraient dû le faire; mais ils ont bientôt corrompu cette religion divine, et se sont plongés dans l'idolâtrie.

Le Jéhovah des saintes Ecritures, le Dieu tout-puissant et tout parfait qui peut être découvert par la saine raison, est un être invisible, et l'on doit l'honorer, comme un esprit, avec le cœur et l'intelligence, et sans l'intervention des objets sensibles, tels que les statues de bois ou de pierre. « Tu aimeras le Seigneur ton Dieu, de tout ton cœur et de toute ton âme. » Mais l'histoire de notre nature corrompue montre que, dans tous les siècles, les images et les autres objets sensibles se sont présentés à l'idée des hommes comme des guides et des secours pour comprendre la Divinité; et si, dans certains cas, ces absurdes inventions d'une grossière idolâtrie ont été rejetées par des hommes distingués par leur esprit et leur instruction, il est arrivé généralement qu'elles ont été remplacées par les fictions intellectuelles de la vanité philosophique; fictions qui, par leur nature, conduisaient encore davantage à l'athéisme, et qui étaient encore plus éloignées de la notion d'un gouverneur de l'univers sage et tout-puissant, qui tient ses créatures dans un état de soumission et de dépendance, qui exige leur obéissance et dispense impartialement la justice.

Les principes qui paraissent expliquer cette apostasie et cette opposition à la volonté divine peuvent être compris sous les termes d'orgueil, d'amour-propre, de propre justice, de désir de l'indépendance; ou plutôt sous le seul terme d'orgueil, si nous employons cette expression dans son sens le plus étendu. L'homme déchu est trop orgueilleux pour sentir d'une manière pratique et pour confesser son ignorance relative et sa faiblesse complète, quand il se compare à l'auteur suprême de toutes choses; et le même principe l'empêche de placer son affection et sa vénération suprêmes sur Dieu, bien que la raison lui dicte ce devoir, et que la révélation le lui commande. Il s'aime trop lui-même et tient trop aux jouissances terrestres. Alors il est facile de comprendre que l'orgueil et la propre justice sont des expressions synonymes : un être orgueilleux ne regardera jamais « sa justice comme un linge souillé » (Esaïe LXIV, 6) : il ne demandera jamais du fond du cœur le pardon de ses péchés : il a une trop bonne opinion de ses travaux, de ses inventions, de ses œuvres. En un mot, il est juste en lui-même à ses propres yeux ; et il est également évident que le même être visera à l'indépendance et ne pourra supporter aucun frein.

Telle étant, depuis la chute, la disposition du cœur de l'homme, il n'est pas difficile d'indiquer quel est le chemin large et fréquenté qui mène à l'idolâtrie ; car, soit que nous considérions l'orgueil comme un vaste principe qui produit mille effets variés, d'après l'explication que nous venons de donner ; ou que nous bornions cette expression à son sens le plus restreint, personne ne doutera que, dans tous les siècles, l'homme n'ait déplorablement manqué d'humilité ; ne se soit opposé orgueilleusement à Dieu, et n'ait été animé d'un amour-propre désordonné, et qu'ainsi, impatient du joug de Dieu et ne pouvant se soumettre à sa justice, il n'ait cherché à établir sa propre justice. L'existence de ces principes et de ces inclinations implique un éloignement complet du cœur du Dieu vivant ; et lorsque l'homme est arrivé là par l'action d'une cause permanente, on ne peut s'étonner qu'il ait aussi marché vers l'idolâtrie, ou vers quelque genre d'athéisme qui s'en rapprochât beaucoup.

L'homme, une fois éloigné du vrai Dieu, doit recourir à quelque invention pour apaiser sa conscience. Ainsi, dans les temps barbares, l'homme orgueilleux, et appuyé sur sa propre justice, a naturellement recours au culte insensé du bois, de la pierre et des métaux, et tombe dans une idolâtrie grossière. « Il brûle une partie du bois au feu, et du reste il se fait une idole et se met à genoux devant elle. » Cette découverte lui plaît extrêmement : il a trouvé un dieu exactement approprié à son goût, un dieu qui pardonnera aisément ses vices, qui attachera un haut prix à ses vertus imaginaires, et qui lui sera constamment propice; un dieu, qui n'est pas le gouverneur et le bienfaiteur de l'univers, mais dont la bonté s'exerce d'une manière particulière envers lui et ses compatriotes; un dieu qu'il peut voir et toucher, et dont il peut s'enorgueillir comme l'ayant inventé et formé à l'aide du ciseau et du marteau, ou du compas et de l'équerre; un dieu local et tutélaire, envers lequel il exerce lui-même une grande puissance et qu'il peut placer dans son temple, dans sa chambre, ou dans son camp.

Les anciens idolâtres représentaient souvent par leurs images, des chefs, des héros ou des rois qui étaient morts, et auxquels ils attribuaient encore une certaine influence sur les affaires humaines; et il arrivait souvent que ces hommes avaient été remarquables par leurs vices et par leurs crimes. Dans des temps plus modernes, le christianisme lui-même a été défiguré par l'adoration des images, des représentations et des reliques des saints, et dans cette abominable superstition, on n'a pas toujours veillé avec assez de soin à ce que ces saints supposés fussent eux-mêmes des hommes dignes de respect.

Dans les siècles d'érudition et de raffinement, le même principe d'orgueil qui, en aveuglant l'intelligence et en corrompant les affections dans ce qui tient à la religion, éloigne réellement le cœur du Dieu vivant et vrai, porte les hommes à professer une grande vénération pour des fictions abstraites et intellectuelles, telles que la nature, un principe d'ordre, ou l'âme de l'univers. Ces idées de Dieu, qui dominent dans les siècles de civilisation et de culture de l'esprit, méritent d'être appelées dans un sens idolâtrie, et dans un autre sens athéisme; et sous toutes les interprétations possibles, elles doivent être regardées comme équivoques, inintelligibles et pernicieuses. Il y a une grande variété d'idolâtries; mais elles ne diffèrent beaucoup ni dans leur source, ni dans leur tendance. Dans toutes les circonstances possibles, l'homme est aveugle et misérable, s'il ne cherche pas et n'adore pas le vrai Dieu en esprit et en vérité. Si, en violant le second commandement, il représente la gloire de Jéhovah par des images, ou si, en violant le premier, il oppose une autre divinité à Jéhovah; dans ces deux cas, il fait reposer sur une base trompeuse son salut et son bonheur, et il insulte directement aux perfections de Dieu. Voilà pourquoi de semblables pratiques sont défendues de la manière la plus positive dans tout le cours des Ecritures.

Bien qu'il n'y ait point de péché aussi sévèrement condamné dans l'Ancien Testament que l'idolâtrie, il ne choque pas autant la conscience naturelle que les crimes commis contre nos semblables. Si nous voyons tant de gens qui sont surpris de ce que les Israélites y étaient si enclins, c'est parce qu'ils ne connaissent pas leur propre idolâtrie, qui se manifeste d'une manière mieux adaptée à l'époque à laquelle ils vivent et à leur position dans le monde. Mais si l'on comprenait bien que l'idolâtrie consiste à détourner ses affections du Dieu vivant pour les fixer sur la créature, et que désobéir à sa parole, mettre sa confiance dans quelque objet sensible, par lequel nous voulons le représenter à nos esprits, et se glorifier, dans sa propre force et dans sa propre justice, au lieu de chercher le salut uniquement par la grâce et par la foi, sont des sentimens inspirés par l'orgueil et par lesquels on montre le plus grand mépris pour la Majesté divine, on ne serait plus étonné de l'indignation de Dieu contre ce péché ; on verrait combien l'esprit humain s'y laisse naturellement entraîner, et l'on trouverait dans ce penchant si général une démonstration complète de l'apostasie de l'homme.

Les défenses les plus expresses de se livrer à ce péché distinguaient les membres de l'ancienne Église de Dieu de toutes les nations qui les entouraient. Il leur était ordonné de n'adorer que le Dieu vivant, et de n'adorer Jéhovah lui-même sous aucune image ; beaucoup moins encore pouvaient-ils servir aucune créature dans des représentations, puisqu'ils auraient ainsi violé tout à la fois les deux premiers commandemens. Celui qui sait combien son propre cœur est porté à se défier de la Providence et de la grâce de Dieu, et à saisir avidement les secours humains, au lieu de s'attendre patiemment à Dieu dans sa détresse, ne sera pas étonné de voir les Israélites adorer le veau d'or en l'absence de Moïse, et ne trouvera pas que ce ne fût pas là un grand péché, parce qu'ils avaient l'intention d'honorer Jéhovah sous ce symbole.

Sous la dispensation de l'Évangile, l'interdiction des images ne fut pas levée, et, dans les temps les plus purs, il n'était nul besoin d'insister sur ce point. Dieu en Christ était adoré en esprit et en vérité par les premiers chrétiens ; et, tandis qu'ils invitaient les Gentils à quitter leurs idoles pour le Dieu vivant, l'idolâtrie elle-même, sous aucune de ses formes, ne pouvait guère se montrer dans l'Eglise chrétienne; car, tandis que les cœurs des hommes étaient « remplis de paix et de joie en croyant, » tandis que les doctrines de la justification et de la régénération étaient à leurs yeux d'un grand prix et d'une importance suprême, et qu'ils vivaient par la foi en Jésus, et sentaient dans leurs âmes la puissance régénératrice de sa grâce, les secours trompeurs de l'idolâtrie ne pouvaient avoir aucun charme pour eux.

Ce ne fut que lorsque la connaissance de l'Evangile fut obscurcie et corrompue, que les misérables esprits des hommes eurent recours à ces vains refuges, et que les âmes, qui n'étaient plus sous l'influence du Saint-Esprit, cherchèrent à enflammer leurs affections et à exciter en eux une fausse dévotion par les arts de la sculpture et de la peinture. Les premiers chrétiens adoraient le vrai Dieu dans leur esprit, et tous ceux qui étaient convertis à la foi renonçaient à l'idolâtrie. Et, comme nous l'avons vu, les empereurs chrétiens, et en particulier Théodose, détruisirent dans leurs états le culte des images. Origène dit, dans son Traité contre Celse, qu'il est impossible que quelqu'un parvienne à la connaissance de Dieu en adorant des images. Athanase et Lactance inculquent fortement la même vérité[1]. Vers la fin du quatrième siècle on vit poindre cette erreur dans l'Eglise. Epiphane, évêque de Chypre, dit qu'un jour il trouva suspendue devant la porte de l'église une pièce de toile sur laquelle était peinte l'image de Christ ou de quelque saint; « remarquant, ajoute-t-il, une chose si opposée à l'autorité des Ecritures, je déchirai la toile. » Le fameux Jérôme publia en latin une épître d'Épiphane sur ce sujet, et l'appuya de son propre témoignage. Tant il est évident que les images étaient absolument défendues à cette époque dans

---

[1] La controverse est traitée à fond sous le rapport historique dans les trois homélies de l'Eglise d'Angleterre contre le péril d'idolâtrie. Il serait convenable que tous les théologiens protestans étudiassent les fondemens de cette controverse, ils se convaincraient bientôt que le papisme n'est pas, comme il le prétend, fondé sur les enseignemens et les exemples de l'antiquité chrétienne.

l'Eglise de Christ. Augustin parle aussi contre les images, disant qu'elles sont plus propres à pervertir l'âme qu'à l'instruire, « et que, lorsque les images sont une fois placées avec honneur dans les temples, l'erreur s'y insinue. » Cependant, les personnes qui avaient renoncé depuis peu de temps aux idoles, commencèrent à la fin à peindre ou à sculpter des images de Christ, de la vierge Marie et des Apôtres. Ainsi, comme le remarque Jérôme, les erreurs des images passèrent des Gentils aux chrétiens ; et Eusèbe dit que l'on faisait dans son temps des images de Pierre, de Paul et de notre Sauveur lui-même, ce qu'il tenait « pour un usage païen. » Cependant on ne leur rendait pas encore un culte et on ne les plaçait pas publiquement dans les églises.

Paulin, qui mourut évêque de Nole, en 431, fit peindre sur les murs d'un temple des histoires tirées de l'Ancien Testament, pour instruire ainsi le peuple. On négligea la parole, et on lui substitua ces vaines représentations, preuve frappante des progrès de l'ignorance ! A mesure que l'ignorance augmenta, on vit aussi s'accroître le nombre de ces images et de ces peintures historiques. Serenus, évêque de Marseille, mit en pièces les images qu'on avait placées dans les églises, à cause du danger de l'idolâtrie. Nous avons déjà parlé de la fâcheuse concession que fit à cette occasion Grégoire de Rome à la superstition.

Ainsi, six cents ans après Christ, les images avaient commencé à paraître dans les églises, mais il n'y avait pas encore idolâtrie. Cependant l'autorité de Grégoire produisit de funestes résultats : l'esprit d'idolâtrie se fortifia à mesure que l'on vit décliner la connaissance réelle et spirituelle ; et les hommes ayant en grande partie abandonné la voie évangélique qui mène à Dieu par Christ, pour trouver du soulagement pour leurs consciences, furent toujours plus enclins à s'appuyer sur les idoles. Tel est le lien intime qui unit la doctrine de la justification à la pureté du culte. Sous ce rapport, l'église de Rome [1] avança plus rapidement vers l'erreur que l'église d'Orient. Les empereurs grecs détruisaient les images et les peintures, tandis qu'on avait pour elles une admiration idolâtre en Italie. Le mal devint incurable, parce qu'il n'y avait point alors de connaissance claire et efficace de l'Évangile pour dissiper les nuages de la superstition. Cependant les hommes étaient divisés d'opinions dans l'Orient et dans l'Occident; et le moment arriva enfin où le monde chrétien fut divisé en deux partis sur cette question.

Nous voici maintenant arrivé à l'an 727, lorsque Léon l'Isaurien, empereur grec, commença à attaquer ouvertement le culte des images, et amena la rupture avec le siége de Rome [2]. Un Syrien, nommé Beser [3], né de parens chrétiens, avait été fait prisonnier par les Mahométans, et ensuite était revenu parmi les Romains; et comme il avait très probablement vu quel avantage tiraient les infidèles du culte des images, il s'était pénétré de l'opinion qu'un pareil culte n'était pas légitime. Il était en grande faveur auprès de l'empereur, et il le convainquit, par ses argumens, que le culte des images était une idolâtrie. Mais le plus illustre défenseur de la pureté du culte sous ce rapport, et celui que Fleury, dans son zèle papiste, appelle, pour cette raison, l'auteur de l'hérésie, fut Constantin, évêque de Nacolie en Phrygie. Convaincu dans son jugement, et zélé à propager ce qui

---

[1] Nous disons l'église *de Rome*, car dans les autres parties de l'Occident, nous verrons qu'il y eut de l'opposition contre l'idolâtrie.
[2] Il est surnommé Iconomaque. Il mourut en 741 d'une violente colique, qui donna lieu à des soupçons d'empoisonnement.
[3] Fleury, liv. XLII. vol. v.

lui paraissait la vérité, Léon assembla le peuple, et avec la franchise et la simplicité qui le caractérisaient, il déclara publiquement qu'il regardait l'usage qui s'était établi par degrés comme une idolâtrie, et qu'il croyait qu'on ne devait ériger aucune image pour l'adorer.

Dans le sixième siècle, une semblable déclaration n'aurait produit aucune fermentation dans la chrétienté ; mais l'idolâtrie avait peu à peu gagné du terrain, à mesure que la foi chrétienne avait perdu de sa pureté et de sa simplicité. Les hommes qui n'avaient aucun attachement véritable pour la religion, se conformaient naturellement aux usages du temps ; les personnes qui s'occupaient du salut de leurs âmes avaient été depuis si long-temps entraînées à chercher du soulagement pour leurs consciences dans une variété de superstitions, et la pure doctrine de l'expiation du Christ était si peu comprise et si peu goûtée, que l'empereur faisait évidemment partie de la minorité dans le monde chrétien.

Jusqu'alors aucun synode n'avait sanctionné le culte des images. L'usage de l'antiquité lui était entièrement opposé. La parole de Dieu, qui aurait dû exercer sur les esprits une influence suprême, se prononçait formellement contre ce culte ; mais l'erreur s'était si solidement établie ; les hommes pervers trouvaient si commode d'expier leurs crimes par leur zèle pour des choses extérieures et idolâtres ; et l'Écriture était alors si peu lue et si peu étudiée, que les sujets de Léon murmurèrent contre lui, et l'appelèrent tyran et persécuteur. Germain lui-même, évêque de Constantinople, affirma, avec un zèle égal à son ignorance, que l'on avait toujours eu l'usage des images dans l'Église, et déclara qu'il était, à tout événement, résolu à résister à l'empereur. Il est inutile de rapporter avec détail les argumens frivoles et absurdes sur lesquels il essayait d'appuyer l'idolâtrie. Dans le désir de se fortifier contre l'empereur, il écrivit à l'évêque de Rome, qui soutint chaudement la même cause, et par des raisonnemens de la même nature. Jamais leçon plus instructive ne fut donnée aux pasteurs sur le devoir d'enseigner la parole de Dieu avec simplicité et fidélité. La conscience des hommes qui ne sont pas entièrement livrés à un esprit réprouvé est toujours sujette à être troublée de temps en temps, et si la paix qui se trouve dans la foi en Jésus-Christ n'est pas clairement prêchée, les hommes troublés par le péché auront recours à l'idolâtrie, parce qu'elle leur donnera une fausse paix, et les affermira dans leurs habitudes coupables. C'est uniquement par la connaissance de Christ crucifié que nous pouvons parvenir à une paix solide de la conscience, et être amenés d'une manière efficace à aimer Dieu et notre prochain. Dans le cours de cette histoire, nous avons souvent vu l'union de la saine doctrine et d'une conduite sainte, et nous présentons maintenant l'autre côté du tableau. On ne peut bien comprendre l'esprit et les principes de ces chrétiens qui ont soutenu la vérité divine dans le monde, si l'on ne connaît, jusqu'à un certain point, les vrais fondemens du papisme.

Grégoire II était alors *évêque* de Rome, et la manière dont il soutint ouvertement l'idolâtrie nous donne le droit de le considérer comme un *pape*. Les superstitions et les abus avaient fait de grands progrès; mais depuis la mort de Grégoire Ier nous nous sommes peu occupé des évêques de Rome, parce qu'on ne vit chez eux que très peu de vraie piété[1]. La partie la plus honorable

---

[1] Nous citerons ici un abus particulier, parce qu'il est une nouvelle preuve du déclin de la pureté évangélique de la doctrine. Ce ne fut qu'à l'époque où vivait Grégoire II que l'on commença à enterrer dans

de leur conduite est l'encouragement qu'ils donnèrent aux missions et à la propagation du christianisme parmi les païens ; plusieurs hommes, animés jusqu'à un certain point d'un esprit apostolique, s'occupèrent avec succès de cette œuvre excellente ; et une religion pure, du moins quant aux doctrines fondamentales, fut souvent portée dans des régions éloignées, tandis que la corruption s'étendait toujours davantage à Rome et dans toute l'Italie. Cependant il était réservé à Grégoire II de se déclarer ouvertement pour l'idolâtrie, et depuis ce temps on peut considérer les évêques de Rome comme luttant contre Christ.

La rébellion suivit de près l'idolâtrie, et les hommes étaient tellement attachés au culte des images, que la Grèce et les îles voisines se décla-

---

les cours des églises. Jusque-là on avait généralement enterré les morts près des grands chemins, selon les lois romaines, et les chrétiens s'étaient conformés à cet usage, ou, du moins, ils avaient des cimetières loin des villes. Mais sous le pontificat de Grégoire, les prêtres et les moines commencèrent à faire des prières pour les morts, et reçurent des offrandes des parens, pour le soin qu'ils mettaient à s'acquitter de ces offices ; à cette occasion, ces ecclésiastiques demandèrent à Grégoire la permission d'enterrer les morts près des demeures des moines, dans les églises ou dans les monastères, afin que leurs parens pussent se joindre plus facilement à ces dévotions funèbres. Euthbert, archevêque de Cantorbéry, introduisit cet usage en Angleterre en 750 ; et ce fut depuis ce temps que les cours des églises servirent de lieu de sépulture. Cet usage est certainement innocent en lui-même ; mais son origine fut extrêmement superstitieuse. Le lecteur peut juger par-là des progrès de la doctrine du purgatoire, et de l'avarice des membres du clergé, et surtout de l'oubli dans lequel était tombée la doctrine de la justification par la foi ; car si elle avait été conservée dans sa pureté dans l'Eglise, elle en aurait exclu ces abominations. (Voyez l'*Histoire de l'abbaye de Saint-Alban*, par Newcombe, p. 109.) Tant que les hommes se reposèrent sur Christ et se virent complétement justifiés en lui, ils n'eurent aucune tentation de recourir au vain refuge des prières pour les morts. A l'heure de la mort, ils remettaient leurs âmes et leurs corps à leur Sauveur. Quand ils eurent perdu l'espérance de la gloire, ils luttèrent en vain contre les doutes et les craintes pendant toute leur vie, et la quittant dans l'incertitude, ils laissèrent à la charité de leurs amis le soin de suppléer à ce qui manquait à leurs mérites, et une fois égarée dans ce labyrinthe, leur âme ne connut plus de repos.

rèrent contre l'empereur, et mirent à leur tête un usurpateur ; mais les rebelles furent défaits, et l'usurpateur fut pris et décapité.

Léon, appelé aussi Léon III, a été représenté sous de si odieuses couleurs par les auteurs contemporains, qu'il est difficile de se former une idée juste de son caractère. On peut en dire autant de son fils, qui lui succéda. Tout ce qu'on peut avancer avec certitude, c'est que sa cause était juste. Il ne condamna pas seulement l'adoration des images, mais il rejeta aussi les reliques et l'intercession des saints ; mais il n'y avait à cette époque aucun écrivain qui fût capable de rendre justice à la sainteté de ses motifs, s'ils étaient réellement saints, comme nous nous plaisons à le croire.

L'an 730, il publia un édit contre les images, et après avoir essayé en vain de ramener Germain à ses vues, il le déposa et mit à sa place Anastase, qui était d'accord avec lui. Il y avait dans le palais de Constantinople un portique sous lequel se trouvait une image de Christ sur la croix. Léon qui vit qu'on en avait fait une occasion d'idolâtrie, envoya un officier pour l'enlever. Quelques femmes qui se trouvaient là supplièrent en vain l'officier d'épargner cette image. Il monta sur une échelle, et donna trois coups de hache sur la figure du tableau ; les femmes le jetèrent alors par terre en retirant l'échelle, et le massacrèrent sur-le-champ[1].

Cependant l'image fut arrachée et brûlée, et

---

[1] Ce premier exemple d'un zèle idolâtre dans la chrétienté, prouve que ceux qui adorent les images unissent naturellement l'idée de la sainteté à celle du bois ou de la pierre, et que, par conséquent, l'accusation d'adorer littéralement la matière inanimée, que l'Ecriture prononce contre les idolâtres païens, est juste lorsqu'on l'applique aux idolâtres papistes. Si nous pouvions entrer ici dans une discussion approfondie, nous prouverions facilement que les cas sont semblables et que des évasions et des distinctions futiles peuvent s'appliquer également à ces deux idolâtries, pour essayer de couvrir et d'adoucir ce qu'il est impossible de justifier.

l'on mit à sa place une simple croix; car Léon ne blâmait que l'érection d'une figure humaine. Les femmes insultèrent ensuite Anastase, comme ayant profané des choses saintes. Léon fit mourir plusieurs personnes qui avaient pris part à ce meurtre; mais tel fut à la fin le triomphe de l'idolâtrie, que jusqu'à ce jour les meurtriers sont honorés comme des martyrs par l'église grecque. Il y eut alors beaucoup de sang répandu, tant par la violence de l'empereur que par l'obstination des idolâtres.

Les nouvelles en parvinrent rapidement à Rome, où régnait la même prédilection pour l'idolâtrie, et les statues de l'empereur furent renversées et foulées aux pieds. Toute l'Italie fut troublée : on songea sérieusement à élire un autre empereur, et le pape encouragea ces efforts! Il défendit aussi aux Italiens de payer plus long-temps le tribut à Léon, selon les auteurs grecs et quelques uns des partisans du siége de Rome; tandis que les auteurs français le représentent comme travaillant à apaiser la rébellion. Il est difficile de porter un jugement sur la conduite de Grégoire dans cette occasion; ce qui est certain, c'est qu'en soutenant l'idolâtrie il fomenta la rébellion et établit à la fin obstinément la puissance temporelle de ses successeurs sur les ruines de l'autorité impériale[1]. Si sa conduite ne fut pas directement rebelle, elle le fut indirectement; car il écrivit à Anastase que s'il ne revenait pas à la foi catholique, il serait privé de sa dignité[2]. Grégoire devait bien savoir que c'était là réellement s'attaquer à l'empereur lui-même. Ce fut un des derniers actes de cet évêque de Rome.

Grégoire III, qui lui succéda, écrivit à l'empereur dans ces termes arrogans : « Comme vous êtes

---

[1] *Voyez* Mosheim, huitième siècle, ch. III. — [2] Fleury, c. XLII. 7.

« illettré et ignorant, nous sommes obligé de vous
« adresser des paroles dures, mais pleines de sens
« et appuyées sur la parole de Dieu. Nous vous
« conjurons de déposer votre orgueil et de nous
« écouter avec humilité. Vous dites que nous ado-
« rons des pierres, des murailles et des morceaux
« de bois. Il n'en est pas ainsi, seigneur ; mais ces
« symboles nous rappellent les personnes dont ils
« portent les noms, et relèvent nos esprits faibles
« et rampans. Nous ne regardons pas ces images
« comme des dieux, mais si c'est l'image de Jésus,
« nous disons : « Seigneur, viens à notre aide ! »
« Si c'est l'image de sa Mère, nous disons : « Priez
« votre Fils de nous sauver. » Si c'est celle d'un
« martyr, nous disons : « Saint Etienne, priez
« pour nous. » Comme nous possédons le pouvoir
« de saint Pierre, nous pourrions dénoncer des pu-
« nitions contre vous ; mais que la malédiction que
« vous avez prononcée sur vous-même s'attache à
« vous¹. Vous nous écrivez d'assembler un concile
« général ; mais ce n'est nullement nécessaire.
« Cessez de persécuter les images, et tout sera
« tranquille. Nous ne craignons pas vos menaces ;
« car en allant à une lieue de Rome, vers la Cam-

---

¹ D'après ces échantillons de l'idolâtrie papale, qui adressait à la créature des demandes qui ne doivent s'adresser qu'au Créateur, le lecteur pourra juger si c'était le pape ou l'empereur qui connaissait le mieux l'Ecriture. Un philosophe païen aurait défendu l'idolâtrie païenne à peu près de la même manière, et l'esprit de dépendance que montrent le païen et le papiste pour l'image prouve qu'ils s'imaginent que la puissance du saint ou du démon est intimement unie avec l'image qui représente, en quelque sorte, le corps dont l'objet de leur culte est l'âme. C'est donc avec raison que l'Ecriture décrit les idolâtres comme adorant littéralement les ouvrages de leurs propres mains, et l'homme de péché comme adorant les démons (1 Tim. IV). Les sophismes peuvent éluder la discussion, mais ils ne peuvent convaincre. Quand les hommes cessent de s'attacher au chef, au consommateur de la foi, et de regarder Christ comme leur tout, ils tombent dans ces erreurs ou dans d'autres semblables. Le cœur qui ne sent pas qu'il a besoin du Dieu vivant, comme de la seule nourriture convenable et suffisante, se repaît facilement des cendres de l'idolâtrie.

« panie, nous sommes en sûreté. » C'est certainement là le langage de l'Antechrist soutenant l'idolâtrie par des prétentions à l'infaillibilité, et méprisant tout à la fois les magistrats civils et les conciles ecclésiastiques.

Nous ne pouvons prononcer sur la conduite de Léon, parce que ses réponses au pape ne sont pas venues jusqu'à nous; mais le langage de Grégoire suffit peut-être pour justifier l'empereur. On ne peut s'étonner que Léon ait refusé d'avoir aucune relation avec l'évêque de Rome. En 732, Grégoire excommunia dans un concile tous ceux qui enlèveraient des images ou qui en parleraient avec mépris; et comme l'Italie était en état de rébellion, Léon, de son côté, équippa une flotte pour l'y envoyer; mais elle fit naufrage dans l'Adriatique. Il continua cependant à exécuter en Orient son édit contre les images, tandis que les protecteurs de l'idolâtrie dominante la soutenaient par divers sophismes. Dans toute sa conduite, Grégoire agissait alors comme un prince temporel : il soutint un duc rebelle contre Luitprand, roi des Lombards, son maître; et craignant la vengeance du dernier, il s'adressa à Charles-Martel, maire du palais en France[1], et lui offrit de renoncer à l'obéissance à l'empereur, et de donner à Charles le consulat de Rome, s'il voulait le prendre sous sa protection[2].

Charles était alors trop occupé de ses guerres contre les Sarrasins pour pouvoir accepter les propositions du pape. Mais il légua sa puissance et ses vues ambitieuses à son fils et successeur Pepin. Charles, Grégoire et Léon moururent tous dans la

---

[1] Ce fut lui qui arrêta les progrès des Sarrasins. Maire du palais était alors en France le titre du premier ministre qui, pendant une suite de princes faibles, gouvernait avec un pouvoir souverain.

[2] Ceci prouve que ce n'a pas été sans raison que ce pape a été accusé de rébellion contre l'empereur.

même année 741, et leurs successeurs poursuivirent leurs divers projets.

Constantin VI, surnommé Copronyme, hérita du zèle de son père Léon contre les images; et comme l'Orient et l'Occident se précipitaient alors dans l'idolâtrie, ni l'un ni l'autre de ces princes n'a trouvé un historien fidèle et impartial [1]. Cependant les Arabes persécutaient les chrétiens avec la plus grande barbarie dans l'Orient; la véritable Eglise de Dieu était ainsi désolée de tous côtés, et souffrait également des ennemis du dehors et de ceux du dedans.

Zacharie, qui succéda à Grégoire III, était un politique ambitieux qui fomenta la discorde parmi les Lombards, et qui, par ses intrigues, obtint de leur roi Luitprand l'agrandissement du patrimoine de l'Eglise. Les évêques de Rome avaient cessé d'adorer Dieu en esprit et en vérité, et n'étaient guère plus maintenant que des princes séculiers. Zacharie montra qu'il méritait bien le titre de souverain temporel. Il eut l'adresse de conserver une sujétion nominale pour l'empereur, tout en saisissant pour lui-même toute la puissance du duché de Rome, et il chercha un protecteur contre son légitime souverain et contre les Lombards. Ce fut Pepin, fils et successeur de Charles-Martel en France, qui envoya au pape ce cas de conscience à décider, savoir, s'il avait le droit de déposer son souverain Childéric III, pour régner à sa place [2]? Zacharie n'eut pas de honte de répondre d'une ma-

---

[1] Théophanes rapporte plusieurs choses ridicules de Constantin-Copronyme qui ne prouvent que la force de ses préventions, p. 346, et Fleury le suit comme son guide.

[2] Fleury, liv. XLIII, 1, l'appelle un prince faible et méprisable. Tels étaient depuis quelque temps les rois de France. Mais la faiblesse des facultés du souverain ne donnait pas à son sujet le droit d'usurper l'autorité de son maître. L'idolâtrie avait endurci les cœurs de ces papes, qui ne reconnaissaient plus d'autre loi que leur insatiable ambition.

nière affirmative; Pepin jeta alors son maître dans un monastère, et prit le titre de roi. Zacharie mourut peu de temps après, l'an 752, et Etienne lui succéda.

L'empereur grec ne put résister à la ruse du pape et à la violence des Lombards. Ravenne, capitale de ses états en Italie, fut prise par le roi Astolphe, qui avait remplacé Rachis, successeur de Luitprand. Ce gouvernement, appelé l'exarchat, avait duré environ cent quatre-vingts ans en Italie. Etienne, successeur de Zacharie, craignant maintenant la puissance des Lombards, sollicita le secours de Constantin, qui avait trop d'affaires sur les bras en Orient, pour pouvoir envoyer des troupes en Italie. L'an 754, l'empereur tint un concile de trois cent trente-huit évêques, pour prononcer sur la controverse des images, et ils s'expriment à ce sujet très convenablement. « Jésus-Christ, disent-ils, nous a déli« vrés de l'idolâtrie, et nous a appris à l'adorer en « esprit et en vérité. Mais le diable, ne pouvant « supporter la beauté de l'Eglise, a ramené insen« siblement l'idolâtrie sous l'apparence du chris« tianisme, persuadant aux hommes d'adorer la « créature, et de prendre pour Dieu un ouvrage « auquel ils donnent le nom de Jésus-Christ [1]. »

Fortifié par les décrets de ce concile contre le culte des images, Constantin brûla les images, et démolit les murailles sur lesquelles étaient peintes des représentations de Christ ou des saints, et sembla déterminé à exterminer tous les vestiges d'idolâtrie. Etienne, pressé par les armes victorieuses d'Astolphe, s'adressa à Pepin, et écrivit à tous les ducs français, les exhortant à secourir saint Pierre, et leur promettant la rémission de

---

[1] Fleury, liv. XLIII, 7.

leurs péchés au centuple dans ce monde, et dans le monde à venir la vie éternelle. Telle était déjà la rapidité des progrès du papisme! On apporta alors au pape une lettre de l'empereur, qui lui ordonnait d'aller demander à Astolphe la restitution de Ravenne. La superstition était si forte en tous lieux, qu'une semblable démarche n'aurait entraîné aucun danger; et la faiblesse de l'empereur, et la multiplicité de ses embarras ne lui permettaient pas de secourir l'Italie d'aucune autre manière. Etienne envoya demander un sauf-conduit au roi des Lombards. Il lui fut accordé, et il partit de Rome pour se rendre auprès d'Astolphe. Peu de temps après qu'il eut entrepris ce voyage, il était arrivé des messagers de Pepin qui l'encourageaient à se rendre en France avec eux. Etienne arriva à Pavie, capitale de la Lombardie, et après une entrevue sans résultat avec le roi, il alla en France, où Pepin lui montra beaucoup de respect, et lui promit de faire une expédition en Italie pour secourir le saint-siége. Etienne oignit d'huile le roi des Francs; et par l'autorité de saint Pierre, il défendit aux seigneurs français, sous peine d'excommunication, de choisir un roi d'une autre race.

Ainsi ces deux hommes ambitieux se soutinrent l'un l'autre dans leurs plans de rapacité et d'injustice. Le pape était le plus coupable, parce qu'il se couvrait du manteau de la religion. « C'est « vous, disait Etienne, que Dieu a choisi pour « ce dessein, de toute éternité, par sa prescience; « car celui qu'il a prédestiné, il l'a aussi appelé, « et celui qu'il a appelé, il l'a aussi justifié [1]. » Il

---

[1] Fleury, meilleur théologien qu'Etienne, est frappé de l'absurdité de cette allusion, liv. XLIII, 15. Si nous nous sommes arrêté plus que d'ordinaire sur des affaires séculières, nous sommes suffisamment justifié par l'importance du sujet, qui n'est rien moins que l'établissement

faut avouer qu'Etienne était plus propre à conduire une négociation qu'à expliquer un texte.

Pepin attaqua si vigoureusement Astolphe qu'il l'obligea à la fin à livrer au pape l'exarchat, c'est-à-dire Ravenne, et vingt et une autres villes. Constantin, alarmé du danger auquel étaient exposés ses états en Italie, envoya une ambassade au roi Pepin, pour le presser de rendre l'exarchat à son légitime souverain; mais ce fut en vain. Le pape devint donc souverain de Ravenne et de ses dépendances, et ajouta la rapacité à sa révolte.

Dès cette époque, il ne prit pas seulement le ton de l'infaillibilité et de l'empire spirituel, mais il devint littéralement un prince temporel. A la mort d'Astolphe, Didier, duc de Toscane, dans le désir d'obtenir sa succession, promit à Etienne de lui livrer quelques autres villes, que les Lombards avaient prises à l'empereur. Etienne accepta sans hésiter ces propositions; il aida Didier dans ses projets, et obtint la possession du duché de Ferrare et de deux autres forteresses. L'ambitieux Etienne fut pape pendant cinq ans, et mourut en 757. Son successeur Paul avait eu soin de cultiver d'avance l'amitié de Pepin, et de s'assurer de sa protection. Les portions maritimes de l'Italie obéissaient encore à l'empereur, et elles menaçaient et inquiétaient de temps en temps le pape, ainsi que les Lombards; ce qui l'engageait à demander souvent des secours au roi de France [1].

Constantin continua à poursuivre l'idolâtrie en Orient; mais l'ignorance où nous sommes sur son

---

de la puissance papale, et la justification des fidèles témoins qui ont protesté d'âge en âge contre ce pouvoir. Une fois que la papauté sera pleinement établie, nous ne suivrons pas d'aussi près ses démarches, mais nous chercherons les enfans de Dieu, partout où nous pourrons les trouver.

[1] Il est remarquable que Fleury blâme ce pape d'avoir représenté ses affaires séculières comme si elles étaient des intérêts spirituels, 31.

véritable caractère ne nous permet pas de décider si ses motifs étaient pieux ou non. Il défendit partout d'adresser des prières à la vierge Marie ou à d'autres saints, et il découragea l'esprit monastique dans l'étendue de son empire. On dit qu'il traita avec une grande cruauté les adorateurs d'images, et qu'il se livra à l'impiété et à différens vices; mais de semblables censures étaient l'effet naturel de sa conduite.

L'an 768 mourut Pepin, le grand soutien de la papauté. Sa grandeur n'était pourtant pas encore parvenue à sa maturité. Adrien, qui fut élu pape en 772, n'était pas inférieur à ses prédécesseurs dans les ruses de l'ambition et de l'intrigue. Il reçut l'hommage de Rieti et de Spolette, villes de Lombardie, et permit aux habitans de choisir un duc parmi eux. Ce fut en partie par de semblables moyens, et encore plus par la puissante alliance de Charles, fils et successeur de Pepin (communément appelé Charlemagne, à cause de ses grands exploits), qu'il se fortifia contre les hostilités du roi Didier. Il reçut du roi du France une confirmation du don de l'exarchat que lui avait fait Pepin, et de considérables accroissemens de territoire. L'amitié des ambitieux se cimente par des vues intéressées; il en fut ainsi par rapport à Charles et à Adrien. Dans un siècle superstitieux, le roi trouva un grand secours dans le caractère sacré du pape, et il parvint à chasser entièrement Didier de ses États.

L'an 774, Charlemagne prit le titre de roi de France et de Lombardie. Le dernier roi des Lombards fut envoyé en France dans un monastère, et il y termina ses jours. L'année suivante, l'empereur Constantin mourut, après avoir vigoureusement combattu le culte des images pendant toute la durée de son règne. A la même époque mourut le calife mahométan Almansor, fondateur de Bagdad, ville qui devint depuis cette époque la résidence des monarques sarrasins, dont l'empire commença alors à prendre l'apparence d'un gouvernement régulier, et laissa plus de repos aux débris de l'ancien empire romain.

Léon, fils et successeur de Constantin, marcha sur les traces de son père et de son grand-père, et traita sévèrement les fauteurs du culte des images. Mais il mourut en 780, et sa femme Irène se mit à la tête du gouvernement, sous le nom de son fils Constantin, qui n'avait que dix ans [1]; et elle soutint hautement et avec zèle l'idolâtrie. L'Orient y était tellement enclin qu'elle n'avait besoin pour triompher que de l'appui du souverain. Les images reprirent le dessus; et la vie monastique, que la piété ou la prudence de trois empereurs avait beaucoup découragée, redevint victorieuse en Grèce et en Asie.

En 784, Irène écrivit à Adrien pour l'engager à assister à un concile où l'on devait rétablir le culte des images, ou du moins à y envoyer des légats. Taraise, qui venait d'être nommé évêque de Constantinople, et qui entrait complétement dans les vues de l'impératrice, écrivit dans le même sens. La réponse d'Adrien est digne d'un pape. Il exprime sa joie à la perspective de l'établissement du culte des images, et il témoigne en même temps son déplaisir de la présomption de Taraise, qui se donnait le titre de patriarche universel : il demande le rétablissement du patrimoine de saint Pierre, que les empereurs de Constantinople avaient refusé de reconnaître durant le schisme; et il propose à l'impératrice l'exemple de la munificence de Charlemagne, qui avait donné à l'Église

---

[1] Fleury, XLIV, 17.

romaine la possession perpétuelle de provinces, de villes et de châteaux qui avaient été entre les mains des Lombards, mais qui appartenaient de droit à saint Pierre. Il couvrait ainsi l'ambition et l'avarice du voile transparent de la superstition. Mais c'était le siècle des usurpations du clergé : des princes superstitieux donnaient souvent à l'Eglise de vastes domaines, pour obtenir le pardon de leurs péchés; mais le pape était celui qui gagnait le plus à ce trafic. Ce qui nous importe le plus, c'est de faire remarquer combien toute la chrétienté s'était éloignée de la doctrine si importante de la justification par la foi. Tant qu'on s'attache fermement à cette doctrine, il est impossible de songer à racheter soi-même ses péchés de quelque manière que ce soit; et ainsi sont anéanties la superstition, l'idolâtrie, l'hypocrisie et les usurpations du clergé. Mais cette doctrine n'était plus enseignée du haut de la chaire : durant tout ce siècle la fausse religion fit d'immenses progrès sans rencontrer d'obstacles, et l'on vit croître dans la même proportion les vices et les péchés dans la vie publique et privée.

L'an 787 se tint le second concile de Nicée sous l'influence de l'impératrice; et il suffit de dire d'un semblable concile qu'il confirma un culte idolâtre. Lorsque le pape Adrien eut reçu les actes du concile, il les envoya à Charlemagne pour qu'il les fît approuver par les évêques d'Occident. Mais il ne réussit pas selon son attente : unis en politique par l'accord de leurs vues intéressées, ils ne s'accordaient pas cependant sur les opinions religieuses. Charlemagne, quoique illettré lui-même, était un des plus grands protecteurs de la science; et si l'on peut supposer qu'il fut sérieusement occupé de religion, il devait naturellement être fort influencé par le fameux Alcuin, savant Anglais, pour lequel il avait beaucoup d'estime et d'affection.

Les usages et les habitudes de l'Occident ne favorisaient pas généralement l'idolâtrie régnante ; dans cette époque d'obscurité, on ne retrouvait probablement les traits de l'Eglise de Christ que dans les églises récemment formées, ou du moins dans celles qui étaient encore dans un état d'enfance. L'Angleterre était alors décidément opposée à l'idolâtrie. Les églises de la Grande-Bretagne ne virent qu'avec douleur le second concile de Nicée [1] ; et quelques uns des évêques italiens eux-mêmes protestèrent contre les progrès du mal. Il n'est pas probable que les églises d'Allemagne, qui se formaient alors, fussent plus disposées à recevoir les décisions de ce concile. Les hommes qui viennent de recevoir le christianisme de zélés instituteurs, sont simples et sincères ; et il n'est pas aisé de convaincre une personne droite que l'idolâtrie, de quelque manière que l'on cherche à l'expliquer et à la justifier, puisse s'accorder avec les Ecritures de l'Ancien et du Nouveau Testament. La France elle-même n'avait encore montré aucune disposition positive en faveur de l'idolâtrie. Le siége de Rome seul, en Europe, l'avait soutenue et défendue en forme ; et l'expérience prouve que les églises les plus dégénérées sont généralement celles qui sont le plus anciennement établies.

Charlemagne ne put qu'être frappé du peu d'accord qui existait entre le second concile de Nicée et les habitudes de l'Occident ; et il se montra si peu disposé à recevoir avec une foi implicite la recommandation du pape Adrien, qu'il ordonna aux évêques de l'Occident d'examiner la question [2].

---

[1] C'était le septième concile général, et le second concile de Nicée. Il commença en septembre 787.

[2] Annal. Hoveden, pars prior, p. 232. Annales d'Usher, p. 19, 20. Le premier de ces auteurs dit qu'Alcuin avait composé les livres Carolins.

Le résultat fut la publication des livres Carolins, dont le fameux Alcuin composa au moins une portion considérable. Dans ces livres, on blâme un premier synode tenu en Grèce, sous Constantin, qui avait interdit l'*usage* des images; car les auteurs de ces livres avaient embrassé l'opinion dangereuse de Grégoire Ier, et pensaient que l'on pouvait placer des images dans les églises pour l'instruction du peuple. Mais ils condamnent en termes très positifs le dernier synode grec qui ordonnait le *culte* des images. Ils blâment les paroles flatteuses adressées au pape Adrien par les évêques grecs. Ils reconnaissent la suprématie du siége de saint Pierre; mais ils sont loin de fonder leur foi sur les décrets du pape. Ils condamnent le culte des images par des argumens fondés sur l'Ecriture, et qui sont loin d'être faibles ou méprisables, mais qu'il est inutile de répéter ici[1].

Engilbert, ambassadeur de Charlemagne, présenta ces livres à Adrien. Cet ambitieux politique, qui subsistait par la protection de Charlemagne, et qui voulait soutenir l'honneur de son siége, répondit avec beaucoup de prudence. D'après l'ensemble de sa conduite, il est évident que les intérêts temporels de la papauté étaient ce qui le touchait le plus; aussi, la réponse qu'il fit à Charles fut-elle soumise et timide, et sa défense du culte des images faible et peu concluante[2]. Les églises de France persévérèrent dans le terme moyen qu'elles avaient adopté; elles employèrent des images, mais ne leur rendirent pas de culte. L'an 794, on tint à Francfort-sur-le-Mein un synode où se trouvaient trois cents évêques, qui condamnèrent le second concile de Nicée, et le culte des

---

[1] *Voyez* Dupin, conciles du huitième siècle.
[2] C'est ce que reconnaît Dupin lui-même. Conciles du huitième siècle.

images. Paulin, évêque d'Aquilée en Italie, prit quelque part à ce qui se fit dans ce synode. Adrien continua cependant jusqu'à sa mort à être en bons termes avec Charlemagne. Il mourut dans le cours de l'année suivante, et Léon III lui succéda. Les intrigues politiques et les intérêts temporels occupaient alors tous les évêques de Rome plus que les études théologiques.

L'influence de Rome n'avait pas encore prévalu en Irlande; à cette époque les Irlandais se distinguèrent d'une manière particulière comme théologiens, ils voyagèrent dans divers pays et acquirent une grande réputation de science. Les lumières supérieures qui brillèrent en Angleterre et en France, à l'occasion de la controverse des images, semblèrent prouver que les théologiens de ces deux pays surpassaient ceux de Rome dans la connaissance qu'ils avaient de l'Ecriture, et dans le respect qu'ils manifestaient pour les doctrines qui y sont enseignées. Cependant le préjugé en faveur de la suprématie du siége de Rome était alors tellement fort, qu'il conserva toute sa puissance, et cette abominable superstition se répandit ainsi plus tard dans toute l'Europe. — En Orient, le culte des images triomphait, mais ce triomphe n'y était pourtant pas encore universel [1].

Ce chapitre contient le récit des événemens les plus funestes qu'ait encore vus l'Eglise. L'hérésie arienne avait défiguré et profondément altéré sa constitution; mais elle s'était remise de ce choc, et avait confondu ses adversaires; le poison pélagien avait opéré pendant un temps, mais les tra-

[1] A la fin de ce siècle, vers l'an 797, Irène détrôna son fils Constantin, et lui arracha les yeux avec une telle violence, qu'il en perdit la vie. Cette mère dénaturée, digne protectrice de l'idolâtrie, régna alors seule et travailla, de concert avec le pape de Rome, à soutenir le royaume de Satan. Elle fut déposée et bannie par Nicéphore A. D. 802.

vaux qui avaient été nécessaires pour le démasquer et l'expulser avaient contribué à ramener un degré plus élevé de pureté apostolique. On avait combattu avec succès d'autres hérésies qui attaquaient la doctrine de la Trinité. Pendant une longue suite de siècles, la superstition avait altéré sa beauté, mais n'avait pas atteint ses forces vitales. L'idolâtrie, aidée de ce même penchant superstitieux, réussit enfin à la séparer de Christ, son divin chef.

En Orient et en Occident, les puissances dominantes étaient sous l'influence d'un faux culte. Ces portions de l'Occident qui n'étaient pas encore disposées à recevoir l'idolâtrie, étaient elles-mêmes préparées à l'admettre graduellement, soit par les progrès de la superstition, soit par la soumission de toutes les églises de l'Europe à la domination du siége de Rome. Le trône de l'Antechrist y était solidement établi. La rébellion contre le pouvoir légitime du magistrat, les prétentions les plus arrogantes à l'infaillibilité, et l'approbation donnée au culte des images coopérèrent, avec la domination temporelle récemment acquise par l'évêque de Rome, à faire de lui le tyran de l'Eglise. Il est vrai que ses états n'étaient pas vastes, mais unis aux orgueilleuses prétentions de sa suprématie ecclésiastique, ils lui donnaient une dignité redoutable aux yeux de toute l'Europe.

Tout considéré, c'est surtout dans la propagation de l'Evangile parmi les païens qu'il faut chercher la vraie Eglise dans ce siècle. Des œuvres de ce genre s'accomplissaient pendant que la papauté s'établissait, et, par l'adorable providence de Dieu, de pieux missionnaires, qui n'entraient pas dans les controverses nouvelles, mais qui s'occupaient d'œuvres spirituelles, étaient protégés et soutenus dans leurs efforts pour prêcher Christ parmi les nations étrangères par ces mêmes papes qui combattaient sa grâce dans leur propre pays[1]. Leur ambition les portait à entretenir le zèle des missionnaires, mais combien leur esprit était différent ! — Portons maintenant notre attention sur la scène des travaux de ces humbles missionnaires.

CHAPITRE IV.

PROPAGATION DE L'ÉVANGILE DANS CE SIÈCLE, ET VIE DE WINFRID OU BONIFACE, ARCHEVÊQUE DE MAYENCE.

WILLIBROD[2] continua, avec d'autres missionnaires anglais, à travailler avec succès à la conversion des Frisons. Son siége épiscopal était, comme nous l'avons vu, à Utrecht. Pendant cinquante ans, il prêcha, fonda des églises et des monastères, et établit de nouveaux évêques. Par ses travaux il amena un grand nombre de païens à professer la religion chrétienne.

La grande lumière de l'Allemagne, pendant ce siècle, fut un Anglais nommé Winfrid, né à Kirton, dans le Devonshire, vers l'an 680[3]. Il avait été accoutumé à la vie monastique dès son enfance. Il avait pour résidence le monastère de Nutcell, dans le diocèse de Winchester, qui fut ensuite détruit par les Danois, et ne fut jamais

---

[1] Si l'on s'étonnait de nous voir donner au culte des images le titre odieux d'idolâtrie, et ranger dans la même classe les usages des païens et ceux des papistes, on se rappellerait la censure que saint Paul adresse aux Galates, IV, 8, 9. L'idolâtrie n'était pour eux que dans l'esprit, et venait d'un principe de propre justice, et l'apôtre les regarde cependant comme des adorateurs de faux dieux, et les avertit qu'ils retournent à l'esclavage. Avec combien plus de raison peut-on dire que ceux qui servent les images servent ceux qui, par leur nature, ne sont pas dieux, puisque leur idolâtrie est tout à la fois intérieure et extérieure.

[2] Fleury, cinquième vol. liv. XLI, chap. I.

[3] Fleury, liv. XLI, chap. 35; et Alban Butler, vol. VI.

rebâti. Il s'y familiarisa avec l'érudition sacrée et séculière de cette époque; à l'âge de trente ans, il fut ordonné prêtre sur la recommandation de son abbé, et travailla avec beaucoup de zèle à prêcher la parole de Dieu. Il avait une grande ardeur, et il désirait vivement être employé comme missionnaire à la conversion des païens. Il avait pu recevoir l'influence de l'exemple de plusieurs hommes pieux de son pays, car nous avons déjà vu qu'il y avait dans les îles Britanniques un grand zèle pour la propagation de l'Evangile. En 716, il se rendit dans la Frise, accompagné de deux moines. Il alla à Utrecht pour « arroser ce « que Willibrod avait planté;» mais voyant que, dans les circonstances présentes, il était impraticable de prêcher l'Evangile dans ce pays, il retourna en Angleterre avec ses compagnons, et rentra dans son monastère.

A la mort de l'abbé de Nutcell, on désirait élire Winfrid à sa place, mais le moine, ferme dans sa résolution, refusa d'accepter cette charge; et ayant obtenu des lettres de recommandation de l'évêque de Winchester, il se rendit à Rome, se présenta au pape, et lui exprima le désir d'être employé à la conversion des infidèles. Grégoire II encouragea son zèle, et, en 719, il lui donna une commission qui ouvrait un vaste champ à ses travaux.

Avec cette commission, Winfrid se rendit en Bavière et en Thuringe. Dans le premier pays, il réforma les églises; dans le second, il eut de grands succès dans la conversion des infidèles. Il remarqua aussi que, dans les pays où elle avait été établie, la vraie religion avait été presque détruite par de faux docteurs. Il y avait, à la vérité, quelques pasteurs zélés pour le service de Dieu, mais d'autres se livraient à des vices scandaleux; le missionnaire anglais déplora ce triste état des choses et le mauvais effet qu'il produisait sur le peuple, et il travailla de toutes ses forces à ramener ces pasteurs mondains à une vraie repentance.

Ce fut avec une joie sincère qu'il apprit ensuite que la porte qu'il avait trouvée fermée lors de son premier voyage dans la Frise, était maintenant ouverte, et qu'on pouvait prêcher librement l'Evangile dans ce pays. Ratbod, roi des Frisons, qui avait voulu rétablir l'idolâtrie parmi ses sujets, était mort, et les obstacles avaient disparu. Winfrid retourna en Frise et travailla pendant trois ans avec Willibrod. Le nombre de ceux qui faisaient profession de christianisme augmenta; on bâtit des églises, la parole de Dieu fut prêchée à un grand nombre de païens, et l'idolâtrie fut attaquée avec un succès toujours croissant.

Willibrod était très âgé, et ses forces déclinaient rapidement; il choisit Winfrid pour successeur. Nous avons déjà vu qu'il avait travaillé pendant cinquante ans dans cette mission. L'exemple de ce grand et saint personnage avait long-temps auparavant excité d'autres chrétiens à se consacrer à cette excellente cause. Peu de temps après qu'il eut commencé, avec onze compagnons, à prêcher l'Evangile en Frise, en 690, deux frères anglais étaient allés dans le pays des anciens Saxons, pour convertir les idolâtres. On les appelait tous deux Ewald. Ils arrivèrent dans ce pays vers l'an 694, et ayant rencontré le seneschal d'un des chefs du pays, ils le prièrent de le conduire à leur maître. Pendant tout le chemin, ils s'occupèrent à chanter des psaumes et des cantiques. Les Barbares, craignant que ces hommes n'attirassent leur maître au christianisme, assassinèrent les deux frères; et ainsi, vers la fin du siècle précédent, il avait plu à Dieu de rappeler à lui deux hommes qui s'étaient consacrés à prêcher l'Evangile de son

Fils parmi les païens. Le temps d'une visitation plus particulière de l'Allemagne était réservé au siècle dont nous nous occupons maintenant.

Ce dut être une grande joie pour Willibrod que de trouver un aide aussi zélé et aussi sincère que Winfrid. Cependant ce dernier refusa l'offre qu'il lui faisait de lui succéder, parce que le pape lui avait ordonné de prêcher dans les parties orientales de l'Allemagne, et il se croyait obligé d'accomplir sa promesse. Il n'est guère possible d'admettre qu'un homme tel que Grégoire pût avoir d'autres motifs que ceux de l'ambition, en exigeant cette promesse de Winfrid; mais on ne peut guère douter non plus que les motifs de Winfrid ne fussent saints et spirituels. Willibrod acquiesça aux désirs de Winfrid, et avant de le laisser partir il lui donna sa bénédiction. Le jeune missionnaire alla dans la Hesse, en un lieu appelé Omenbourg, et appartenant à deux frères qui étaient chrétiens de nom, et idolâtres de fait. Les travaux de Winfrid furent bénis pour eux et pour leurs sujets, et il leva dans toute la Hesse, ou du moins dans une très grande partie de ce pays, et jusqu'aux frontières de la Saxe, l'étendard de la vérité, et le soutint avec beaucoup de zèle, à la confusion du royaume de Satan. On ne doit pas dissimuler, cependant, que Winfrid eut beaucoup à souffrir dans un pays aussi pauvre et aussi peu cultivé que l'était alors l'Allemagne, qu'il fut plus d'une fois obligé de travailler de ses mains pour vivre, et qu'il fut exposé à des périls imminens par la rage des païens obstinés.

Quelque temps après, il retourna à Rome, reçut un bon accueil de Grégoire II, et fut sacré évêque des nouvelles églises d'Allemagne sous le nom de Boniface. On retrouve encore là la politique de Rome : un nom romain devait attirer plus de respect au pape qu'un nom anglais, de la part des convertis d'Allemagne [1]. En effet, Grégoire, jaloux des intérêts de sa dignité, exigea du nouvel évêque un serment de sujétion à l'autorité papale, conçu dans les termes les plus forts ; preuve remarquable de l'ambition du pape et de la superstition de ce siècle. Winfrid, armé de lettres du pape, et, ce qui valait beaucoup mieux, encouragé par l'arrivée de nouveaux ouvriers d'Angleterre, retourna dans la Hesse. Il confirma par l'imposition des mains plusieurs personnes qui avaient déjà été baptisées [2], et combattit avec beaucoup de zèle les superstitions idolâtres des Germains.—Un chêne d'une grosseur colossale avait été l'occasion et l'instrument de beaucoup d'illusions païennes ; les convertis les plus sincères furent d'avis de l'abattre, et il suivit leur conseil. On doit remarquer que le fameux Charles Martel le protégea de son autorité ; car la domination des Français s'étendait en Allemagne.

Daniel, évêque de Winchester, écrivit à Winfrid, vers l'an 723, sur la meilleure conduite à suivre envers les idolâtres. « Ne contredites pas « d'une manière directe, lui disait-il, ce qu'ils « racontent de la généalogie de leurs dieux ; « reconnaissez qu'ils sont nés l'un de l'autre, de « la même manière que les hommes. Cette con- « cession vous donnera l'avantage de prouver qu'il « y a eu un temps où ils n'existaient pas. Deman- « dez-leur qui gouvernait le monde avant la nais- « sance de leurs dieux. Demandez-leur si ces « dieux ont cessé de se propager ; s'ils n'ont pas « cessé, montrez-leur qu'elle en est la consé- « quence, c'est-à-dire que les dieux doivent être

---

[1] Ce n'est pas une raison pour qu'on lui donne ce nom, imposé par le pape, dans une histoire de l'Église de Christ. Ep.

[2] Fleury, liv. xli, chap. 44, etc.

« infinis par leur nombre, et que ceux qui les
« adorent ne peuvent être en paix, puisqu'ils
« peuvent offenser ceux qui sont les plus puissans,
« en risquant de les oublier dans leur culte. Ar-
« gumentez ainsi avec eux, non d'une manière
« insultante, mais avec calme et modération, et
« saisissez les occasions d'opposer à ces absurdités
« la doctrine chrétienne; que les païens soient
« plutôt confus qu'irrités de votre manière indi-
« recte de traiter de pareils sujets. Montrez-leur
« que l'antiquité d'un usage n'est pas un motif
« suffisant pour y demeurer attaché; dites-leur que
« l'idolâtrie dominait autrefois dans le monde,
« mais que Jésus-Christ a été manifesté pour ré-
« concilier les hommes avec Dieu par sa grâce. »
La piété et le bon sens dominent dans ces instructions, et nous avons ici une nouvelle preuve de la
puissance qu'exerçait alors la vraie religion dans
la Grande-Bretagne.

Winfrid avait d'autres correspondans en Angleterre que Daniel, et son pays natal lui envoyait
des collaborateurs, comme nous l'avons déjà vu.
En Thuringe, il affermit les églises, et l'œuvre
continua à prospérer entre ses mains.

Cependant, comme tous les hommes droits et
consciencieux, il se trouvait entouré de difficultés,
et hésitait sur le parti qu'il devait prendre envers
des prêtres scandaleux, qui étaient un grand obstacle aux succès de sa mission. Il exposa ses
doutes à son ancien ami, l'évêque de Winchester [1]. S'il évitait toute communication avec eux,
il offenserait peut-être la cour de France, dont
il regardait la protection comme indispensable à
sa mission. S'il conservait des rapports avec eux,
il craignait de s'attirer les reproches de sa con-

---

[1] Bonif. Ep. 3. Fleury, liv. XLI, vers la fin.

science. Daniel lui conseille d'endurer avec patience ce qu'il ne pouvait changer ; il l'exhorte à ne pas faire un schisme dans l'Eglise, sous prétexte de la purifier ; et l'engage en même temps à exercer la discipline de l'Eglise sur les pécheurs scandaleux[1].

Winfrid pria aussi Daniel de lui envoyer le livre des prophètes. « L'abbé Winbert, jadis mon « maître, lui dit-il, l'a laissé à sa mort, écrit en « caractères très distincts. Je ne puis recevoir une « plus grande consolation dans ma vieillesse ; car « je ne puis trouver de livre semblable dans ce « pays, et comme ma vue s'affaiblit, je ne puis « bien distinguer les petites lettres qui se touchent « dans les volumes sacrés que j'ai maintenant en « ma possession. »

La réputation de Winfrid se répandit dans la plus grande partie de l'Europe, et plusieurs Anglais zélés vinrent en Allemagne prendre part à ses travaux. Ils se dispersèrent dans le pays, et prêchèrent dans les villages de la Hesse et de la Thuringe.

Winfrid reçut, en 732, le titre d'archevêque de Grégoire III, qui soutint sa mission dans le même esprit que l'avait fait Grégoire II. Encouragé par une lettre qui lui fut envoyée de Rome, il continua à bâtir de nouvelles églises et à répandre la connaissance de l'Evangile.

Vers le même temps, Winfrid engagea Burchard et Lulle à quitter l'Angleterre pour venir le trouver ; il fit le premier évêque de Wurtzbourg, où Kilien avait prêché, et avait souffert le martyre, environ cinquante ans auparavant. Il y travailla dix ans avec de grands succès, et ses forces étant

---

[1] Un semblable conseil n'est-il pas une preuve des progrès qu'avaient faits les principes du papisme ? ED.

tout-à-fait épuisées, il renonça à son évêché en 752, et mourut peu de temps après.

Winfrid écrivit vers 734 à Northelme, archevêque de Cantorbéry, une lettre qui prouve également la charité et la sincérité de son cœur, et la superstition de ce siècle. En 738, il visita Rome de nouveau, étant alors très âgé; et il engagea plusieurs Anglais qui habitaient Rome à l'aider dans sa mission en Allemagne. Il revint en Bavière, d'après le désir du duc Odillon; il y rétablit la pureté de la foi, et combattit avec succès les artifices de quelques séducteurs, qui avaient fait beaucoup de mal par leur fausse doctrine et leurs exemples licencieux. Il érigea dans ce pays trois nouveaux évêchés, à Saltzbourg, à Frisinghen et à Ratisbonne. Celui de Passau avait été établi auparavant, et l'on doit faire observer que les succès et les conquêtes des Carlovingiens avaient beaucoup facilité ses travaux en Allemagne.

En écrivant à Cuthbert, archevêque de Cantorbéry, après avoir parlé de son attachement au siége de Rome, et de sa soumission pour son autorité, il l'exhorte à accomplir fidèlement son devoir, malgré les obstacles que rencontraient les bons pasteurs. « Combattons pour le Seigneur, lui « dit-il; car nous vivons dans des jours d'affliction « et d'angoisse. Mourons, s'il plaît à Dieu, pour « les lois de nos pères, afin que nous puissions ob-« tenir avec eux l'héritage céleste[1]. Ne soyons pas « comme des chiens muets, des gardiens endor-« mis, ou des mercenaires égoïstes; mais, comme « des pasteurs soigneux et vigilans, prêchons aux « hommes de tous les rangs, autant que Dieu nous « en rendra capables, en temps et hors de temps, « comme Grégoire l'écrit dans sa lettre pastorale[2]. »

---

[1] Ici encore nous voyons la décadence de la vraie religion, les Pères mouraient pour Jésus-Christ.

[2] Fleury, liv. XLII, chap. 37. Bonif. Ep. 105.

Winfrid, ou, comme on l'appelle, Boniface se fixa enfin à Mayence, et on lui donne généralement le titre d'archevêque de cette ville. Il ne paraît pas cependant que cette élévation ait diminué son zèle et son ardeur pour le travail, quoiqu'il ait exercé plus d'une fois son autorité d'une manière très différente de celle d'un simple et humble disciple de Christ. Il resta toujours uni à l'Angleterre; et c'est dans sa correspondance épistolaire avec sa patrie que l'on voit le plus évidemment ses sentimens pieux. Dans une de ses épîtres il parle de ce qu'il a souffert des païens, des chrétiens et des pasteurs immoraux; il sent comme homme ces pénibles épreuves, mais il exprime le désir qu'il a de l'honneur de mourir pour l'amour de celui qui est mort pour nous[1]. Il écrivit aussi une circulaire aux évêques et aux églises d'Angleterre pour leur demander leurs prières pour le succès de ses missions.

Bien des hommes, qui avaient fait profession de beaucoup de zèle pour le service de Dieu lorsqu'ils étaient dans un rang obscur, se sont refroidis en avançant en âge, et surtout après avoir obtenu des honneurs et des dignités. Mais il n'en fut pas ainsi de Winfrid. Bien qu'il fût avancé en âge, accablé d'infirmités, et extrêmement révéré dans toute la chrétienté, il résolut de retourner en Frise. Avant de partir, il agit en toutes choses comme s'il eût eu le pressentiment de ce qui devait arriver. Il nomma un Anglais nommé Lulle comme son successeur dans l'archevêché de Mayence, et écrivit à l'abbé de Saint-Denis pour le prier de dire au roi Pepin que lui et ses amis pensaient qu'il n'avait pas long-temps à vivre. Il supplia le roi de traiter avec bonté les missionnaires qu'il laisserait après lui.

[1] Ep. Alban Butler.

« Quelques uns d'entre eux, disait-il, sont des
« prêtres disséminés en divers lieux pour le bien de
« l'Eglise; d'autres sont des moines établis dans de
« petits monastères, où ils instruisent les enfans.
« Il y a avec moi des vieillards qui m'ont long-
« temps aidé dans mes travaux. Je crains qu'après
« ma mort ils ne soient dispersés, et que les disci-
« ples qui sont près des frontières des pays païens
« ne perdent la foi en Jésus-Christ. Je demande
« que mon fils Lulle soit confirmé dans l'épiscopat,
« et qu'il puisse enseigner les prêtres, les moines
« et le peuple; j'espère qu'il accomplira ces de-
« voirs. Ce qui m'afflige le plus, c'est que les prê-
« tres qui sont sur les frontières des pays païens
« sont très indigens. Ils peuvent avoir du pain,
« mais non des vêtemens, à moins qu'ils ne soient
« secourus comme ils l'ont été par moi. Faites-moi
« connaître votre réponse, afin que je puisse vivre
« ou mourir avec plus de joie[1]. »

Il est très probable qu'il reçut une réponse favorable, puisqu'avant son départ il consacra Lulle
comme son successeur, avec le consentement du
roi Pepin[2]. Il alla par le Rhin en Frise, où, avec
l'aide d'Eoban, qu'il avait consacré évêque d'U-
trecht, après la mort de Willibrod, il amena un
grand nombre de païens à la profession du christianisme. Il avait fixé un jour pour confirmer ceux
qu'il avait baptisés. En les attendant, il campa
avec ceux qui l'accompagnaient sur les bords de
la Bourde, rivière qui séparait alors la Frise orientale de le Frise occidentale. Son intention était de
confirmer les convertis par l'imposition des mains,
dans les plaines de Dockum. Au jour marqué, il vit
arriver le matin, non les nouveaux convertis qu'il
attendait, mais une troupe de païens irrités, armés de

---

[1] Ep 92. — [2] Fleury, liv, XLII, 20.

lances et de boucliers. Les serviteurs de Winfrid se préparaient à résister, mais il leur dit avec une calme intrépidité : « Enfans, ne combattez pas ; l'E-« criture nous défend de rendre le mal pour le mal. « Le jour que j'attends depuis long-temps est venu; « espérez en Dieu, et il sauvera vos âmes. » Il prépara ainsi les prêtres et ses autres compagnons pour le martyre. Les païens les attaquèrent avec fureur et tuèrent Winfrid et tous ceux qui étaient avec lui, ce qui faisait cinquante-deux personnes. Cet événement eut lieu l'an 755, quarante ans après son arrivée en Allemagne, et lorsqu'il allait atteindre soixante et quinze ans.

On possède une collection de ses lettres; nous en avons déjà cité quelques unes. On voit par sa correspondance, aussi bien que par tout l'ensemble de sa vie, que les deux objets qu'il poursuivait avec le plus de zèle étaient la réformation du clergé et la conversion des infidèles[1]. Dans sa première lettre à Nithard, dans laquelle il prend le nom de Winfrid, il l'exhorte à mépriser les choses sensibles et temporelles, et à se consacrer à l'étude des Ecritures, qu'il exalte comme la plus haute sagesse. « Il n'est rien, lui dit-il, dont la « recherche puisse vous être plus honorable dans « la jeunesse, ou plus consolante dans la vieillesse, « que la connaissance de la sainte Ecriture. »

Dans une autre lettre il exhorte le prêtre Herefrède, en son propre nom et en celui de huit évêques qui étaient avec lui, à montrer le mémoire qu'ils lui envoyaient au roi de Mercie. Il avait pour but d'obtenir de ce prince de réprimer la licence et les désordres de son royaume.

Quoiqu'il eût un attachement excessif pour le siége de Rome et pour les institutions monastiques,

---

[1] Dupin, huitième siècle. Boniface.

il savait subordonner ces sentimens aux droits supérieurs de la vertu et de la vraie piété. Il écrivit à Cuthbert, archevêque de Cantorbéry, pour l'engager à empêcher les femmes d'Angleterre de se rendre à Rome en aussi grand nombre : « La plu-
« part de ces femmes, ajoute-t-il, vivent dans le
« désordre, et scandalisent l'Eglise; car on trouve
« à peine une ville de France ou de Lombardie où
« il n'y ait quelques Anglaises qui mènent une
« mauvaise conduite. »

Eloigné de la scène de la controverse, il ne paraît pas qu'il ait pris aucune part à la lutte sur les images ; il combattit toujours l'idolâtrie et l'immoralité; il vécut au milieu des dangers et des souffrances ; il conserva pendant bien des années le même zèle et la même ferveur ; il fit le sacrifice de toutes les jouissances mondaines. Il termina enfin sa carrière par le martyre, avec la patience et la douceur d'un disciple de Christ. On peut décider d'après cela du jugement que l'on doit porter sur le caractère de cet homme, que Dieu employa pour reculer les limites de l'Eglise chrétienne dans le Nord, tandis qu'elles tendaient si déplorablement à se resserrer en Asie et en Afrique.

Winebald, fils d'un Anglais du sang royal saxon, prit part aux travaux de Winfrid en Allemagne; bien qu'il fût exposé aux plus grands dangers de la part des idolâtres, sa vie fut conservée jusqu'à l'an 760, et Dieu bénit son œuvre parmi les païens.

Dans la Frise, l'église d'Utrecht était sous la direction de Grégoire, qui avait vécu auprès de Winfrid dès sa quinzième année. Deux de ses frères ayant été assassinés dans un bois, les barons dont ils étaient vassaux livrèrent les meurtriers entre ses mains. Grégoire les traita avec bonté, et leur dit de s'éloigner en paix, ajoutant : « Ne pé-
« chez plus, de peur que pis ne vous arrive. »

Plusieurs disciples de différentes nations l'aidaient dans les travaux de son ministère; quelques uns étaient Français comme lui, d'autres Anglais, Frisons, Saxons nouvellement convertis, et Bavarois. Il laissait rarement passer un jour sans leur donner une instruction spirituelle, le matin de bonne heure. Il n'affectait aucune singularité, ni dans ses habits ni dans sa nourriture. Résister au torrent de la superstition populaire, c'était prouver un esprit distingué ou une piété éminente, ou tous les deux ensemble. La calomnie ne pouvait le porter à s'éloigner du sentier du devoir, et sa libéralité envers les pauvres était sans bornes. La mort l'enleva vers l'an 776.

Un Anglais de ses disciples, nommé Liefuvyn, se distingua par ses travaux parmi les missionnaires d'Allemagne. Il osa paraître dans une assemblée que tenaient les Saxons sur le Weser, et tandis qu'ils sacrifiaient à leurs idoles, il les exhortait à voix haute à quitter ces vanités pour le Dieu vivant. Comme ambassadeur de Jéhovah, il leur offrit les promesses du salut, et son zèle manqua de lui coûter la vie; mais ils le laissèrent enfin partir, d'après les remontrances de Buts, un de leurs chefs, qui leur fit sentir qu'il serait déraisonnable de traiter un ambassadeur du grand Dieu avec moins de respect que ceux des chefs voisins[1]. Pendant ce temps, Charlemagne remporta de grandes

---

[1] Fleury, liv. XLIV. Il paraît que Buts éprouva, au moins en partie, la puissance de la parole divine, qui s'adressait à sa conscience en présence de Dieu; et qu'il sentit que Dieu était réellement avec les vrais pasteurs chrétiens, 1 Cor. ch. XIV, 25. Des effets tels que ceux que cite l'apôtre ont été très communs dans tous les siècles, partout où le véritable Évangile a été prêché clairement et fidèlement. Le message de Dieu porte la conviction et le respect dans le cœur de ceux qui l'écoutent sérieusement, et par son excellence intérieure il pénètre jusqu'à la conscience. Si Liefuvyn n'avait prêché que la morale, ses discours n'auraient pas plus produit de semblables résultats que les belles paroles des philosophes grecs.

victoires sur les Saxons, et elles facilitèrent les travaux de Liefuvyn, qui continua à prêcher parmi ce peuple jusqu'à sa mort.

Villehad, Anglais né en Northumberland, travailla aussi avec succès à la conversion des Saxons. Il est vrai qu'il prêchait sous la protection de Charlemagne ; mais quelle que soit l'opinion que l'on puisse se former des motifs du dernier, le missionnaire pouvait être, et était guidé par des sentimens probablement droits et pieux. Il fut certainement exposé à de grands dangers, il triompha par sa douceur de la férocité des infidèles, et répandit parmi eux la connaissance de l'Évangile[1]. La persécution le chassa une fois du pays ; mais, par la protection de l'empereur, il y retourna et poursuivit ses travaux. Après une longue lutte, les Saxons furent obligés de se soumettre à Charlemagne, et de devenir généralement chrétiens de nom. Mais, d'après différentes circonstances, il paraît probable que ce changement de profession religieuse fut bien loin d'être universel.

Villehad était évêque de Brême, et a été appelé l'apôtre de la Saxe. Après avoir commencé sa mission à Dockum, où Winfrid avait été assassiné, il fut le premier missionnaire qui eût passé l'Elbe. Il montra l'attachement qu'il avait pour les Écritures, en copiant les Épîtres de saint Paul, et mourut après avoir travaillé trente-cinq ans, et avoir été évêque de Brême environ deux ans. Il disait

---

[1] Une fois, comme il était en danger d'être mis à mort par les Frisons païens, quelques uns d'entre eux, frappés de son innocence et de sa probité, et doutant si la religion qu'il prêchait n'était pas divine, dirent : « Jetons au sort pour savoir si nous le ferons mourir, ou si nous le laisserons aller. » On le fit en effet, et le sort le favorisa. Fleury, liv. XLV, 15.—C'était un usage tout-à-fait germain que celui de décider des choses de cette nature par le sort. Le lecteur peut se souvenir d'avoir trouvé un exemple semblable dans les Commentaires de César, vers la fin du liv. I, de Bell. Gall.

aux amis qui pleuraient autour de son lit de mort :
« Ne m'empêchez pas d'aller à Dieu : je recom-
« mande ces brebis à celui qui me les a confiées,
« et dont la bonté est capable de les protéger¹. »

La piété des missionnaires chrétiens et leurs succès forment le seul trait brillant de ce siècle. Firmin, missionnaire français, prêcha l'Evangile au milieu de beaucoup d'obstacles, en Alsace, en Bavière et en Suisse, et inspecta un grand nombre de monastères².

Sans doute, les armes de Charlemagne contribuèrent plus que toute autre chose à faire adopter extérieurement le christianisme; et Alcuin, son favori, déplorait que l'on se donnât plus de peine pour exiger le paiement des dîmes, que pour enseigner la nature de la vraie religion. Des ecclésiastiques mondains, adonnés aux vices de la nature humaine et à ceux de ce siècle en particulier, auront sans doute agi de cette manière; mais nous avons essayé de faire connaître à nos lecteurs (d'après des Mémoires très confus et très imparfaits, il est vrai) des hommes qui paraissent avoir été réellement envoyés de Dieu dans le nord de l'Europe, et à la liste desquels doivent être ajoutés quelques autres encore.

Rumold, né en Angleterre, ou en Irlande, voyagea dans la Basse-Allemagne, alla dans le Brabant, et répandit beaucoup de lumières dans les environs de Malines. En 775, il fut assassiné par deux personnes, à l'une desquelles il avait reproché de s'être rendu coupable d'adultère³.

Silvin d'Auchy, né à Toulouse⁴, commença par être courtisan, mais il devint un homme pieux, et fut ensuite élu évêque pour les infidèles. Il travailla

---

¹ Alban Butler, vol. XI.
² Mosheim, huitième siècle. — ³ A. Butler, vol. VII.
⁴ Alban Butler, Vies des saints.

surtout à Thérouanne, dans le nord de la France, alors rempli de païens et de gens qui n'étaient chrétiens que de nom. Il prêcha pendant plusieurs années et recueillit une ample moisson. Il mourut à Auchy, dans le pays d'Artois.

Virgile, Irlandais, fut nommé évêque de Saltzbourg par le roi Pepin. Durant deux ans, sa modestie l'empêcha d'accepter ces fonctions; mais on lui persuada enfin de se laisser consacrer. Il mourut l'an 780, après avoir imité Winfrid en cherchant à détruire les restes de l'idolâtrie dans son diocèse.

CHAPITRE V.

AUTEURS DE CE SIÈCLE.

Si nous en exceptons le vénérable Bède, Jean de Damas paraît avoir été l'auteur le plus savant de ce siècle. Il fut un des premiers qui mêla la philosophie d'Aristote ou péripatétique avec la religion chrétienne [1]. Cette philosophie enlevait peu à peu l'autorité à la philosophie de Platon. Il ne peut entrer dans notre plan d'expliquer la différence des systèmes de Platon et d'Aristote. Il suffira de dire qu'ils étaient tous les deux étrangers au christianisme, et que tous deux l'altérèrent beaucoup.

Jean a beaucoup écrit, et il devint parmi les Grecs ce que fut plus tard Thomas-d'Aquin parmi les Latins. Il paraît qu'il soutenait le système qu'on appelle ordinairement l'opinion arminienne du libre arbitre, et qui est opposé à la doctrine de la grâce efficace. C'était une conséquence naturelle de son penchant pour la philosophie [2]; car, au milieu de

---

[1] Fleury, liv. xli, chap. 44, etc.
[2] Du pin, huitième siècle. Jean de Damas.

leurs disputes sans fin, tous les philosophes de l'antiquité se sont accordés pour enseigner à l'homme à ne se reposer que sur lui-même. C'est là la dangereuse philosophie contre laquelle saint Paul nous met en garde. Elle avait jusque là paru principalement sous les auspices de Platon, elle se mit alors sous la protection d'Aristote. Sous ces deux formes c'était toujours « la sagesse de ce monde, qui est folie devant Dieu. » Et même aujourd'hui, parmi ceux qui s'appuient sur leur propre intelligence et qui méprisent la révélation, elle conserve la même nature, quoiqu'elle soit recouverte du vernis de la phraséologie chrétienne.

Il paraît que Jean était orthodoxe par rapport à la doctrine de la Trinité; sous d'autres rapports il soutint puissamment l'erreur. Il se montra très favorable à l'usage de prier pour les morts, regardant ces prières comme efficaces pour la rémission des péchés. C'était là une déplorable superstition qui avait grandi dans l'Eglise, et qui avait besoin de la sanction d'un esprit tel que celui de Jean pour acquérir une célébrité durable. On ne trouve aucune preuve qu'il eût une véritable science, ou une sincère piété, et nous croirons avoir occupé assez long-temps nos lecteurs de cet auteur grec, quand nous aurons ajouté que sa plume éloquente et savante défendit la détestable doctrine du culte des images, et contribua plus que celle de tout autre écrivain à en établir l'usage en Orient. Malheureusement, il ne s'éleva aucun auteur évangélique qui pût combattre ses argumens avec assez de force et de talent. L'Ecriture elle-même était plus d'à moitié ensevelie sous un amas de superstitions. L'érudition de ce chef de l'église d'Orient était probablement plus profonde et plus raffinée que celle de Bède. Et cependant nous avons trouvé dans les écrits de ce dernier la plus complète évidence de lumière et d'humilité chrétienne, tandis que chez le premier tout est sombre et désolé; quant à ce qui concerne la vraie sagesse, et quelque respectable qu'il puisse être, lorsqu'on le considère comme un savant et un homme de lettres, on trouve dans l'histoire de l'église bien peu d'écrivains qui aient exercé une aussi funeste influence par des opinions aussi opposées à l'Ecriture.

Nous avons déjà vu que l'autorité de Charlemagne avait contribué à arrêter les progrès du culte des images en Occident. Les livres Carolins, publiés en son nom, réprimèrent ce mal d'une manière efficace; et il est plus naturel de supposer qu'un prince tel que Charlemagne fut entraîné par le courant du siècle, que de croire qu'il dirigea les opinions des églises d'Occident par ses propres études théologiques. Des raisons politiques et séculières retinrent malheureusement ces églises dans la communion de Rome, et, dans la suite des temps, elles furent aussi livrées à toutes les abominations de l'idolâtrie. Il est cependant consolant de penser que les travaux des missionnaires dans le nord de l'Europe, travaux qui forment la portion la plus brillante de l'histoire chrétienne dans ce siècle, furent dirigés par des chrétiens de l'Occident, et en particulier par ceux qui étaient le plus éloignés de l'idolâtrie, tels que les habitans de la Grande-Bretagne. L'on a donc de justes motifs de croire que l'on enseigna aux nouvelles églises du Nord à servir le Dieu vivant par l'unique Médiateur Christ; car les églises de la Grande-Bretagne exprimèrent l'horreur la plus marquée pour le second concile de Nicée[1], et Alcuin, précepteur de Charlemagne, combattit ses décrets dans une lettre, par des citations expresses de l'Ecriture. Il est trop vrai que

---

[1] Histoire ecclésiastique de Collier, liv. II.

es Anglais, comme le reste de l'Europe, apprirent à la fin à adorer des idoles; car les mouvemens religieux sont trop souvent rétrogrades dans les églises. Bien différentes en cela des institutions humaines de la science, les vues chrétiennes sont plus claires au commencement, comme venant immédiatement de la parole divine, et étant gravées dans les cœurs par la grâce divine : la sagesse de ce monde, aidée par les penchans naturels de l'humanité, les corrompt ensuite par degrés, et ne laisse trop souvent à la fin ni racine ni branches de pureté évangélique.

Alcuin était né en Angleterre, et était déjà diacre de l'église d'York[1]. L'an 790, Offa, roi des Merciens, l'envoya en France comme ambassadeur. Il s'acquit alors l'estime de Charlemagne et lui persuada de fonder les Universités de Paris et de Pavie. On le regarda comme un des hommes les plus sages et les plus savans de son temps. Il donnait des leçons publiques dans le palais de l'empereur et dans d'autres lieux. Il écrivit d'une manière orthodoxe sur la Trinité, et réfuta en particulier les opinions de Félix, évêque d'Urgel, dont il suffira de dire qu'il enseignait un système qui avait du rapport avec l'hérésie des nestoriens en séparant l'humanité de la divinité du fils de Dieu. Alcuin prouva qu'il était maître du sujet, et écrivit avec candeur et modération. En 804, la mort l'enleva à ses travaux.

L'Italie elle-même ne se montra pas tout entière disposée à obéir au pape, par rapport au culte des images. Quelques évêques italiens assistèrent au concile de Francfort, dont nous avons déjà parlé; et Paulin d'Aquilée s'y distingua beaucoup. Ce prélat écrivit aussi contre l'erreur de Félix, et il

[1] Dupin.

paraît qu'il fût un des meilleurs évêques de son temps. Bien que nous ne possédions que des documens bien peu nombreux, nous pourrons y puiser des informations intéressantes sur les vues et l'esprit de ce prélat.

Paulin non seulement combattit avec succès l'erreur de Félix sur la personne de Jésus-Christ, mais écrivit un livre d'instructions précieuses, que l'on regarda long-temps comme un ouvrage d'Augustin [1]. Il est remarquable que, dans l'année 787, il s'accorda avec quelques autres évêques italiens pour condamner les décrets du second concile de Nicée comme idolâtres, bien que le pape Adrien eût assisté à ce concile par ses légats, et eût employé toute sa puissance pour en maintenir l'autorité [2]. Dans le concile de Francfort, la présence de deux légats du pape n'empêcha pas non plus Paulin et d'autres évêques italiens d'adhérer fermement aux décrets de ce concile. Ce sont là des preuves que le despotisme du pape était encore si loin d'être universel, qu'il n'était pas même reconnu dans toute l'Italie; et que dans quelques portions de ce pays, aussi bien qu'en Angleterre et en France, la pureté du culte chrétien subsistait encore en partie. Il paraît que la ville de Rome et ses environs étaient alors la portion la plus corrompue de la chrétienté en Europe, et l'on ne connaît pas un seul missionnaire de cette époque qui fût Italien.

Dans son livre contre Félix, Paulin déclare que l'Eucharistie est un morceau de pain [3]; il assure qu'elle est vie ou mort spirituelle pour celui qui la mange, selon qu'il a ou qu'il n'a pas la foi; ce qui nous semble une vue juste et évangélique de cette divine institution. Elle n'est pas seulement exempte

---

[1] Du pin. — [2] *Voyez* le docteur Allix sur les anciennes églises du Piémont. — [3] Buccella et particula panis. *Voyez* sa dédicace à Charlemagne.

de l'absurdité de la transubstantiation, elle exprime encore la doctrine chrétienne de la justification, dont il est si peu question dans ces siècles de ténèbres. Cet auteur rend aussi des témoignages très positifs aux doctrines essentielles au salut; il proteste que le sang de ceux qui ont été rachetés ne peut effacer le moindre péché; que l'expiation de l'iniquité est le privilège exclusif du sang de Christ. Il définit avec précision les caractères de la nature divine et de la nature humaine, et montre qu'elles étaient unies dans la personne de Jésus-Christ, et ce qu'il dit de la dernière, comme étant circonscrite et limitée par le corps, renferme un argument très fort contre l'idée de la transubstantiation [1]. Voici comment il s'exprime par rapport à cette parole de notre Sauveur, sur ceux qui mangent sa chair et boivent son sang. « La chair et le sang doivent s'entendre « de la nature humaine de Jésus-Christ, et non « de sa nature divine. Cependant, s'il n'était pas « le vrai Dieu, sa chair et son sang ne pourraient « nullement donner la vie éternelle à ceux qui se « nourrissent de lui. Ainsi Jean dit aussi : « Le sang « de son fils nous purifie de tout péché. » Il s'exprime ainsi sur l'intercession de Christ. « Paul « n'est pas un médiateur, il est ambassadeur pour « Christ. L'avocat est celui qui, étant aussi le « rédempteur, présente à Dieu le père la nature humaine dans la personne de Dieu et de l'homme. « Jean n'intercède pas, mais il déclare que ce médiateur est la propitiation pour nos péchés. » — « Le fils du Dieu tout-puissant, Notre Seigneur « tout-puissant, est justement appelé le véritable « Rédempteur, parce qu'il nous a rachetés au « prix de son sang, comme le confessent tous

---

[1] Allix.

« ceux qui sont rachetés. Lui-même n'a pas été
« racheté, il n'a jamais été captif; nous avons été
« rachetés, parce que nous étions captifs, vendus
« au péché, liés par l'obligation qui était contre
« nous, et qu'il a annulée, en la clouant à sa croix,
« l'effaçant avec son sang, en triomphant ouverte-
« ment, finissant par lui-même une œuvre qui
« n'aurait pu être accomplie par le sang d'aucun
« autre rédempteur¹. » Tel est le langage de
Paulin; et ici nous voyons rendre à l'Ecriture le
respect qui lui est dû. Paulin la cite, la comprend,
et édifie sa foi sur cette sainte parole, et il est
également éloigné de s'appuyer sur de purs raisonnemens humains, sur l'autorité de l'église de
Rome, ou sur aucune tradition.

Il prêcha l'Évangile aux païens de la Carinthie
et de la Styrie, et aux Avares, qui faisaient partie
de la nation des Huns. Voici une de ses maximes :
« L'orgueil est un sentiment sans lequel aucun
« péché n'est et ne sera commis; il est le commen-
« cement, la fin et la cause de tout péché. » On
ne peut être étonné que les écrits d'un homme
qui, dans un siècle de ténèbres, pouvait discerner
d'un œil aussi pénétrant la nature du péché, aient
été confondus avec ceux de l'évêque d'Hippone.
Paulin était né près du Frioul, vers l'an 726; il
fut nommé évêque d'Aquilée en 776, et mourut
en 804. Charlemagne avait beaucoup de considération pour lui. Dans une lettre à Charlemagne,
il se plaint de ce que les évêques ne résidaient
guère dans leurs diocèses, et étaient continuellement à la cour. Il cite un canon du concile de
Sardique, dans le quatrième siècle, qui interdisait
aux évêques d'être absens de leurs diocèses plus
de trois semaines².

---

¹ Rom. vii. Coloss. ii. — ² Alban Butler, qui nous a fourni quelques

NEUVIÈME SIECLE.

CHAPITRE PREMIER.

VUE GÉNÉRALE DE L'ÉTAT DE LA RELIGION DANS CE SIÈCLE.

Nous pénétrons dans les régions de ténèbres, dans le désert, dans un pays aride et d'ombre de mort¹, et à chaque pas que nous faisons, nous trouvons des scènes encore plus sombres. On voit, à la vérité, apparaître çà et là quelques faibles rayons du soleil de justice; mais en vain chercherions-nous l'éclat constant de la vérité et de la sainteté évangélique. Il serait aussi fatigant que peu utile de suivre le fil chronologique des événemens. Le plan de l'histoire pour chaque siècle doit être modifié par les circonstances. On voit briller dans cette période quatre manifestations de lumière chrétienne qui méritent d'être présentées dans autant de chapitres séparés. Celui-ci sera consacré à quelques observations générales qui mettront le lecteur en état de mieux comprendre ces divers phénomènes.

On peut ranger sous les chefs suivans les faits qui apparaissent dans l'épaisse obscurité qui enveloppa ce siècle : la préférence donnée aux écrits humains sur les Ecritures; la domination de la papauté; l'accumulation des cérémonies, et l'oppression des hommes pieux ².

---

uns des renseignemens que nous venons de présenter, omet son témoignage contre le culte des images. Butler est un zélé catholique romain.

¹ Jérém. II, 6. — ² Centuriat. *Voyez* leur préface au neuvième siècle.

Ce fut alors que l'on prit l'habitude de n'expliquer l'Ecriture que par les écrits des Pères. Nul homme ne pouvait impunément s'écarter le moins du monde de leurs décisions. La grande règle apostolique d'interprétation de « juger spirituellement des « choses spirituelles, » était, pour ainsi dire, perdue [1]; il suffisait que tel célèbre docteur eût donné telle interprétation. Il arriva de là que les savans et les ecclésiastiques accordèrent plus d'attention aux Pères qu'au volume sacré, qui, négligé depuis long-temps, était regardé comme un livre obscur et inintelligible qu'il n'était pas bon de laisser entre les mains du peuple. Ainsi, les vérités divines elles-mêmes semblaient tirer leur autorité de la parole de l'homme plus que de celle de Dieu; et les écrits et les décrets des hommes n'étaient plus traités comme témoins, mais usurpaient la charge de juges de la vérité divine.

La papauté devenait aussi de plus en plus forte. L'ignorance et la superstition dominaient tellement, que quiconque osait s'opposer à l'évêque de Rome s'attirait une multitude d'ennemis. Tous ceux qui convoitaient les honneurs de l'Eglise, s'attachaient à l'Antechrist. C'est là la seule chose qui puisse expliquer comment le culte des images n'a éprouvé qu'une si faible résistance. Nous avons vu qu'il avait été rejeté par une vaste portion de l'Occident; mais la plupart de ces hommes pieux se contentèrent d'exposer simplement leur croyance, tandis que l'idolâtrie était soutenue par toute la puissance et l'influence redoutable de la papauté.

La multitude des cérémonies, qu'on regardait comme absolument nécessaires au salut, éloigna l'attention des hommes de la piété chrétienne. L'article souverainement important de la justifi-

---

[1] 1 Cor. II.

cation par la foi fut presque enseveli sous les décombres; et les pasteurs étaient tellement occupés des choses extérieures, qu'ils négligeaient presque entièrement la culture de leur esprit.

Des hommes distingués, tant dans l'Eglise que dans l'Etat, furent entraînés, soit par la superstition, soit par des vues mondaines, à réprimer tous les efforts que l'on faisait pour éclairer les hommes. Il y eut toujours, cependant, quelques chrétiens qui gémissaient de ces maux, et qui servaient Dieu en esprit et en vérité.

En Asie le mahométisme régnait encore; et si nous en exceptons les pauliciens[1], on voit à peine un faible vestige de vraie piété dans l'église d'Orient, bien que nous ne puissions douter que le Seigneur ne s'y fût conservé de vrais adorateurs, qui l'adorèrent en esprit et en vérité. Le culte des images y était encore un sujet de discussion; mais il finit par triompher dans l'Orient, sous la superstitieuse impératrice Théodora. Pendant tout ce siècle on ne trouve pas un seul empereur ou un seul évêque de Constantinople qui ait donné des preuves d'une véritable érudition chrétienne ou de piété pratique[2].—On peut prononcer le même jugement sur les papes de Rome. Dans ces temps de ténèbres, Pascase Ratbert introduisit l'absurde doctrine de la transsubstantiation, qui fut combattue par Jean Scot Erigène et par Raban, archevêque de Mayence; mais quel que fût le succès avec lequel ils plaidèrent la cause du sens commun dans cette controverse, il ne paraît pas que leur science eût beaucoup de rapport avec la piété; car ils s'unirent pour com-

---

[1] *Voyez* Chap. II.
[2] Photius, évêque de Constantinople, a vécu dans ce siècle; homme aussi infâme par son hypocrisie et son ambition qu'il a été renommé par son génie et son érudition ecclésiastique. Quels tristes exemples de contradiction nous présente l'histoire des hommes!

battre la doctrine de la grâce, sur laquelle s'était élevée une controverse assez importante[1].

En France, les vues sur la grâce divine, qu'Augustin avait fait refleurir, furent de plus en plus obscurcies, et nous verrons plus tard qu'on n'était plus disposé à écouter avec impartialité ceux qui plaidaient avec zèle cette belle cause. Nous devons cependant faire une exception en faveur d'Adon, archevêque de Vienne. Il annonçait d'une manière infatigable les grandes vérités du salut, il commençait d'ordinaire ces sermons par ces paroles ou par d'autres semblables : « Ecoutez « la vérité éternelle qui vous parle dans l'Evangile, « ou, Ecoutez Jésus-Christ qui vous dit. » Il examinait avec un soin tout particulier les candidats pour les ordres, et maintenait avec fermeté la discipline. Sa vigilance contre le vice était inflexible; son propre exemple honorait sa profession, et il recommandait à son clergé de l'avertir, lorsqu'il verrait quelque chose à reprendre dans sa conduite. Il fut loin de se montrer complaisant pour les désirs coupables du roi Lothaire; car les vigoureuses remontrances d'Adon le firent renoncer à un projet de divorce; il sympathisait cependant avec les pénitens sincères, et était le véritable ami des pauvres, dans le sens temporel et spirituel; et il fonda pour eux plusieurs hôpitaux [2].

En Angleterre il y avait alors une décadence affligeante dans la piété, et, comme le remarque Huntingdon, la Providence divine punit les Saxons par l'invasion des Danois, nation cruelle et sans frein [3]. On a cependant des motifs de croire qu'un esprit de piété, et même un esprit évangélique régnait encore dans certaines portions des îles Britanniques; car des moines d'Irlande et d'Ecosse

---

[1] *Voyez* Chap. IV. — [2] Alban Butler, XII. — [3] Hist. eccl. de Collier.

qui s'adonnaient à la prière, à la prédication et à l'enseignement, dans le moyen âge, étaient appelés *culdees*, c'est-à-dire *cultores Dei*. Ce fut dans ce siècle, et en particulier à Saint-André, qu'on leur donna ce nom; mais en Angleterre il ne furent jamais établis qu'à Saint-Pierre, dans le Yorkshire [1].

Le grand Alfred fut suscité pour défendre son pays contre les Danois; et l'un des discours qu'il adressa aux soldats, avant une bataille, manifeste tout à la fois beaucoup de bon sens et d'esprit religieux. Il dit à ses sujets que leurs péchés avaient donné l'avantage à leurs ennemis; qu'ils devaient réformer leurs mœurs pour attirer à leur parti la faveur de Dieu; que, sous d'autres rapports, ils avaient la supériorité; qu'ils étaient des chrétiens qui combattaient contre des païens, et d'honnêtes gens qui se défendaient contre des brigands; que ce n'était pas pour eux une guerre d'ambition ou de conquêtes, mais un cas de juste défense. Dans la bataille qui suivit, il défit entièrement les Danois.

Dans la préface du livre pastoral de Grégoire, que ce prince traduisit en anglais pour l'instruction de ses sujets [2], il observe que lorsqu'il était monté sur le trône, il n'y avait au midi de l'Humber qu'un très petit nombre de personnes qui pussent comprendre les prières ordinaires en anglais, ou qui pussent traduire un passage du latin dans la langue de leur pays [3]. Il envoya des copies du pastoral de Grégoire dans tous les diocèses pour le bien du clergé : ce fut dans la même intention qu'il

[1] Alban Butler, vol. v.
[2] Alfred invita Jean Scot, qu'il ne faut pas confondre avec le fameux Jean Scot Érigène, à venir de la Saxe en Angleterre et fonda l'université d'Oxford. Celle de Cambridge fut établie un peu plus tard.
[3] Collier, vol. I, liv. III.

traduisit aussi l'histoire ecclésiastique de Bède. Il assistait toujours au culte public; et dès sa jeunesse il s'était accoutumé à prier pour obtenir la grâce, et à travailler sérieusement à subjuguer ses passions. Il se montra conséquent toute sa vie ; il s'efforça d'engager tous les gens d'un certain rang à étudier la langue anglaise, et exprima l'opinion que tous ceux qui désiraient une position élevée dans l'Etat devaient aussi savoir le latin. Il est satisfaisant de trouver ces manifestations de haute raison et de génie dans un siècle de fer comme celui qui nous occupe. Dans des temps plus favorables, Alfred aurait probablement brillé parmi les premiers des hommes ; on n'a aucun motif de douter de la sincérité de sa piété. Dans ce siècle grossier, il y avait cet avantage, que l'on ne pensait pas que la piété fît tort aux facultés de l'intelligence. Mais quoique ce glorieux soleil eût brillé quelque temps dans une atmosphère enveloppée de vapeurs, et les eût dispersées jusqu'à un certain point, il ne put illuminer d'une manière durable la région dans laquelle il parut : le brouillard reprit le dessus, et l'Angleterre fut couverte de ténèbres.

Il est peut-être convenable de rappeler au lecteur que, vers le commencement de ce siècle, Egbert était devenu roi de Wessex; qu'en 827, près de quatre cents ans après la première invasion des Saxons, il était devenu roi de toute l'Angleterre, et qu'Alfred était son petit-fils.

Charlemagne, dont nous avons raconté les exploits dans le siècle précédent, mourut l'an 814, âgé de soixante et douze ans. Il est inutile d'insister sur les brillans péchés de cet empereur, puisque son ambition sanguinaire et sa vie licencieuse montrent trop clairement que le principe de la foi chrétienne n'existait pas en lui. Il rétablit l'empire d'Occident, qui a subsisté en Allemagne jusqu'à aujourd'hui,

Il fut sans doute un grand instrument de la Providence pour étendre la profession extérieure du christianisme; mais il plaça en même temps la puissance de la papauté sur les plus fermes fondemens. Il fit de très grands efforts pour ranimer la science, mais ses succès ne furent pas plus durables que ceux d'Alfred. Sous le rapport religieux et moral, le monarque anglais lui fut évidemment très supérieur.

CHAPITRE II.

LES PAULICIENS.

Vers le milieu du VIIe siècle s'éleva en Orient une nouvelle secte, sur laquelle il nous est parvenu trop peu d'informations pour satisfaire un historien qui veut écrire une véritable histoire de l'Eglise [1]. Un homme nommé Constantin, qui demeurait à Mannalis, ville obscure dans le voisinage de Samosate, reçut chez lui un diacre qui avait été prisonnier chez les mahométans, et qui lui avait fait présent d'un Nouveau Testament dans la langue originale. Les laïques avaient déjà commencé à se regarder comme exclus de la lecture du volume sacré; et soit en Orient, soit en Occident, le clergé les encourageait dans cette opinion. L'ignorance toujours croissante rendait le plus grand nombre des laïques

---

[1] Photius, liv. I, contre les Manichéens, et Pierre de Sicile, Histoire des Manichéens. Ce sont les deux sources originales auxquelles ont puisé Mosheim et Gibbon. Nous n'avons eu entre les mains ni Photius ni Pierre; et ils étaient tous deux tellement dominés par la passion et les préjugés, que le lecteur n'y perdra probablement pas beaucoup. Nous rapporterons les faits qui sont connus d'après ces deux auteurs modernes. Nous porterons un jugement impartial sur la secte des pauliciens. Contre son ordinaire, Gibbon a traité ce sujet avec beaucoup de candeur et d'esprit de justice. Mosheim, Hist. eccl., neuvième siècle. Gibbon, vol. V, chap. 54.

incapables de lire les Ecritures; aussi ne voyons-nous pas qu'il existât alors aucune interdiction ecclésiastique, et cela n'était pas fort nécessaire.

Constantin sut profiter du présent du diacre. Il étudia les oracles sacrés, et fit usage de sa propre intelligence pour les comprendre. Il se forma un plan de théologie d'après le Nouveau Testament; et comme saint Paul est le plus systématique de tous les apôtres, Constantin s'attacha, avec raison, à étudier ses écrits avec une attention particulière, comme doit faire tout théologien sérieux. Il trouvera, sans doute, les mêmes vérités répandue dans tout le reste du volume sacré, où règne une merveilleuse unité de but et d'esprit; mais puisqu'il a plu à Dieu d'employer un homme plus instruit que les autres, il est très convenable que celui qui étudie la parole de Dieu profite de cet avantage. On reconnaît universellement que Constantin possédait le texte pur et authentique du Nouveau Testament, circonstance bien remarquable, qui montre que la Providence a veillé sur les Écritures! Au milieu des milliers de fraudes et de sophismes de ces temps-là, Dieu ne permit jamais que sa parole fût le moins du monde altérée.

Les ennemis des pauliciens disent que ce nom leur venait de quelque docteur inconnu; mais on peut à peine douter qu'ils l'aient pris d'après saint Paul lui-même; car Constantin se donna le nom de Sylvain; ses disciples s'appelèrent Tite, Timothée, Tychique, noms des compagnons d'œuvre de l'apôtre; et on donna les noms des églises apostoliques aux congrégations formées par leurs travaux dans l'Arménie et la Cappadoce. Leurs ennemis les appelaient gnostiques ou manichéens, et les confondaient avec ces anciens sectaires, dont il est probable qu'il ne restait plus de traces. Il arrive trop souvent que l'on confond des sectes indépendantes les unes des autres, et complétement différentes, et que l'on suppose que tout phénomène nouveau en religion n'est qu'une résurrection de quelque ancien système. Il en est fréquemment ainsi, mais non pas toujours. Dans ce cas-ci, on a tout lieu de supposer que les pauliciens étaient entièrement nouveaux, par rapport à toutes les autres dénominations de chrétiens. C'est ce que l'on a dû comprendre dans le peu que nous en avons déjà dit, et il nous paraît évident que leur secte avait pour origine une influence céleste qui les enseignait et les convertissait, et que nous voyons ici une de ces effusions du Saint-Esprit qui ont maintenu dans le monde la connaissance de Christ et la pratique de la piété.

On prétend que les pauliciens rejetaient les deux épîtres de saint Pierre. Tout ce que nous savons sur eux, nous le tenons de leurs ennemis ; mais leurs propres écrits sont entièrement perdus, ainsi que les vies de leurs docteurs les plus distingués. En pareil cas, la plus simple justice exige que nous suspendions notre jugement ; et si l'évidence intérieure est en leur faveur, il existe une forte présomption contre la vérité des rapports qui les accusent. Il en est ainsi par rapport au fait qui nous occupe ; car les écrits de saint Pierre ne contiennent rien qui doive exciter la méfiance de gens qui recevaient avec empressement les épîtres de saint Paul. Il existe d'ailleurs une parfaite coïncidence d'esprit et de sentiment entre les deux apôtres, et vers la fin de sa seconde épître, saint Pierre rend un témoignage très remarquable au caractère inspiré et à la sagesse divine de saint Paul.

On affirme aussi, mais sans aucun fondement, que cette secte méprisait tout l'Ancien Testament ; car on dit qu'ils étaient en cela semblables aux gnostiques et aux manichéens, tandis qu'ils ont toujours condamné les manichéens, et se sont plaints constamment de ce qu'on leur donnait un nom qui leur était aussi odieux. — On prétend encore qu'ils soutenaient l'éternité de la matière et l'existence de deux principes indépendans, ou qu'ils niaient les souffrances réelles et la véritable humanité de Christ. On ne trouvait rien de mieux pour leur faire tort que de les accuser de manichéisme. Il est bien difficile de croire qu'ils eussent adopté de pareilles doctrines, non seulement parce qu'ils repoussaient eux-mêmes ces accusations, mais aussi parce qu'ils enseignaient évidemment des choses complètement opposées à de semblables opinions. Est-il possible que des créatures raisonnables, des hommes doués de sens commun, pussent tout ensemble révérer les écrits de saint Paul, les considérer comme divinement inspirés, et condamner en même temps les livres de l'Ancien Testament?

Tout homme pieux et intelligent qui a lu attentivement l'Ecriture, sait que l'apôtre cite continuellement l'Ancien Testament, l'explique, le commente et en fait le fondement de ses doctrines; en un mot, que le Nouveau Testament est si indissolublement uni à l'Ancien, que celui qui méprise le dernier ne peut réellement respecter le premier comme divin, quelles que puissent être ses prétentions à cet égard; cette observation s'applique à tous les auteurs des livres du Nouveau Testament, et plus particulièrement encore à saint Paul. On reconnaît aussi que les pauliciens étaient attachés à la doctrine orthodoxe de la Trinité, et tout l'appareil de la fable manichéenne semble entièrement incompatible avec la profession extérieure et intérieure de cette sainte doctrine. Rappelons-nous seulement sous quel jour apparaissait le manichéisme à Augustin d'Hippone, après qu'il eut compris saint Paul, et tout ce sujet se montrera à nous sous son véritable point de vue.

Les pauliciens étaient aussi complétement opposés au culte des images qui envahissait de plus en plus l'Orient. Ils administraient les sacremens d'une manière simple et scripturaire; ils ne faisaient aucun cas des reliques, ni de tout l'attirail de la superstition : ils ne reconnaissaient d'autre Médiateur que le Seigneur Jésus-Christ.

Sylvain prêcha avec beaucoup de succès. Le Pont et la Cappadoce, pays jadis renommés pour la piété chrétienne, furent éclairés de nouveau par ses travaux. Ses associés et lui se distinguèrent du clergé de ce siècle par leurs noms bibliques, leurs titres modestes, leur zèle, leur connaissance de la parole de Dieu, leur activité et leur sainteté. Leurs congrégations étaient répandues dans les provinces de l'Asie-Mineure : six des principales églises portaient les noms de celles auxquelles saint Paul avait adressé ses épîtres ; et Sylvain demeurait dans le voisinage de Colonia, dans le Pont.

Réveillés par l'importance croissante de cette secte, les empereurs grecs commencèrent à persécuter les pauliciens avec la plus grande cruauté; et sous des formes et des noms chrétiens, ils recommencèrent les persécutions de Galère et de Maximin. « A leurs autres excellentes œuvres, « dit le bigot Pierre le Sicilien, les divins et ortho-« doxes empereurs ajoutèrent cette vertu, qu'ils « firent punir de la peine capitale les montanistes « et les manichéens, et firent brûler tous ceux de « leurs livres qu'on put trouver ; et lorsqu'il se « trouva des gens qui les avaient cachés, on les fit « aussi mourir et on confisqua leurs biens[1]. » Dans

---

[1] Tels étaient les noms méprisés que l'on donnait aux pauliciens. Les vrais montanistes avaient commencé dans le second siècle, et i

tous les siècles la fausse religion déteste la lumière, et se soutient par la persécution et non par l'instruction ; tandis que la vérité, telle qu'elle est en Jésus, vient toujours à la lumière de l'Ecriture, et manifeste clairement cette lumière au monde dans la lecture et l'explication du volume sacré, d'où elle tire toute son autorité.

Un officier grec nommé Siméon, armé de l'autorité impériale, vint à Colonia et arrêta Sylvain et un certain nombre de ses disciples. On mit des pierres dans les mains de ces derniers, et, chose horrible ! on leur ordonna de tuer leur pasteur pour acheter ainsi leur pardon. Un homme nommé Juste fut le seul qui obéit ; et il fit mourir à coups de pierres le père des pauliciens, qui avait travaillé vingt-sept ans ! Juste se signala encore en trahissant ses frères ; tandis que Siméon, frappé, sans doute, des effets que produisait la grâce divine en ceux qui souffraient, embrassa enfin la foi qu'il était venu détruire, renonça au monde, prêcha l'Evangile, et mourut martyr.

Pendant cent-cinquante ans ces serviteurs de Christ endurèrent les horreurs de la persécution avec une patience et une douceur chrétiennes ; et si les actes de leur martyre, leur prédication et leurs vies nous avaient été conservés, on verrait sûrement que ces chrétiens ressemblaient à ceux que l'Eglise révère à juste titre comme ayant souffert pour Christ durant les trois premiers siècles. Durant tout ce temps la puissance de l'Esprit de Dieu fut avec eux ; et ils mirent en pratique les préceptes du treizième chapitre de l'épître aux Romains, aussi bien qu'ils croyaient et sentaient

---

est probable qu'il n'en existait plus alors. Nous trouvons ici une autre preuve des attaques vagues et illusoires que l'on mettait en usage contre les pauliciens.

les précieuses vérités de doctrine contenues dans les onze premiers chapitres de cette même épître. Alors, comme dans les premiers siècles, le sang des martyrs fut la semence de l'Eglise : il s'éleva une succession de prédicateurs et de congrégations, et les historiens remplis de préventions que nous avons cités, reconnaissent eux-mêmes pour un homme d'une vertu extraordinaire un nommé Sergius, qui travailla parmi eux pendant trente-trois ans. Il y eut cependant quelques intervalles à la persécution ; jusqu'à la fin Théodora, cette même impératrice qui avait entièrement établi le culte des images, surpassa tous ses prédécesseurs par ses cruautés envers les pauliciens. Ses inquisiteurs poursuivirent ces sectaires dans toute l'Asie-Mineure, et l'on a calculé qu'elle fit périr cent mille personnes par le gibet, par le feu et par l'épée.

Nous avons rapporté le peu que l'on sait de l'histoire des pauliciens jusque vers l'an 845. Supporter des persécutions continuelles avec une douceur chrétienne, en rendant toujours ce qu'on doit à Dieu et à César, c'est montrer qu'on est sous l'influence de la véritable grâce. C'est dans cet esprit qu'agirent ces chrétiens jusqu'à l'époque que nous venons d'indiquer. Ils se souvenaient de cette parole de l'Apocalypse (chap. XIII, 10) : « Si « quelqu'un tue avec l'épée, il faudra qu'il périsse « lui-même par l'épée. » — « C'est ici qu'est la « patience et la foi des saints. » Que les chrétiens croient, qu'ils se réjouissent en Dieu, qu'ils souffrent patiemment, qu'ils rendent le bien pour le mal, et qu'ils obéissent à ceux que Dieu a établis au-dessus d'eux. Ces armes-là ont toujours été trop fortes pour Satan ; l'Eglise a grandi partout où on les a fidèlement employées ; et la puissance de l'Evangile a prévalu. C'est ce qui est arrivé d'une manière très remarquable à l'époque de la persécution de Dioclétien : non seulement l'Eglise a survécu à l'orage, mais, sous la direction de la Providence, elle est devenue, extérieurement aussi bien qu'intérieurement, supérieure à ses ennemis. Si les pauliciens avaient persévéré dans cette conduite, on aurait pu raisonnablement espérer des conséquences semblables ; mais la foi et la patience leur manquèrent à la fin. Nous ignorons par quels degrés ils tombèrent dans un esprit mondain ; mais, vers l'an 845, ils tuèrent deux persécuteurs, un gouverneur et un évêque ; et un soldat nommé Carbeas, qui commandait les gardes dans l'armée impériale, voulant venger la mort de son père, qui avait été tué par les inquisiteurs, forma une bande de pauliciens, qui renoncèrent à la fidélité envers l'empereur, négocièrent avec les puissances mahométanes, et, avec leur secours, essayèrent de rendre leur secte indépendante.

Théodora eut pour successeur son fils Michel[1]. Par ses cruautés et ses superstitions, cette impératrice avait mérité les louanges de Nicolas, qui, en 858, était devenu pape de Rome. Il lui adressa une lettre dans laquelle il approuve hautement sa conduite, et l'admire à cause de son obéissance implicite pour le saint-siège. Nous apprenons du biographe de l'empereur Michel ce que Théodora avait fait pour s'attirer les louanges de ce pontife. « Elle résolut, dit-il, d'amener les pauliciens à la « vraie foi, ou de les retrancher entièrement, « branches et racine ; résolution digne d'une prin- « cesse vraiment catholique ! » — « D'après cette « résolution, elle envoya des nobles et des magis- « trats (non des prédicateurs et des missionnaires) « dans les différentes provinces de l'empire, et ils

---

[1] C'est Michel III, et il est surnommé le sot ou l'ivrogne. Il était fils de l'empereur Théophile, et arriva au trône A. D. 842, sous la direction at la régence de sa mère Théodora.

« condamnèrent plusieurs de ces malheureux à
« être crucifiés, d'autres à être tués par l'épée, et
« d'autres encore à être noyés dans la mer. » Ce
fut ainsi qu'ils furent exterminés au nombre de
cent mille, et leurs biens et leurs domaines furent
confisqués [1].

Le pape fait allusion à ce sanglant massacre,
lorsqu'il loue Théodora, dans la même lettre, de
la vigueur qu'elle avait montrée, le Seigneur opérant avec elle, comme il l'ajoute en blasphémant,
contre des hérétiques obstinés et incorrigibles [2].
Nicolas fait encore observer que les hérétiques,
trouvant en elle toute la résolution et l'énergie
d'un homme, pouvaient à peine croire qu'elle fût
une femme. Le zèle pour une fausse religion avait
changé en Théodora, comme cela est arrivé plus
tard pour Marie d'Angleterre, le cœur tendre et
compatissant d'une femme en celui d'un tyran impitoyable et sanguinaire. Et un fait important que
nous ne devons pas omettre, c'est que, d'après les
propres paroles du pape, il paraît que l'Eglise de
Rome eut part aux glorieux exploits dont nous
venons de parler; car le pape, après avoir dit à
Théodora que les hérétiques craignaient et admiraient en même temps sa fermeté et son énergie
pour maintenir la pureté de la foi catholique,
ajoute : « Et pourquoi en était-il ainsi, si ce n'est
« parce que vous suiviez les conseils du siége apos-
« tolique [3] ? » La tyrannie de l'Antechrist était donc
établie alors à Rome!

Michel, fils de Théodora, s'enfuit devant les
armes de Carbeas, dont le successeur, Chrysocheir, uni aux mahométans, pénétra dans le cœur
de l'Asie, et désola les plus belles provinces des
Grecs. Cependant, à la fin, Chrysocheir fut tué;

---

[1] Porphyrog. — [2] Domino cooperante. — [3] Concil. lab. Nic.
Ep. xiv.

Tephrice, forteresse des pauliciens, fut prise, et la puissance des rebelles fut anéantie, bien qu'un certain nombre d'entre eux continuassent à se maintenir dans les montagnes par le secours des Arabes, et à conserver une indépendance pleine de trouble et de dangers. Les actions féroces des pauliciens de cette seconde période prouvent qu'ils avaient perdu l'esprit de la vraie religion : et leurs plans d'ambition mondaine furent également renversés. Dans des temps plus modernes, on a vu les mêmes résultats de moyens politiques employés pour soutenir l'Évangile.

Vers le milieu du VIIIe siècle, un certain nombre de pauliciens avaient été transplantés dans la Thrace, et ils subsistèrent pendant des siècles, tantôt tolérés et tantôt persécutés par les puissans du monde. On en trouvait encore dans les vallées du mont Hémus, vers la fin du XVIIe siècle. On ne connaît pas leur histoire religieuse durant cette période ; et, de nos jours, il paraît qu'ils n'ont plus que le nom de commun avec la secte des pauliciens. Nous ne suivrons pas le savant auteur, à qui nous avons emprunté la plus grande partie de ce récit, dans ses conjectures sur la dispersion de ce peuple dans les provinces d'Europe [1] ; et l'on n'a pas de preuves assez fortes pour admettre que les Vaudois tirent leur origine des pauliciens. De semblables spéculations sont trop douteuses pour satisfaire les esprits de ceux qui préfèrent l'évidence solide des faits aux conjectures d'une imagination enthousiaste.

Tout considéré, nous avons vu dans l'Asie-Mineure une preuve suffisante d'une œuvre de la grâce divine qui commença à la fin du VIIe siècle, et qui s'étendit jusqu'à la première moitié du IXe.

---

[1] Gibbon.

Mais là où commence la politique séculière, là finit la vie et la simplicité de la piété vivante. Lorsque les pauliciens commencèrent à se révolter contre le gouvernement établi, à rendre le mal pour le mal, à se mêler avec les païens, les mahométans [1], et à défendre leur propre religion par les armes, par les négociations et les alliances, ils cessèrent de devenir la lumière du monde et le sel de la terre. C'est là ce qu'ils avaient été pendant plus de cent quatre-vingts ans, prêchant l'Évangile par l'exemple, et le rendant honorable par une vie de foi, d'espérance et de charité, conservant la vérité en souffrant avec patience, attendant les vrais honneurs et les vraies richesses dans la vie à venir; et, sûrement, ils n'ont pas été frustrés de leurs espérances. Quand les maximes du monde commencèrent à dominer parmi eux, ils brillèrent pendant un temps, comme des héros et des patriotes, du faux éclat de la louange humaine; mais ils perdirent la solidité du véritable honneur, comme ont fait dans tous les siècles tous ceux qui ont renoncé à l'esprit de la conformité à Christ, et qui ont préféré à cet esprit la basse ambition de la grandeur terrestre [2].

---

[1] Psaume CVI, vers. 35.
[2] Natalis Alexander, volumineux historien français, et plus ardemment attaché à la papauté que ne le sont généralement les Français, range les pauliciens et Claude de Turin, dont il sera parlé dans le chapitre suivant, avec les disciples de Wiclef, de Luther et de Calvin. Il les accuse d'être les ennemis de l'adoration de la croix de Christ, qui, dit-il, a toujours été adorée par la véritable Eglise, « non seulement la véritable croix, mais son image, aussitôt que l'Eglise obtint la liberté sous les princes chrétiens. » Tom. v, p. 636-638. Ceci mérite d'être recueilli comme le témoignage rendu par un savant adversaire au caractère évangélique des pauliciens et de Claude de Turin.

CHAPITRE III.

DE L'OPPOSITION QUE RENCONTRA LA PAPAUTÉ PENDANT CE SIÈCLE, ET EN PARTICULIER DE LA PART DE CLAUDE, ÉVÊQUE DE TURIN.

Nous avons vu la lumière de la vérité divine répandre sa douce influence dans l'Orient. Voyons maintenant la puissance vivifiante de ses rayons dans l'Occident.

Nous ne devons pas nous attendre à la voir éclairer d'une manière générale l'une ou l'autre de ces deux grandes divisions du monde chrétien, mais seulement à la voir briller dans quelques contrées particulières. Le pouvoir absolu du pape, le culte des images, et l'invocation des saints et des anges, furent combattus, comme dans le dernier siècle, par plusieurs princes et plusieurs ecclésiastiques.

Un concile tenu à Paris, l'an 824, s'accorda avec le concile de Francfort pour rejeter les décrets du second concile de Nicée, et pour interdire le culte des images. Agobard, archevêque de Lyon, écrivit un livre contre l'abus des peintures et des images, dans lequel il soutint que nous ne devons adorer aucune image de Dieu, si ce n'est celle qui est Dieu lui-même, son Fils éternel; et qu'il n'y a aucun autre médiateur entre Dieu et l'homme, si ce n'est Jésus-Christ, qui est tout à la fois Dieu et homme. — La nouvelle doctrine de la transsubstantiation fut vigoureusement combattue par Raban et par Scot Érigène, les deux hommes les plus savans de l'Occident, dans ce siècle, et cette doctrine n'était pas encore établie dans le royaume de l'Antechrist. Raban l'attaque comme une opinion qui ne faisait que de paraître; il convient d'ajouter que lorsqu'on demanda à Bertram, moine de Corbie, si le même corps qui avait été crucifié était reçu dans la bouche du fidèle dans le sacrement, il répondit : « La différence est aussi grande « qu'entre la caution et la chose pour laquelle on « donne une caution, aussi grande qu'entre la re- « présentation et la réalité. » Aucun protestant des temps modernes ne pourrait exprimer plus explicitement l'opinion de la primitive Eglise. Même au sein de l'Italie, Angilbert, évêque de Milan, refusa de reconnaître la suprématie du pape, et l'Eglise de Milan ne se soumit au siège de Rome que deux cents ans après [1].

Les choses que nous venons de citer prouvent que Dieu n'avait pas abandonné son église en Europe, et nous avons des démonstrations encore plus évidentes de cette consolante vérité dans la vie et les ouvrages de Claude, évêque de Turin, homme digne de la plus haute estime de tous ceux qui craignent Dieu; mais on rend aujourd'hui si peu de justice à la piété, que, tandis que les noms des hommes d'état, des héros et des philosophes sont dans toutes les bouches, le nom de ce grand réformateur est probablement demeuré inconnu à la plupart de nos lecteurs; il nous semble pourtant que, par rapport à l'ordre des temps, il doit être regardé comme le premier des réformateurs. Rassemblons donc avec soin tout ce que nous avons pu apprendre de lui.

Claude était né en Espagne. Dans sa jeunesse il était chapelain à la cour de Louis-le-Débonnaire; il passait pour avoir une profonde connaissance

---

[1] *Voyez* les travaux de l'évêque Newton sur les prophéties, troisième volume, p. 151, etc. Pour la suite du chapitre, *voyez* les remarques d'Allix sur les églises du Piémont, des Centuriators et de Fleury, quoiqu'il soit catholique romain.

des Ecritures[1]; tellement que Louis voyant, dit Fleury, dans quelle ignorance était plongée une grande portion de l'Italie, par rapport aux doctrines de l'Evangile, et désirant donner aux églises du Piémont un homme qui pût résister au torrent toujours croissant du culte des images, éleva Claude, vers l'an 817, au siége de Turin. Claude répondit à l'attente de l'empereur : par ses écrits, il expliqua les Ecritures; par sa prédication, il instruisit laborieusement le peuple : « Il commença, dit le même « historien, à prêcher et à instruire avec beau- « coup d'application. » Les calomnies qu'on a répandues sur ses principes sont amplement réfutées par ses Commentaires sur diverses portions de l'Ancien et du Nouveau Testament, qui existent encore en manuscrits dans différentes bibliothéques françaises. Un Commentaire sur l'Epître aux Galates est le seul de ses ouvrages qui ait été imprimé. Il y affirme constamment que tous les apôtres étaient égaux à saint Pierre; et il déclare toujours que Jésus-Christ est le seul véritable chef de son Eglise. Il se montre sévère envers la doctrine des mérites de l'homme, et ne veut pas souffrir qu'on mette les traditions sur la même ligne que la parole divine. Il soutient que nous ne sommes sauvés que par la foi; dit que l'Eglise est loin d'être infaillible, que rien n'est plus absurde que de prier pour les morts, et montre tout ce qu'il y a de coupable dans les pratiques idolâtres que soutenait alors le siége de Rome.

Dans son commentaire sur saint Matthieu, outre une explication du sacrement, très différente de celle de Pasccase, qui soutint la transsubstantiation environ seize ans après, nous

---

[1] Fleury, vol. v, liv. XLVII. Dans cette occasion et dans quelques autres, le témoignage rendu par un catholique romain au caractère du premier réformateur protestant est d'un grand poids.

trouvons quelques pieux sentimens qui méritent d'être cités. Il paraphrase ainsi les paroles : « Je ne boirai plus de ce fruit de la vigne, jusqu'au jour que je le boirai de nouveau dans le royaume de Dieu. — Je ne prendrai plus plaisir aux cérémonies charnelles de la synagogue, parmi lesquelles l'agneau pascal tenait le premier rang; car le temps de ma résurrection approche : ce jour arrivera lorsque, placé dans le royaume de Dieu, parvenu à la gloire de la vie immortelle, je serai rempli d'une joie nouvelle avec vous, à cause du salut du peuple né de nouveau de la source de la même grâce spirituelle. — Que veut-il dire par le vin nouveau, si ce n'est l'immortalité des corps renouvelés? En disant « avec vous, » il leur promet la résurrection de leurs corps, qui devaient revêtir ainsi l'immortalité. L'expression « avec vous » ne se rapporte pas au même temps, mais au même événement du renouvellement des corps. L'apôtre déclare que nous sommes ressuscités avec Christ, afin d'exciter une joie présente par l'assurance de la joie qui est à venir [1]. »

À la fin de son commentaire sur le Lévitique, dédié à l'abbé Théodemir, il écrit des choses qui font connaître quels étaient ses efforts et sa sollicitude pour l'avancement du règne de Dieu.

« La beauté de la sagesse et de la vérité éternelle ne doit ni décourager ni effrayer ceux qui viennent à elle. Dieu me donne un désir constant de jouir de cette vérité, car c'est pour l'amour d'elle que j'ai entrepris cet ouvrage! De tous les bouts de la terre, elle est près de tous ceux qui la cherchent ; elle instruit au-

---

[1] On ne peut guère admettre que ce soit là tout ce qu'entend saint Paul par l'expression « ressuscité avec Christ; » cependant les idées de Claude sont bonnes jusqu'au point où elles vont.

« dedans, et convertit ceux qui la contemplent.
« Nul homme ne peut la juger; nul homme ne
« peut bien juger sans elle. Il ne nous est pas or-
« donné d'aller à la créature pour être heureux,
« mais au Créateur, qui peut seul nous combler
« de félicité. La volonté qui s'attache au bien im-
« muable obtient le bonheur. Mais lorsque la vo-
« lonté se sépare du bien immuable, et cherche
« exclusivement son propre bien, ou se dirige
« vers un bien inférieur ou extérieur, elle tombe
« et s'éloigne de Dieu. »

Ces vérités, semblables à celles qu'enseignait Augustin d'Hippone, sont suivies d'une longue citation de ce père, qui interdit expressément le culte des saints; il en exprime ainsi la substance:

« Nous devons les honorer, parce qu'ils méri-
« tent d'être imités, et non les servir par aucun
« acte de religion. Nous n'envions pas le bonheur
« qu'ils goûtent dans la jouissance non interrom-
« pue de Dieu, mais nous les aimons d'autant plus,
« parce que nous espérons quelque chose de sem-
« blable à ce qu'ils ont reçu de celui qui est notre
« Dieu aussi bien que leur Dieu. »

« Ces choses, dit Claude, sont les plus grands
« mystères de notre foi. En défendant ces vérités,
« je me suis exposé aux reproches de ceux qui
« m'entourent; ceux qui me voient se moquent
« de moi et me montrent du doigt aux autres.
« Mais le Père des miséricordes et le Dieu de toute
« consolation m'a soutenu dans mes tribulations,
« afin que je puisse consoler les autres qui sont
« accablés de chagrin et d'affliction [1]. Je me re-
« pose sur la protection de celui qui m'a revêtu de

---

[1] II Cor. I.

« l'armure de la justice et de la foi, bouclier
« éprouvé de mon salut éternel. »

Il paraît qu'on avait fait des plaintes contre
Claude à la cour de Louis, parce qu'il avait renversé des images dans son diocèse, et avait écrit
contre le culte qu'on leur rendait. Théodemir lui
ayant reproché sa conduite, Claude écrivit une
apologie dont voici quelques passages[1] : « Lorsque
« je fus obligé d'accepter l'épiscopat, et que j'arrivai à Turin, je trouvai toutes les églises pleines
« d'abomination et d'images ; et parce que je commençai à détruire ce que tout le monde adorait, tout le monde commença à ouvrir la bouche contre moi. « Nous ne croyons pas, disent-
« ils, qu'il y ait rien de divin dans l'image ; nous
« la révérons seulement en l'honneur de la personne qu'elle représente. » Je réponds : Si ceux
« qui ont quitté le culte des démons honorent les
« images des saints, ils n'ont pas abandonné les
« idoles, ils n'ont fait que changer les noms. Car,
« soit que vous peigniez sur un mur les images
« de saint Pierre ou de saint Paul, ou celles de
« Jupiter, de Saturne ou de Mercure, ils sont
« tous morts, et par conséquent ils ne sont plus
« maintenant ni dieux, ni apôtres, ni hommes.
« Si vous adorez Pierre ou Paul, vous pouvez
« avoir changé le nom, mais l'erreur demeure la
« même. Si l'on doit adorer les hommes, il serait
« moins absurde de les adorer pendant qu'ils sont
« vivans, tandis qu'ils sont l'image de Dieu, que
« de les adorer après qu'ils sont morts, quand
« ils ne ressemblent plus qu'à des morceaux de
« bois ou de pierre. Et s'il ne nous est pas permis
« d'adorer les ouvrages de Dieu, beaucoup moins
« nous sera-t-il permis d'adorer les ouvrages des

[1] Fleury.

« hommes. Si l'on doit adorer la croix de Christ,
« parce qu'il y a été cloué, par la même raison
« on doit adorer les crèches, parce qu'il a été cou-
« ché dans une crèche, et les langes, parce qu'il
« en a été enveloppé. »

Il cite d'autres exemples du même genre, et ajoute : « Il ne nous est pas ordonné d'adorer la
« croix, mais de la porter, et de renoncer à nous-
« mêmes. Quant à ce que vous affirmez que je
« blâme que l'on aille à Rome comme pénitence,
« cela n'est pas vrai ; je n'approuve ni ne désap-
« prouve de semblables pèlerinages ; il est des
« gens auxquels ils ne sont pas utiles, et d'autres
« auxquels ils ne sont pas nuisibles. C'est bien
« mal comprendre les paroles : « Tu es Pierre, etc., »
« que d'en conclure que l'on peut acquérir la vie
« éternelle par un voyage à Rome et par l'interces-
« sion de saint Pierre. — L'homme apostolique,
« c'est-à-dire le pape, n'est pas celui qui tient le
« siége de l'apôtre, mais celui qui en remplit le
« devoir. »

« Telles étaient, dit Fleury (historien catho-
« lique romain), les erreurs de Claude de Turin. »
Il nous dit encore qu'elles ont été réfutées par un reclus appelé Dungal ; et il nous donne quelques extraits de cet écrivain, qu'il est parfaitement inutile de réciter ; car, comme le reconnaît Fleury, Dungal ne présente guère aucun argument ; et, « en vé-
« rité, continue-t-il, les principales preuves en cette
« matière ont toujours été la tradition et l'usage
« constant de l'Église. » Au jugement des hommes qui décident des controverses inhérentes à l'essence du christianisme d'après la seule Écriture, la victoire de Claude, dans cette dispute, est évidente. Nous avons cependant à Dungal l'obligation de nous avoir conservé quelques extraits de l'apologie. Outre les portions argumentatives, on trouve

aussi, entremêlées dans l'ouvrage, quelques exhortations pathétiques, qui prouvent l'ardeur du zèle de Claude pour la vérité divine et pour le salut des âmes. Nous en citerons encore quelques fragmens : « Toutes ces choses sont absurdes, et il fau« drait les déplorer plutôt que les discuter grave« ment ; mais nous sommes obligés de les décrire « pour combattre des insensés, et pour attaquer « ces cœurs de pierre que les flèches et les paroles « des livres saints ne peuvent percer. Rentrez en « vous-mêmes, misérables transgresseurs : pour« quoi vous êtes-vous égarés de la vérité, et vous « êtes-vous épris de la vanité ? Pourquoi associez« vous aux démons des multitudes d'âmes, par le « culte des idoles, les éloignant de leur créa« teur, et les précipitant dans la condamnation « éternelle ? Aveugles ! revenez à la lumière. Ne « croirons-nous pas Dieu, quand il jure que ni Noé, « ni Daniel, ni Job, ne délivreront leurs fils ou « leurs filles par leur justice [1] ? Il fait cette décla« ration afin que personne ne se confie à l'inter« cession des saints. Vous, insensés, qui courez à « Rome pour y chercher l'intercession d'un apôtre, « quand serez-vous sages ? que dirait de vous Au« gustin que nous avons si souvent cité [2] ? »

Si les ouvrages du pieux Claude avaient été publiés aussi fidèlement que ceux de ses adversaires, nous verrions sûrement ses opinions sous un jour beaucoup plus frappant que nous ne pouvons les voir d'après quelques citations imparfaites; mais ses écrits furent supprimés ou cachés. Le règne de l'idolâtrie était établi, et le monde adorait « la « bête. » Cependant les travaux de Claude ne furent pas inutiles. Dans son propre diocèse, au moins, il réprima les progrès du mal; et des auteurs ca-

[1] Ezéchiel, xiv. — [2] Allix.

tholiques ont avoué que les vallées du Piémont, qui faisaient partie de son diocèse, conservaient ses opinions dans les ixe et xe siècles. Il est donc probable que les églises des Vaudois avaient été formées par ses travaux, ou du moins qu'ils avaient contribué à les affermir et à les faire croître dans la vérité.

Si nous considérons la prédication et les écrits de Claude sous un point de vue évangélique, nous verrons clairement que la controverse entre lui et ses adversaires était si l'homme sera justifié devant Dieu par Jésus-Christ, uniquement par la foi, ou s'il aura recours à d'autres refuges pour la paix de sa conscience troublée. La nature de ces autres refuges dépend beaucoup des mœurs et des usages du temps dans lequel on vit. Dans un siècle comme le nôtre, de grande civilisation et de grand raffinement, ce seront principalement des actes d'humanité et de compassion envers les pauvres. Dans un siècle de superstition, ce seront des cérémonies, et tout l'appareil du « culte volontaire [1]. » Ce premier réformateur protestant lutta avec un zèle chrétien contre les faux soulagemens qu'offrait la papauté aux consciences chargées, et montra à ses auditeurs et à ses lecteurs la médiation de Jésus-Christ comme l'objet unique et suffisant de confiance et de paix. Nous ne savons pas quel succès eut cette prédication parmi son troupeau ; mais une si grande lumière ne fut sûrement pas manifestée en vain ; et si nous pouvions rapporter l'effet que produisirent ses travaux dans le Piémont, ce récit offrirait probablement de précieuses instructions et des motifs de joie à des esprits chrétiens. Nous pouvons puiser encore quelques lumières sur son esprit et sur ses sentimens dans les

---

[1] *Voyez* Coloss. II.

extraits de ses écrits, tirés d'un de ses autres adversaires.

Jonas, évêque d'Orléans, écrivit trois livres remplis d'invectives contre Claude[1]. Il cite cependant des raisonnemens de son adversaire qu'il n'était pas en son pouvoir de réfuter, en particulier sur l'autorité du second commandement ; point sur lequel repose toute la controverse, en ce qui se rapporte au culte des images. Claude déclara que le plus grand nombre de ceux qui allaient en pélerinage à Rome en revenaient pires qu'ils n'y étaient allés. En combattant la papauté, il dit que des hommes, destitués de toute intelligence spirituelle, se méprenant sur le sens de ces paroles du Seigneur : « Je te donnerai les clefs, » espéraient obtenir la vie éternelle en allant en pélerinage à Rome. Nous voyons par là que la puissance de la papauté était fondée, en grande partie, sur l'ignorance de ceux qui cherchaient la paix de la conscience là où elle ne pouvait se trouver. Les hommes, qu'inquiète le sentiment du péché, s'attachent à tout ce qui semble leur offrir quelque soulagement, et la vraie lumière de l'Évangile de paix ne brillant plus alors, ils recevaient avidement les consolations illusoires que leur offrait la papauté ; ils obtenaient ainsi une fausse paix, s'endurcissaient dans une corruption réelle, et soutenaient la grandeur de l'Antechrist. Quelle bénédiction que le véritable Evangile ! il console et sanctifie le pécheur, et présente le plus puissant obstacle à la superstition.

Claude commença en 823 à attaquer la superstition qui régnait alors, et il vécut jusqu'à l'an 839. S'il ne fut pas mis à mort pour avoir confessé la vraie foi en Christ, cela doit être attribué, après

[1] Centuriat. Magd., neuvième siècle.

Dieu, à la protection de la cour de France. La cause qu'il avait épousée était encore soutenue, en partie, dans les églises d'Occident; et la hiérarchie romaine n'était pas encore capable d'établir l'idolâtrie dans toute son étendue, et de punir tous ceux qui la combattaient. Il est convenable d'ajouter que les adversaires de Claude eux-mêmes n'insistaient pas sur le culte des images; ils affirmaient seulement qu'elles étaient innocentes et utiles. Les décrets du pape étaient donc alors bien loin d'être regardés comme décisifs dans toute l'Europe; d'un autre côté, il faut aussi reconnaître que le parti mitoyen qui avait d'abord eu la sanction de Grégoire, et qui avait été ensuite confirmé par les livres Carolins et par le concile de Francfort, préparait naturellement l'établissement graduel de l'idolâtrie.

CHAPITRE IV.

GOTTSCHALK.

Les controverses qui avaient eu lieu auparavant dans l'Eglise de France, au sujet de la prédestination et de la grâce, avaient été conduites avec beaucoup de talent et de science, et ce qui plaît encore davantage à un esprit chrétien, avec sérieux, candeur et charité [1].

Nous avons vu avec quel zèle la doctrine de la grâce divine avait été défendue et expliquée par les disciples d'Augustin d'Hippone, et quelle salutaire influence cette doctrine avait exercée sur la connaissance, l'esprit et la vie des chrétiens. On a vu aussi que bien des hommes qui, soit qu'ils

[1] Voyez p. 550 du second volume.

craignissent à tort des conséquences pernicieuses, soit qu'ils ne comprissent pas bien ce sujet, étaient opposés aux opinions d'Augustin, détestaient pourtant sincèrement le pélagianisme, et, par une heureuse inconséquence, vivaient dans une humble dépendance envers la grâce, tout en soutenant en paroles le semi-pélagianisme. Mais à mesure que la superstition, l'idolâtrie et l'ignorance firent des progrès, les vues vraiment évangéliques d'Augustin furent de plus en plus reléguées dans l'ombre; et l'exemple de Gottschalk montra qu'il n'était plus permis à un théologien de les répandre impunément.

Gottschalk était né en Allemagne; dès sa jeunesse, il avait été moine, et s'était consacré aux études théologiques. Il faisait un cas tout particulier des écrits d'Augustin, et entra avec beaucoup de zèle dans ses sentimens[1]. Bien qu'il ne nous soit parvenu que très peu de documens sur cette controverse, il paraît évident qu'il soutenait réellement les doctrines de ce père de l'Église. Il reconnaissait expressément que les méchans sont condamnés pour leurs propres iniquités. S'il a été accusé de faire de Dieu l'auteur du péché, il ne fut pas plus maltraité en cela que l'évêque d'Hippone; et Fleury, lui-même, avoue que ses adversaires ont présenté ses opinions sous un faux jour. La chose qui nous paraît la plus répréhensible en lui, si toutefois une certaine confession de foi qui lui est attribuée est authentique, c'est qu'il offrit de subir

---

[1] Nous avons tiré cette notice sur Gottschalk de Fleury et de Dupin, tous deux catholiques, et nous avons aussi consulté Mosheim. On ne peut rien recueillir des centuriateurs de Magdebourg, dont on aurait pu attendre des informations plus exactes et plus équitables. Ils traitent ce sujet d'une manière vague et confuse, et se joignent aux ennemis de Gottschalk pour le condamner, sans fournir à leurs lecteurs des matériaux sur lesquels ils eussent pu former eux-mêmes leur jugement.

l'épreuve du feu, à condition que s'il en sortait sans en avoir souffert, sa doctrine serait reconnue divine. S'il était réellement coupable de cette présomption enthousiaste, l'issue de la persécution qu'il endura plus tard était bien propre à l'humilier, et à lui apprendre, d'une manière plus pratique qu'il ne l'avait su jusqu'alors, la puissance réelle des doctrines pour lesquelles il souffrit avec tant de courage et de droiture de cœur.

Vers l'an 846, il quitta son monastère, et se rendit en Dalmatie et en Pannonie, où il répandit les doctrines d'Augustin, sous prétexte, comme le disaient ses ennemis, de prêcher l'Evangile aux infidèles. À son retour, il resta quelque temps en Lombardie, et en 847, il tint une conférence avec Nothingue, évêque de Vienne, sur la prédestination. Son zèle choqua l'évêque, qui persuada à Raban, archevêque de Mayence, d'entreprendre de réfuter la nouvelle hérésie, comme on l'appelait alors. Raban calomnia Gottschalk, en l'accusant d'admettre ces conséquences monstrueuses et licencieuses qu'on a rattachées de tout temps aux doctrines de la grâce divine; car saint Paul lui-même n'a pas été à l'abri de cette accusation : et après avoir revêtu les sentimens de son adversaire des plus odieuses couleurs, il le couvrit facilement d'opprobre. Le savant moine entreprit de se défendre par écrit, et engagea les hommes les plus capables de son temps à méditer sérieusement ce sujet, et il opposa à l'autorité et au crédit de son adversaire le nom célèbre d'Augustin. Mais la cause de Gottschalk nous est présentée de la manière la plus défavorable; car nous n'avons pas le traité qu'il composa contre Raban. Hincmar, archevêque de Reims, nous en a seulement conservé quelques fragmens, et la réputation du moine ne pouvait être en plus mauvaises mains. Gottschalk fut condamné dans un synode tenu à Mayence, et Raban, remarquant qu'il appartenait au diocèse de Soissons, qui était soumis à l'archevêque de Reims, l'envoya à Hincmar, l'appelant moine vagabond, et déclarant qu'il avait séduit plusieurs personnes, qui s'occupaient avec moins de soin de leur salut, depuis qu'elles avaient appris de Gottschalk à dire : Pourquoi travaillerais-je pour mon salut ? si je suis prédestiné à la condamnation, je ne puis l'éviter, et si je suis, au contraire, prédestiné au salut, de quelques péchés que je sois coupable, je serai certainement sauvé [1].

Hincmar entra pleinement dans les vues de Raban. Mais, dans un concile d'évêques, Gottschalk ayant soutenu sa doctrine avec fermeté, fut condamné, comme hérétique, dégradé de la prêtrise, et condamné à être battu de verges et jeté en prison. Cependant, comme on ne put rien prouver contre lui, excepté son attachement aux sentimens d'Augustin, qui étaient encore en grande vénération dans l'Eglise, cela montre, dit Dupin, qu'il était injustement condamné.

Ce fut alors que la présomption de Gottschalk, s'il est bien vrai qu'il eût manifesté une telle présomption, reçut un grand échec; car tandis qu'il était cruellement fouetté en présence de l'empereur Charles et des évêques, on lui fit entendre qu'il devait jeter dans le feu, de sa propre main, un écrit dans lequel il avait rassemblé beaucoup de passages de l'Ecriture pour prouver

---

[1] Il est évident qu'un raisonnement aussi faux que celui-là pourrait tout aussi bien être allégué contre la doctrine du neuvième chapitre de l'Epître aux Romains. Le lecteur qui voudra voir ce sujet traité à fond peut consulter l'admirable Traité du président Edwards sur le libre arbitre, où il verra réfuter toutes les objections vulgaires contre les doctrines de la grâce. Il trouvera aussi d'excellentes observations dans l'Analogie de l'évêque Butler (chap. VI, première partie de l'opinion de la nécessité).

sa doctrine, et vaincu à la fin par ses souffrances, il laissa tomber le livre dans les flammes ; Hincmar le tint ensuite dans une étroite captivité dans un monastère. Cette manière de convaincre un hérétique de son erreur paraît cependant n'avoir pas satisfait celui-là même qui osait l'employer, car Hincmar fit de vains efforts pour persuader à Gottschalk de se rétracter. Lorsqu'il apprit que son prisonnier touchait à sa dernière heure, il lui envoya un formulaire qu'il devait signer pour être reçu dans la communion de l'Eglise ; Gottschalk repoussa cette proposition avec indignation. Il persista jusqu'au dernier soupir dans la foi pour laquelle il avait souffert, et mourut en prison, l'an 870 ; Hincmar défendit qu'on l'enterrât d'une manière chrétienne [1] !

En voyant Gottschalk souffrir avec tant de courage, on ne peut guère douter que cet homme, auquel on ne reproche d'ailleurs aucune action honteuse, ne fût un humble et sincère disciple de Christ, bien qu'il pût être dans l'erreur sur tel ou tel point secondaire. Dès ce temps-là, il ne manqua pas d'hommes qui parlèrent hautement contre la barbarie avec laquelle on l'avait traité. Remy, archevêque de Lyon, se distingua parmi eux ; et dans un concile tenu à Valence, en Dauphiné, l'an 855, on défendit et justifia Gottschalk et sa doctrine. Deux autres conciles confirmèrent plus tard les décrets de celui-là. Les églises de Lyon, de Vienne et d'Arles, jadis renommées pour leur piété, soutinrent vigoureusement les sentimens de Gottschalk, et l'on vit que tout attachement pour les doctrines de la grâce n'était pas perdu dans l'Eglise. Il est très extraordinaire que la cause de Gottschalk ait triomphé à la fin, tandis qu'il resta lui-

---

[1] Cave.

même sous la puissance de la persécution. Mais la grande influence d'Hincmar, qui présida à Reims, pendant près de quarante ans, et qui se rendit très utile aux rois et aux princes dans les affaires temporelles, explique suffisamment ce fait.

Nous ne citerons pas d'une manière détaillée tous les écrits qui furent publiés des deux côtés à l'occasion de cette controverse, et seraient peu intéressans pour nos lecteurs. Mais il est une leçon que nous devons tirer de cette histoire, c'est de ne jamais condamner un homme pour les conséquences que d'autres peuvent tirer de sa doctrine, et que lui-même désavoue en spéculation et en pratique[1]. On ne commit jamais cette injustice d'une manière plus flagrante que dans l'affaire qui vient de passer sous nos yeux. L'histoire ecclésiastique nous donne beaucoup d'autres détails sur Hincmar, mais nous ne voyons pas plus de motifs de nous en occuper dans cet ouvrage, que des princes de France et d'Allemagne de cette époque.

Il n'est pas difficile de former un jugement sur l'état de la religion en France, dans ce siècle. L'esprit du christianisme était en grande décadence, mais il y avait certainement un assez grand nombre de personnes auxquelles Christ et sa grâce étaient précieux ; et l'influence de la vérité évangélique était encore assez forte pour qu'Himma, un des plus rusés politiques de ce temps, ne fût pas capable de l'extirper malgré toute sa cruauté, son activité et ses artifices.

[1] *Voyez* Exposition des xxxix articles, par Burnet, préface, p. 8 et 9, et article 17, p. 166, éd. in-folio.

CHAPITRE V.

PROPAGATION DE L'ÉVANGILE DANS CE SIÈCLE.

L'orgueil et l'ambition des pontifes de Rome et de Constantinople commencèrent à amener, dans ce siècle, la séparation des églises d'Orient et d'Occident. Cette division fait un grand bruit dans ce qu'on appelle ordinairement l'histoire ecclésiastique ; mais pour un historien de l'Église de Christ, il suffit de dire qu'après des efforts souvent répétés, la blessure ne s'est jamais guérie.

L'Orient et l'Occident étaient tous deux remplis d'idolâtrie et de ténèbres, et semblaient se disputer entre eux à qui soutiendrait le mieux le royaume de Satan. Cependant, la Providence se servit de l'esprit ambitieux des prélats pour étendre la propagation de l'Évangile. Nous allons présenter dans ce chapitre quelques détails extraits d'une masse énorme de décombres historiques, et en même temps quelques preuves des progrès de l'Évangile, parmi les nations qui avaient été évangélisées en partie pendant les deux siècles précédens.

Constantin, nommé ensuite Cyrille, était né à Thessalonique, d'une famille romaine, et avait été élevé à Constantinople. En 846, le fameux Photius, qui, au prix de grandes iniquités, obtint plus tard l'évêché de Constantinople, et qui portait alors envie à Ignace, qui possédait ce siège à cette époque, soutint contre lui que tout homme avait deux âmes. Comme il fut repris par Cyrille, il dit qu'il n'avait pas eu l'intention de blesser personne, mais seulement de mettre à l'épreuve les talens d'Ignace. « Vous avez jeté vos dards dans la foule, « lui répondit Cyrille, et vous prétendez que per-

« sonne ne sera blessé ! Quelque perçans que soient
« les yeux de votre sagesse, ils sont aveuglés par
« la fumée de l'avarice et de l'envie. Votre haine
« contre Ignace vous a entraîné dans l'erreur. »
Cyrille paraît avoir été aussi supérieur à Photius
en piété qu'il lui était inférieur en savoir [1] : il devint un des missionnaires les plus actifs et les plus
utiles de ce siècle ; et la Providence lui ouvrit une
large porte parmi les nations idolâtres [2].

Les Bulgares étaient un peuple barbare et sauvage, dont le voisinage avait long-temps inquiété
les empereurs grecs. La sœur de leur roi Bogoris
ayant été faite prisonnière dans une incursion,
elle fut conduite à Constantinople, et embrassa le
christianisme. Mise en liberté, elle retourna dans
son pays, et donna des preuves évidentes qu'en
changeant de religion, elle n'était pas devenue
chrétienne seulement de nom. Car saisie de douleur et de compassion, en voyant le roi son frère
dans les liens de l'idolâtrie, elle employa tous
les argumens en son pouvoir pour le convaincre
de la vanité de son culte. Bogoris fut frappé de
ses discours ; mais il ne se décida à recevoir l'Évangile que lorsqu'une famine et une peste s'étant
déclarées dans le pays, sa sœur lui persuada de
prier le Dieu des chrétiens, et la peste cessa. Il y
eut quelque chose de si remarquable dans cet événement, que Bogoris se décida à envoyer demander
des missionnaires à Constantinople ; et à la fin,
il reçut le baptême ainsi que plusieurs autres Bulgares [3], pour lesquels Cyrille et son frère Méthodius furent les instrumens de bénédiction. Bogoris
avait prié Méthodius de lui faire une peinture ;
Méthodius prit pour sujet le jugement dernier,

---

[1] Photius devint lui-même patriarche de Constantinople vers A. D. 857. — [2] *Voyez* Alban Butler, vol. XII. — [3] Porphyrogénète.

et le lui expliqua. On croit que ce fut ce qui décida le roi à recevoir le baptême, vers l'an 861 [1].

Ce même pape Nicolas, qui avait applaudi aux exploits sanguinaires de l'impératrice Théodora contre les Pauliciens, se réjouit de l'occasion que lui fournissait la mission chez les Bulgares, pour étendre son influence. Il envoya des évêques qui prêchèrent et baptisèrent dans tout le pays; et Bogoris envoya son fils à Rome, avec plusieurs des principaux du pays; il consulta le pape sur différens sujets, et le supplia d'envoyer des pasteurs dans la Bulgarie. Nicolas se réjouit, dit Fleury, non seulement de la conversion des Bulgares, mais encore de ce qu'ils venaient de si loin chercher l'instruction auprès du saint-siége [2]. La parole de Dieu et le nom de Christ furent annoncés au milieu d'eux, bien qu'accompagnés de beaucoup de superstition. Le Sauveur fut prêché dans un sens, bien que l'orgueil et de déplorables motifs dominassent dans l'église de Rome; et saint Paul eût dit, en pareil cas : « Je m'en réjouis et je m'en réjouirai toujours [3]. » On n'a d'ailleurs aucun lieu de croire que tous les missionnaires fussent animés d'aussi mauvais sentimens que le pape, et l'on ne peut douter, au contraire, que la prédication de l'Évangile n'ait porté de bons fruits.

Vers l'an 866, Cyrille et son frère Méthodius, qui avaient été les premiers missionnaires des Bulgares, travaillèrent aussi parmi les Esclavons et les Chazares [4]. Ces peuples vivaient sur les bords du Danube, et prièrent l'empereur Michel III et sa mère Théodora de leur envoyer des gens pour les instruire. Cyrille et Méthodius leur furent envoyés.

---

[1] *Voyez* Alban Butler, vol. XII.
[2] Henry, liv. I, chap. 49. — [3] Philip. I, chap. I, 18.
[4] Fleury, liv. I, chap. 54.

Le prince et toute sa nation furent baptisés : et Cyrille donna une noble preuve de son désintéressement en refusant les présens dont la munificence du prince voulait le combler[1].

Cyrille arriva à Chersone et y demeura quelque temps pour apprendre la langue des Chazares, qu'on croit être l'esclavon, parce qu'il est certain qu'il traduisit les livres sacrés en cette langue. Et comme ce peuple n'avait pas alors l'usage des lettres, il inventa un alphabet pour leur usage, eut beaucoup de succès en prêchant le christianisme, et fit une très forte impression sur les esprits par les preuves irrécusables de désintéressement qu'il leur donna. Après cela, Bartilas, prince de Moravie, apprenant ce qui avait eu lieu parmi les Chazares, pria l'empereur Michel d'envoyer des missionnaires qui annonçassent aussi l'Évangile à sa nation. Michel leur envoya le même Cyrille et son frère Méthodius, qui portèrent avec eux le même Evangile en esclavon, enseignèrent aux enfans les lettres qu'ils avaient inventées, travaillèrent dans leur mission, et instruisirent ce peuple pendant quatre ans et demi. Le roi de Moravie fut baptisé avec plusieurs de ses sujets.

Cyrille mourut moine, Méthodius fut consacré évêque de Moravie. L'esclavon, qu'on dit avoir été inventé par ces deux missionnaires, est encore employé de nos jours dans la liturgie des Moraves, ou Eglise des frères unis. On porta plainte au pape Jean VIII sur cette innovation qui consistait à célébrer le culte dans un langage barbare, mais il voulut bien se déclarer satisfait des motifs que lui exposèrent les missionnaires. Bogoris, roi de Bulgarie, renonça à sa couronne vers l'an 880, et se

---

[1] Alban Butler, vol. XII.

retira dans un monastère. Méthodius mourut à un âge avancé après de longs travaux[1].

Pendant ce temps, Nicolas de Rome, et Photius de Constantinople, deux des hommes les plus orgueilleux qui aient jamais existé, s'accusaient réciproquement avec aigreur, et luttaient pour s'assurer l'obéissance des nouveaux convertis. On a tout lieu d'espérer que les missionnaires étaient animés d'un meilleur esprit, et si l'on possédait des documens plus détaillés sur leurs travaux, on les lirait sans doute avec intérêt ; mais les disputes des évêques sur leur domination ecclésiastique, et les effets de ces disputes ne sont pas dignes de notre attention.

Il paraît, d'après ce que dit Photius dans ses invectives contre Nicolas, que les Russes, jusqu'alors barbares et sauvages, recevaient à cette époque les instructions d'un évêque chrétien établi au milieu d'eux. Vers l'an 867, les habitans de certaines provinces de la Dalmatie envoyèrent une ambassade à Constantinople, pour supplier l'empereur Basile de leur donner des instituteurs chrétiens. On leur accorda ce qu'ils désiraient, et ces provinces firent profession de christianisme[2].

Si nous portons nos regards vers les pays qui avaient été évangélisés dans le dernier siècle, nous y discernerons encore quelques traces d'un véritable esprit de piété. Le temps et l'influence de la corruption naturelle n'avaient pas encore détruit toute cette simplicité qui, comme nous avons eu plus d'une fois l'occasion de le remarquer, est toujours plus pure dans l'enfance de la religion.

Frédéric de Devonshire, neveu de Winfrid, l'apôtre de l'Allemagne, si renommé dans le siècle précédent, fut nommé évêque d'Utrecht. Comme

---

[1] Alb. Butl., vol. XII. — [2] Porphyrog. Mosheim, ch. 1, neuvième siècle.

il dînait un jour avec l'empereur Louis le Débonnaire, celui-ci l'exhorta à s'acquitter de ses fonctions avec intégrité et fidélité. L'évêque, indiquant du doigt un poisson qui était sur la table, demanda s'il était convenable de le prendre par la tête ou par la queue. « Par la tête, sans aucun doute, » répondit l'empereur. « Alors, répondit Frédéric, « je dois commencer ma carrière de fidélité par « Votre Majesté. » Il reprit alors l'empereur sur un commerce incestueux qu'il entretenait publiquement avec l'impératrice Judith; et, inspiré par le même esprit que Jean-Baptiste, il lui dit que ce commerce ne lui était pas permis. Louis ne s'attendait pas à cette leçon; et il n'était pas, plus qu'Hérode, disposé à abandonner son Hérodias. L'impératrice n'eut pas plus tôt appris cette réprimande, que, dans le véritable esprit d'une adultère irritée, elle commença à comploter la perte de Frédéric; et elle l'effectua à la fin en le faisant assassiner vers l'an 833. Frédéric, lorsqu'il se sentit mortellement blessé, insista pour que ce crime ne fût pas vengé par le sang; et il mourut dans des sentimens de martyre dignes de la foi d'un chrétien. Les Hollandais perdirent en lui un fidèle pasteur; mais sa mort même fut parmi eux l'enseignement d'une doctrine salutaire [1].

Haimon, moine de Fulde, et disciple d'Alcuin [2], fut élu, l'an 841, évêque d'Halberstadt, en Saxe. Il était Anglais d'origine, et parent de Bède, et prêcha avec beaucoup de zèle. Ses écrits sont volumineux, mais il les a extraits des Pères, en grande partie. Il assista à la condamnation de Gottschalk, à Mayence. Un homme pieux pouvait être trompé par la fausseté de Raban, et l'on peut

---

[1] Histoire d'Ingulph. Hist. eccl. de Collier, vol. 1.
[2] Dupin, neuvième siècle.

espérer qu'Haimon ne prit aucune part aux cruautés qu'on exerça plus tard à Reims envers l'hérétique supposé. Il paraît qu'Haimon pensa et écrivit sur les doctrines de la grâce avec plus d'onction et de vigueur que la plupart de ses contemporains. Il composa des commentaires sur plusieurs parties des saintes Écritures. Quelques citations montreront quelle était la doctrine qu'on prêchait alors aux Églises d'Allemagne.

« Par le livre de vie, nous devons entendre la « prédestination divine, comme il est écrit : Le « Seigneur connaît ceux qui sont à lui [1]. »

« L'homme qui de lui-même s'éloigne de Dieu « ne revient pas de lui-même à Dieu. Dieu opère « toutes choses en tous; et voilà ce qui combat « l'arrogance humaine, puisque, sans le Saint-Esprit, notre faiblesse ne peut effectuer aucun « bien réel, grand ou petit [2]. »

« Non seulement nous ne sommes pas capables « d'accomplir aucun bien, si la grâce et la miséricorde divine ne nous précèdent et ne nous suivent, mais nous ne pouvons pas même avoir une « bonne pensée; car la grâce de Dieu nous prévient pour que nous voulions, et nous suit pour « que nous soyons capables. Tout ce qu'il y a en « nous de bon, la volonté et l'exécution du bien, « ne vient pas de nous-mêmes, mais de Dieu.

« La foi par laquelle nous croyons en Dieu nous « est donnée par le Père, le Fils et le Saint-Esprit; « elle n'est pas naturellement dans l'homme, elle « est donnée de Dieu; car, si elle était en nous « par notre nature, tous l'auraient. La foi, la rémission des péchés, et tous les dons de Dieu « sont donnés gratuitement à ceux qui croient [3]. »

Il y a beaucoup plus de clarté dans ses vues sur

---

[1] Magd., Cent. IX, p. 52. — [2] *Ibid.*, p. 60. — [3] Magd., p. 67.

la distinction entre la Loi et l'Evangile, sujet très peu compris de son temps. « Dans la loi, il n'est « pas laissé de lieu à la repentance, car son lan- « gage est : L'âme qui péchera mourra. L'Évangile « dit : Je ne veux pas la mort du pécheur.—La loi « n'est pas de la foi [1]. C'est le domaine de la foi « de croire et d'espérer des choses invisibles. La « loi n'est donc pas accomplie par la foi, mais par « les œuvres. Mais l'Évangile est accompli par la « foi, plutôt que par les œuvres; car la foi seule « sauve [2] ! » Précieux sentimens ! bien compris par les cœurs humbles qui sentent que la loi leur ôte toute espérance de salut, parce qu'ils ont la conscience de leur corruption, et qui viennent chercher le repos en Christ.

Il est pénible de flétrir de si aimables traits de vérité évangélique, mais la vérité historique est inflexible. Ce même Haimon, qui connaissait si bien le Christ, était tellement infecté par les progrès d'une superstition idolâtre, que, dans une homélie sur les vierges, il dit : « Il est très conve- « nable que nous la suppliions (il parle de quelque « vierge dont il célébrait alors la fête) par de « pieuses prières, afin qu'elle nous rende heureux « dans cette vie par ses mérites et ses prières, et « qu'elle nous fasse accepter de Dieu dans la vie à « venir [3]. » Combien il y a peu d'accord entre ces sentimens et la foi au Médiateur dont il faisait profession ! Mais telle était la superstition du temps. L'Allemagne, qui avait reçu d'abord la simplicité de la foi chrétienne, fut pervertie graduellement par l'idolâtrie, qui tirait toute sa force de la domination du pape. Haimon n'entendait proba- blement pas ce qu'il disait, dans toute la force de ses propres paroles; et il paraît avoir senti si sin-

---

[1] Gal. III, chap. 12. — [2] Magd., chap. 64.
[3] Magd., p. III.

cèrement l'esprit de la vérité évangélique, que nous pouvons supposer que ses homélies ont été altérées par l'effet de ce qu'on appelle des fraudes pieuses, dont l'usage devint très commun dans les siècles de ténèbres.

Haimon mourut en 853, après avoir été douze ans évêque d'Halberstadt.

Nous avons vu quelques preuves de la puissance du vrai christianisme dans ce siècle, parmi les églises d'Allemagne et de Hollande. Portons maintenant nos regards vers le nord de l'Europe, et voyons par quelle gradation la Providence divine prépara la propagation de l'Évangile dans les régions glacées de la Scandinavie [1], et sur les bords de la Baltique, qui jusqu'alors avaient été plongés dans la plus déplorable obscurité du paganisme.

Adelard, cousin germain de Charlemagne, fut un luminaire dans le monde chrétien, au commencement de ce siècle. Il avait été invité à la cour dans sa jeunesse; mais craignant la dangereuse influence de ce genre de vie, il s'en retira bientôt. A l'âge de vingt ans, il devint moine de Corbie, en Picardie, et fut à la fin élu abbé du monastère [2]. Cependant l'empereur le força de revenir à la cour, où il conserva les dispositions d'un reclus, et se livra, autant que les affaires le lui permirent, à la prière solitaire et à la méditation. Après la mort de Charlemagne, Louis le Débonnaire l'exila, par suite d'injustes soupçons, dans un monastère sur la côte d'Aquitaine, dans l'île d'Yères. Après trois ans d'exil, Louis ayant reconnu son injustice envers lui, rappela Adelard, et le combla des plus grands honneurs. Le moine

---

[1] On comprend généralement sous ce titre les trois royaumes de Suède, de Danemarck et de Norwége.
[2] Alb. Butler, vol. I.

demeura cependant le même dans la prospérité que dans l'adversité, et en 823 il obtint la permission de retourner à Corbie. Chaque semaine il parlait en particulier à chacun de ses moines; il les exhortait dans des discours touchans, et travaillait au bien spirituel du pays qui entourait son monastère. Sa libéralité paraît avoir été presque excessive; son humilité l'engageait à recevoir des avis du dernier de ses moines. Quand on l'engageait à vivre d'une manière moins austère, il disait : « Je prendrai soin de votre serviteur, afin qu'il puisse vous servir plus long-temps. »

Un autre Adelard, qui avait gouverné le monastère pendant son exil, prépara, sous la direction du premier Adelard, la fondation d'un autre monastère, appelé nouveau Corbie, près de Paderborn, au-delà du Weser, dans le but d'en faire un séminaire pour des missionnaires évangéliques qui pussent instruire les nations du Nord. Le premier Adelard compléta ce plan; il alla lui-même deux fois dans le nouveau Corbie, et régla sa discipline. Ce projet charitable eut un grand succès; le nouveau séminaire fournit plusieurs missionnaires zélés et savans; et ce monastère devint une lumière pour le nord de l'Europe. Adelard encouragea l'étude dans ses monastères, il instruisait le peuple en latin et en français, et il mourut en 827, âgé de soixante-treize ans, après son second retour d'Allemagne au vieux Corbie. — Sa piété paraît avoir été sincère et son zèle ardent. Ses fidèles travaux portèrent encore plus de fruits après sa mort que pendant sa vie. Changer des monastères en séminaires destinés à l'éducation de pasteurs fidèles, était une pensée bien au-dessus des idées du siècle dans lequel il vivait, et une semblable entreprise devait émanciper ces institutions, qu'un esprit étroit et superstitieux rendait si peu utiles, de l'esclavage sous lequel elles gémissaient depuis plusieurs générations.

L'an 814, Harold, roi de Danemarck, ayant été chassé de ses états, implora la protection de l'empereur Louis, fils et successeur de Charlemagne. Ce prince lui persuada de recevoir le baptême chrétien; et prévoyant que Harold, devenu chrétien, aurait encore plus de peine à reconquérir sa couronne, il lui donna un district dans la Frise, pour qu'il eût un établissement suffisant pour ses besoins. Lorsqu'il renvoya Harold dans son pays, Louis chercha quelque homme pieux qui pût l'accompagner et affermir le roi et ses compagnons d'armes dans la foi chrétienne. Mais il n'était pas facile de trouver un homme disposé à entreprendre un pareil voyage. Enfin, Vala, abbé du vieux Corbie, qui avait succédé à son frère Adelard, dit à l'empereur : « J'ai dans mon monastère un moine « qui désire ardemment de souffrir pour l'amour « de Christ; un homme intègre et intelligent, qui « remplirait parfaitement cette mission; mais je « ne puis promettre qu'il veuille entreprendre ce « voyage. » — L'empereur lui ordonna de lui envoyer cet homme; il se nommait Anscaire[1]. Quand on communiqua au moine cette proposition, il répondit qu'il était prêt à partir. « Je ne vous « ordonne nullement, lui dit Vala, d'entreprendre « une tâche aussi difficile et aussi dangereuse : c'est « à vous à prononcer. » Cependant Anscaire persiste dans sa résolution : bien des gens étaient surpris qu'il voulût s'exposer au milieu d'étrangers, de barbares et de païens; on s'efforça de le dissuader, mais tout fut inutile. Tandis qu'on faisait des préparatifs pour son départ, il s'adonnait à la lecture

---

[1] Ce que je rapporte ici d'Anscaire est tiré de l'Histoire ecclésiastique de Fleury, neuvième siècle, et de l'Histoire du même missionnaire, dans Alban Butler et dans les Cent. Magd.

et à la prière. Cet homme excellent avait été employé comme professeur dans l'ancien et le nouveau Corbie, et s'était distingué par ses talens et ses vertus. Aubert, moine de noble naissance, qui avait toute la confiance de Vala, et qui avait l'administration du monastère, s'offrit pour accompagner Anscaire. Harold partit avec les deux étrangers; mais ni lui, ni ses compagnons, dont les mœurs étaient encore grossières et barbares, ne s'occupèrent en aucune façon du bien-être des missionnaires, qui eurent beaucoup à souffrir dans les commencemens du voyage. Lorsqu'ils arrivèrent à Cologne, Hadebald, l'archevêque, ayant compassion des deux étrangers, leur donna une barque pour transporter leurs effets. Harold, frappé de la commodité de ce moyen de transport, entra dans la barque avec les missionnaires; ils allèrent à la mer en descendant le Rhin, et arrivèrent aux frontières de Danemarck. Mais Harold, voyant qu'il ne pouvait obtenir l'accès de ses états, à cause de la puissance de ceux qui avaient usurpé la souveraineté, resta dans le district que l'empereur lui avait donné dans la Frise.

Ce roi de Danemarck ne fut, à ce qu'il paraît, qu'un instrument employé par la Providence divine pour introduire Anscaire dans la mission; car on n'en parle presque plus dans la suite. Les deux moines français travaillèrent avec zèle et avec succès dans la Frise, parmi les chrétiens et parmi les païens. Harold leur envoya quelques uns de ses esclaves à instruire; et en peu de temps ils eurent plus de douze enfans dans leur école. Ils travaillèrent plus de deux ans, et furent bénis pour la conversion de bien des âmes. A cette époque, Aubert fut enlevé par la mort.

Vers l'an 829, plusieurs Suédois ayant exprimé le désir d'être instruits dans le christianisme, l'empereur Louis engagea Anscaire à visiter la Suède; il eut pour compagnon Vitmar, autre moine de l'ancien Corbie; et on laissa un pasteur auprès du roi Harold pour tenir la place d'Anscaire. Des pirates attaquèrent les missionnaires et s'emparèrent du vaisseau qui les portait et de tous leurs effets. Dans cette occasion, Anscaire perdit les présens de l'empereur, et quarante volumes qu'il avait rassemblés pour l'usage du ministère. Mais il était déterminé; et étant parvenu au rivage avec beaucoup de peine, ainsi que son compagnon de voyage, ils s'abandonnèrent à la direction de la Providence, et firent beaucoup de chemin à pied, traversant de temps en temps quelques bras de mer en bateau. Ils arrivèrent ainsi à Birca, des ruines de laquelle s'est élevée Stockholm, quoiqu'elle soit bâtie à quelque distance [1]. Le roi de Suède les reçut favorablement, et son conseil fut d'avis à l'unanimité de leur permettre de rester dans le pays et d'y prêcher l'Evangile. Le succès couronna leurs pieux efforts. Plusieurs chrétiens, captifs en Suède, se réjouirent de ce que le bienfait de la communion des saints leur était rendu; et entre autres, Hérigaire, gouverneur de la ville, fut baptisé; il érigea une église sur son propre domaine et persévéra dans la profession de l'Evangile, qu'il favorisa toujours depuis.

Au bout de six mois les deux missionnaires retournèrent en France avec des lettres de la main du roi, et apprirent à Louis leurs succès. Anscaire fut alors nommé archevêque d'Hambourg. Comme cette grande ville était voisine du Danemarck, on la considéra dès lors comme la métropole de tous les pays au nord de l'Elbe qui embrasseraient le christianisme. On s'occupa en même temps de la

---

[1] Puffendorff, Histoire de Suède.

mission en Danemarck; et Gansbert, parent d'Ebbon, archevêque de Reims, qui avait pris part aux travaux d'Anscaire, fut envoyé comme évêque en Suède, où le nombre des chrétiens augmentait; mais il était malheureusement dans l'esprit de ces temps de ténèbres d'établir sans délai une hiérarchie, et de constituer des évêques et des diocèses dans de vastes districts où l'on trouvait à peine quelques chrétiens.

D'après la discipline ecclésiastique de ce temps, Anscaire alla à Rome, pour être confirmé dans le nouvel archevêché d'Hambourg. Quand il retourna dans son diocèse, il convertit plusieurs païens, éleva des enfans dans la foi chrétienne, et racheta des captifs, qu'il instruisit, et employa dans le saint ministère. L'an 845, sa foi fut éprouvée par une rude affliction : Hambourg fut assiégé, pris et pillé par les Normands, et il n'échappa qu'avec peine. Il perdit alors tous ses effets; mais telle était sa sérénité d'esprit qu'on ne l'entendit pas se plaindre. « L'Eternel l'avait donné, dit-il, et « l'Eternel l'a ôté. » Ce qui ajouta beaucoup à son affliction, ce fut d'apprendre que Gansbert, qu'il avait envoyé en Suède, avait été banni par une insurrection populaire; l'œuvre du ministère fut ainsi arrêtée pendant quelques années dans ce pays. Anscaire, réduit à une grande pauvreté et abandonné de plusieurs des siens, persévéra cependant avec une patience infatigable à s'occuper de sa mission dans le nord de l'Europe, et fut enfin nommé évêque de Brême. Hambourg et Brême furent dès lors considérés comme ne formant qu'un seul diocèse. On n'eut pas peu de peine à vaincre ses scrupules et à lui persuader d'accepter ce moyen d'avoir de quoi fournir à ses besoins. Vers 852, il envoya en Suède un prêtre nommé Ardgaire, pour fortifier la foi du petit nombre de chrétiens qui se trouvaient encore dans ce pays. Parmi eux était cet Hérigaire qui avait soutenu la cause de Christ pendant qu'elle était dans un état de faiblesse et d'affliction.

Bien qu'Anscaire n'eût pas eu beaucoup de succès en Suède, il ne fut pas découragé dans ses désirs de propager la foi dans le Nord. Il fixait toujours ses regards sur le Danemarck, qui avait été son premier objet; et ayant obtenu l'amitié d'Eric, qui y régnait alors, il put prendre pied dans ce pays et faire annoncer l'Evangile à Sleswick, port très fréquenté par les marchands. Plusieurs personnes, qui avaient été baptisées à Hambourg, habitaient cette ville; et un certain nombre de païens furent amenés à se montrer favorables au christianisme. L'amitié d'Eric fournit aussi à Anscaire les moyens de visiter encore une fois la Suède. Une lettre de recommandation de ce prince à Olaüs, roi de Suède, lui assura une réception favorable dans ce dernier pays. Le zélé évêque arriva à Birca, où un païen qui prétendait avoir des relations intimes avec les dieux, combattit ses desseins par des argumens adaptés aux croyances superstitieuses du peuple. Olaüs déclara lui-même à Anscaire que l'on consulterait le sort, pour savoir si on lui permettrait de prêcher l'Evangile en Suède. Le missionnaire pria, et le sort décida en sa faveur. La profession de l'Evangile fut établie à Birca, et le christianisme fit de grands progrès en Suède. Anscaire retourna en Danemarck, et y travailla avec succès. Il engagea les missionnaires qu'il employait à suivre l'exemple de saint Paul, en travaillant de leurs mains pour avoir du pain, usage bien nécessaire dans des pays aussi pauvres.

Cet apôtre du Nord fut appelé à son repos l'an 865. Il avait vécu six ans depuis la réunion des diocèses d'Hambourg et de Brême, et s'était appliqué à remplir les devoirs de sa charge, comme gouverneur et comme prédicateur de l'Evangile, avec une infatigable assiduité. Terreur des orgueilleux et consolateur des humbles, il savait distribuer la parole de vérité et donner à propos une portion à chacun des membres de son troupeau. Il se distingua éminemment par toutes sortes de bonnes œuvres et en particulier dans le rachat des captifs. A Brême il établit un hôpital dans lequel on recevait les pauvres voyageurs et l'on soignait les malades ; rare exemple de libéralité et de compassion dans ce siècle grossier ! Son exemple et son autorité exercèrent une grande influence même sur ceux qui vendaient des captifs aux païens, ou qui les retenaient dans l'esclavage. Ses exhortations les décidèrent quelquefois à mettre en liberté leurs prisonniers. On a remarqué de lui qu'il ne faisait jamais rien sans se recommander d'abord à Dieu par la prière. Il ne nous reste de ses écrits qu'un court fragment d'une épître aux évêques [1]. « Je sollicite vos ardentes prières à Dieu « pour l'accroissement et le succès de cette mission « parmi les païens ; car, par la grâce de Dieu, « l'Eglise de Christ est maintenant fondée en Da- « nemarck et en Suède, et les pasteurs remplissent « leur charge sans être exposés à aucun genre de per- « sécution. Que le Dieu tout-puissant vous accorde « à tous la grâce de participer à cette œuvre avec « une pieuse charité, et vous fasse cohéritiers de « Christ dans la gloire céleste ! » On doit cependant remarquer que les centuriateurs ont accusé Anscaire d'idolâtrie, à cause de son attachement superstitieux pour les reliques ; erreur qui était devenue alors générale, si ce n'est universelle.

Rembert, prêtre qui jouissait de toute sa con-

---

[1] Crantzius, *voyez* Cent. Magd., neuvième siècle, p. 324.

fiance, et qu'il avait nommé en mourant évêque de Brême, écrivit la vie d'Anscaire, et fournit ainsi aux historiens la plus grande partie de leurs matériaux. Rembert ne se montra pas indigne de la confiance de son prédécesseur. Il prêcha le premier l'Evangile aux habitans du Brandebourg, qui avaient été païens jusqu'à cette époque, et eut quelques succès parmi eux; il mourut en 888, et fut toute sa vie un exemple de piété.

Jéron, prêtre anglais, passa en Hollande dans ce siècle, et y prêcha l'Evangile avec fidélité; vers l'an 849, il reçut la couronne du martyre[1].

Patto, abbé écossais, fut nommé évêque de Verdun par Charlemagne. Les centuriateurs nous disent seulement qu'il soutenait avec force les traditions humaines et les corruptions du papisme; mais Crantzius, auquel ils ont emprunté ce renseignement, aurait pu leur fournir de meilleures choses. Il paraît que Patto eut de grands succès parmi les infidèles, mais qu'affligé de voir des gens qui faisaient profession de christianisme, déshonorer la foi par leurs vices, il les reprit fidèlement, et fut assassiné vers l'an 815, par suite du zèle avec lequel il prêchait contre les péchés de ces chrétiens de nom.

Tanes, qui avait succédé à Patto dans l'abbaye d'Ecosse, suivit ensuite son compatriote en Allemagne, mais non pas tant (disent les centuriateurs) dans le désir du martyre que pour obtenir un plus riche bénéfice. Tanes s'associa aux travaux de Patto, et au bout de quelque temps, il fut nommé son successeur au siége de Verdun. Le lecteur jugera si les souffrances et les privations auxquelles furent exposés Tanes et Patto parmi les Barbares, devaient rendre l'évêché de Verdun un grand objet d'ambition.

[1] Cent. Magd.

Il ne paraît pas que l'on ait essayé de propager l'Evangile dans d'autres contrées pendant le cours de ce siècle. Les récits des travaux de pasteurs espagnols parmi les mahométans, ou des souffrances des chrétiens sous la persécution des Maures, ne sont pas assez authentiques pour que nous puissions les rapporter ici. Il y avait sûrement de vrais et excellens disciples de Christ dans divers pays, et nous devons déplorer qu'il ne nous soit parvenu aucun détail sur ces hommes pieux; mais les noms de tous les vrais fidèles sont écrits dans les cieux, et on les saura au dernier jour. Il est évident que, dans ce siècle de ténèbres, il existait encore quelques traces de l'Eglise de Christ, même parmi ceux qui étaient extérieurement unis à l'église de Rome.

Nos lecteurs nous sauront gré de joindre ici un extrait des préceptes et des instructions du roi Alfred, tiré d'un manuscrit que l'on conserve dans la bibliothèque de Cotton.

« Alfred, roi d'Angleterre, était tout à la fois roi et savant; il aimait l'œuvre de Dieu. il était sage et prudent dans ses discours. C'était l'homme le plus sage de toute l'Angleterre. » Ainsi parlait Alfred, la joie de l'Angleterre : « O si vous
« aimiez le Seigneur et que vous soupirassiez après
« lui, il vous gouvernerait avec sagesse. Que tu
« sois pauvre ou riche, je t'exhorte avec douceur à
« révérer de tout ton cœur ton Seigneur Jésus-Christ,
« à l'aimer, à te réjouir en lui, car il est le prince
« de la vie, il est Dieu au-dessus de toute bonté,
« il est un bonheur au-dessus de tout bonheur;
« il est un maître plein de douceur, il est le père
« commun et la consolation de tous ceux qui
« croient; il est un roi si sage et si riche, qu'il
« ne manquera rien de ce qu'il désirera à celui
« qui le servira dans ce monde. »

Ainsi dit Alfred : « Un jeune homme ne doit « pas s'abandonner au mal, quoique le bien ne lui « soit pas donné à son gré, et quoiqu'il ne jouisse « pas de tout ce qu'il voudrait avoir; car Christ « peut, quand il le veut, donner le bien après le « mal, et la richesse après la grâce. » Ainsi dit Alfred : « La richesse de ce monde va à la fin aux « vers, et toute sa gloire à la poudre, et notre « vie est bientôt passée. Et lors même qu'un « homme aurait le gouvernement de ce monde « tout entier, et de toutes les richesses qui y sont, « il ne pourrait cependant conserver sa vie que « peu de temps. Tout ton bonheur ne ferait qu'a- « mener ta misère, à moins que tu ne pusses « t'acheter Christ. C'est pourquoi, vivre comme « Dieu nous l'a enseigné, c'est nous servir le « mieux nous-mêmes; car soyez sûrs qu'il nous « soutiendra. » Ses conseils à son fils se terminent ainsi : « Invoque Dieu pour qu'il te dirige selon « que tu en as besoin, et ainsi il t'aidera à arriver « le mieux possible à ce que tu désireras. »

La préface d'Alfred au pastorat de Grégoire, dont nous avons déjà parlé, contient cette déclaration au sujet de la traduction des Écritures dans les langues vulgaires : « Je me suis rappelé que la « loi avait d'abord été trouvée écrite en hébreu; « et après que les Grecs l'eurent connue, ils la « transportèrent dans leur propre langue. Et en- « suite les Latins la traduisirent, par de sages « interprètes, dans leur propre langage; et tous « les autres peuples chrétiens en ont aussi fait « passer quelques portions dans leur propre « langue [1]. »

FIN DU NEUVIÈME SIÈCLE.

[1] Vie d'Alfred, par Spelman, p. 129, 142. Ed.

DIXIÈME SIÈCLE.

CHAPITRE PREMIER.

ASPECT GÉNÉRAL DE L'ÉGLISE DE CHRIST PENDANT CE SIÈCLE.

Dans ces annales de l'Église romaine dont l'auteur a montré tant de partialité pour le siége de Rome, il a cependant la franchise de reconnaître que ce siècle fut un siècle de fer, stérile pour tout ce qui est bon; un siècle de plomb, abondant en toutes sortes d'iniquités; et un siècle de ténèbres, qui fut remarquable entre tous les autres par la rareté des auteurs et des hommes instruits.

La malice des incrédules s'est complu à enregistrer les vices et les crimes des papes de ce siècle, et nous n'avons pas l'intention de pallier leur méchanceté. Elle fut aussi profonde et aussi atroce que le langage peut l'exprimer; et aucun homme raisonnable ne peut demander une évidence plus authentique que celle que contient l'histoire civile et ecclésiastique sur la corruption de l'Eglise extérieure. Il existe cependant une circonstance consolante pour le chrétien, c'est que tout cela était prédit. Le livre de l'Apocalypse peut être regardé comme un récit prophétique de ces événemens, et la vérité de l'Écriture est prouvée même par les événemens les plus pénibles pour des hommes pieux.

Quels matériaux aurons-nous donc pour l'histoire de la véritable Eglise de Christ? Les principaux seront la propagation de l'Evangile parmi les nations païennes et les écrits de quelques auteurs de ce siècle; ce sera le sujet de deux chapitres distincts; mais la description générale de la situation de l'Eglise ne peut guère être qu'une énumération très succincte des moyens employés pour arrêter les progrès du papisme.

Les décrets du concile de Francfort contre le culte des images exerçaient encore quelque influence en Allemagne, en France et en Angleterre. On tint, l'an 909, un concile à Troslé, village près de Soissons, où l'on exprima des sentimens de foi chrétienne et de piété pratique, qui ne sont mélangés d'aucune doctrine papiste. — Bien des églises possédaient encore les Ecritures en langue vulgaire. — Dans la Grande-Bretagne, les moines se donnèrent beaucoup de peine pour établir une domination indépendante sur les ruines de la puissance du clergé séculier. On combattit pourtant avec vigueur et avec assez de succès ce plan, qui tendait également à détruire l'autorité civile et ecclésiastique; et l'on s'opposa fortement au célibat du clergé. — La doctrine de la transsubstantiation elle-même, ce sujet favori de Paschase Radbert, était encore repoussée par un grand nombre de personnes, et n'était pas encore établie solidement et légalement en Europe. — En Angleterre, Alfric, dont l'homélie pour le jour de Pâques était lue généralement dans les églises, entreprit de prouver que les élémens étaient le corps et le sang de Christ, non pas corporellement, mais spirituellement. Il affirme, dans une épître, que ce sacrifice ne devient pas son corps, dans lequel il souffrit pour nous, ni son sang, qu'il répandit pour nous, mais qu'il devient spirituellement son corps et son sang, de même que la manne qui était tombée du ciel, et l'eau qui avait coulé du rocher. — Des rois et des conciles luttèrent aussi contre l'autorité du pape. Un des exemples de ce genre les plus remarquables est la décision du concile de Reims, qui déposa, en 992, un évêque sans le consentement du pape.

Il serait trop long et très peu intéressant de rapporter ici les détails de cet événement, tels qu'ils sont racontés dans les actes du synode qui ont été conservés par les centuriateurs; nous citerons seulement quelques mots du discours d'Arnoul, évêque d'Orléans, président de ce concile[1]. « O déplo-
« rable Rome, qui as produit tant de lumières ar-
« dentes et brillantes dans les jours de nos pères,
« aujourd'hui tu ne produis qu'une triste obscu-
« rité digne de la haine de la postérité : que ferons-
« nous, quel parti prendrons-nous ? L'Evangile
« nous parle d'un figuier stérile et de la patience
« du Seigneur envers cet arbre. Supportons les
« chefs de l'Eglise aussi long-temps que nous le
« pourrons; et en attendant, cherchons la nourri-
« ture spirituelle où nous pourrons la trouver. Il
« y a certainement dans cette sainte assemblée, des
« personnes qui peuvent affirmer qu'en Belgique et
« en Allemagne, deux pays voisins du nôtre, on
« peut trouver de vrais pasteurs et des hommes d'une
« piété éminente. Il serait bien préférable, si les ani-
« mosités des rois n'y mettaient obstacle, de cher-
« cher dans ces contrées, le jugement des évêques,
« que dans cette ville vénale, qui pèse tous les dé-
« crets d'après la quantité d'argent. Que pensez-
« vous, révérens pères, de cet homme, de ce pape,
« qui est placé sur un trône élevé, et couvert d'or
« et de pourpre ? Quel jugement portez-vous sur
« lui ? S'il n'a pas la charité, et qu'il soit seule-
« ment enflé de l'orgueil de la science, il est l'Ante-
« christ assis dans le temple de Dieu[2]. »

[1] L'évêque Newton, dans son troisième volume sur les prophéties, attribue ces paroles à Gerbert de Reims. Les actes du Synode prouvent qu'il est dans l'erreur ; ils les attribuent expressément à Arnoul.
[2] II Thess. II.

C'est toujours avec satisfaction qu'on voit ces étincelles de bon sens et d'un esprit vigoureux luttant contre des circonstances si défavorables, surtout lorsqu'on les trouve accompagnées des indices d'une humble piété, et l'on a tout lieu d'espérer qu'il en était ainsi d'Arnoul. On retrouve chez lui Luther et Cranmer en germe. Ce Français zélé et intelligent déplore que les rois de la terre se souillent avec la prostituée de Babylone et lui donnent leur puissance pour soutenir sa grandeur [1]. Il porte ses regards vers les Pays-Bas et l'Allemagne, où brillait à ce qu'il paraît à cette époque un degré de lumière et de pureté, inconnu à Rome : il désire ardemment d'opposer cette lumière et cette pureté aux souillures du saint-siége. Comme Luther, il craint de jeter toutes choses dans la confusion par des démarches inconsidérées et précipitées : et comme Cranmer, dans le cas du divorce de Henri VIII, il désire d'en appeler au jugement impartial d'hommes plus savans et plus vertueux qu'aucun de ceux qu'on peut trouver à Rome, contre les scandaleuses oppressions de cette ville vénale. Luther en Allemagne, et Cranmer en Angleterre, accomplirent plus tard ce que pensait si judicieusement Arnoul, dans le siècle le plus défavorable de tous pour une réforme. Nous ne devons pourtant pas supposer que ces efforts magnanimes en faveur de la liberté et de la lumière de l'Évangile fussent inutiles. Il est évident que l'esprit de Dieu se manifestait encore dans les églises nouvellement fondées dans l'Allemagne et dans le Nord ; et la France elle-même possédait encore des hommes qui craignaient Dieu et qui le servaient dans l'Evangile de son Fils.

Il est un dernier degré d'immoralité au-dessous

---

[1] Apoc. xviii, 3.

duquel le sens commun des hommes et les intérêts de la société ne veulent pas laisser descendre la corruption de ceux qui gouvernent, soit dans l'ordre civil, soit dans l'ordre ecclésiastique. L'église de Rome était arrivée à ce point dans ce siècle. La vertu morale n'avait pas disparu seulement de la métropole, on n'en trouvait plus même l'apparence; et l'Eglise, alors foulée aux pieds par les prélats les plus indignes, et plongée dans la profanation, la sensualité et la débauche, appelait le secours du magistrat civil. Othon Ier, empereur d'Allemagne, vint à Rome, et, par la puissance réunie de l'autorité civile et de l'épée, il ramena dans cette capitale un peu d'ordre et de décence extérieure. Il mit fin à l'usage irrégulier et funeste d'usurper la papauté, et s'assura pour un temps, à lui et à ses successeurs, le droit de choisir le pontife suprême. Le résultat fut que l'on vit plus de moralité chez les papes, bien que les faits ne prouvent que trop clairement que le principe religieux n'existait pas plus qu'auparavant.

L'effet des mesures d'Othon fut que les papes échangèrent les vices de l'impureté et de la débauche contre ceux d'une ambitieuse hypocrisie, et recouvrèrent peu à peu, par une conduite prudente, l'ascendant que leur avait enlevé l'excès de leurs vices. Mais ce changement ne se manifesta guère que vers la fin du onzième siècle. S'il y avait eu un peu de véritable connaissance du christianisme dans la chrétienté, à l'époque où vivait Othon, l'absurde domination de saint Pierre à Rome par ses successeurs aurait pris fin. Mais il ne s'éleva pas de Claude dans ce siècle; l'éloquente parole d'Arnoul que nous avons citée fut presque le seul effort opposé au torrent de la tyrannie du siége de Rome. Le monde occidental tout entier et à sa tête Othon, empereur doué de facultés brillantes et guidé par des intentions sincères, s'accordèrent pour respecter la suprématie de ce siége qui s'était en quelque sorte efforcé, par les pratiques les plus infâmes, de se dégrader lui-même, et de convaincre les hommes qu'il ne pouvait pas tirer sa puissance de Dieu. On réprimanda, on condamna, on punit les papes ; mais on respecta la papauté autant que jamais. Dieu avait mis dans le cœur des princes d'accomplir sa volonté, et de s'accorder pour donner leur puissance « à la bête, » jusqu'à ce que les paroles de Dieu fussent accomplies[1]. Les évêques de Rome, convaincus de la nécessité de mettre plus de prudence et de décorum dans l'exercice de leur pouvoir, recouvrèrent, par leurs artifices politiques, ce qu'ils avaient perdu, et devinrent ainsi plus terribles et plus funestes que jamais. Il fallait que le monde fût alors plongé dans une bien profonde ignorance pour négliger une occasion aussi favorable d'émanciper l'Eglise de l'esclavage religieux, et c'était là un fait qu'on ne pouvait laisser passer sans le signaler.

Ce siècle fut très remarquable sous le rapport politique. Le choix de l'empereur d'Allemagne fut restreint à certains princes qui gouvernaient les différentes provinces de l'empire, et qu'on appela Electeurs. L'empire avait à la vérité été entièrement séparé de la monarchie française, dans la seconde moitié du siècle précédent; mais, dans celui-ci, le grand Othon attacha la couronne impériale d'une manière plus solide au nom et à la nation des Allemands. Il était lui-même descendu des ducs de Saxe, et avait bien mérité de toute l'Europe pour sa mémorable victoire sur les Turcs, qui arrêta leurs invasions en Allemagne, comme la victoire de Charles-Martel, grand-père de Charlemagne, sur les Sarrasins, avait

---

[1] Apoc. XVIII, 17.

mis fin à leurs invasions en France. Les Turcs étaient un peuple vaillant et cruel qui habitait les côtes de la mer Caspienne, et ils furent déchaînés sur l'humanité comme un juste châtiment de la Providence, à cause du mépris de la vérité divine, et du torrent d'iniquités qui avait envahi la chrétienté. Ils supplantèrent peu à peu les Sarrasins, et se saisirent de leur pouvoir et de leur empire; mais cela n'amena pas un grand changement dans la situation civile de l'Orient ou de l'Occident, car les Turcs embrassèrent tous le mahométisme, religion des vaincus, et héritèrent en même temps de la haine des Sarrasins pour le nom chrétien; et aujourd'hui même ils n'ont pas encore fait assez de progrès dans les sciences ou la civilisation pour que leur férocité en ait été adoucie.

Pendant toute cette désastreuse période, nous trouvons à peine un seul prince, excepté Othon, qui fût animé d'un esprit de zèle religieux : bien que ses deux successeurs du même nom que lui aient hérité d'une portion de ses talens et de ses vertus. On ne peut que louer hautement les efforts d'Othon pour purifier l'Eglise extérieure, pour encourager la science, pour doter des églises et pour propager l'Evangile parmi les nations barbares. Il se montra sincère et constant dans son zèle pour de pareilles œuvres, et aimable dans sa vie privée; sa femme, Adélaïde, n'était pas moins remarquable par son ardeur pour le bien et par sa libéralité. Mais l'ignorance, la superstition et l'iniquité qui dominaient alors renversèrent leurs desseins, ou en abusèrent, si l'on en excepte cependant ceux qui se rapportaient à la propagation de l'Evangile parmi les païens.

En Occident les Normands, en Orient les Turcs, commirent les plus terribles ravages dans l'Eglise extérieure. Pendant toute cette période, nous ne trouvons rien dans la Grande-Bretagne qu'ignorance, superstition, et dévastations des Barbares du Nord. L'état de la France n'était pas beaucoup plus satisfaisant : les derniers princes de la maison de Charlemagne étaient devenus de vrais fantômes de rois, et vers la fin de ce siècle, la troisième race des rois de France commença dans la personne de Hugues-Capet. Ce prince fut lui-même bien moins célèbre que Clovis et Charlemagne, chefs de la première et de la seconde race ; mais sa postérité a occupé le trône bien plus long-temps que celle de ces deux princes.

CHAPITRE II.

PROPAGATION DE L'ÉVANGILE DANS CE SIÈCLE.

Les Hongrois avaient reçu quelques notions du christianisme dans le temps de Charlemagne ; mais à sa mort, ils retombèrent dans les idolâtries de leurs ancêtres, et le nom chrétien fut presque éteint parmi eux. Il n'est même pas très probable qu'on leur eût jamais appris à connaître le véritable Evangile de Christ.

Vers le milieu de ce siècle, deux chefs hongrois, dont les gouvernemens étaient situés sur les bords du Danube, firent profession de christianisme, et furent baptisés à Constantinople. Ces deux chefs se nommaient Boulogoudes et Gylas. Le premier apostasia bientôt : le dernier persévéra, fut instruit par Hiérothée, qui l'avait accompagné de Constantinople, et encouragea les travaux de cet évêque parmi ses sujets. Ce fut là la source d'un grand bien pour la nation hongroise : Sarolta, fille de Gylas, fut donnée en mariage à Geysa, principal chef de la Hongrie. Elle persuada à son mari de recevoir le christianisme, et l'Evangile fut encore une fois introduit dans un pays par la piété d'une femme. Geysa conserva encore beaucoup de penchant pour l'idolâtrie de ses pères, quoique ses conversations avec des captifs chrétiens et des missionnaires fissent une forte impression sur son esprit : mais il fut retenu dans le sein de l'Eglise par le zèle et l'autorité d'Adalbert, archevêque de Prague, qui visita la Hongrie vers la fin de ce siècle. Soit que le roi fût converti de fait ou d'apparence, la profession de l'Evangile par ses sujets fut une grande bénédiction. L'humanité, la paix et la civilisation commencèrent à fleurir parmi un peuple jusque là barbare et féroce au dernier point. Etienne, fils de Geysa, fut baptisé par Adalbert, et devint un plus ferme appui de la foi que ne l'avait été son père. Sous Etienne, la Hongrie fut presque entièrement évangélisée; ce prince zélé ne négligea rien pour établir le christianisme dans ses états, et l'on a tout lieu d'espérer qu'il s'y fit plusieurs véritables conversions.

Il convient de présenter à nos lecteurs une esquisse de la vie d'un personnage aussi remarquable que cet Adalbert dont nous venons de prononcer le nom[1]. Il était né en 956, et avait été consacré prêtre par Diethmar, archevêque de Prague. Il vit ce même archevêque mourir dans de terribles angoisses de conscience, à cause de son avarice, et de sa négligence à s'acquitter des devoirs de l'épiscopat. Adalbert fut choisi pour lui succéder; mais il en éprouva si peu de satisfaction que depuis ce jour on ne le vit plus sourire. Comme on lui en demandait la raison, il répondit : « C'est une chose « facile que de porter une mitre et une crosse, « mais c'est une chose terrible que d'avoir à rendre

[1] Alban Butler, vol. IV.

« compte d'un évêché devant le juge des vivans et
« des morts. » La Bohême, dans laquelle était situé
son diocèse, était plongée dans l'idolâtrie : il y avait à
la vérité des chrétiens dans ce pays, mais la plupart
ne l'étaient que de nom. En vain l'archevêque s'efforçait-il de réformer les abus ; les habitans de son
diocèse rendirent sans le vouloir le plus noble témoignage à sa sincérité, en disant qu'il leur était
impossible de vivre en communion avec lui à cause
de l'opposition complète qui existait entre leur
vie et celle d'Adalbert. Aussi gémissant sur le déplorable aveuglement de son troupeau, et voulant travailler pour la meilleure des causes, il
voyagea comme missionnaire en Pologne, et porta
l'Evangile à Dantzick ; ses travaux paraissent avoir
été couronnés de succès.

En visitant une petite île, il fut attaqué par des
hommes violens qui le renversèrent en le frappant
avec la rame d'un bateau : il put cependant se relever et s'enfuir, et se réjouissant d'avoir été jugé
digne de souffrir pour le nom de Christ, il quitta
cette île avec ses compagnons de travaux. Il finit
par être assassiné par les Barbares vers l'an 997 en
Lithuanie, ou, comme disent d'autres auteurs,
en Prusse. Un prêtre païen, nommé Siggo, fut
le principal instrument de sa mort. On lui donne
ordinairement le titre d'apôtre de la Prusse, quoiqu'il n'ait évangélisé que la ville maritime de
Dantzick[1]. C'est là tout ce qu'on sait d'Adalbert,
cet homme remarquable que Dieu avait suscité
pour l'instruction des autres et qui était disposé à
travailler et à souffrir pour Christ !

Wolfang, évêque de Ratisbonne, peut être placé
ici à côté d'Adalbert, car il avait cédé une partie
de son diocèse pour que l'on pût former l'évêché

---

[1] Mosheim, siècle XI, chap. 1.

de Prague. Il était né en Souabe, et avait été élevé à une école de Wurtzbourg. Il apprit par ce qu'il vit de ses yeux que ceux qui font profession de sagesse peuvent être les esclaves de l'orgueil et de l'envie plus que les hommes ignorans. Fatigué du spectacle des luttes scholastiques, il soupirait après la solitude ; mais son ami Henri, qui fut nommé archevêque de Trèves, l'engagea à l'accompagner. Wolfang se mit à instruire des enfans, et fut doyen d'une communauté d'ecclésiastiques. En 972, il alla prêcher en Hongrie, mais il n'eut pas de grands succès. Il fut ensuite élu évêque de Ratisbonne : il réforma le clergé et fut infatigable dans la prédication pendant vingt-deux ans, jusqu'à l'an 994 où il mourut. Henri, duc de Bavière, lui avait amené ses quatre enfans, Henri, depuis empereur, Gisèle, reine de Hongrie, Brunon, évêque d'Augsbourg, et Brigitte, abbesse de Ratisbonne, qui furent tous remarquables[1].

Le zèle et les armes victorieuses de Charlemagne avaient commencé à faire pénétrer le christianisme dans le Brandebourg ; mais il n'y fut établi comme religion nationale que vers l'an 928, sous le prédécesseur d'Othon Ier, Henri l'Oiseleur[2].

Si nous portons nos regards sur la Scandinavie, nous trouvons que l'œuvre de Dieu, qui avait commencé si heureusement dans le dernier siècle, par les travaux d'Anscaire, avait éprouvé beaucoup d'opposition de la part de Gourm III, roi de Danemarck, qui travailla à extirper l'Évangile de ce royaume[3]. Cependant Tyra, sa femme, qui professait ouvertement le christianisme, fit tout ce qu'elle put pour le soutenir dans des circonstances

---

[1] Butler, chap. x.
[2] Mémoires de la Maison de Brandebourg, par le fils du roi de Prusse.
[3] Centuriat. siècle x. Mosheim, siècle x, chap. i.

si défavorables. Mais la puissance et l'influence du roi prévalurent, et la plupart de ses sujets retournèrent à l'idolâtrie. A la fin, Henri Ier, appelé l'Oiseleur, prédécesseur du grand Othon, conduisit une armée en Danemarck, et, par la terreur de ses armes, il obligea Gourm à se soumettre aux ordres de l'empereur. — Sous la protection de ce dernier prince, Unni, alors archevêque d'Hambourg, et quelques fidèles ouvriers, allèrent en Danemarck, et convertirent plusieurs des sujets de Gourm à la profession de la vérité divine; mais lui-même demeura inflexible. — Harold, fils de Gourm, reçut pourtant la parole avec respect, car sa mère Tyra avait au moins éloigné toutes les préventions de son esprit par ses instructions. Unni visita les îles et y forma des églises chrétiennes avec le consentement de Gourm. — Henri, vainqueur de Gourm, le laissa libre de recevoir le christianisme ou de le rejeter, mais il lui interdit de persécuter la foi dans ses états; et ainsi, par un singulier concours de circonstances, un prince souverain fut empêché, par une puissance étrangère, de persécuter ses sujets comme son penchant l'y aurait porté. Nous ne chercherons pas à justifier les procédés impérieux de Henri; mais les travaux d'Unni n'ont rien que de très louable, et la Providence sourit à ses efforts pour propager la vérité et la sainteté.

Unni, excité par ses succès, résolut de suivre l'exemple d'Anscaire, et de visiter le royaume de Suède. Il entra dans la Baltique, et arriva à Birca; l'Évangile s'y était éteint; car depuis soixante-dix ans il n'avait paru en ce lieu aucun évêque, excepté Rembert, successeur d'Anscaire. Il restait pourtant probablement encore quelques personnes qui avaient jadis écouté l'Évangile avec joie; et il plut à Dieu de bénir le ministère d'Unni. Il ranima le christianisme en Suède, et le propagea jusque dans les parties les plus lointaines de ce pays. Il termina, l'an 936, sa carrière à Birca. — Le caractère féroce des princes, et les troubles des temps, avaient contribué à effacer les traces des travaux d'Anscaire; mais à la fin, Eric, huitième roi de Suède, et plus encore son fils et successeur, Olaüs II, favorisèrent la propagation de l'Évangile.

Le premier de ces princes pria l'archevêque de Brême d'envoyer des missionnaires dans son royaume. L'archevêque lui envoya deux hommes pieux, instruits et intègres, Adalvard et Étienne. Ils travaillèrent avec beaucoup de succès pendant un temps; mais l'inimitié naturelle de l'homme s'exercera toujours contre la vraie piété, quelle que soit la forme de gouvernement sous laquelle les hommes vivent. Les nobles de Suède, irrités de voir imposer un tel frein à la licence de leurs mœurs, commencèrent à persécuter les missionnaires et le roi. Les premiers furent battus de verges et furent chassés d'Upsal; le dernier fut massacré à cause de sa piété. Olaüs, son fils, qui lui succéda, ne fut pas découragé dans son attachement pour le christianisme, et son zèle et sa piété furent couronnés de succès [1].

Ainsi, après bien des vicissitudes, la Suède et le Danemarck furent amenés à se soumettre à la forme du christianisme; et, sans doute, bien des individus éprouvèrent sa puissance. Dans ce dernier pays, après la mort d'Henri I*er*, les habitans refusèrent de payer le tribut à Othon-le-Grand, son successeur. Ce monarque les obligea à se soumettre, et exigea d'Harold, fils et successeur de Gourm, de recevoir le baptême. D'après tout ce que nous savons de ce prince, nous sommes portés

---

[1] Cent. Magd. siècle x.

à penser qu'il le fit sans aucune répugnance. Il fut baptisé avec sa femme et son fils enfant, qui s'était appelé jusqu'alors Suénon, et qui fut désormais nommé Suen-Othon. Durant toute sa vie Harold employa les moyens les plus sages et les plus salutaires pour propager la vérité divine parmi ses sujets, et pour réprimer le vice et l'immoralité. L'on ne peut douter qu'il n'instruisît son fils Suen-Othon à agir dans le même sens, et qu'il ne cherchât à l'amener à connaître la puissance de cette religion que lui-même paraît avoir sentie. Quoi qu'il en soit, Suen-Othon forma une conspiration avec les chefs du pays, qui étaient irrités du pieux zèle d'Harold. Ce roi fut assassiné, et Suen-Othon, rejetant jusqu'au nom qu'on lui avait donné au baptême, persécuta les chrétiens avec beaucoup de cruauté; et, pour un temps, fit dominer le parti païen dans ses états. — Il est remarquable, cependant, que, comme un autre Manassé, il connut dans son affliction que le Seigneur est Dieu. Chassé de son trône et forcé de vivre dans l'exil, il fut amené à se souvenir des leçons de son enfance : il se repentit de ses crimes, et ayant recouvré son royaume, comme le même Manassé, il travailla à détruire l'idolâtrie qu'il avait favorisée, et à la fin de sa vie il marcha sur les traces de son père.

Dans ce siècle, la lumière de l'Evangile pénétra en Norvége[1]. Vers l'an 912, un missionnaire anglais, nommé Bernard, essaya de prêcher la doctrine de Christ dans ce pays barbare. Le roi Olaüs écouta ses discours, et fit profession d'être converti; mais il demeura attaché aux présages et aux superstitions païennes. Tous les argumens de Bernard ne purent le guérir de ses penchans invé-

[1] Centuriat. siècle x. Mosheim, siècle x, chap. 1.

térés, et il fit honte à sa profession.—Un autre roi, appelé Hagen, qui avait été élevé parmi les Anglais, employa, vers 938, certains missionnaires de cette nation pour instruire ses sujets. Mais les Norvégiens persistèrent dans leur idolâtrie; son successeur Granfeld poursuivit le même plan, mais il n'eut pas plus de succès. Plusieurs princes travaillèrent successivement à la même cause sans pouvoir réussir. L'expérience prouve que, quoique la forme de gouvernement puisse avoir quelque importance par rapport au succès des missions chrétiennes, c'est toujours à l'effusion du Saint-Esprit, qui dirige les causes secondes d'une manière indépendante de la politique humaine, qu'il faut attribuer le succès de l'Evangile.

A la fin, Hacon, roi de Norvége, fut chassé de son royaume à cause de son gouvernement tyrannique; il avait aussi persécuté lui-même les chrétiens en Norvége, mais il se mit sous la protection de ce même Harold, roi de Danemarck, dont nous avons déjà parlé, et fut amené par là à devenir le protecteur du christianisme parmi ses sujets; car Harold l'instruisit de la nature du christianisme et lui fit recouvrer ses états. Hacon, humilié et éclairé, recommanda, l'an 945, l'Evangile dans une assemblée du peuple. Son zèle et le sérieux de ses discours avaient quelque chose de très frappant : mais ce peuple barbare et sauvage n'en fut que peu ému; et le souvenir de ses anciens torts nuisit probablement à ses argumens.

Olaüs, qui régna quelque temps après, fut celui de tous les princes de Norvége qui eut le plus de succès dans ses efforts en faveur du christianisme. Enfin Ovein, roi de Danemarck, s'étant rendu maître de ce pays, obligea tous ses sujets à renoncer à leurs dieux, et à faire profession de christianisme. On ne peut douter que plusieurs, et même probablement tous ces princes, n'aient employé sur des païens une contrainte qui ne s'accorde nullement avec l'esprit de l'Evangile. Cependant, il paraît qu'ils avaient de bonnes intentions; et les zélés travaux des missionnaires méritent du moins d'être cités.—Un des plus distingués de ces missionnaires fut Guthebald, pasteur anglais. L'idole Thor fut arrachée du lieu où elle était placée, et brûlée publiquement en présence de ceux qui l'adoraient. La Norvége devint complétement chrétienne par la forme de sa religion. Les îles Orcades, qui étaient alors soumises à la couronne de Norvége, reçurent la lumière de l'Evangile, qui pénétra aussi en Islande et dans le Groenland, et dans ce siècle le triomphe du christianisme dans tous les pays scandinaves fut complet.

Nous devons aussi parler ici des travaux d'Adalbert, premier archevêque de Magdebourg. Vers l'an 960, les Rugiens ou Russes prièrent l'empereur Othon Ier de leur envoyer un évêque chrétien. Ce peuple habitait la Poméranie, entre l'Oder et le Wipper, et l'île de Rugen dans la mer Baltique. La ville de Rugenwald porte encore leur nom. Ils étaient singulièrement sauvages, et avaient à Rugen un temple fameux. Certains moines du séminaire de mission du nouveau Corbie avaient jadis travaillé avec succès dans diverses provinces des Slaves ou Esclavoniens, et dans toute l'île de Rugen, les Rugiens étant une tribu de Slaves. Un oratoire avait été érigé dans l'île en l'honneur de Christ, et en mémoire de Vitus, patron du nouveau Corbie. Mais ces hommes sauvages retombèrent bientôt; et faisant de Vitus le chef de leurs dieux, ils lui érigèrent un temple, ne permettant à aucun marchand de vendre ou d'acheter sans avoir donné quelque offrande pour leurs sacrifices, ou pour le temple de leur dieu qu'ils appelaient

alors Swantewith. « Ainsi, dit Helmodus, ils ado-
« rent comme dieu l'homme que nous reconnaissons
« martyr et serviteur de Christ, et mettent la créa-
« ture à la place du Créateur; et il n'y a point de
« nation qui déteste autant les chrétiens, et surtout
« les pasteurs chrétiens. » Leçon mémorable pour
ceux qui enseignent, afin qu'ils prennent garde que
leurs instructions n'entraînent les hommes d'une
espèce d'idolâtrie dans une autre, comme le fit ici
le papisme.

Cependant, d'après leurs désirs, Othon Ier envoya Adalbert dans cette île. Mais ces hommes
étaient endurcis, et quoiqu'il parvînt lui-même
à s'échapper, plusieurs de ses compagnons fu-
furent assassinés. Cette malheureuse tentative de
mission eut lieu en 961, et plus tard, en 970,
Adalbert fut nommé archevêque de Magdebourg.
L'impératrice Adélaïde, veuve d'Othon Ier, résidait
la plus grande partie de l'année dans cette ville,
et se dirigeait d'après ses conseils; elle avait passé
par beaucoup de vicissitudes de prospérité et
d'adversité, et c'était une femme pieuse et exemplaire. Adalbert fut l'instrument de la conversion
d'un grand nombre de Slaves : il mourut en 982,
après avoir établi dans son diocèse des pasteurs
pour les nouveaux convertis.

Dans le siècle précédent, Rollon, pirate norvé-
gien, avait envahi et ravagé la France à la tête
d'une bande de pirates vaillans et sans frein, connus sous le nom de Normands. Mais l'an 912,
Charles-le-Simple, monarque peu capable de résister à un ennemi si puissant, acheta la paix
en donnant à Rollon l'investiture du duché de
Normandie, et en lui accordant sa fille Gisèle en
mariage, à condition qu'il embrassât le christianisme. Toutes les religions étaient également indifférentes à Rollon et à ceux qui le suivaient; ils

s'engagèrent donc sans hésiter à professer le christianisme. Il nous a paru convenable de tenir note de cet événement, qui a introduit en France la fameuse race des Normands, dont l'histoire se lie plus tard si étroitement à l'histoire de France et d'Angleterre. On ne voit du reste aucune preuve que les fruits du Saint-Esprit aient signalé leur conversion extérieure au christianisme. Les Normands devinrent cependant, par degrés, de meilleurs membres de la société; et à la fin ils commencèrent à adopter quelque chose qui, sous une forme ou sous une autre, prit l'apparence d'une religion plus sérieuse.

Tandis que les nations qui possédaient depuis long-temps les formes de la vraie religion, sommeillaient dans la superstition ou se souillaient de vices grossiers, le chef de l'Eglise, dans sa providence, se réservait encore une sainte semence, et par les travaux de ses fidèles serviteurs, étendait la connaissance de l'Evangile. La Pologne était demeurée plongée jusqu'alors dans les plus sombres ténèbres de l'ignorance; enfoncée dans les terres, et entourée d'un voisinage barbare, elle semblait devoir être privée long-temps encore de la lumière de la vérité divine. Cependant, quelques Polonais, ayant été appelés par leurs affaires à voyager en Bohême et en Moravie, furent frappés de ce qu'ils entendirent sur le christianisme; ils furent attentifs au ministère de la parole de Dieu, et la reçurent avec joie; et lorsqu'ils revinrent dans leur pays, ils annoncèrent à leurs compatriotes la grâce de l'Evangile[1]. Des étrangers visitaient aussi la Pologne pour leur commerce, et plusieurs d'entre eux prêchèrent Christ aux Polonais, selon qu'ils en étaient capables.

[1] Cent. Magd.

L'excellence du christianisme se fit sentir, et cette heureuse contagion se répandit de cœur en cœur. Elle atteignit à la fin Micislas, roi ou duc de Pologne, qui se sépara par le divorce des sept femmes avec lesquelles il avait vécu, et épousa Dambrouca ou Dubrave, fille de Boleslas, duc de Bohême. Il fut baptisé l'an 965; et par les pieuses et charitables instructions de sa nouvelle épouse, il fit servir son autorité à la propagation de l'Evangile dans ses états: enfin, la Pologne devint une nation chrétienne, et il est probable qu'il y eut là, du moins pour bien des individus, quelque chose de plus que la simple profession extérieure; car le récit semble porter des marques d'une œuvre vraiment divine; et il n'est certainement pas vrai, comme l'affirme Mosheim, qu'un changement intérieur d'affections et de principes ne fût jamais un objet d'attention dans ce siècle barbare[1]. Il semble plus probable que c'était là ce qu'avaient à cœur les missionnaires, et ceux qui les écoutaient avec joie. Nous avons vu, dans plusieurs circonstances, des exemples de zèle pour la prédication, et de constance dans les souffrances, qu'on ne peut guère expliquer d'après aucun autre principe que celui d'une pieuse sincérité; et nous avons vécu pour voir aussi un siècle civilisé aussi indifférent par rapport au changement du cœur qu'aucune époque de barbarie.

L'an 955, Olga, reine de Russie, alla de Kiow à Constantinople et reçut le baptême, ainsi que ceux qui l'accompagnaient. A son retour, elle persévéra dans la religion chrétienne, mais ne put persuader à sa famille et à ses sujets de l'embrasser: cependant les missionnaires grecs travaillèrent avec zèle, et obtinrent peu à peu de grands

[1] Chap. I, siècle x.

succès[1]. A la fin, Wolodomir, son petit-fils, épousa en 961 Anne, sœur de l'empereur Basile, qui persuada à son mari de recevoir le christianisme. Il fut baptisé l'an 987 ; dès lors la Russie porta le nom de pays chrétien, et elle s'est toujours considérée comme fille de l'église grecque.

Udalric, fils du comte Hucbald, était né en 893 et avait été placé à Augsbourg sous la surveillance d'Adalberon, évêque de cette ville. L'empereur, Henri l'Oiseleur, le fit à la fin évêque d'Augsbourg. Il consola les habitans de cette ville qui avaient été pillés par les Hongrois ; il évita la cour, résida auprès de son troupeau, et mourut vers 973, laissant la réputation d'un évêque pieux adonné à tous ses devoirs.

CHAPITRE III.

APOLOGIE DES MISSIONS CHRÉTIENNES.

L'ordre que notre Sauveur donna à ses apôtres, peu de temps avant son ascension, forme par lui-même la plus forte justification de l'œuvre des missionnaires chrétiens dans tous les siècles : « Allez donc, et instruisez toutes les nations, les baptisant au nom du Père, du Fils et du Saint-Esprit ; et leur apprenant à garder tout ce que je vous ai commandé ; et voici, je suis toujours avec vous jusqu'à la fin du monde[2]. »

L'on ne peut prétendre que cette mission d'évangéliser toutes les nations soit restreinte aux apôtres, car celui qui prononça ces paroles, déclare qu'il sera toujours avec ceux qui y obéiront, jusqu'à la fin du monde. Cet ordre a donc autant de force

---

[1] Gibbon, vol. v. — [2] Matthieu, xxviii, 19, 20.

aujourd'hui que dans le premier siècle du christianisme ; et il demeurera obligatoire jusqu'à ce qu'il n'y ait plus de temps. La promesse du soutien de Dieu pour encourager les missionnaires dans l'accomplissement d'une œuvre aussi pénible et aussi difficile, s'étend à tous les siècles.

Il est certains dons et certaines qualités qui sont nécessaires aux missionnaires, et par-dessus tout l'influence de l'Esprit de Dieu ; mais l'examen de ces qualités est hors de notre sujet.

Bien que l'autorité de l'Ecriture, l'usage du siècle apostolique, et les travaux des meilleurs et des plus sages des successeurs des premiers missionnaires, de siècle en siècle, semblent former dans leur réunion une apologie suffisante des missions chrétiennes entreprises à une époque quelconque, nous ne devons pas craindre, dans cette cause, d'en appeler au sens commun du genre humain. Si une nation tout entière était attaquée d'une peste, et qu'un étranger possédât un remède qui pût sauver un grand nombre de malades, quelqu'un oserait-il prétendre que cet étranger aurait tort de tâcher de les guérir, s'il en avait l'occasion, et s'il avait assez de charité pour l'entreprendre ? Travailler au bien-être de nos semblables est, après notre devoir envers Dieu, le trait le plus essentiel du caractère d'un vrai chrétien. —Il n'est pas nécessaire de dire que la propagation de l'Evangile est la plus salutaire et la plus importante de toutes les œuvres de charité.

Remarquez bien ici que notre seul but est de justifier la propagation pacifique du christianisme sur tout le globe. « S'ils vous persécutent dans une ville, fuyez dans une autre ; » telle est la recommandation du divin auteur du christianisme. Un missionnaire doit donc être préparé à endurer, non à infliger le mal : il peut s'attendre à l'opposition, et même à la mort. Il doit supporter patiemment son sort : il doit renoncer non seulement à toute violence dans ses efforts pour propager le christianisme, mais aussi à tout artifice et à toutes intrigues séculières ; il ne doit pas seulement s'abstenir de troubler le gouvernement du pays et d'affaiblir l'attachement que lui porte le peuple, mais il doit faire davantage, il faut qu'il enseigne l'obéissance au gouvernement, comme une branche essentielle du christianisme lui-même ; il faut qu'il dise qu'on doit être soumis « non seulement par la crainte de la punition, mais aussi par motif de conscience. » Si son message n'est pas accueilli dans une ville, il doit essayer de le faire entendre dans une autre, en se reposant sur la grâce et la Providence divine. La douceur, la patience, la soumission à l'autorité civile, doivent accompagner chacune de ses démarches. Tels étaient les missionnaires apostoliques ; tels étaient, jusqu'à un certain point, les missionnaires des siècles de ténèbres, dont nous nous occupons.

Si nous espérons, selon de nombreuses prophéties, que le royaume de Christ s'étende à toutes les nations, ne doit-on employer aucun moyen pour avancer ce règne? — Nous plaindrons-nous de ce que la meilleure des religions est si loin d'être universellement connue, si nous décourageons les efforts qui ont pour but de rendre cette connaissance universelle? Ceux qui blâment la propagation de l'Evangile n'ont-ils pas bien mauvaise grâce à faire de semblables plaintes! Les efforts humains, qui trouvent leur place dans toutes les autres œuvres de la Providence divine, doivent-ils donc être exclus de celle-ci? Devons-nous demeurer dans l'inaction et attendre quelque intervention subite et miraculeuse de la Providence? Est-ce ici la seule circonstance dans laquelle les hommes qui s'intitulent « chrétiens rationnels » ne veulent employer aucune méthode rationnelle pour amener les effets les plus désirables? Ou avons-nous appris à mépriser l'importance du christianisme lui-même, et pensons-nous que le bien-être présent et le bonheur à venir des hommes n'ont pas de rapport avec le sujet qui nous occupe?

Nous laissons ces questions à résoudre aux consciences de ceux qui pourraient encourager les missions chrétiennes du temps où nous vivons, et qui les combattent.

CHAPITRE IV.

AUTEURS ET HOMMES REMARQUABLES DE CE SIÈCLE.

Dans un siècle tel que celui qui nous occupe, il est bien peu d'hommes qui méritent d'être cités pour leur science et pour leur piété; et il en est moins encore qui aient été distingués tout à la fois comme hommes pieux et savans.

Notre principal but dans ce chapitre est de donner au lecteur une idée de l'état de la vraie religion dans ces temps, et nous ne croirions pas avoir de grands reproches à nous faire, lors même qu'on parviendrait à nous prouver que Théophylacte, un des auteurs que nous allons citer, appartenait au siècle précédent, car les dixième et onzième siècles ont tellement le même esprit et le même goût, que ce qui peint l'un fait connaître l'autre. — En voyant la papauté romaine se relever et subsister après que sa corruption et ses crimes eurent été manifestés aux yeux du monde entier, nous comprenons sans peine à quel degré était tombée la connaissance du christianisme dans ce siècle; nous trouverons cependant des preuves que l'Esprit de Dieu n'avait pas abandonné l'Eglise, et qu'il existait encore des hommes qui respectaient et sentaient la puissance de ses doctrines.

Ce n'est pas à Rome, mais dans les églises récemment formées que se montre cette puissance. On ne voit pas d'une manière très évidente jusqu'à quel point cette piété pratique existait chez Brunon, archevêque de Cologne en Allemagne. Mais il était très remarquable par ses connaissances et ses talens. Il était frère d'Othon I, et d'après le désir des habitans de Cologne, il fut placé par ce prince dans ce diocèse. Othon lui donna aussi la puissance civile de duc. On a remarqué que Brunon a été le premier qui ait uni en sa personne des emplois qui s'accordent si peu [1]. C'était là séculariser l'Eglise, et Cologne est resté sur ce pied jusqu'aujourd'hui. Brunon était cependant plein de zèle pour la religion. Il amena à la profession du christianisme des Normands, des Danois et divers autres païens qui voyageaient dans sa province. Il réprima le luxe du clergé et du peuple, et fut lui-même un exemple de mœurs simples et de frugalité, jusqu'à l'an 965, où la mort mit fin à ses travaux.

Nous avons déjà parlé d'Unni, qui mourut à Stockholm, en 936, et sur la piété duquel on peut prononcer avec plus d'assurance. Comme archevêque de Hambourg, il montra beaucoup de zèle et de vigueur. Il fut extrêmement respecté par les empereurs d'Allemagne de son temps; et dans une position telle que la sienne il fallait certainement qu'il eût un bien grand zèle pour aller travailler comme missionnaire dans des pays tels que la Suède et le Danemarck [2].

D'après les conseils d'Adolvard, évêque de Verden, Othon-le-Grand fit venir à la cour Adaldague,

---

[1] Cent. Magd., siècle x, vol. iii. — [2] Ibid.

qui avait rempli quelque petit emploi dans l'Eglise, et le fit son chancelier. A la mort d'Unni il fut nommé archevêque de Hambourg; mais il était si agréable à l'empereur par ses talens et son activité qu'il conserva ses emplois séculiers. Adaldague envoya plusieurs pasteurs en Danemarck, et il se trouvait à Rome avec Othon, lors de la réforme de la papauté. Son troupeau se plaignait, non sans raison, de sa longue absence de son diocèse. L'empereur lui permit enfin d'y retourner. Il était remarquable par le soin qu'il prenait des pauvres, et par d'autres vertus qui étaient plutôt celles d'un prince que celles d'un pasteur. Mais nous ne pouvons pas avoir une bien grande idée de la spiritualité d'un homme qui négligea la résidence au milieu de son troupeau, pour remplir des fonctions séculières sous trois empereurs, tout en conservant son évêché. Il servit Othon II et Othon III avec le même talent et le même succès qu'Othon I, et il mourut en 988, sous le règne d'Othon III, après avoir porté cinquante-trois ans le titre d'évêque [1].

D'après le désir d'Adaldague, un Italien, nommé Libentius, fut son successeur. On rapporte beaucoup de faits à la louange de cet évêque. Il visita souvent les Vandales, peuple barbare qui habitait en Pologne, sur les bords de la Vistule, et il leur enseigna le chemin du salut. Il envoya des pasteurs à des nations éloignées, et mourut en 1013 laissant un exemple de piété et de bienfaisance [2].

Adolvard, évêque de Verden, qui avait recommandé Adaldague à Othon Ier, était lui-même un modèle de piété et de probité. Il se montra le fidèle pasteur de son diocèse, et prit beaucoup de peine pour instruire les Vandales ignorans [3].

Nous ne savons d'Adalbert, archevêque de

---

[1] Cent. Magd., siècle x, vol. III. — [2] Ib. — [3] Ibid.

Prague, que ce que nous en avons déjà dit, bien que ses travaux eussent mérité d'être mieux connus.

Les citations que nous allons offrir à nos lecteurs prouveront que les pures doctrines de l'Évangile, et quelque vrai sentiment de leur puissance et de leur influence pratique n'étaient pas entièrement perdus dans l'Église extérieure; et quoique nous ne puissions rien dire de particulier sur les auteurs de ces passages, et qu'on ne sache pas même bien exactement à quelle époque ils ont vécu, les morceaux que nous avons choisis serviront cependant à faire connaître le goût religieux de ce siècle.

Ansbert dit, en parlant de l'efficace de la parole de Dieu : « Il n'y a pas de doute que le fidèle ne « reçoive la grâce du Saint-Esprit par la prédica- « tion de la parole; le Seigneur ayant lui-même « rendu ce témoignage : « Les paroles que je « vous dis sont esprit et vie [1]. »

Le prix de l'enseignement intérieur du Saint-Esprit a été souvent attesté dans cet ouvrage, et dans un langage qui se rapproche beaucoup de celui de Smaragdus sur le même sujet : « Notre « sens spirituel est renouvelé par les exercices de « la sagesse, de la méditation de la parole de Dieu, « et par la connaissance de ses statuts; et plus une « personne fait journellement de progrès par la « lecture, et plus la vérité pénètre profondément « dans son intelligence, plus le nouvel homme « grandit de jour en jour. Qu'aucun homme n'at- « tribue à celui qui l'enseigne ce qu'il comprend « des choses qui sortent de sa bouche; car s'il n'y « a pas un docteur intérieur, le docteur extérieur « travaille en vain. Les Juifs entendaient Christ « prêcher d'une manière, et les Apôtres d'une « autre; ceux-là à leur condamnation, ceux-ci à

---

[1] Jean VI, 63. Cent. Magd. vol. III, p. 18.

« leur salut. Car l'Esprit enseignait aux Apôtres
« dans le cœur ce que les autres entendaient exté-
« rieurement par l'oreille. A moins que le Seigneur
« ne resplendisse dans le cœur de celui qui écoute,
« celui qui parle travaille dans l'obscurité. Car la
« foi des nations ne vient pas par la sagesse de la
« composition, mais par le don de la vocation
« divine [1].

« Si tu désires que tes fils t'obéissent, dit Théo-
« phylacte, instruis-les dans la parole divine. Ne dis
« pas qu'il n'appartient qu'aux religieux de pro-
« fession de lire les Écritures. C'est le devoir de
« tout chrétien, en particulier de ceux qui ont des
« emplois séculiers : ils ont un besoin de secours
« d'autant plus grand, qu'ils vivent au milieu d'une
« tempête. Il est de ton intérêt que tes enfans soient
« versés dans l'Écriture : ils y apprendront à res-
« pecter leurs parens. » Que les sceptiques et les
incrédules d'aujourd'hui écoutent la voix d'un auteur qui écrivait dans un siècle de ténèbres. Il vivait
probablement dans le onzième siècle; et les simples
préceptes que nous venons de citer méritent plus
d'attention sérieuse de la part de ceux qui existent maintenant, que des volumes de subtilités
métaphysiques et de spéculations politiques.

En parlant de l'état de l'homme après la chute,
Théophylacte dit : « On trouve à la vérité quelques
« hommes qui sont doux et faciles par nature, on n'en
« trouve point qui le soient devenus par l'exercice
« et la méditation. Et bien que quelques uns soient
« tenus pour gens de bien, ils souillent toutes
« leurs actions par la vaine gloire. Mais celui qui
« rapporte le bien qu'il fait à sa propre gloire, non
« au bien en lui-même, se laissera aller à ses mau-
« vaises convoitises, lorsque l'occasion se présen-

---

[1] Jean VI, 63. Cent. Magd. vol. III, p. 18.

« tera. Car, si parmi nous, qui sommes chrétiens,
« les terreurs de la condamnation éternelle, tous
« les avantages de l'étude et les vies des saints
« innombrables peuvent à peine maintenir les
« hommes dans la pratique de la vertu, comment
« les vaines fables des Gentils leur enseigneraient-
« elles la vertu ? Il n'est pas étonnant, au contraire,
« qu'elles les confirment dans la corruption[1]. »

C'est avec cette clarté que cet auteur savait discerner la différence de l'état de nature et de celui de grâce ! Voici comment il parle de la justification :

« C'est la justice de Dieu qui nous sauve, non
« la nôtre : car quelle justice pourrions-nous avoir,
« nous qui sommes entièrement corrompus? Mais
« Dieu nous a justifiés, non par nos œuvres, mais
« par la foi, grâce qui doit croître sans cesse; car
« les apôtres disaient au Seigneur : Augmente notre
« foi[2]. Véritablement il ne suffit pas d'avoir cru
« une fois. Car, comme les bienfaits de la grâce
« divine surpassent les pensées humaines, on a un
« besoin absolu de foi pour les concevoir et se les
« approprier. La justice de Dieu est par la foi.
« Moïse affirme que l'homme est justifié par les
« œuvres[3]. Mais on ne trouve personne qui les accom-
« plisse. La justification par la loi est donc rendue
« impossible. C'est ici la justice de Dieu, quand
« un homme est justifié par grâce, de sorte qu'on
« ne trouve en lui ni tache ni souillure. »

Nous pouvons dire avec assurance de la doctrine de la justification par la foi en Christ, que tant qu'elle existe dans l'Eglise, la puissance du royaume de Christ n'est pas détruite dans le monde. Il y avait certainement à l'époque où vivait Théophylacte

---

[1] Cent. Magd. vol. III, p. 64. — [2] Luc XVIII, 5.
[3] Il paraît entendre ici ce que saint Paul exprime ainsi : « Moïse décrit la justice qui est par la loi, en disant que l'homme qui fera ces choses vivra par elles ». Rom. X, 5.

des gens qui savaient saisir la doctrine de la grâce et la convertir en nourriture spirituelle. On doit remarquer que cet auteur appartenait à l'église d'Orient, dont nous savons très peu de chose dans ces siècles de ténèbres. Les esprits humbles et sérieux de ces contrées ne furent donc pas abandonnés à cette obscurité, sans une lumière qui pût guider leurs pas dans les sentiers de la paix. Et comme on ne peut supposer que cette lumière fût conservée sans but, nous pouvons conclure de son existence qu'il y avait encore une véritable église en Orient.

Le même auteur fait le commentaire suivant sur ce passage de l'Epître aux Romains, chap. v, où il est parlé de l'abondance de la grâce :

« Supposez qu'un homme accablé de dettes soit
« jeté en prison avec sa femme et ses enfans, et
« qu'ensuite il ne soit pas seulement délivré de la
« prison et des réclamations de la loi, mais qu'on
« l'introduise dans un palais, qu'on lui présente un
« royaume, qu'on le déclare digne de le posséder,
« et qu'il soit regardé comme fils d'un roi ; telle
« est l'abondance de la grâce[1]. »

Il dit de la foi chrétienne : « On regarde la foi
« comme méprisable à cause de la folie de la pré-
« dication. — Celui qui croit avec une grande af-
« fection, étend son cœur vers Dieu. Il lui est uni.
« Son cœur enflammé conçoit une forte assurance
« qu'il obtiendra ce qu'il désire. Nous savons tout
« cela par expérience, parce que Christ a dit : Tout
« ce que vous demanderez en croyant, vous le re-
« cevrez. Celui qui croit, se donne entièrement à
« Dieu, il lui parle avec larmes, et dans la prière
« il embrasse en quelque sorte les genoux du Sei-
« gneur. O précieux avantage qui surpasse la pen-

---

[1] Cent. Magd. vol. III, p. 81.

« sée humaine ! Tout homme qui croit en lui
« gagne deux choses : il ne périt pas, il a la vie éter-
« nelle. — La foi de Christ est une œuvre sainte,
« et elle sanctifie celui qui la possède. Elle est un
« guide pour toute bonne œuvre : car les œuvres
« sans la foi sont mortes, et aussi la foi sans les
« œuvres. — On n'a pas besoin de la voie détour-
« née et pénible des œuvres légales, mais Dieu jus-
« tifie promptement ceux qui croient. Car, si tu
« confesses de ta bouche le Seigneur Jésus, et si tu
« crois dans ton cœur que Dieu l'a ressuscité des
« morts, tu seras sauvé [1]. — La foi est un bou-
« clier, et non les vains sophismes, non les trom-
« peuses argumentations, ces choses sont un ob-
« stacle pour l'âme, la foi la protége. Sache que tu
« ne dois pas demander à Dieu ses motifs ; mais de
« quelque manière qu'il dispose de toi, tu dois le
« croire [2]. »

Giselbert, ou un théologien dont les œuvres ont paru sous ce nom, et qui vivait vers ce siècle, parle de justification de la même manière qu'Augustin d'Hippone et les Pères latins qui sont venus après lui, et avec le même parfum de vérité divine.

« Quand je parle de la justice de Dieu, dit-il,
« je n'entends pas la justice absolue, mais celle
« dont il revêt l'homme quand il justifie les mé-
« chans. La loi et les prophètes rendent témoi-
« gnage à cette justice. La loi, en commandant et
« en menaçant, et en ne justifiant aucun homme,
« indique suffisamment que l'homme est justifié

---

[1] Rom. x.
[2] Cent. Magd. vol. III, p. 83. Il serait vraiment merveilleux que cet auteur grec eût été exempt des erreurs qui avaient régné dans l'Eglise d'Orient, dans des siècles d'une plus grande lumière par rapport à la volonté. Il paraît qu'il confondait, comme Chrysostôme, ce que peuvent la grâce et la nature. On trouve une citation de ses écrits sur ce sujet dans les Cent. Magd. vol. III, p. 139.

« par le don de Dieu, par l'opération vivifiante du
« Saint-Esprit. C'est de Dieu, sans aucun doute,
« que vient le commencement du salut, jamais de
« nous ni avec nous. Mais le consentement et l'ac-
« complissement, quoiqu'ils ne viennent pas de
« nous, ne sont pourtant pas sans nous [1]. »

Il paraît parler sainement de l'œuvre de la grâce et du devoir de l'homme par rapport à la sanctification. La seule erreur dans laquelle il tombe, c'est qu'en parlant de la justification, comme opérée par l'Esprit vivifiant, il semble confondre la justification avec la sanctification. Erreur commune. — Le grand flambeau de l'Afrique y était tombé, et, par son autorité, il la sanctionna dans toute l'église d'Occident.

Dans un autre passage, Giselbert, en parlant d'une variété de justifications qu'il multiplie jusqu'à sept, et qu'il aurait pu, avec autant de raison, multiplier jusqu'à soixante-dix fois sept [2], ternit extrêmement la précieuse doctrine du salut, et ne laisse pas voir assez clairement à la conscience troublée comment elle peut trouver grâce auprès de Dieu. Il dit : « La première rémission est par le
« baptême, et la septième par les larmes et la con-
« fession. » Toutes les fois que les hommes sont amenés à sentir ce qu'est le péché, ce qu'est leur propre péché, ils devraient apprendre la doctrine de l'Écriture sur la justification, qui est, depuis le commencement jusqu'à la fin, par la grâce en Jésus-Christ, par le moyen de la foi. Ceux qui ne savent pas ce qu'est le péché, ou qui se reposent sur leur propre justice, peuvent s'amuser à leur aise d'autres doctrines. Les cœurs contrits ne peuvent se reposer qu'en Christ seul ; et par la vérité, telle qu'elle est en Jésus, la conscience trouve la paix,

---

[1] Cent. Magd. vol. III, p. 78. — [2] Ib. p. 39.

et le cœur est mis en liberté pour servir Dieu dans l'amour. Cependant un sérieux examen de la doctrine de la justice chrétienne prouve une juste inquiétude pour le salut de l'âme, et conduit souvent aux conséquences les plus salutaires. L'état le plus fâcheux de l'Église, c'est lorsqu'on reste dans un profond silence par rapport à la justification, en quelque sens et de quelque manière qu'on la considère, bien que les esprits des hommes soient amusés ou agités par une variété de spéculations ou de controverses religieuses. Dans ce cas, la religion ne vit que dans la tête, et elle abandonne entièrement la conscience.

Aucun auteur de ce siècle n'a mieux pénétré dans l'esprit de la vérité divine que le moine Radulph, qui vivait certainement vers le dixième siècle, bien que l'on ne sache presque rien sur lui [1].

« Puisque dans toute bonne œuvre, dit-il, la « miséricorde divine nous prévient ; si un homme « cherche quelle récompense il peut rendre au « Seigneur, il ne le trouvera pas, à moins qu'il « ne le reçoive aussi de Dieu. La grâce divine « nous oblige donc par sa bénéficence, et nous « aide quand nous sommes ainsi obligés par plu- « sieurs répétitions de la même grâce, afin que « nous ne demeurions pas ingrats. Puisque nous « sommes tous de notre nature enfans de colère « et nés sous le joug du diable, il n'y a pas de « motifs d'espérer que d'autres personnes que celles « que la clémence céleste délivre, choisissent « d'elles-mêmes de sortir de la masse générale de « la corruption ; « cela ne vient point ni de celui « qui veut, ni de celui qui court, mais de Dieu qui « fait miséricorde [2]. » Il ajoute d'autres choses dans le même sens, parlant très au long de l'élection de

---

[1] Cent. Magd. vol. III, p. 368. — [2] Rom. XI.

grâce, en rattachant à cette doctrine des vues pratiques d'humilité et de reconnaissance [1].

Nil, Grec d'origine, était né l'an 910, dans la Calabre; on reconnaît qu'il vécut dans un état de sainteté éminente, quoiqu'il fût marié, circonstance remarquable dans ces temps-là. Après la mort de sa femme, qui eut lieu vers l'an 940, il se retira dans un couvent. En 976, l'évêque de Calabre, et un seigneur de ce pays, nommé Léon, vinrent le visiter avec plusieurs prêtres, plutôt dans le but de mettre sa sagesse à l'épreuve que de tirer aucun profit de ses instructions. Nil les traita poliment, pria avec eux pendant quelques momens, et mit ensuite entre les mains de Léon un livre de maximes sur le petit nombre de ceux qui doivent être sauvés. Ceux qui étaient présens se montrèrent mécontens d'une doctrine si dure. Nil entreprit alors de la prouver par les écrits des pères, de saint Paul, et par les évangiles. « Ces « maximes paraissent terribles, ajouta-t-il, mais « c'est par cette seule raison qu'elles condam- « nent votre conduite; si vous n'êtes pas sin- « cèrement saints, vous ne pourrez échapper aux « tourmens éternels. » Ils soupirèrent et tremblèrent. Il n'avait dit cependant que ce qui est continuellement enseigné dans tout le Nouveau Testament. La conduite de ces hommes, et d'hommes tels que ceux-ci, qui abondent dans tous les siècles, prouve combien l'on croit peu l'Écriture. Un de ceux qui étaient présens, et que Nil savait vivre ouvertement dans le péché, demanda au moine si Salomon était sauvé ou non. « Que « nous importe, répondit l'intègre Nil, que Salo- « mon soit sauvé ou non? Il vous suffit de savoir « que Christ prononce la condamnation contre tous

[1] Cent. Magd. vol. III, p. 65.

« ceux qui font métier d'iniquité; je pense qu'il
« serait plus intéressant pour vous d'examiner si
« vous serez sauvé ou non. Quant à Salomon,
« l'Ecriture ne parle pas de sa repentance, comme
« elle parle de celle de Manassé. »

Nous ne savons pas l'effet que produisit ce discours, mais il mérite d'être cité comme renfermant une nouvelle preuve de cette dangereuse légèreté avec laquelle on s'applique souvent à chercher des excuses pour vivre dans le péché, et aussi comme présentant un exemple de droiture et de courage à ceux qui entreprennent d'instruire les hommes.

Eupraxius, noble hautain, était gouverneur de la Calabre pour l'empereur grec; car la partie orientale de l'Italie demeura soumise à ce monarque long-temps après l'établissement de la papauté. Eupraxius cherchait toutes les occasions de mortifier Nil, parce qu'il ne lui envoyait pas de présens comme les autres abbés. Cependant, étant tombé malade, il l'envoya chercher, et le pria de lui donner l'habit monastique. — « La repen-
« tance, lui dit Nil, n'exige pas de nouveaux
« vœux, mais un changement de cœur et de vie. »
Parole un peu extraordinaire dans le dixième siècle. Mais Eupraxius, qui cherchait à apaiser sa conscience au meilleur marché possible, importuna l'abbé, dans sa misérable ignorance, pour être revêtu par lui de l'habit, et celui-ci y consentit à la fin. Eupraxius mourut trois jours après. L'incrédulité peut sourire, mais si jamais la conscience devient véritablement alarmée, même chez les sceptiques les plus endurcis et les hommes les plus adonnés à la sensualité, elle trouve bien vite que les meilleures de nos œuvres morales ne peuvent mettre l'âme à l'abri de la justice d'un Dieu saint; et voilà pourquoi, à moins que la véritable doc-

trine du salut ne soit comprise, les hommes, dans leur détresse, ont recours à des refuges aussi misérables que celui d'Eupraxius. Un impur Charles II, recourant avec anxiété aux cérémonies du papisme, à l'heure de la mort, n'est pas un exemple unique. Beaucoup d'autres qui méprisaient comme lui les doctrines de la grâce, lorsqu'ils étaient en bonne santé, ont fait de même.

Nil refusa l'offre de l'évêché de Capoue, et les invitations les plus flatteuses ne purent le décider à aller à Constantinople. Il paraissait devoir jouir de sa paisible retraite dans son couvent jusqu'à sa mort; mais la Providence en ordonna autrement. Les Sarrasins envahirent la Calabre, dont ils se mirent ensuite en possession. Nil fut obligé de quitter son asile, et vécut long-temps dans d'autres couvens. Othon III lui fit une visite et le pressa d'accepter une résidence à son choix dans ses états. Nil remercia l'empereur, mais il lui dit : « Notre « divin maître n'abandonnera pas mes frères, s'ils « sont de vrais moines, lorsque je serai parti. » — « Demandez-moi ce que vous voudrez, lui dit l'em- « pereur, je vous l'accorderai avec plaisir. » — « La « seule chose que je vous demande, répondit Nil, « c'est de sauver votre âme ; car vous rendrez « compte à Dieu, aussi bien que les autres hommes. » — Ce bon abbé mourut à Tusculum, l'an 1005, à un âge extrêmement avancé[1].

Telles furent quelques unes des lumières dispersées çà et là dans l'obscurité des temps, par lesquelles le Dieu de grâce et de miséricorde appela, nourrit et sanctifia son Eglise, et se conserva sur la terre une pieuse semence qui pût le servir dans l'Evangile de son Fils, et empêcher la cruelle tyrannie du prince des ténèbres d'envahir complétement le monde.

FIN DU DIXIÈME SIÈCLE.

[1] A. Butler.

ONZIÈME SIECLE.

CHAPITRE PREMIER.

ASPECT GÉNÉRAL DE L'ÉGLISE DE CHRIST DANS CE SIÈCLE.

La véritable Église de Christ exista réellement dans ce siècle, sous la protection et l'influence de son chef suprême; mais il serait inutile d'entreprendre son histoire d'une manière régulière et systématique. Quelques circonstances particulières dans différentes parties du monde chrétien, quelques pieux et heureux efforts pour propager l'Evangile dans les pays païens, quelques marques d'opposition à l'idolâtrie et à la superstition qui dominaient alors, et les écrits de quelques théologiens évangéliques, prouvèrent que l'esprit de Dieu n'avait pas entièrement abandonné la terre.

Si l'on peut dire que ce siècle ait été un peu supérieur au siècle précédent, cette supériorité doit être attribuée aux progrès du savoir : car les sciences et les arts se relevèrent un peu parmi les ecclésiastiques et les moines, bien qu'ils ne fussent cultivés que par eux.

Nous parlons ici de l'église d'Occident; car celle d'Orient, affaiblie et opprimée par les Turcs et les Sarrasins au dehors, et par les troubles et les factions au dedans, conserva avec peine ce degré de science qui subsistait encore parmi les Grecs dans ces jours de décadence. Nous ne trouvons presque pas de vestiges de piété évangélique parmi les chrétiens d'Orient de cette époque. Nos lecteurs doivent avoir déjà remarqué combien l'histoire du christianisme trouve peu de matériaux de ce genre en Asie depuis plusieurs siècles. Tel était l'effet de la fatale influence du mahométisme, et c'est avec douleur qu'on voit un pareil endurcissement chez les descendans de ceux qui avaient honoré les premiers la religion de Jésus. Constantinople portait encore le nom de ville chrétienne, et, pour la science et la politesse, elle était supérieure à toutes les parties de l'Occident; mais c'est dans l'Occident que nous devons chercher les signes de la piété.

La France et l'Italie se distinguèrent d'une manière particulière dans la culture de la science. Robert, roi de France, fils et successeur d'Hugues-Capet, qui commença à régner en 996, et mourut en 1031, se distingua comme protecteur des études. Les féroces Normands eux-mêmes, dont les guerres et les dévastations avaient été si terribles en Italie, en France et en Angleterre, lorsqu'ils eurent établi leurs gouvernemens respectifs, s'appliquèrent à la culture de l'esprit et répandirent la lumière parmi les peuples qu'ils avaient subjugués. C'est là ce qui arriva surtout dans le midi de l'Italie et dans la Grande-Bretagne. Guillaume-le-Conquérant, bien qu'il fût rude et sauvage, rétablit en Angleterre les lettres, qui s'étaient presque entièrement perdues au milieu des déprédations des Danois. Et nous verrons à la tête de l'église d'Angleterre, un savant étranger qui unissait la piété à la science et n'était pas indigne du nom de chrétien. Il est vrai que la science elle-même n'était pas alors philosophique, mais qu'elle consistait principalement dans la grammaire, la rhétorique et la logique. Elle était pourtant liée à la théologie; on avait une grande vénération pour les Ecritures; la présomption hardie de subtiles théories, et le dédain pour la piété et le culte public qui ont signalé les temps modernes, n'étaient alors que peu connus parmi les hommes. Dans de semblables circonstances, avoir appris à lire, avoir fait attention à la signification des mots, et avoir employé de quelque manière les facultés de l'esprit humain aux écrits sacrés, c'était des choses précieuses et salutaires. Il y eut aussi, en Italie et en France, quelques témoins de la vérité divine qui s'opposèrent aux abominations de la papauté.

Les grandes scènes de lutte politique, dans ce siècle, furent, en Orient, les croisades; en Occident, les disputes entre les papes et les empereurs. L'histoire civile, et même celle qu'on appelle ecclésiastique, sont remplies de ces sujets [1]. Ils n'ont que peu de rapport avec ce qui nous occupe. — Les croisades furent accompagnées de maux affreux, aggravés par l'influence de cette pernicieuse superstition, qui offrait une commutation pour les péchés, et enseignait aux hommes à s'abandonner aux vices les plus grossiers, dans l'espérance de parvenir au ciel par le mérite d'une croisade. Nous examinerons cependant plus tard les fondemens de la justice ou de l'injustice de ces expéditions, parce que le caractère de quelques hommes pieux, très remarquables, se lie à cette question. Les disputes entre les papes et les empereurs paraissent entièrement stériles en incidens instructifs sous le rapport de la religion. Elles confirment néanmoins le chrétien dans la foi en ces Écritures, qui tracent avec tant d'exactitude le portrait de l'Antechrist [2].

---

[1] L'empereur d'Allemagne, Henri III, surnommé le Noir, apprenant la vie scandaleuse des papes et du clergé, convoqua le huitième concile général à Sutri, A. D. 1046, où les trois prétendans à la papauté furent déposés; Grégoire VI, pour cause de simonie, Benoît IX et Silvestre III pour la même cause, et pour leur vie corrompue en général. *Voyez* Bower, V.

[2] *Voyez* en particulier 2 Thess. II, 1 Tim. IV.

Grégoire VII, communément appelé Hildebrand, commença le plan qui fut complétement accompli cinquante ans après, en ôtant aux empereurs l'élection des papes, et en la fixant entièrement dans le collége des cardinaux, où elle réside encore. Le célibat du clergé et la doctrine de la transubstantiation furent établis, en 1095, par le concile de Plaisance. En un mot, le papisme régna triomphant, et l'on ne put supporter en Europe aucune profession publique de l'Évangile qui se déclarât indépendante de la domination romaine.

Nous terminerons cette revue générale du siècle par quelques mots sur l'Afrique. Cette mère des églises, qui se glorifiait jadis de ses Cyprien et de ses Augustin, n'avait plus maintenant que deux évêques. Les Sarrasins, maîtres du pays, persécutèrent cruellement les chrétiens d'Afrique, qui pourtant étaient tellement corrompus par l'amour du péché, qu'ils se querellaient encore entre eux, et qu'ils livrèrent leur évêque Cyriaque aux infidèles, qui le maltraitèrent beaucoup. — Grégoire VII écrivit au bon évêque pour le consoler dans sa détresse, une lettre amicale, remplie de sentimens, qui pouvait apporter de la consolation à Cyriaque, quoique venant d'un homme aussi impérieux et aussi peu chrétien qu'Hildebrand [1]. La piété jointe à la doctrine n'a rien à faire avec la politique, et embrasse avec reconnaissance la vérité comme envoyée par son Dieu, quel que soit l'instrument qui l'apporte.

Celui qui réfléchit à la gloire avec laquelle avait jadis resplendi la religion de Christ en Asie et en Afrique, et qui voit dans quelles ténèbres et dans quelle idolâtrie, et en même temps dans quelle insensibilité, par rapport à leur misère spirituelle,

---

[1] Dupin, première édition, vol. IV, siècle XI, p. 55.

étaient dans ce siècle, et sont encore aujourd'hui les habitans de ces contrées, doit comprendre que nous devons garder avec soin la perle de grand prix de l'Évangile, quand nous la possédons, de peur de perdre nos âmes, et d'attirer une malédiction sur les siècles à venir.

CHAPITRE II.

OPPOSITION AUX ERREURS DU PAPISME.

On découvrit en France, l'an 1017, de vrais ou prétendus hérétiques que l'on accusait de dire « qu'ils ne croyaient pas que Jésus-Christ fût né de la Vierge Marie ; qu'il fût mort pour le salut des hommes ; qu'il eût été enseveli et qu'il fût ressuscité ; que le baptême procurât la rémission des péchés ; que la consécration par le prêtre constituât le sacrement du corps et du sang de Christ ; et qu'il fût utile de prier les martyrs et les confesseurs de la foi. » On leur attribuait des pratiques abominables. Sur le refus de se rétracter devant un concile tenu à Orléans, treize d'entre eux furent brûlés vifs[1]. Il n'est pas facile de dire quel était le véritable caractère de ces hommes ; il est certain qu'ils combattaient les superstitions qui régnaient alors, et qu'ils étaient disposés à souffrir pour les doctrines qu'ils avaient embrassées. Les crimes qu'on leur attribuait rendent très suspectes les attaques contre leurs doctrines ; et de fausses accusations de ce genre n'étaient pas rares dans l'église de Rome. Nous n'oserions pourtant pas affirmer qu'ils fussent des chrétiens vraiment évangéliques ; car les preuves manquent.

---

[1] Dupin, première édition, vol. IV, siècle XI, p. 110.

Quelque temps après, parut en Flandre une autre secte qui fut condamnée dans un synode tenu à Arras. Ceux qui l'avaient suscitée étaient venus d'Italie, et étaient disciples de Gandulfe, qui y enseignait plusieurs doctrines supposées hérétiques. Gérard dit lui-même, dans une lettre qu'il écrivit sur ce sujet, que les disciples de Gandulfe voyageaient de côté et d'autre pour multiplier les convertis, et qu'ils avaient retiré plusieurs personnes de la foi à la présence réelle dans le sacrement; qu'ils se reconnaissaient disciples de Gandulfe, qui les avait instruits dans la doctrine évangélique et apostolique : « Ceci, disaient-ils, est notre « doctrine, de renoncer au monde, de tenir en « bride les convoitises de la chair, de vivre du « travail de nos mains, de n'opprimer personne, « d'aimer les frères. Si l'on suit ce plan de jus- « tice, on n'a pas besoin de baptême; si on le né- « glige, le baptême ne sert à rien. » Ils niaient la présence réelle du corps de Christ dans la cène du Seigneur; ils rejetaient la consécration des églises; ils combattaient diverses superstitions régnantes, particulièrement la doctrine du purgatoire et les pratiques qui s'y rattachent; ils refusaient également d'adorer la croix ou toute autre image. L'évêque d'Arras ayant examiné leurs prétendues hérésies, et, selon son opinion, les ayant réfutées, traça une confession de foi opposée à ces erreurs, et engagea les hérétiques à la signer. Comme ils ne comprenaient pas bien le latin, il leur fit expliquer la confession en langue vulgaire par un interprète. Alors, suivant le récit qui en a été fait, ils approuvèrent et signèrent cette confession, et furent renvoyés en paix par l'évêque.

Il est bien difficile de juger une cause en n'entendant qu'une partie, et une partie remplie de préventions. Si nous sommes tenté de considérer les doctrines de Gandulfe sous un jour favorable, quelque opinion que nous puissions avoir de ses timides disciples, d'après ce court récit de ses ennemis, combien ne pourraient-elles pas nous paraître plus excellentes si nous avions ses écrits et ses sermons? Il est très probable que ceux que l'on appelait généralement hérétiques en France, en Flandre, et en Italie, dans le moyen âge, se ressemblaient beaucoup par leurs doctrines et par leurs usages; et nous voyons certainement en eux un noble témoignage rendu à l'existence de la vérité évangélique.

C'est une chose bien remarquable qu'une association formée en Italie, avant l'an 1026, d'hommes directement opposés à l'église de Rome, par leur doctrine et par leur conduite, répandant la pureté du culte chrétien de toute leur puissance, dans tout le monde, et se distinguant de la masse générale des chrétiens dans l'Occident. Nous ne pouvons pas croire qu'ils regardassent le mariage comme illégitime, quoique ce soit là une des accusations de leurs ennemis : et malgré quelques erreurs et quelques taches, on ne peut douter, qu'à tout prendre, ils n'appartiennent à la véritable Église de Christ. Pour résister fidèlement à l'idolâtrie et à la corruption qui dominait alors, il fallait une lumière et une force bien supérieures à celles que donne la nature, et nous regrettons amèrement que toutes nos recherches ne nous aient rien fait trouver de plus sur un sujet aussi intéressant.

Peu de temps après le procès des prétendus hérétiques d'Orléans, s'éleva le fameux Bérenger de Tours, qui, vers l'année 1040, écrivit contre la doctrine de la présence réelle. Ses écrits excitèrent les hommes les plus savans à défendre les opinions de Paschase, et Bérenger fut contraint de renoncer à ses ouvrages et de les brûler. Mais il se rétracta à plusieurs reprises, et, comme le dit un zélé papiste contemporain, comme le chien, il retourna à ce qu'il avait vomi [1].

Il y a contestation entre les papistes et les protestans pour décider s'il mourut dans les mêmes sentimens. Les premiers citent Guillaume de Malmesbury, qui dit qu'il mourut en tremblant. « Aujourd'hui, lui fait-il dire, le Seigneur Jésus-Christ m'apparaîtra, soit pour glorifier sa miséricorde dans ma repentance, ou, comme je le crains, pour me punir du mal que j'ai fait par mon exemple. » Cette parole, qu'elle soit ou non fondée sur un fait, exprime bien le génie de la religion régnante, qui excluait l'esprit d'adoption et de confiance filiale en Dieu par Christ, et inculquait un esprit de servitude et d'anxiété. Et dans ce cas l'effet était proportionné à la cause. Les hommes avaient perdu la doctrine chrétienne de la justification uniquement par la foi ; et croyant que le salut était attaché au mérite des œuvres humaines, ils trouvaient impossible que Bérenger, même en se repentant sincèrement de son hérésie supposée, pût contrebalancer le mal qu'il avait fait en entraînant les autres dans l'erreur. Soit donc que nous supposions que la confession de Bérenger soit une imposture ou un fait réel, elle était faite dans l'esprit de ceux qui pesaient les mérites et les fautes des hommes dans des balances inégales, et ne conservaient d'autre méthode de déterminer la question du salut ou de la perdition d'un homme, que la décision qui résultait de la comparaison de ses bonnes actions avec ses crimes.

---

[1] Bertola, prêtre de Constance. *Voyez* le troisième volume de l'évêque Newton sur les prophéties, p. 164. Dupin, Natalis, Alexander, A. Butler et Mosheim sur ce sujet ; ces renseignemens sont si peu intéressans, bien que très prolixes, que le peu que nous apportons ici nous a paru complétement suffire sur la controverse de Bérenger.

Combien il est impossible, avec de pareils sentimens, de donner une paix solide de conscience à un pécheur! La joie, l'amour, l'activité de la vie chrétienne ne peuvent subsister d'après un tel plan. Il n'est pas facile de décider lequel des partis, catholique ou protestant, a bien résolu la question de savoir dans quels sentimens est mort Bérenger. Mais quoi de moins important qu'une pareille question? La doctrine de la présence réelle ne dépend pas du caractère de Bérenger. Il ne peut faire honneur à aucun parti à cause de ses tergiversations répétées; mais il fut un instrument utile, en excitant une salutaire opposition aux erreurs du temps. Il appela l'église de Rome une assemblée de méchans, un conseil de vanité, et le siége de Satan. Quelques vieux historiens disent qu'il corrompit presque tous les Français, les Italiens et les Anglais par ses sentimens dépravés. Ces expressions sont beaucoup trop fortes; mais il n'y a pas de doute qu'il ne réprimât d'une manière salutaire les superstitions toujours croissantes : l'opposition à la papauté, quoiqu'elle ne s'attaquât pas aux vérités essentielles de l'Evangile, pouvait préparer les voies pour des efforts plus efficaces, et servir au moins à apprendre aux hommes que la cour de Rome n'était pas infaillible.

CHAPITRE III.

PROPAGATION DE L'ÉVANGILE DANS CE SIÈCLE.

L'œuvre de l'évangélisation qui avait été continuée avec succès en Hongrie, parvint alors à une grande prospérité [1].

---

[1] Cent. Magd. siècle xi.

Étienne, qui avait été baptisé par Adalbert, évêque de Prague, et qui commença à régner l'an 997, se montra le zélé protecteur de l'Évangile. Sous les auspices de ce prince, Astric vint en Hongrie, ouvrit une école et forma des ministres, tandis que Boniface, un de ses disciples, prêchait la parole dans la Basse-Hongrie. Le zèle d'Étienne était à la vérité fort stimulé par sa pieuse épouse, Gisile, fille de l'empereur Henri II. Il accompagnait souvent les prédicateurs et exhortait pathétiquement ses sujets; il supprima des coutumes barbares et réprima le blasphème, le vol, l'adultère et le meurtre. Il fut admirable par sa bonté pour les pauvres et par toute sa conduite morale. Son excellent code de lois est encore aujourd'hui la base des lois de la Hongrie; il est dédié à son fils Émeric, qu'il exhorte à cultiver une sincère humilité, vraie gloire d'un roi. Il interdit toute impiété, la violation du sabbat et le manque de respect dans la maison de Dieu. Ce monarque défit le prince de Transilvanie, qui avait envahi ses états, et le fit prisonnier; mais il lui rendit la liberté sous la condition qu'il ne mettrait aucun empêchement à ce qu'on prêchât l'Évangile aux Transilvaniens. Étienne fut heureux comme roi, mais il fut affligé par la perte de tous ses enfans. Il fit de grands progrès dans les choses divines par ses souffrances; et après trois années d'une complication de maladies douloureuses, il mourut l'an 1038 [1]. Il avait vécu assez long-temps pour voir toute la Hongrie devenir chrétienne de nom, bien que le christianisme fût altéré, ou du moins obscurci par la domination du pape et par les superstitions qui régnaient alors.

Gérard, Vénitien, avait été nommé par le roi

---

[1] Alban Butler.

Étienne évêque de Choriad, et les deux tiers des habitans de ce diocèse étaient idolâtres. En moins d'un an, les travaux de Gérard leur avaient fait embrasser le christianisme. La puissance d'Étienne avait secondé les vues de l'évêque; mais, à la mort du roi, la scène changea. Pierre, son neveu et son successeur, persécuta Gérard. Il fut cependant chassé par ses sujets, l'an 1042, et Abas ou Onon, noble hongrois, fut élu roi; au bout de deux ans, il fut tué, et Pierre rappelé; mais il fut banni une seconde fois. André, fils de Ladislas, cousin du roi Étienne, fut élu à condition qu'il rétablirait l'idolâtrie. Gérard et trois autres évêques essayèrent de le détourner de ce dessein; mais ils furent attaqués sur le chemin par le duc Vatha, zélé païen. André accourut lui-même et arracha à la mort un des évêques : les trois autres, au nombre desquels était Gérard, étaient tombés sous les coups du barbare. Il est probable cependant que Dieu permit cette action atroce pour le bien de l'Église. Le cœur d'André fut ému; il avait vu de quoi les idolâtres étaient capables; il examina le christianisme, l'embrassa, réprima l'idolâtrie et régna heureusement. N'est-ce pas une déplorable preuve de la force de la corruption humaine, que de voir les Hongrois préférer encore l'idolâtrie après un règne tel que celui d'Étienne, qui avait dû leur faire sentir les bons effets qu'avait la doctrine du christianisme pour le bien de la société? Quels longs efforts sont nécessaires pour établir solidement la vraie religion dans un pays!

Gothelscalc [1], duc des Vandales, ranima l'attachement de ses sujets pour l'Évangile, qu'ils avaient d'abord accueilli, puis négligé. On ne sait pas bien exactement quelles étaient les limites

---

[1] Cent Magd, siècle xi. Crantzino in Vandalia.

de ses états; mais il paraît que Lubeck, le Mecklenbourg et la Sclavonie en faisaient partie, ou du moins touchaient à ses frontières. On a fait beaucoup d'éloges de ce prince et de ses travaux[1]. On dit qu'il exhortait personnellement son peuple, de la manière la plus touchante, dans les assemblées publiques; et Jean, Écossais, évêque de Mecklenbourg, baptisa un grand nombre de Sclavoniens. Cependant ce dernier peuple, ainsi que les Obotrites, dont la capitale était Mecklenbourg, les Venèdes, qui habitaient sur les bords de la Vistule, et les Prussiens, demeurèrent païens pour la plupart, pendant tout ce siècle. Boleslas, roi de Pologne, voulut contraindre ces nations à se faire chrétiennes; mais quelques uns de ceux qui l'entouraient employèrent pour les instruire des méthodes mieux adaptées à la nature de l'Évangile. Boniface en particulier et dix-huit autres personnes vinrent d'Allemagne pour travailler parmi les Prussiens, et furent massacrés par ces barbares. Il paraît qu'ils furent au nombre des nations de l'Europe qui se soumirent les dernières au joug de Christ. Dans les efforts que l'on fit pour leur conversion, et qui eurent si peu de succès, nous voyons des preuves abondantes que le zèle pour la propagation de l'Évangile, le plus précieux ornement de ces siècles obscurs, n'était pas encore éteint.

La ferveur des Anglais se soutint aussi dans ce siècle. L'an 1001, d'après le désir d'Olaus II, roi de Suède, quelques prêtres anglais furent envoyés dans le Nord par le roi Éthelred. On remarque parmi eux Sigefrid, archevêque d'York. Il eut de grands succès et fut nommé évêque de Wexia, dans le Gothland oriental. Y ayant établi

---

[1] Mosheim, siècle XI, c. 1.

des églises, il prêcha les infidèles du Gothland occidental, laissant ses neveux pour gouverner son diocèse pendant son absence; mais ils furent massacrés par la noblesse païenne du pays : triste preuve de l'influence qu'avait conservée l'idolâtrie dans ces régions septentrionales.

La même espèce d'orgueil de famille que l'on peut remarquer chez plusieurs catholiques dans des pays protestans prolongeait l'existence du paganisme en Suède. Cependant Sigefrid retourna dans son diocèse, mourut de mort naturelle et fut enterré à Wexia.

On dit qu'il termina sa carrière vers l'an 1002, ce qui ne peut s'accorder avec ce que nous avons dit plus haut quant à l'ordre des temps. Mais, pour ne pas fatiguer nos lecteurs de petites difficultés de chronologie qu'il est impossible d'éclaircir pour des temps si éloignés, il est plus important de remarquer qu'il paraît avoir eu un esprit vraiment apostolique; que, lors de son arrivée en Suède, il fut obligé de prêcher principalement au moyen d'interprètes; qu'il persuada au roi d'épargner les meurtriers de ses neveux, et que, bien qu'il fût très pauvre, il refusa de toucher l'amende qui avait été imposée à ces meurtriers, et qui lui avait été offerte en présent par le roi de Suède[r]. Gotebald, autre missionnaire anglais, fut nommé évêque en Norwège et prêcha dans la Scanie.

Ulfrid, savant et vertueux Anglais, prêcha la foi d'abord en Allemagne, ensuite en Suède, sous la protection du roi Olaüs; il y fut l'instrument de la conversion de plusieurs Suédois jusqu'à l'année 1028; alors, ayant prêché contre l'idole Thor et

---

[r] Olaus magn liv. XVII, c. 20. Hist. ecclés. de Collier. Alban Butler, vol. II.

l'ayant abattue avec une hache, il fut tué par les païens[1].

Canut, roi de Danemarck, fils naturel de Swein, fut soigneusement élevé par son père, qui n'avait pas d'enfans légitimes[2]. Il devint souverain du Danemark par élection, fit la guerre aux turbulens barbares ses voisins, et établit le christianisme dans la Courlande, la Samogitie et la Livonie. Son zèle à soutenir le clergé ayant dégoûté ses sujets, il fut abandonné, et enfin assassiné.

Son frère Olaüs régna après lui, et son successeur, Therik III, rétablit l'autorité du clergé. La vie de Canut a été écrite en 1105 par Ælnoth, moine de Cantorbéry, qui passa en Danemarck vingt-quatre années de sa vie. Il rapporte que les premiers prédicateurs de la foi en ce pays, en Suède et en Norwège, étaient des prêtres Anglais. Selon la même autorité les Danois embrassèrent l'Évangile avec zèle, tandis que les Suédois au contraire, s'opiniâtrant dans l'idolâtrie, assassinèrent un Anglais du nom d'Eschil, pendant qu'il prêchait l'Évangile du Christ à des tribus sauvages[3].

Olaüs, roi de Norwège, appuya les attaques des Danois contre Ethelred, roi d'Angleterre, et, en revenant d'Angleterre, il emmena avec lui plusieurs prêtres de ce pays. Un d'entre eux, nommé Grimkele, fut nommé évêque de Drontheim, capitale du roi Olaüs. Ce prince abolit les cérémonies superstitieuses et idolâtres qui existaient encore en Norwège, aux îles Orkney et en Islande. Accompagné de prédicateurs zélés, il parcourait ses

---

[1] *Voyez* Adam de Brême, qui a écrit son Histoire de l'Église en 1080.

[2] Un grand-oncle de Suénon II, nommé Canut, avait régné en Angleterre.

[3] Cependant Stiewman, dans son ouvrage sur l'état des Sciences et des Lettres chez les anciens Suédois, a remarqué que l'Évangile fut prêché en Suède par des missionnaires anglo-saxons. Butler, t. II.

états, exhortant ses sujets à se convertir, et détruisant les temples de leurs idoles; mais à la fin les païens, aidés de Canut, roi d'Angleterre, parvinrent à le battre en 1130 et lui ôtèrent la vie. Son fils Magnus, rappelé de Russie en 1139, lui succéda sur le trône de Norwège[1].

Les triomphes de l'Évangile en Danemarck furent du reste assez remarquables pendant ce siècle. Voici en quels termes Adam de Brême écrit, en 1080, sur l'état de ce pays : « Voyez ces féroces Danois; depuis long-temps ils savent prononcer Alleluia à la gloire de Dieu. Voyez ce peuple de pirate; maintenant il sait se contenter du produit de son propre pays. Voyez cette région horrible, qu'autrefois on n'osait aborder à cause de l'idolâtrie; maintenant on y a faim de la parole de Dieu et on y reçoit les prédicateurs à bras ouverts[2]. »

D'après ces détails assez incomplets, empruntés à Gibbon, et que cet écrivain donne pour authentiques, nous pouvons voir que c'est une œuvre de miséricorde que de propager l'Évangile; que personne n'est plus utile au genre humain que les fidèles missionnaires; et que rien n'est plus précis ni plus vrai que la description des effets du christianisme, que nous trouvons dans les Prophètes; spectacle bien surprenant, en effet, que de voir les Danois et les Anglais, confondus dans une confiance et une charité mutuelle, jouir ensemble des bienfaits de la vraie religion, lorsqu'on sait avec quelle cruauté les premiers avaient désolé le pays des autres! Oui, il faut que cette religion soit divine pour avoir amolli, converti et rendu vertueux le cœur des anciens Danois. Voilà le triomphe de l'Évangile; et cette révolution salutaire dans les

[1] A. Butler, vol. VII.
[2] Gibbon, t. V.

mœurs du nord de l'Europe, c'est à la prédication de la Croix, accompagnée de la puissante action du Saint Esprit, qu'elle est due. — Le Danemarck avait causé bien des maux à ses voisins du Sud, et c'est par la bénédiction spirituelle qu'ils se sont vengés. Chose remarquable, pas une nation au dix-neuvième siècle ne surpasse les Danois pour la propagation de l'Évangile, proportionnellement à leurs connaissances et à leurs moyens. Il nous manque des détails précis sur la conversion de ce peuple; mais le changement durable qui s'est opéré dans ses mœurs prouve qu'il a dû recevoir une des effusions du Saint Esprit dont le précieux résultat se fait généralement sentir dans les âges suivans.

Vers la fin de ce siècle, les nations du Nord cessèrent tout-à-fait d'envahir les contrées du Sud. La dernière tentative, contre l'île d'Anglesey, est attribuée à Magnus, roi de Norwège; mais elle fut repoussée par Hugues, comte de Shrewsbury, la onzième année du règne de Guillaume-le-Roux[1].
« C'est vers cette époque que ce peuple turbulent paraît avoir compris l'usage du labour; retenus dès lors dans l'intérieur de leurs terres, on ne les vit plus étendre leurs pirateries sur les autres pays de l'Europe. De cette époque date la stabilité des états placés au sud de l'Europe et les progrès que la paix leur permit de faire. » Ces paroles de Hume résument judicieusement les avantages qui résultèrent de la civilisation du Nord, non seulement pour les Danois, les Norwégiens, et les Suédois, mais aussi pour le midi de l'Europe. Quant à la cause de cet heureux changement, nous ne sommes pas d'accord avec cet historien. Selon lui, c'est « l'usage du labour » qui a opéré une aussi importante révolution; mais puisqu'il appuie le fait sur

---

[1] Hume, t. 1, c. 5.

de simples conjectures, on lui demandera comment des pirates sont devenus dociles et traitables jusqu'à se plier aux arts de l'agriculture. Une nation habituée aux armes et à l'oisiveté se livrera-t-elle facilement à l'industrie et aux arts de la paix?— Quelque stériles que soient les documens où nous avons puisé, nous avons cependant démontré qu'à cette époque il y avait trois siècles que l'Évangile était prêché dans la Scandinavie; et c'est à cet enseignement sans contredit que nous attribuerons l'heureuse transformation des mœurs chez ces peuples barbares. « La piété chrétienne a la promesse de la vie présente et de celle à venir. » En effet, tout en délivrant les âmes captives, tout en les arrachant à l'empire de Satan, afin de les rendre à Dieu, la piété améliore aussi notre condition sociale, et répand partout les plus salutaires préceptes de paix, d'ordre et de tranquillité. Que les hommes ne s'attendent pas à voir la civilisation s'établir autrement sur la surface du globe. Quand la terre sera pleine de la connaissance du Seigneur, alors les peuples ne s'adonneront plus à la guerre. Aujourd'hui que nous jouissons des avantages dus à la propagation de l'Évangile, nous ne déprécions que trop les travaux de ces missionnaires, dont le courage et le dévouement, par la bénédiction de Dieu, nous ont procuré ces précieux bienfaits. Notre Sauveur nous a enseigné à demander au maître de la moisson qu'il veuille envoyer des ouvriers dans son champ, et c'est un précepte que suivront avec ardeur tous ceux qu'anime l'esprit de l'Évangile.

CHAPITRE IV.

ÉTAT DU CHRISTIANISME EN ANGLETERRE.

Comme c'est dans ce siècle que la Grande-Bretagne commença à prendre une importance politique, il serait bon de constater l'apparition du christianisme dans une île qui, comme nous l'avons vu, eut une part si distinguée à la propagation de la vérité dans le nord de l'Europe. D'ailleurs les moindres germes d'enseignement évangélique, partout où nous les découvrons, méritent notre attention.

Sous le règne d'Ethelred, un cruel massacre des Danois fut exécuté, par ordre royal, dans toutes ses possessions. L'acharnement du peuple, irrité par tant d'outrages, fut tel que les innocens périrent confondus avec les coupables. Mais Suénon, roi de Danemarck, usa de représailles, en recommençant ses ravages sur le territoire du faible Ethelred, qui s'enfuit en Normandie pour sauver sa vie, laissant ses sujets en proie aux violences et à la fureur d'un vainqueur barbare. Entre autres calamités dont ils furent affligés, un tribut fut imposé au comté de Kent, et l'archevêque de Cantorbéry fut mis à mort pour avoir refusé de sanctionner cet impôt[1].

Hume n'a pas jugé à propos de nous donner le nom de cet archevêque, ni de rapporter la moindre circonstance de sa mort. Si ce récit eût favorisé ses opinions en matière de religion, il se serait complu à le détailler. Mais la conduite tout au moins magnanime et patriotique du héros est restée dans

[1] Hume, t. I, p. 144.

l'obscurité, parce qu'il appartenait à l'Eglise. Qu'elle reçoive donc dans ces mémoires l'hommage qui lui est dû!

Les Danois faisaient le siége de Cantorbéry; Alphage, archevêque de cette ville, fut exhorté par ses amis à sauver ses jours[1] — « Dieu me défend, leur répondit-il, de flétrir mon caractère par une conduite si ignominieuse; il me défend d'avoir peur d'entrer au ciel, parce qu'il faut subir sur la terre une mort violente. J'ai rallié à l'Évangile un grand nombre de Danois puissans; si c'est un crime, je me sens heureux de l'expier. J'ai racheté plusieurs de mes compatriotes; les autres, je les ai consolés dans la captivité. Si les Danois ne me pardonnent pas d'avoir censuré leurs fautes, c'est à moi de me rappeler celui qui a dit: « Si tu n'avais pas parlé pour avertir le méchant, je redemanderais son sang de ta main. » C'est au mercenaire qu'il convient d'abandonner la brebis à la vue du loup. Ainsi, préparé à mourir, je me soumets à l'ordre de la divine Providence[2]. »

Animé de ces sentimens, l'archevêque resta dans la ville et exhorta le peuple comme un pasteur chrétien; mais les Danois entrèrent dans Cantorbéry, et exercèrent les plus affreuses cruautés, particulièrement sur les femmes de qualité, qui furent attachées à des poteaux et brûlées. On n'épargna pas même leurs enfans en bas-âge. Alphage, ému de pitié à la vue de ces souffrances, osa leur adresser ces reproches: « Le massacre des enfans au berceau n'est pas une victoire pour des guerriers. Mieux vaudrait exercer vos vengeances sur moi, dont la mort vous donnerait au moins

---

[1] Hist. eccl. de Collier.
[2] Osbern, de Vit. Elphegi. Hoveden's annals.

« quelque célébrité. Souvenez-vous que c'est par
« mon zèle que plusieurs de vos compagnons se
« sont convertis à la foi du Christ. Souvenez-vous
« que plus d'une fois je vous ai reproché vos actes
« d'injustice. »

Exaspérés de ce langage, les Danois saisirent l'archevêque et le tinrent dans les fers durant sept mois. On lui offrit sa liberté au prix d'une somme exorbitante que lui et le roi Ethelred paieraient. Sa réponse fut que cette somme était trop considérable pour être comblée par aucun impôt; et il refusa avec fermeté de sacrifier les trésors de l'Eglise à sa conservation, ajoutant que ce serait un sacrilége que de livrer à des idolâtres des richesses destinées à l'entretien du culte chrétien et au soulagement des pauvres. Ces barbares impitoyables ne purent maîtriser leur fureur; ils lapidèrent le prélat, tandis que ce martyr priait pour ses ennemis et pour l'Église. Alors un d'entre eux, qui venait de se faire chrétien, l'acheva afin de le délivrer des tortures. — Un des successeurs de la victime, le célèbre Lanfranc, mit en question si l'on devait considérer Alphage comme martyr, parce qu'il n'était pas mort purement pour la foi chrétienne. Mais Anselme, personnage d'une plus haute illustration, soutint à Lanfranc qu'Alphage, massacré en 1013, était un vrai martyr, ayant préféré la mort à un acte d'injustice.

Son prédécesseur immédiat, à ce que l'on croit, fut Elfric. Ce prélat, par un canon publié en 1006, dans un concile qu'il présidait, décréta que les prêtres de toutes les paroisses eussent à expliquer en anglais tous les dimanches et jours de fêtes, en présence du peuple, l'oraison dominicale et l'évangile du jour [1].

---

[1] Collier.

C'est avec peine qu'on voit les historiens, tout occupés de raconter les débats de la papauté et du pouvoir civil, et se déchaînant avec une fastidieuse prolixité contre les superstitions en vogue dans ces temps de barbarie, passer trop légèrement sur des faits d'une telle importance. Il appartient au lecteur qui a sérieusement étudié et médité la vérité évangélique d'apprécier à leur juste valeur les doctrines que renferment et que proclament l'oraison dominicale et quelques uns des passages du Nouveau-Testament les plus simples et les plus faciles à mettre en pratique: alors il sera convaincu que si l'on se fût conformé au canon d'Elfric avec un peu de zèle et d'exactitude dans plusieurs paroisses d'Angleterre, l'ignorance eût été moins profonde et moins générale qu'on veut nous le faire croire. Quels services n'eussent pas rendus à cette époque des évêques tels qu'Elfric et Alphage. Les portions des Évangiles lues dans les églises étaient, il est à présumer, les mêmes que ceux qu'on lit aujourd'hui; et on ne peut pas imaginer qu'une explication familière de ces portions, jointe à la prière que notre Seigneur nous enseigne, dût être sans résultat, puisque, dans tous les temps, la prédication des vérités chrétiennes est soutenue par une énergie toute divine; aussi la parole ne retourne-t-elle pas sans succès à son divin auteur; « mais elle a son effet dans les choses pour lesquelles il l'envoie [1]. » Le mélange des pratiques superstitieuses aurait été insuffisant pour détruire entièrement l'efficacité de la parole de Dieu.

De nos jours, bien des gens qui se félicitent d'avoir dépouillé les langes de l'ignorance et du papisme, et veulent se faire passer pour illuminés, parce qu'ils sont initiés aux maximes de la philosophie et de la politique, le cèdent, sous le rap-

---

[1] Isaïe, LV.

port de la lumière et de l'esprit du christianisme, à ces hommes qui, dans le onzième siècle, n'avaient pour tout appui que l'enseignement prescrit par le canon dont il a été parlé. En effet, cette instruction élémentaire exerce une influence plus salutaire qu'aucune de ces ingénieuses subtilités en matière de religion, qui, pareilles à la toile de l'araignée, sont compliquées, mais faibles et sans le moindre avantage substantiel. Dans cette connaissance élémentaire du christianisme, les esprits pieux de ce siècle auraient pu puiser du repos pour leurs âmes; à la faveur de cette lumière, l'amour de Dieu, en pénétrant leur cœur, les aurait préparés à répandre avec succès l'Évangile dans les contrées du Nord.

L'île Britannique ne fut pas abandonnée de Dieu durant le règne désastreux d'Ethelred, quoique l'horizon politique fût sombre au-delà de toute expression. Ethelred rentra lui-même dans ses états; mais incapable de tenir tête aux Danois, il eut la douleur de voir, en 1017, l'Angleterre passer sous leur domination. Canut, leur roi, et après lui ses deux fils, gouvernèrent ce pays, qui cependant secoua le joug danois en 1041, et prit pour souverain Édouard-le-Confesseur, fils d'Ethelred. La branche saxonne, quoique réhabilitée, fut incapable de se maintenir sur le trône, et tomba au pouvoir de Guillaume de Normandie qui, en 1066, prit la couronne d'Angleterre, restée à ses descendans.

Sous Guillaume, l'autorité des papes, qui certes n'avait été en aucune façon aussi absolue en Angleterre que dans les régions du Midi, commença à se faire sentir plus despotiquement, et acquit bientôt la même force qu'en France et en Italie. Le tyran y trouva un appui solide pour son trône; et tout en tenant à ce que ses sujets, en matière de religion, pliassent sous le joug du prélat romain, il se réserva la suprême autorité dans les affaires civiles et l'exerça avec la dernière rigueur [1]. Lanfranc, nommé par lui archevêque de Cantorbéry, reconnut avec empressement la puissance de Rome, et donna à l'absurde dogme de la transsubstantiation l'appui de son influence et de son autorité, comme haut dignitaire. Son successeur, Anselme, ne montra pas moins de dévoûment au pape, et soutint plusieurs débats célèbres avec son souverain, Guillaume-le-Roux, fils et successeur du Conquérant.

Ce prélat contribua beaucoup à maintenir aussi le célibat du clergé en Angleterre; et, il faut l'avouer, ses vertus mêmes, dans ces temps malheureux, furent impuissantes pour l'amélioration de la société.

Ces mémoires n'offrent aucun autre fait digne de mention, dans l'histoire générale de l'Angleterre, durant ce siècle, si ce n'est ce qui regarde Marguerite, reine d'Écosse, femme d'une rare piété et d'un caractère fait pour briller dans les temps les plus purs. Elle était sœur d'Edgar Athelin, petit-fils d'Edmond-Côte-de-fer, fils et successeur d'Ethelred. Comme il était le dernier prince de la race saxonne, Edgar fut cher aux Anglais. Sous le règne de Guillaume-le-Conquérant, sa sœur et lui trouvèrent asile et protection en Écosse auprès de Malcolm, qui, à l'aide d'Edouard-le-Confesseur, avait réussi à recouvrer son trône envahi par l'usurpateur Macbeth [2]. Malcolm épousa la princesse anglaise, dont la piété, la libéralité et l'humilité

---

[1] Un Normand du nom d'Osmond, conseiller privé de Guillaume-le-Conquérant, plus tard évêque de Salisbury, apporta quelque amélioration dans la liturgie romaine pratiquée dans son diocèse. Son travail eut tant de crédit que le service *in usum Sarum* fut adopté dans les autres diocèses et se répandit dans toute l'Angleterre. Avant cette époque, chaque diocèse avait sa liturgie particulière. COLLIER.

[2] A. Butler, vol. v.

lui ont valu les plus justes éloges. En effet, son influence parvint à adoucir l'esprit barbare de son époux et à lui inspirer de l'humanité. Réformant, pour ainsi dire, le royaume, elle obtint de ses sujets d'observer le jour du sabbat dont l'usage y avait été méconnu. Elle eut de Malcolm six fils et deux filles. Trois de ses fils se succédèrent sur le trône, et furent d'excellens princes. Mathilde, sa sœur, fut mariée à Henri Ier d'Angleterre, et avait la réputation d'une pieuse chrétienne. Le soin extrême que Marguerite avait apporté à l'éducation de ses enfans fut récompensé par leur vie exemplaire. Écoutons Théodoric son confesseur : « Elle « conversait avec moi, dit-il, sur la béatitude de la « vie éternelle, avec une éloquence qui m'arra- « chait des larmes. » C'est à ce même Théodoric, moine de Durham, que nous devons sa biographie. Elle était malade en 1093, au moment où son époux succomba à Alnwick, dans le Northumberland, à l'époque du règne de Guillaume-le-Roux. En apprenant cette affligeante nouvelle, elle prononça une prière toute chrétienne : « Seigneur, je vous « rends grâce de m'avoir envoyé cette grande af- « fliction pour me purifier de mes péchés. O vous, « divin Jésus, qui, par votre mort, avez donné la « vie au monde, délivrez-moi du mal. » Elle ne survécut que quelques jours à cet événement.

Une princesse aussi distinguée ne saurait avoir accompli en vain une vie aussi belle. En Écosse, elle a dû certainement, dans un siècle grossier et ignorant, démontrer à plusieurs, par sa dévotion et sa conduite chrétienne, l'efficacité de la foi dans l'Évangile.

CHAPITRE V.

ANSELME.

S'il est vrai que les hommes pieux paraissent souvent plus estimables dans la vie privée que dans la carrière publique, jamais cette vérité ne fut mieux démontrée que par la vie d'Anselme, connu de tous les lecteurs pour un des fermes soutiens de la puissance des papes en Angleterre. En effet, c'est surtout dans sa vie privée qu'il déploya la bonté et le désintéressement, ces rares qualités du cœur qu'il avait reçues de la grâce divine. Comme théologien et comme chrétien, il fut supérieur à son siècle; aussi mérite-t-il notre attention.

Anselme naquit à Aoust, en Piémont [1]. Dès les premières années de sa vie il se sentit un goût si prononcé pour les ordres, qu'à l'âge de quinze ans il se présenta dans un monastère; mais il n'y fut point admis, n'ayant pas le consentement de son père. Ce fut alors qu'il se vit entraîné dans le tourbillon des vanités du monde; et jusqu'à sa mort il pleura les fautes de sa jeunesse. Devenu le disciple de Lanfranc, son prédécesseur sur le siége de Cantorbéry, mais qui, à cette époque, était simple moine à Bec en Normandie, il commença lui-même par se faire moine, en 1060, à l'âge de vingt-sept ans. Bientôt il fut nommé prieur du monastère. Autant ses progrès en théologie furent grands, autant sa piété fut douce et charitable. Le livre intitulé: *les Méditations d'Augustin*, est extrait en grande partie des écrits d'Anselme. A l'âge de quarante-cinq ans, il était supérieur de l'abbaye de Bec.

[1] Butler, vol. IV.

Lanfranc étant venu à mourir en 1089, Guillaume-le-Roux, qui s'était approprié les revenus de l'archevêché de Cantorbéry, traita les moines de ce diocèse avec la dernière barbarie. Pendant plusieurs années, cet aveugle tyran déclara que le siége serait vacant tant qu'il vivrait. Cependant, alarmé par une grave maladie, il nomma Anselme successeur de Lanfranc. Mais le prélat ne tarda pas à se brouiller avec Guillaume-le-Roux, et chercha un asile sur le continent, accompagné de deux moines, dont l'un, nommé Edmer, nous a laissé le récit de sa vie.

Vivant en Calabre dans le recueillement de la retraite, il consacra le reste de ses jours à rédiger un traité sur plusieurs points de la religion, entre autres ceux-ci : Pourquoi Dieu s'est-il fait homme; les Doctrines de la Trinité et de l'Incarnation. Son ouvrage, à cette époque, fut utile à l'Église du Christ, en ce qu'il réfutait les sentimens de Roscelin, qui venait de publier des vues erronées sur le mystère de la Trinité. Car, après un sommeil de plusieurs siècles, le génie de l'arianisme et celui du socinianisme s'étaient réveillés, et s'étaient prévalus de l'ignorance générale pour saper les dogmes essentiels du christianisme. Anselme se forma aux leçons du fameux Pierre Lombard, évêque de Paris; il apprit sa dialectique serrée et systématique, et devint sans contredit le premier des théologiens scholastiques. L'argumentation usitée alors n'était rien moins qu'ennuyeuse, subtile et verbeuse, et devint par la suite de plus en plus obscure. Toutefois n'était-elle pas préférable aux doctrines désordonnées et vides de sens de notre siècle, qui cependant aspirent au titre de sagesse, bien que dénuées de connaissances et de fond? Les enseignemens des écoles, entre les mains d'un homme de génie comme Anselme, et soumis au contrôle d'une haute intelligence, arrêtèrent le torrent impétueux de l'incrédulité, et ne contribuèrent pas peu à soutenir la cause de la vraie piété. Roscelin une fois réfuté, le dogme de la Trinité fut maintenu dans le domaine de l'Église. On ne comprendra bien les vues de Roscelin que lorsque nous aurons occasion de parler d'un de ses disciples, le célèbre Pierre Abeilard.

Revêtu d'un vain titre de dignité, et ne voyant aucun moyen de se rendre utile à l'église anglaise dans son archevêché, Anselme sollicita, mais en vain, auprès du pape la faveur de se démettre de sa dignité. Et qu'on ne le taxe pas d'avoir fait « parade d'humilité, » puisque dès l'origine il avait refusé l'épiscopat. L'intégrité de sa conduite, depuis sa promotion, le met à l'abri de toute calomnie. « Guillaume-le-Roux tenait prisonnières encore plusieurs personnes, que, pendant la durée de sa pénitence, il avait donné ordre de faire sortir des cachots. Il recommença ses rapines sur les bénéfices ecclésiastiques. Le trafic des dignités spirituelles ne cessa de se faire aussi ouvertement que jamais; et le souverain préleva sa part sur les revenus du siége de Cantorbéry [1]. » Était-ce une faute ou un louable mouvement de désintéressement de la part d'Anselme, de s'être montré contre de pareils procédés? Toutefois, il y a une justice à lui rendre; c'est que, s'il désira déposer la crosse, son motif fut de pouvoir être plus utile au salut des hommes dans un poste inférieur et par conséquent plus obscur. Ainsi il fut naturellement amené à soumettre ses vues au pape, par les réflexions que fit naître en lui l'effet de ses prédications en Italie.

Souvent il arrive que des hommes d'un talent

---

[1] Hume, vol. I, p. 302.

supérieur, soit dans la prospérité, soit dans le malheur, sont appelés à se vouer aux travaux pénibles dans les arts comme dans les affaires. L'humanité a besoin de tels hommes; eux-mêmes sont incapables de laisser languir dans l'inaction la puissance de leur génie. Un concile fut convoqué à Bari par le pape Urbain, pour terminer avec les Grecs une discussion, vieux germe de division entre les églises d'Orient et d'Occident. Cette querelle avait pour objet la manière dont procède l'Esprit-Saint. L'église grecque niait, sans aucune raison spirituelle, que l'Esprit-Saint procédât du Fils aussi bien que du Père; aussi avait-on retranché ces mots : *et du Fils,* du Credo de Nicée. Au milieu de cette polémique le pape eut recours à Anselme, dont il attendait la réplique. L'archevêque s'étant levé, réduisit les Grecs au silence par la force de son raisonnement.

A Lyon, Anselme écrivit sur la conception de la Vierge et sur le péché originel, et consacrant tout le temps de son exil à la religion, il demeura étranger aux affaires temporelles. En 1100 il apprit la mort de son persécuteur, et en fut sincèrement affligé. Bientôt rappelé par Henri Ier, il retourna en Angleterre. La fin de ses discussions avec les princes normands approchait : il fut nommé arbitre dans une controverse dont l'objet était le même en Angleterre et dans les autres contrées de l'Europe, savoir si « l'investiture des évêchés devait être reçue des mains du roi ou du pape? » Anselme opina pour le dernier. Le meilleur accommodement qu'on pût faire à cette époque entre les prétentions civiles et les prétentions ecclésiastiques, c'était de recevoir l'investiture des mains du pape pour la juridiction spirituelle, et en même temps de reconnaître la suprématie du roi pour les affaires temporelles. En Angleterre et en Allemagne on s'arrêta à cette décision.

Mais ce qui dessine plus particulièrement son caractère et montre les dispositions de son âme, c'est que, malgré ses occupations nombreuses, il se livrait au recueillement, et passait même une partie de la nuit dans des méditations religieuses.

Ce fut à Westminster, dans une assemblée nationale tenue dans l'église de Saint-Pierre, qu'il s'opposa ouvertement à ce que les hommes fussent, comme auparavant, vendus à l'instar du bétail. Car alors l'influence du christianisme était seule capable de soulager et d'arrêter la misère humaine. Et toute faible qu'elle dut être encore, suffit-elle pour jeter un vernis de civilisation sur ce siècle barbare. Grâce à cette influence, les hommes commencèrent à se relever de ce degré d'abaissement où ils ressemblent aux bêtes qui périssent.

Anselme mourut la seizième année de son sacerdoce et à l'âge de soixante-seize ans. Vers la fin de sa vie il composa un traité du genre de ceux de saint Augustin, sur la volonté de l'homme, sur la prédestination et sur la grâce. Son plus grand bonheur ici-bas était dans les prières, les méditations et les chants sacrés. Eadmer dit qu'il avait souvent ces paroles à la bouche : « Si je voyais l'enfer ouvert et le péché devant moi, je me précipiterais dans l'abîme pour éviter le dernier [1]. »

Anselme fit un manuel à l'usage des ministres appelés auprès des malades. En voici la substance : Deux questions doivent être adressées par le prêtre. « Croyez-vous mériter la damnation ? » « Etes-vous disposé à mener une nouvelle vie ? » Sur la

---

[1] Voici la remarque de Fox au sujet de ce langage exagéré : Ces paroles et ce vœu, s'ils appartiennent à Anselme, semblent sortis d'une bouche qui ne connaît ni l'esprit ni le texte de l'Écriture, et étrangers à la justification du vrai chrétien. Actes et Monumens, 1576. ED.

réponse affirmative du malade, le prêtre devait continuer son interrogatoire.

« Croyez-vous que votre salut dépende uniquement de la mort du Christ ? » Le malade répondant : « Je le crois ; » le ministre ajoutait : « Faites donc en sorte, pendant qu'il vous reste un souffle de vie, de n'exercer votre foi que sur la mort du Christ ; ne vous en remettez à nulle autre chose ; confiez-vous entièrement à cette mort ; couvrez-vous uniquement de cette mort, d'elle seule. Et si le Seigneur vous juge, dites-lui : Seigneur, il y a entre ton jugement et moi la mort de notre Sauveur Jésus-Christ ; autrement comment entrer en jugement avec toi ? »

Et s'il vous dit : « Tu es un pécheur ; » répondez-lui : « Je mets la mort de Jésus-Christ entre moi et mes péchés. » S'il vous dit : « Tu as mérité la damnation ; » répondez-lui : « Seigneur, je mets la mort de Jésus-Christ entre moi et mes iniquités. Ses mérites remplaceront cette sainteté que j'aurais dû avoir et que je n'ai point. » S'il vous dit : « Je suis indigné contre toi ; » répondez-lui : « Seigneur, entre moi et ton courroux, je mets la mort de notre Sauveur Jésus-Christ[1] ! »

Il n'y a pas à douter que ces directions ne soient une simple formalité entre les mains de bien des gens, pasteurs ou autres ; comme le sont de nos jours les catéchismes les plus purs, et les exhortations les plus évangéliques. Dans un monde aussi dépravé et aussi sensuel, les meilleurs moyens employés pour le salut des âmes doivent nécessairement être inutiles dans un grand nombre de cas. Mais il est impossible de supposer que celui qui a composé ces pieux conseils n'ait pu être lui-même qu'un simple formaliste. On y voit dans

---

[1] Anselmi opera.

toute sa vérité l'esprit d'un homme qui a profondément senti ce que c'est que de comparaître devant la majesté de Dieu, combien aussi son âme et son corps avaient été souillés par le péché; combien encore il est périlleux de croire à tout autre moyen de salut qu'à la croix de Jésus-Christ. Dans ce manuel précieux, la paix uniquement par le sang du Christ, doctrine fondamentale et vivifiante de toutes les autres vérités du christianisme est clairement annoncée. Et la forme qu'emploie l'auteur, quoiqu'elle ne soit pas, sous le rapport du style, à l'abri de toute critique, montre sa sincérité, son zèle et les convictions de sa conscience. Ceux-là seuls sauront apprécier la vérité essentielle de l'Évangile, qui auront descendu au fond de leur cœur, qui auront scrupuleusement fait l'examen de leur voie, et reconnu toute l'énormité de leurs fautes.

Tout en cherchant la paix du cœur, tout en prêchant la paix aux autres, Anselme fermait les yeux sur les mille théories superstitieuses qui enveloppaient le papisme, et dont lui-même s'était fait l'apôtre. Il aurait cherché sans doute à expliquer la doctrine des mérites des saints et celle de l'efficacité des pèlerinages, de manière à laisser tout son mérite à un simple recours à Jésus-Christ. Telle fut le système de plusieurs théologiens à cette époque. Quant à la profession de foi d'Anselme, elle renferme les doctrines essentielles du vrai christianisme. Aussi n'hésitons-nous pas à reconnaître la piété et la vertu qui firent de lui l'ornement de son siècle, sans cependant corriger entièrement les défauts de son éducation. Son exemple nous fait voir l'inappréciable bienfait de la lecture et de la méditation de la parole de Dieu. Cette lecture et cette méditation faisaient les délices d'Anselme; la parole de Dieu fut « une lumière pour son sentier; et une lampe à son pied. »

Qu'on ne s'étonne donc pas qu'il ait si fortement combattu les dogmes anti-trinitaires de Roscelin. L'homme qui trouve une consolation pour son âme dans le sacrifice du Christ, ne supportera jamais avec indifférence les attaques dirigées contre la dignité du Sauveur, ni le mépris des saintes écritures, dont certains hommes ont contesté la divine inspiration. Le zèle d'Anselme le porta à déjouer ces tentatives dans un ouvrage intitulé : L'imbécille réfuté [1]. Dans ce traité brillent la candeur et l'habileté de l'écrivain. Observons aussi que c'est à cet auteur distingué que l'on doit l'argument faussement attribué à Descartes : Que l'existence de Dieu est prouvée par l'idée de l'infinie perfection, que l'on retrouve, sans exception, dans l'esprit de tous les hommes.

Anselme avait une connaissance si profonde des écritures et il les aimait si sincèrement, que si, sous ce rapport, la cour de Rome lui eût fait une attaque directe, il aurait mieux aimé accuser le pape d'être l'antechrist que de renoncer à ses sentimens évangéliques. Tel fut le cours des événemens, qu'il devint essentiellement important, pour la cour de Rome, d'aimer et d'honorer l'archevêque.

Voici en quels termes il exprime ses vues sur sa propre justification devant Dieu : « Je sais que je « mérite la damnation, et que mon repentir ne « suffit pas pour me racheter ; mais il est certain « que sa grâce abondante surpasse en miséricorde « tous nos péchés [1]. »

Les ouvrages d'Anselme sont en partie scholastiques, en partie empreints de dévotion. Pris ensemble, ils décèlent le génie et la piété. A l'exemple d'Augustin, qu'il paraît avoir choisi pour modèle,

---

[1] Liber adversùs insipientem. *Voyez* la traduction de Mosheim.

il est rempli tout à la fois de profonds raisonnemens sur les matières de la plus abstraite difficulté, et de réflexions pieuses et ferventes sur les devoirs religieux. Mais, pour répondre au plan de cet ouvrage, il vaut mieux citer quelques fragmens de ses livres que d'en analyser la substance.

Dans son traité sur la question : « Pourquoi Dieu s'est-il fait homme ? » Il parle ainsi : « Je vois que « l'homme que nous cherchons comme digne d'être « notre médiateur, doit être homme et Dieu; il ne « peut mourir par la loi de la nécessité, attendu « qu'il est tout-puissant; ni de mort naturelle, puis-« qu'il ne faut pas qu'il soit pécheur; mais il « a dû se sacrifier volontairement, parce qu'il « était nécessaire qu'il le fît, comme médiateur. » — « Comme il fallait un homme pour racheter la « faute de l'homme, personne n'aurait pu satisfaire « la justice divine sans être proprement un homme, « Adam lui-même, ou un de ses descendans. Mais « il était impossible à Adam d'accomplir cette sa-« tisfaction[1]. »

Frappé d'admiration en envisageant la puissance de la croix, il s'écrie : « O dévouement sublime et « mystérieux ! un homme cloué sur une croix a pu « arrêter la mort éternelle qui frappait le genre « humain ! Un homme crucifié a pu vaincre le « monde et punir par la destruction éternelle les « puissances du mal. Influence merveilleuse ! un « homme condamné avec des larrons a pu sauver « des hommes condamnés avec les diables ; un « homme étendu sur la croix a pu attirer toutes « choses à lui ! Mystérieuse puissance ! un homme « à l'agonie a pu tirer des milliers d'âmes de l'en-« fer. Subissant la mort du corps, il a détruit la « mort des âmes[2] ! »

---

[1] Méditations.
[2] Cur Deus homo, lib. II, c 8.

Plus loin, parlant de l'humilité du Christ, il dit[1] : « Tout pauvre qu'il a voulu être, il n'avait point perdu ses richesses. Riche au-dedans, pauvre au-dehors. Par la vertu de son sang nous avons dépouillé les haillons de l'iniquité, afin de revêtir le manteau de l'immortalité. De peur que nous n'osassions pas approcher de celui qui tient tous les trésors dans sa main, il s'est fait pauvre : en d'autres termes, Dieu s'est abaissé jusqu'à prendre notre nature. Afin que l'homme recouvrât les trésors du dedans, c'est-à-dire les biens spirituels, Dieu a consenti à se montrer pauvre au-dehors. Nous aurions manqué au moins d'une preuve de sa tendresse pour nous, s'il ne s'était pas chargé de notre pauvreté, et s'il n'avait pas, pendant quelque temps, supporté cette indigence dont il nous a tirés. »

Ces courts extraits suffisent pour donner au lecteur une idée de la manière dont ce docte prélat savait joindre la dévotion pratique à la théologie scholastique, et puiser de puissans motifs de reconnaissance et de piété dans ces mystérieuses doctrines, toujours regardées par les chrétiens éclairés et sanctifiés comme la gloire principale du christianisme.

Dans la pensée suivante, sur quelques unes des plus sublimes idées de l'Écriture, on voit qu'Anselme porte son attention sur le premier chapitre de l'épître aux Éphésiens : « La révélation du mystère de l'incarnation de notre Seigneur a donné aux anges eux-mêmes un surcroît de dignité. Leur joie habituelle s'est accrue, quand ils ont reçu les hommes à leur sainte communion. Ce n'est pas pour les anges que le Christ s'est sacrifié : cependant c'est à leur profit aussi que la rédemp-

---

[1] II. Cor. VIII.

« tion a porté ses fruits. La haine que le péché
« avait semée entre la nature angélique et la nature
« humaine s'est éteinte, et le salut des hommes a
« réparé en quelque sorte la chute des anges. Tout
« a donc été régénéré, et dans le ciel et sur la terre.
« Mais ceux-là seuls jouissent de ce bienfait, qui
« avaient été élus en Christ et qui y avaient été pré-
« destinés avant la création du monde. Car ceux
« que Dieu a choisis de toute éternité ont été et
« sont toujours en Christ. »

Voici comment il s'exprime sur la vertu et l'efficacité du sacrifice de Jésus : « Christ s'est fait péché à la place de nous, c'est-à-dire qu'il s'est dévoué pour nos péchés. Car, suivant la loi, on appelle péchés les sacrifices offerts en expiation du péché. C'est pourquoi le Sauveur est appelé péché, s'étant immolé pour le péché. Péché originel, péché actuel, il a tout effacé. Par lui s'est accomplie la justice de Dieu; par lui s'est ouvert le royaume des cieux. « Par une seule oblation il a amené pour toujours à la perfection ceux qui sont sanctifiés. » (Héb. X.) Car jusqu'à la fin du monde, c'est assez de cette glorieuse victime pour le salut de tout son peuple. Quand ils pécheraient mille fois, il ne leur faudrait pas d'autre Sauveur, parce que celui-là suffit et purifie toute conscience du péché [1]. »

« Bien que tous les hommes qui avaient besoin
« du salut ne fussent pas tous présens quand Jésus
« opéra la rédemption, cependant tel fut l'effet
« de sa mort, que, malgré les lieux et les temps,
« elle délivra de la condamnation ceux qui sont
« absens et ceux qui sont éloignés [2]. »

---

[1] Cet homme, si saint et si pur, ne cherchait pas à encourager le péché, lorsqu'il exaltait ainsi la paix divine que nous procure le sang du Christ. Lui-même l'avait éprouvée dans son cœur.

[2] Cur Deus homo, lib. II. c. 16.

Il parle avec une grande clarté du Saint-Esprit et de ses opérations. « Le Saint-Esprit est évidem-
« ment proclamé Dieu ; car s'il n'était pas Dieu, il
« n'aurait pas de temple[1]. » « Il souffla sur les disciples et leur dit : «Recevez le Saint-Esprit[2].» C'était
leur dire : « De même que vous sentez ce souffle
« par lequel je vous communique le Saint-Esprit,
« de même sachez que l'Esprit-Saint procède du se-
« cret de ma divinité. »

Il faut l'avouer, les vérités fondamentales du christianisme se retrouvent toutes dans ses écrits. En effet, à part la superstition, si l'on examine l'homme en lui-même, Anselme possède toutes les qualités essentielles de la piété. Ce n'était pas assez pour lui qu'une orthodoxie morte ; c'était à Dieu qu'il aspirait, et dans ses prières il sollicitait la puissance de la doctrine que nous professons. « At-
« tire-moi, dit-il, Seigneur, dans ton amour.
« Comme ta créature, je t'appartiens tout entier.
« Fais qu'en amour je sois aussi tout à toi. Vois,
« mon cœur est devant tes yeux : il lutte ; mais par
« lui-même, hélas ! il ne peut rien accomplir.
« Fais, Seigneur, ce qui m'est impossible. Admets-
« moi dans le sanctuaire de ton amour. Je de-
« mande, je cherche, je frappe. Toi qui m'or-
« donnes de demander, fais que je reçoive. Toi qui
« me conseilles de chercher, fais que je trouve.
« Toi qui m'apprends à frapper, ouvre-moi. A qui
« donc donnes-tu, quand tu refuses à celui qui de-
« mande ? Qui donc trouve, si celui qui cherche
« est déçu ? A qui donc ouvres-tu, si tu fermes à
« celui qui frappe ? Qu'accordes-tu à celui qui ne
« prie pas, lorsque tu refuses ton amour à celui
« qui prie ? C'est toi qui m'a inspiré le désir : puis-
« sent mes vœux être accomplis ! Oh ! mon âme !

---

[1] II. Cor. v.
[2] De processu Spiritûs.

« attache-toi à lui, presse-le par ton importunité
« suppliante. »

Tels sont les soupirs qui ne se peuvent exprimer [1], qui remuaient le cœur d'Anselme, et qui, dans tous les âges de l'Église, ont été connus du vrai peuple de Dieu. Ces soupirs trop ignorés, pour ne pas dire trop méprisés des hommes, sont agréables au roi des cieux, et ne le cèdent en harmonie qu'aux louanges des justes qui sont parvenus à la perfection.

Si l'on s'en rapporte à ses commentaires sur le cinquième, le sixième et le septième chapitres aux Romains, cet homme pieux semble avoir parfaitement compris la loi et l'Évangile; le pouvoir et la souillure du péché qui charge la conscience, et en même temps la vertu réelle et durable de la rédemption par la grâce de Jésus-Christ. Ces vérités sont bien comprises, même des personnes qui n'ont pas de prétention à la science; pourvu toutefois qu'elles aient été éclairées par l'esprit de Dieu; au contraire, ces choses sont voilées aux yeux des hommes qui ont acquis un savoir profond, mais qui sont pleins de confiance dans leurs connaissances, et dont les cœurs ne se sont jamais ouverts à la science spirituelle [2]. L'apôtre des Gentils, saint Paul, a été envoyé pour expliquer ces doctrines importantes. Anselme les a apprises par sa propre expérience, et bien des écrivains les ont développées au long depuis la Réforme.

Anselme a traité la dévotion pratique avec autant de précision que les sujets mystérieux. Il montre ainsi les suites funestes d'un jugement téméraire [3]. « Il y a deux cas dans lesquels nous devons

---

[1] Rom. VIII. 26.
[2] Actes XVI. 14.
[3] Sur Rom. XIV.

« éviter le jugement téméraire : c'est d'abord lors-
« que nous ne sommes pas parfaitement sûrs de
« l'intention de celui que nous sommes disposés
« à blâmer; secondement, quand nous ignorons
« comment la personne que nous blâmons se com-
« portera finalement. Quelqu'un, par exemple,
« se refuse au jeûne, sous prétexte de faiblesse
« physique; imputer son refus à un esprit d'in-
« tempérance, c'est se rendre coupable d'un juge-
« ment téméraire. Je dirai plus : quand son goût
« pour la bonne chère serait reconnu, le censurer,
« comme si son retour à la sainteté était impossi-
« ble, c'est se permettre une censure coupable.
« Ne relevons donc point des fautes douteuses,
« comme si elles étaient certaines; ne reprenons
« même pas les fautes évidentes, en les représentant
« comme irréparables. Les plus prompts à juger
« témérairement les points incertains, sont ceux
« qui prennent le plus de plaisir à se déchaîner con-
« tre le mal qu'à le réparer, et l'esprit de la cri-
« tique lui-même vient de l'orgueil ou de l'envie. »

Quant à la prédestination, ses vues sur ce point
cadrent parfaitement avec celles de saint Augustin.
Une seule pensée nous servira de preuve. « Il n'est
« pas donné de découvrir pourquoi Dieu vient à
« un homme par la voie de la miséricorde, et à un
« autre par la voie de la justice. Car la créature
« ne peut décider pourquoi le Tout-Puissant verse
« les dons de sa miséricorde sur un homme plutôt
« que sur un autre. »

Dans ses commentaires sur le cinquième chapitre de l'épître aux Romains, il fait magnifique-
ment ressortir l'importante doctrine de la justification par la foi à Christ. « Si, selon toute évidence,
« la cité céleste, pour compléter le nombre de ses
« habitans, doit prendre sur la race humaine un
« nombre d'élus à ajouter aux anges qui ne sont pas

« déchus, et si cela est impossible sans que la justice
« divine ait été satisfaite; si Dieu seul peut accom-
« plir cette réparation, si l'homme est obligé en
« bonne justice de s'y soumettre, il s'ensuit que
« le Sauveur doit être Dieu-Homme. » « Le mé-
« chant pèche, et le juste est puni; l'impie of-
« fense et l'homme pieux est condamné. Enfin, le
« mal que fait l'homme, c'est le Christ qui en su-
« bit le châtiment[1]. » En parlant de la corruption
de la doctrine, engendrée par la philosophie erronée du libre arbitre, il dit[2] : « Si, comme le
« disent les sages du monde, la capacité naturelle
« du libre arbitre suffit pour le salut, sous le rap-
« port de la connaissance ou des devoirs pratiques,
« alors Christ est mort en vain, et la Croix n'est
« d'aucun effet. — Mais de même que le salut des
« hommes dépend de la Croix, de même la sagesse
« du siècle est pure folie ; ignorant la vertu de la
« Croix, elle y substitue un fantôme de pouvoir et
« de mérite humain[3]. »

« Nous prêchons la sagesse de Dieu qui était un
mystère, » dit saint Paul. Aussi la vraie doctrine
du salut semble toujours absurde à l'homme naturel. Pour lui les idées de saint Paul et d'Anselme
sont stériles, abstraites, inintelligibles. A ses yeux,
l'expérience chrétienne n'est que fanatisme, et cependant il n'a dans aucun temps manqué d'hommes

[1] Med.
[2] Ici et dans plusieurs autres passages, le mot libre arbitre est employé selon l'usage, quoique l'expression jette une grande obscurité
sur le sujet. Il serait absurde d'appliquer le mot de liberté de la volonté dans le même sens où le mot de liberté s'emploie en général.
Car on attribuera difficilement aux actions humaines une autre idée rationnelle que la volonté. Agir volontairement, c'est agir librement.
Tout acte volontaire entraîne la responsabilité, pourvu toutefois que
la personne soit saine d'esprit. L'homme qui suit l'impulsion de son
gré, est responsable de sa conduite. Voilà l'état de la question. — *Voy.*
l'Essai de Locke sur l'Entendement humain, et Edwards sur le Libre
Arbitre.
[3] Sur I Cor. 1.

de génie et de haute intelligence, qui ont reconnu que l'Évangile du Christ est la puissance de Dieu au salut de ceux qui croient. Anselme fut du nombre. Au milieu des ténèbres de la superstition, il sut produire et poser les bases de la doctrine évangélique. Il en appelle au témoignage des écritures. Aussi faut-il que les hommes qui prennent le titre de protestans, et qui vantent la supériorité des lumières du siècle, réfutent ses argumens, ou confessent qu'ils ne croient pas à la divinité des Écritures.

Il y a long-temps déjà que, dans le monde chrétien, des hommes haut-placés ont publié les théories qui tendent à détruire, soit en partie, soit de fond en comble, la doctrine de la grâce divine. Quels services ont donc rendus à l'humanité ces systèmes et ces théories? Qui d'entre ces philosophes peut être mis en parallèle même avec Anselme, qui, enveloppé d'un nuage d'erreurs et de superstitions, vécut dans l'humilité, dans la sincérité, dans la piété et dans la charité? Ses ennemis mêmes conviennent de la pureté de sa vie. Quel résultat ont donc entraîné les doctrines entées sur la capacité et les propres mérites de l'homme? Nous avons vécu pour voir éclater en France ce résultat. Dès que les idées chrétiennes en furent bannies, ce pays devint un théâtre de malheurs qui s'augmentèrent par les succès militaires. N'établissez-vous donc nulle différence entre défendre et prévenir le crime? répondez, novateurs sans jugement; entre mépriser et comprendre la sagesse de l'antiquité? répondez, philosophes ignorans.

Les faits devraient apprendre aux hommes à ne faire qu'avec une crainte respectueuse des recherches sur la nature et sur les principes du christianisme. Et ceux qui en sentent la force, à quelque degré que ce soit, devraient appeler avec ferveur à leur secours les lumières divines. C'est dans cet esprit de dévotion qu'Anselme a excellé. Plusieurs autres personnages du onzième siècle ont vécu et écrit, animés du même esprit; mais sa supériorité sur chacun d'eux est pour nous un motif de ne pas nous arrêter à leurs ouvrages [1]. L'homme qui, dans ses prières, n'invoquait que l'intercesseur et le médiateur entre Dieu et les hommes, et refusait tout autre appui que celui du Fils de Dieu, cet homme, disons-nous, ne pouvait réellement avoir foi en la vierge Marie, ni aux saints, ni aux anges; c'est au Christ seul qu'il dut croire, bien qu'il soit difficile de concilier ce point de sa croyance avec les pratiques superstitieuses de son époque, pratiques auxquelles il n'est que trop évident qu'il s'est conformé.

« O toi, Père Tout-Puissant, je t'implore par l'a-
« mour de ton Fils Tout-Puissant; délivre mon âme
« de sa prison, afin que je rende grâces à ton nom.
« Affranchis-moi des liens du péché. Je t'en sup-
« plie par ton fils unique, éternel comme toi; — par
« l'intercession de ton bien-aimé fils unique, assis à
« ta droite; rends miséricordieusement à la vie un
« coupable que ses crimes ont mis sous le coup
« de la mort. A quel intercesseur aurais-je recours

---

[1] Il ne serait peut-être pas hors de propos de faire mention ici de Bruno, fondateur de l'ordre sévère des Chartreux. Né à Cologne, il exerça les fonctions d'official et de docteur en théologie à Reims. En 1077, lui et deux autres chanoines accusèrent de simonie Manassès, archevêque de Cologne. Celui-ci, de colère, fit violer et dépouiller les maisons des chanoines dont les bénéfices furent vendus. Il fut cependant légalement déposé. Bruno, à qui l'on offrit l'archevêché vacant, préféra la solitude. On prétend qu'il refusa également l'archevêché de Reggio. Malgré l'étonnante austérité de l'ordre qu'il avait institué, il fut obligé d'assister le pape Urbain II, autrefois son disciple à Reims. A une profonde connaissance du grec et de l'hébreu, il joignait celle des écrits des Pères, et principalement de ceux d'Ambroise et d'Augustin; il s'attacha au système de ce dernier sur la grâce, et commenta les Psaumes et les Epîtres de saint Paul. Sa piété est incontestable. (*Voy.* Butler, vol. x.)

« si ce n'est à celui qui a fait l'expiation de tous nos
« péchés? » — « Ce qui prouve que le fils unique
« de Dieu est homme, c'est qu'il s'efforce de fléchir
« pour moi le Père éternel; le succès de sa mission
« prouve qu'en lui la nature de l'homme s'allie à
« la majesté de la Divinité. »

Voici en quels termes il s'adresse au Fils de Dieu:

« Rédempteur des captifs, sauveur de l'homme
« égaré, espoir de l'exilé, force des malheureux,
« libérateur des esclaves, douce consolation, baume
« suave de l'âme affligée, couronne des conquérans,
« unique récompense, seule joie de tous les habi-
« tans du ciel, source abondante de toute grâce[2]. »

L'Esprit-Saint, il l'interpelle en ces mots:

« C'est toi, Esprit-Saint, que j'implore, car ma
« perversité m'a empêché de comprendre complé-
« tement la vérité de ta majesté, mon endurcis-
« sement dans le péché m'a fait négliger l'obéissance
« aux commandemens de Dieu, même quand je
« les ai bien compris. Viens illuminer mon âme,
« afin qu'à la lueur de ton flambeau, que j'appelle
« à mon secours sur le dangereux océan de la vie,
« je puisse, sans échouer, atteindre au rivage de la
« bienheureuse immortalité[3]. »

En quel langage plus convenable une âme pieuse,
qui aspire à la béatitude réservée au peuple de
Dieu, exhalerait-elle ses ardens soupirs? « Hâte
« l'époque, ô mon Sauveur et mon Dieu, où ce
« que je crois à présent, je le verrai les yeux ou-
« verts; où ce que j'espère maintenant et ce que
« je vénère de loin, je le toucherai comme du
« doigt; où ce que je désire aujourd'hui, suivant

---

[1] Rom. VIII.
[2] Spec. serm. Evang. c. 19.
[3] En rapprochant ce passage des 14e, 15e et 16e chapitres de l'E-
vangile de saint Jean, on pourra se convaincre de l'avantage incompa-
rable qu'il y a à étudier les paroles de la vérité, de préférence à celles
de l'homme.

« la mesure de mes forces, je l'embrasserai de
« toute la tendresse de mon âme; hâte cette
« époque où je serai absorbé tout entier dans ton
« amour[1]! »

Il termine ainsi les prières qu'il adresse à Dieu :
« J'ose solliciter beaucoup de biens, ô mon Créa-
« teur, moi qui peut-être ai mérité beaucoup de
« maux! Je reconnais que, loin d'avoir aucun
« droit à tes bienfaits, je mérite un châtiment ri-
« goureux. Cependant, sachant que les publicains,
« les femmes perdues et les larrons furent en un
« instant arrachés à l'ennemi, et reçus comme des
« brebis égarées au sein du bon pasteur, je sens
« s'élever dans mon âme un espoir vivifiant[2]. »

C'est ainsi que les pécheurs humbles et pénitens
comprennent la grâce divine. La personne du
Christ et la justification par lui sont les seuls élémens et les seuls motifs de leur espérance et de
leur confiance en Dieu.

[1] Spec. sermo, c. 18.
[2] B. Médit.

FIN DU ONZIÈME SIÈCLE.

DOUZIÈME SIÈCLE.

CHAPITRE PREMIER.

COUP D'OEIL SUR LA VIE DE BERNARD.

Le commencement de ce siècle est remarquable par l'éclat dont y brille le fameux Bernard, abbé de Clairvaux. Comme à travers les épaisses ténèbres qui continuent à couvrir cette époque de notre histoire, nous pouvons à peine reconnaître les traces de ces humbles chrétiens, véritables disciples du Christ, qui habitaient les montagnes et les vallées du centre de l'Europe, nous sommes réduits à recueillir le peu de renseignemens que nous pouvons découvrir sur ceux qui étaient attachés à l'Église extérieure. Nous désirerions donner au moins une idée exacte de la vie, du caractère et des écrits de cet homme remarquable; car un travail de ce genre peut non seulement jeter une vive lumière sur la religion et les mœurs de ce siècle, mais encore faire ressortir la relation qui existe entre la doctrine et la pratique de l'Église chrétienne.

Bernard fut à une certaine époque vénéré de l'Europe entière; tant qu'il vécut, ses paroles firent loi, et plusieurs siècles s'étaient déjà écoulés qu'on soupçonnait à peine qu'il pût être accusé de faute ou d'erreur. Mais l'opinion publique est depuis long-temps changée dans un sens opposé.

Bernard fut sans aucun doute un ardent champion des papes de Rome; nous voulons dire de leur pouvoir et non du caractère personnel de chacun d'eux. Il censura les vices des individus et les énormes abus qui signalèrent leur administration ecclésiastique. Néanmoins, il soutint leurs prétentions au pontificat suprême et se déclara avec véhémence contre tous ceux qui s'y opposaient. Bernard partagea malheureusement aussi les idées superstitieuses, fléau de ce temps-là. Ses panégyristes ont pris soin de raconter, avec une exactitude qui ne peut exciter que le dégoût, les pratiques austères auxquelles il se livrait [1]. Ils avouent cependant que plus tard il reconnut qu'il s'était égaré en détruisant sa santé et en exigeant de ses disciples beaucoup trop de travaux et de souffrances.

On ne peut cependant mettre en doute sa sincérité, soit qu'il se fasse remarquer dans sa jeunesse par son zèle extraordinaire, ou plus tard par la franchise et la candeur avec lesquelles il faisait l'aveu de ses fautes [2]. Il alla jusqu'à s'accuser lui-même de sacrilége, parce que l'excessive rigueur qu'il avait déployée dans la pratique des austérités, l'avait rendu presque incapable de servir Dieu et l'Eglise. Quoiqu'il ait été d'une faible constitution jusqu'à sa mort, par suite des souffrances que son corps avait endurées, il paraît avoir pris quelque soin de sa santé dans la dernière partie de sa vie. Les plus graves reproches qu'on puisse de notre temps admettre contre lui, sont fondés sur ses miracles supposés et son dévouement à la cause des croisades; et même la lecture de ses miracles nous a dégoûtés, au point de nous ôter toute intention d'en fatiguer le lecteur.

Bernard fut canonisé : il était alors nécessaire,

---

[1] On compte plusieurs historiens de la vie de Bernard. Leurs panégyriques se trouvent à la fin du second vol. de ses ouvrages. Voir l'édition de Paris de Mabillon.

[2] Vol. 11, p. 1094.

d'après les usages de Rome, qu'un saint eût la réputation d'avoir fait des miracles, et il ne doit pas paraître étrange qu'on en supposât, qu'on en fît la relation circonstanciée, et par conséquent qu'on en imposât la croyance, puisque toutes les parties intéressées favorisaient la fraude et que la crédulité était une maladie universelle. C'est ainsi que soixante ans après la mort d'Ignace, père des Jésuites, on disait qu'il avait fait des miracles, quoique dans l'histoire de sa vie, publiée quinze ans après cet événement, il n'en soit fait aucune mention. Henri III, roi d'Angleterre, passe aussi pour avoir fait des miracles sur la tombe où on le descendit après sa mort, et son nom, peut-être, aurait aussi été ajouté à ceux du calendrier romain, si l'imposture n'avait pas été découverte et publiée par l'énergie et la sagacité de son fils Edouard [1]. Déchargeons donc la mémoire de Bernard de tout blâme à cet égard, tout en avouant que les panégyristes n'auraient pas écrit plus d'absurdités sur son compte, s'ils avaient eu l'intention de déprécier son caractère.

En nous réservant d'exprimer notre opinion sur le but politique des croisades, nous admettons cependant la justice de la cause pour laquelle elles ont été entreprises. Au commencement de ce siècle on vit des armées innombrables quitter l'Europe pour aller prendre possession de la Terre-Sainte; et, malgré les calamités qui ne cessèrent d'accompagner leur marche, les princes de l'Occident persévérèrent dans leur entreprise. C'était pour obéir à une idée superstitieuse et fanatique qu'ils avaient choisi la Palestine pour théâtre de leurs exploits. On voit facilement à combien de malheurs ils furent inévitablement exposés à raison de la dis-

---

[1] Martyrologie, par Fox, vol. I. p. 399.

tance immense qui les séparait de leur pays et de l'absence totale d'une sage prévoyance dans leurs plans. L'Europe a donc par le fait été punie de sa témérité et de sa folie. Ajoutez à cela que, pour avoir répandu tant de sang pour une cause si fantastique, et pour avoir mêlé à d'absurdes superstitions une perversité profane, les Croisés se montrèrent aussi coupables qu'ils furent ridicules. Mais lorsqu'il s'agit de savoir s'ils avaient de justes motifs pour attaquer les Mahométans, nous ne pouvons nous décider contre eux d'une manière aussi tranchée que l'ont fait la plupart des historiens modernes. Peut-être a-t-on trop légèrement ajouté foi aux récits de ces écrivains incrédules qui, sans s'appuyer sur des recherches scrupuleuses, ont vanté les vertus des Arabes. Il est certain que dans les guerres qui eurent lieu entre les Arabes et les Chrétiens, les principes de justice et d'humanité furent plus souvent violés, et d'une manière bien plus atroce, par les premiers que par les derniers. Quoique très dégénérée depuis plusieurs siècles, la religion chrétienne enfantait encore des vertus sociales tout à fait inconnues aux sectateurs de Mahomet. Un orgueil sauvage, une astuce sanguinaire, et une perfidie effrontée, voilà, à très peu d'exceptions près, les qualités qui distinguaient ces hommes que certains écrivains, affectant une hypocrite candeur, préfèrent aux guerriers chrétiens.

On doit se souvenir que les Mahométans, dès la première publication du Koran, se dirent appelés par le Très-Haut à la possession du monde entier, et que les peuples qui n'ont pas voulu embrasser leur croyance sont continuellement menacés de la perte de leur religion, de leur existence, ou tout au moins de leur liberté. Dans le cours du onzième siècle, moins de trente années suffirent aux Turcs, successeurs des Arabes, politiquement et religieusement parlant, pour soumettre à leurs armes toute l'Asie jusqu'à l'Hellespont[1]. Cependant le même auteur qui nous cite ce fait ajoute que le reproche adressé aux Mahométans de vouloir détruire toutes les religions par le fer, est réfuté par le Koran, par l'histoire des conquérans musulmans et par la tolérance du culte chrétien. Cette remarque paraît peu s'accorder avec le fait rapporté plus haut. Vivre dans l'esclavage sous le joug des Turcs, voilà quelle était la grâce accordée aux Chrétiens qui avaient succombé dans le combat. Or, comme les Musulmans avaient commencé à mettre leur doctrine en pratique en s'avançant jusqu'au détroit de Gibraltar; comme les pèlerins de la Terre-Sainte étaient de leur côté exposés à mille insultes, vols et extorsions; comme les Sarrasins et les Turcs n'avaient cessé, depuis l'origine de l'Islamisme, de suivre les mêmes maximes; comme enfin, par suite du peu d'union qui existait entre les princes de l'Europe pour arrêter le torrent, les Arabes avaient ravagé une grande partie de l'Europe elle-même, il nous semble conforme aux lois des nations de conclure que les puissances chrétiennes avaient le droit de résister à leurs vues ambitieuses. Si cette conclusion paraît juste, elle doit suffire pour absoudre Bernard de l'accusation d'iniquité portée contre lui, parce qu'il a encouragé les croisades[2]; en prêchant sur ce sujet, ses intentions, sans aucun doute, ont dû être et ont été bonnes, et il aurait été seulement à désirer que les expéditions des princes chrétiens fussent plutôt dirigées dans le but de se défendre que dans celui d'attaquer, et pour obéir à un enthousiasme guerrier. Au reste, nous ne sommes pas appelés à

---

[1] Voir Gibbon, chap. 58, vol. VI.

[2] Mais, il faut le dire, ce n'est pas d'après ces principes que Bernard envisageait les Croisades, et l'on ne saurait plaider ce moyen en

défendre Bernard comme homme politique, mais à exposer ses principes chrétiens.

Bernard naquit à Fontaine, village de Bourgogne, et était fils de Técelin qui s'était distingué dans le métier des armes; il était renommé pour sa piété, relativement toutefois aux idées religieuses qui dominaient dans ce siècle[1]. Le même caractère est attribué à Alette sa mère, qui eut sept enfans dont il fut le troisième. Dès son enfance il se dévoua à la religion et à l'étude, et fit de grands progrès dans l'éducation qu'on recevait à cette époque. Il prit de bonne heure la résolution de se retirer du monde, et engagea tous ses frères et plusieurs de ses amis à entrer dans ses vues. Il préférait les règles les plus sévères et devint Cistercien, celui des ordres de France dont la règle était la plus rigide. Les Cisterciens étaient alors peu nombreux, car ils repoussaient par leurs excessives austérités ceux qui auraient désiré entrer dans l'ordre. Quoi qu'il en soit, la supériorité du génie de Bernard, sa grande piété et son zèle ardent, acquirent a cet ordre une célébrité qu'il ne méritait nullement. A l'âge de vingt-trois ans il entra au monastère avec plus de trente de ses camarades. Plusieurs couvents de l'ordre des Cisterciens s'élevèrent bientôt et Bernard fut lui-même nommé abbé de Clairvaux[2]. Il avait coutume de dire à ceux qui voulaient être reçus comme novices : « Si vous êtes pressés d'être admis aux pratiques de notre ordre, abandonnez le corps que vous apportez de ce monde, et laissez entrer l'esprit seul : la chair ne profite à rien. » Avis qui ne respire nullement la bonté et la douceur de notre Sauveur[3] envers

---

[1] Vie de Bernard par Guillaume, 1077.
[2] Vie de Bernard, 1083.
[3] Mathieu, IX. 14—17.

ses disciples, et que nous n'avons rapporté que pour faire voir quels étaient les sacrifices qui attendaient ceux qui voulaient se livrer aux études religieuses et se vouer à la piété. Cependant au milieu des pratiques les plus austères, Bernard paraît avoir été intérieurement enseigné de Dieu, et à mesure qu'il avança dans la vie religieuse, il apprit à corriger l'aspérité de ses principes. Voyant que les novices étaient épouvantés de la sévérité de ses exhortations, il leur prêchait la résistance à la convoitise charnelle, et les guidait dans cette règle de conduite avec une douceur et une indulgence qu'il n'exerçait pas certainement vis-à-vis de lui-même. Ses pratiques monastiques altérèrent considérablement sa santé, et, comme il l'avoua dans la suite, il sema d'écueils le sentier du faible, en exigeant de lui des pratiques auxquelles il n'avait pu lui-même arriver. Il avait engagé ses cinq frères à vivre comme lui dans la retraite; mais sa sœur ne voulut pas abandonner le monde. Un jour qu'elle était venue au monastère en grande toilette et avec tout l'extérieur d'une dame de qualité, elle reçut de ses frères un accueil tellement froid, qu'elle dit en fondant en larmes : « Je suis pécheresse, il est vrai, mais n'est-ce pas pour des pécheurs comme moi que Jésus-Christ est mort? » Bernard, ému par ce reproche fait en termes si évangéliques, devint moins sévère, et lui donna des instructions appropriées au goût de ce temps. Le misérable écrivain que nous avons sous les yeux n'en fait aucune mention; les pratiques extérieures forment toute sa théologie, et il termine son récit en disant que la sœur de Bernard se fit religieuse et rivalisa de piété avec ses frères [1].

Cependant, Bernard ayant gravement altéré sa

[1] Vie de Bernard, 1090.

santé par ses absurdes rigueurs, et se voyant obligé d'en prendre plus de soin, eut enfin honte de sa folie, et l'avoua franchement dans les termes les plus forts [1]. Il recouvra sa vigueur, et se mit à prendre de l'exercice et à voyager de pays en pays, pour contribuer au bonheur de l'espèce humaine. On est frappé d'étonnement lorsque l'on considère quel empire il avait sur l'esprit des hommes de tout rang, et quelle était l'autorité de sa parole auprès des grands et des princes. Son éloquence, il est vrai, était peu commune, mais seule elle n'aurait jamais pu lui assurer un pouvoir aussi étendu. Sa sincérité et son humilité étaient remarquables, et par sa persistance à refuser les plus hautes dignités ecclésiastiques, il donna, eu égard à la position qu'il occupait dans le monde, un témoignage non équivoque de la droiture de son esprit. En disant eu égard à sa position dans le monde, nous ne prétendons pas insinuer que l'acceptation des hautes dignités ecclésiastiques soit toujours dictée par l'avarice ou l'ambition. Parmi les archevêchés qu'il refusa, on cite ceux de Gênes, de Milan, et de Reims.

Pendant un schisme qui éclata dans l'Église romaine, Bernard détermina Louis VI roi de France, et Henri I roi d'Angleterre, à embrasser le parti d'Innocent II. C'est une des nombreuses preuves de l'influence qu'il exerça dans plusieurs négociations entamées, suivant lui, pour le bien de l'Église, mais dont le détail est tout-à-fait étranger au but de notre histoire.

Ce qui distingua éminemment le caractère de Bernard au milieu des honneurs qui lui furent prodigués, c'est son humilité : quoique nul potentat, laïque ou ecclésiastique, n'eût dans le monde chré-

---

[1] Vie de Bernard, 1094.

tien une autorité égale à la sienne, et qu'il occupât la première place dans l'opinion de ses contemporains, il se mit toujours à la dernière.

Il avait coutume de dire, et il pensait ce qu'il disait, qu'il n'avait ni la volonté ni le pouvoir de rendre les services dont on lui savait tant de gré, mais qu'il n'avait fait qu'obéir à l'influence de la grâce divine.

Pendant les loisirs que lui laissaient les affaires ecclésiastiques, il méditait les cantiques de Salomon.

L'amour du Christ pour son église, sa grande condescendance envers elle, malgré tous les péchés dont elle s'est souillée et déshonorée, l'affection de l'Eglise pour son divin Sauveur en retour de ses bontés, et les prémices de l'amour qu'il lui a témoigné, quoiqu'elles aient été mêlées d'interruptions et d'anxiétés, telles étaient les pensées qui fixaient alors son attention, et au sujet desquelles il écrivit d'une manière que l'expérience seule peut inspirer [1].

L'auteur d'une autre vie de Bernard nous parle des dignitaires de l'Eglise qui avaient fait leurs études dans le monastère de Clairvaux [2]. Mais comme nous n'en connaissons qu'un seul, il nous suffira de nommer le pape Eugène III. De la condition de moine il s'éleva à la plus haute dignité ecclésiastique. Cependant il continua à suivre les pratiques du couvent autant que le lui permettait sa position élevée. Il existe encore cinq écrits que lui adressa Bernard; ils sont empreints d'un cachet de piété sincère qui prouve que l'abbé n'avait aucun égard aux personnes. Le pape lui-même fut irréprochable dans sa conduite, eut

---

[1] Vie de Bernard, 1123.
[2] Vie de Bernard, par Ernald, 1127.

toujours du respect pour l'abbé, fut zélé serviteur de Dieu, et paraît enfin avoir été supérieur à la plupart des papes.

Le plus grand reproche qu'on puisse faire à Eugène, c'est d'avoir paru accepter la papauté sans aucun scrupule. Mais il n'appartient pas à l'homme de mesurer la part d'ignorance et de superstition compatible avec l'existence d'une piété sincère. Eugène fut élevé au pontificat en 1145 et gouverna dix ans dans un état de splendide misère. Les querelles et les factions bouleversèrent son gouvernement; il fut obligé de s'enfuir de Rome et de se réfugier en France pour échapper à la fureur de ses ennemis. Ce fut probablement la grâce, sous les dehors du malheur, qui ne lui permit pas de goûter les douceurs du pouvoir et de la grandeur.

Théobald, comte de Blois, frère aîné du roi d'Angleterre, fut aussi très souvent guidé par les conseils de Bernard, et fit preuve d'un caractère vraiment extraordinaire. Quoique prince puissant, il vécut dans l'abstinence et la simplicité. Il ne permettait devant lui ni paroles ni actes indécens [1]. Sa générosité et son empressement à secourir les affligés étaient admirables. Pendant une famine il ouvrit ses greniers aux pauvres; sa vie enfin fut vouée à soulager l'espèce humaine. Il faut toutefois que nous nous contentions des détails de sa vie extérieure, donnés par un auteur qui ne fait aucune mention de la piété intérieure de ses héros. Théobald eut aussi sa part d'afflictions; mais telle est l'obscurité de nos matériaux, que nous ne pouvons rien préciser à cet égard.

Les talens que montra Bernard dans la prédication furent sans aucun doute du premier ordre. Il savait faire servir la conversation à un but salu-

---

[1] Vie de Bernard, 1129.

laire, et remplaçait les sujets frivoles dont on s'occupe dans les réunions par quelques autres plus sérieux, quoique cependant agréables; et par la variété de ses talens il savait parler aux grands et aux petits. Sur l'ordre du pape ou à la demande de tout évêque, il avait l'habitude d'aller prêcher dans différens endroits, et l'impression qu'il laissait aux assemblées de fidèles qui accouraient de toutes parts pour l'écouter témoignait du pouvoir de son éloquence [1].

La croisade de Louis VII, dit le Jeune, fut encouragée par la voix éloquente de Bernard, qui malheureusement entraîna beaucoup de monde à la suite de ce monarque. Louis VII fut en effet le chef de cette expédition si féconde en malheurs de toutes sortes [2]. Si Bernard n'avait pour se justifier que les absurdités débitées par Gaufrid, il faudrait avouer qu'il est tout-à-fait inexcusable. Mais nous le verrons plaider lui-même sa cause, quand nous examinerons ses écrits dans le cours de cet ouvrage.

CHAPITRE II.

BERNARD DÉFEND LES VÉRITÉS ÉVANGÉLIQUES ATTAQUÉES PAR ABEILARD.

On pourrait difficilement apprécier le mérite de la controverse qui s'éleva entre ces deux hommes célèbres, sans connaître préalablement quelques détails de la vie et des actes du dernier.

Pierre Abeilard naquit en Bretagne, l'an 1079 [3].

---

[1] Vie de Bernard par Gaufrid.
[2] *Id.* 1137.
[3] Nous avons emprunté à M. Berington plusieurs faits et plusieurs circonstances rapportés par lui dans son histoire d'Abeilard. Il est

Il fut sans aucun doute un homme de génie et de savoir. Jeune encore, il reçut les leçons de Roscelin, cet habile dialecticien dont nous avons déjà parlé, qui, mêlant aux idées chrétiennes les subtilités de sa philosophie, s'écarta de la simplicité de la foi, et fut condamné pour trithéisme vers la fin du siècle précédent.

En fait de suffisance, Abeilard pouvait se passer des conseils d'un tel maître. Naturellement présomptueux et plein de confiance en lui-même, enflé de ses succès et beaucoup trop vaniteux pour se rendre à la simple vérité, telle qu'elle est révélée dans l'Écriture, dès le commencement de ses études bibliques il se montra disposé à embrasser avec ardeur les doctrines du mensonge. Après avoir brillé dans les écoles de philosophie et s'être distingué autant par la vivacité de son esprit que par son amour de la controverse, il suivit les leçons théologiques d'Anselme [1]. On ne dit rien du mérite de ses cours, mais le profond mépris avec lequel Abeilard en parle suffit pour les relever un peu dans notre opinion. Quoique ce dernier eût peu étudié les livres sacrés, il ne tarda pas à se déclarer contre son professeur, qui, suivant lui, déraisonnait et n'avait pas le sens commun : il soutint de plus qu'avec le secours d'un simple interprète les saintes Écritures étaient intelligibles pour ceux même qui étaient le moins versés dans les lettres. « Vous sentez-vous capable d'expliquer les Écritures? » lui demanda un de ses amis. « Quand vous voudrez, je suis prêt, répondit-il; choisissez le livre qui vous conviendra, dans l'ancien ou le

inutile d'observer que nous ne partageons nullement son opinion à l'égard de ce personnage. Ce désaccord n'a rien que de naturel entre deux hommes qui en théologie ont à peine un principe commun.

[1] Il ne faut pas le confondre avec l'archevêque de Cantorbéry du même nom.

nouveau Testament : tout ce que je vous demande, c'est de me laisser consulter un seul commentaire. » Ils choisirent aussitôt la prophétie d'Ezéchiel, celui d'entre tous les prophètes dont les prédictions sont le plus difficiles à comprendre. Il passa la nuit à l'étudier, et le lendemain matin il déclara qu'il était prêt à disserter sur les écrits du prophète. « Ce « n'est pas par de lentes et laborieuses études, di- « sait-il, mais à force de génie que je veux me ren- « dre maître des sciences. » Il parut en public, fit plusieurs leçons sur Ezéchiel et excita l'admiration de son ignorant auditoire.

Jusqu'ici tout paraît se passer comme dans les temps modernes. C'est la même confiance de jeune homme, accompagnée du même aveuglement et de la même dépravation, qui a concouru à former de nos jours beaucoup d'écrivains et de prédicateurs sociniens et pélagiens, qui dans l'âge de vingt à trente ans méprisent hautement la sagesse des anciens, et l'autorité des hommes justement célèbres pour leur sens, leur savoir et leur sainteté : ils se sont laissé diriger par des innovateurs présomptueux et superficiels, qui sont souvent assez habiles pour tromper ceux qui sont sans méfiance et qui ne se tiennent pas sur leurs gardes. La prétention d'enseigner aux jeunes étudians ecclésiastiques à penser pour eux-mêmes est un des appâts qu'ils ont employés avec le plus de succès. Toutefois il est à remarquer que presque tous ceux qui ont embrassé ces principes n'ont jamais pu se soustraire à leur influence. Un esprit qui a trop de confiance en lui-même entraîne naturellement la pensée dans les opinions le plus audacieusement opposées aux doctrines de l'Évangile, en même temps qu'il nous conduit au genre de vie qui nous éloigne le plus de ses préceptes. Une fois que l'homme méprise l'influence de l'Esprit-Saint, il est dangereusement abandonné à ses propres desseins et exposé aux ruses du prince des ténèbres. La doctrine et la pratique sont intimement liées l'une à l'autre. Celui qui a une haute opinion de lui-même est facilement disposé à faire peu de cas de la grâce divine, et l'histoire d'un homme comme Abeilard peut être très utile, parce qu'elle peut enseigner la modestie à la jeunesse, et montrer que les Écritures saintes doivent être étudiées avec respect, humilité et prière.

Abeilard fut assez vil pour séduire une jeune fille nommée Héloïse qui était élevée à Paris par les soins de son oncle. Ces deux noms sont très connus, et nous nous éloignerions tout-à-fait du but de notre histoire en retraçant les faits honteux qui les concernent. Nous observons toutefois que les principes de la grâce sont seuls suivis d'une pratique sainte. Celui qui ne se reconnaît pas pécheur et ne sent pas le prix de la grâce de Jésus-Christ, se fait un jeu du péché et appelle habituellement le mal bien et le bien mal, quelqu'étalage qu'il fasse de son respect pour la vertu. Cette malheureuse, fière de sa honte, ne cacha pas qu'elle regardait comme un honneur pour elle de vivre dans un commerce illicite avec un personnage aussi célèbre qu'Abeilard. On a peine à croire combien le péché égare et endurcit le cœur. Le saint roi David fut lui-même un moment son esclave, et il ne fallut rien moins que la grâce divine pour le délivrer.

Aveuglés par la concupiscence, Héloïse et Abeilard n'éprouvèrent aucun remords pour la conduite infâme qu'ils tinrent envers leur oncle, dont ils trompèrent la confiance, et dont ils payèrent les bontés de la plus vile et de la plus noire ingratitude. Cette intrigue n'empêchait pas Abeilard d'étudier et d'expliquer les prophètes, et de continuer non pas à prêcher « le Seigneur, mais à se prêcher lui-même, » comme il avait toujours fait. Il eût été heureux pour la chrétienté que de tels théologiens n'eussent jamais reparu depuis. Voilà cependant qu'elle est la manière d'agir de ces hommes qui spéculent à leur aise sur la religion et s'en font un marche-pied pour parvenir aux honneurs et à la richesse. Ils ne rougissent pas de se charger de l'interprétation des saintes Écritures, tout en se laissant aller à la convoitise de la chair. Les hommes qui prennent au sérieux le salut de leur âme n'agissent pas ainsi. Ils peuvent être peu avancés dans la science des livres saints, mais leurs pas sont assurés. La religion est pour eux une affaire d'expérience intime, et ils le montrent par leur conduite. —Jetons un voile sur les détails de cette horrible histoire; qu'il nous suffise de dire que les ambitieux projets d'Abeilard furent déjoués, et qu'il cacha la fin de sa vie dans l'obscurité d'un cloître, ainsi que la malheureuse Héloïse [1].

L'ambition et l'activité d'esprit d'Abeilard le portèrent de nouveau à des études théologiques. Parmi les pères de l'Eglise, Origène était celui qu'il préférait. Imbu des principes professés par Celin, il se mit à philosopher en public sur les doctrines de l'Evangile, et composa en trois volumes une Introduction à la Théologie, ouvrage dans lequel il essaya de donner une explication des saints mystères de la religion chrétienne, beaucoup plus facile à comprendre pour la raison humaine que celle des Pères. Il s'attacha surtout à prouver que la doctrine de la Trinité était connue des anciens philosophes et qu'elle leur avait été révélée en récom-

[1] On ne doit pas oublier la cruauté commise à l'égard de ce malheureux, et ce seul souvenir doit adoucir la sévérité des reproches qu'il a mérités : le péché d'Abeilard fut une des conséquences des restrictions papistiques.

pense de leurs vertus. Voilà certainement un langage bien différent de celui des Ecritures, qui ne parlent jamais des philosophes que pour nous mettre en garde contre leur séduction, et qui regardent leurs principes comme tout-à-fait opposés à ceux de l'Evangile. Il n'est pas nécessaire d'entretenir le lecteur des blasphèmes et des doctrines erronées soutenues par Abeilard, mais il faut cependant ajouter, qu'après avoir rejeté la doctrine de l'Ecriture sur l'expiation, Abeilard prétendit que le but de l'incarnation était d'éblouir le monde par l'éclat de la sagesse du Christ, et de l'enflammer de la sagesse de Dieu.

Il définit la foi une opinion, ou un système sur des choses qu'on n'a pas vues. « Comme si, « dit Bernard, un homme pouvait, en matière de « foi, penser et dire ce qui lui plaît, et comme si « quelque doute pouvait s'élever sur la nature des « sacremens de la foi[1]. « L'esprit rend témoignage « à notre esprit que nous sommes des enfans de « Dieu. » Tous les objets de foi sont établis par les « prophéties et les miracles, et consacrés par l'in- « carnation, la mort sanglante et la glorieuse ré- « surrection du Rédempteur. Qui pourrait donner « à un principe aussi sacré que la foi à l'Evan- « gile le nom vil et dégradant d'opinion, si ce n'est « l'homme qui n'a pas reçu l'inspiration de l'Es- « prit-Saint, qui ignore les saints Evangiles ou « qui les regarde comme des fables ? » La différence entre la foi divine et la foi humaine dans la religion chrétienne se trouve ici justement établie par Bernard.

Dans un autre ouvrage Abeilard s'exprime ainsi : « Quoique depuis le temps des apôtres, nos docteurs

---

[1] Nous indiquons ici par avance les sentimens de Bernard : on retrouvera plus tard ses argumens contre Abeilard, alors que nous ferons le récit de l'opposition qu'il éleva contre cet hérétique.

« différent de sentimens, je pense que le diable
« n'eut jamais un pouvoir direct sur l'homme,
« mais une influence que Dieu tolère, un pouvoir
« de geôlier[1], et que le fils de Dieu ne s'est pas
« incarné pour délivrer les hommes de l'escla-
« vage. »

Il affirme que l'influence continuelle de la grâce divine n'est pas nécessaire pour l'accomplissement d'une bonne action, ce qui est contraire au sens de la parabole de la vigne et de ses branches, ainsi qu'à l'explication donnée par le Seigneur lui-même dans l'évangile de saint Jean, chapitre xv. Il semble qu'il eût été impossible à un théologien qui aurait eu quelque idée du pouvoir de la dépravation naturelle à l'homme, d'avancer et de publier des opinions comme celles d'Abeilard. S'il avait gardé ses pensées, ou même si modestement il avait cherché à s'éclairer et présenter ses doutes au jugement de personnes plus versées que lui dans les recherches théologiques, ses opinions ne lui eussent pas attiré une censure publique.

Mais Abeilard se posait comme professeur, et pourtant, on le demande, à quelle doctrine fondamentale de la religion chrétienne ne s'était-il pas opposé? Les principes de la Trinité avaient été dénaturés sous sa plume, et confondus avec les théories des philosophes. La rédemption du Christ, sur laquelle est fondée l'espérance et la consolation de tout vrai chrétien de tout temps, avait été par lui mise en doute. Il avait considéré l'influence efficace de la grâce divine, comme inutile, au moins en beaucoup de cas; et l'état de chute où l'homme se trouve, il ne l'avait jamais reconnu. S'il avait du moins abjuré le christianisme, en même

---

[1] Il fausse évidemment le sens des anciens docteurs, qui n'ont jamais attribué d'autre pouvoir à Satan : mais, au moyen de cette fiction de principes, il met en avant ses argumens contre la doctrine de la rédemption.

temps qu'il refusait de croire à la doctrine fondamentale de l'Evangile, il n'aurait pas exposé le faible et l'imprudent à subir l'influence de ses principes. Mais tant de candeur et de franchise ne sont pas le partage des fourbes; la droiture et la stricte vérité, en matière religieuse, peuvent à peine se rencontrer, si ce n'est chez les hommes qui sont humbles envers Dieu et sanctifiés par la vérité qu'ils tiennent de lui. Il est facile de voir qu'Abeilard ne s'appelait chrétien que parce qu'il savait que ses écoles eussent été désertes, s'il avait agi ouvertement et honnêtement. A moins qu'il ne soit possible de prouver que les vérités fondamentales de l'Ecriture n'existent point et que toutes les manières de penser sont également indifférentes, on doit avouer qu'il convenait aux chefs de l'Eglise, même par un sentiment de piété et de charité, de prendre connaissance de cette apostasie naissante.

Abeilard fut sommé de comparaître à un concile qui fut tenu à Soissons et dont la procédure fut empreinte de l'esprit de domination du papisme. Il fut accusé de professer le trithéisme et d'avoir avancé que Dieu le père était seul tout-puissant. Non seulement ses erreurs furent mises en évidence, et dénoncées à la chrétienté comme dangereuses, mais encore il lui fut ordonné de brûler ses livres et de réciter le symbole d'Athanase. Il satisfit à ces deux injonctions, et après une réclusion de courte durée il fut rendu à la liberté. — Nous n'avons pas l'intention de défendre la conduite arbitraire du concile. Elle fournit à Abeilard un vaste champ de récrimination, et dans la relation qu'il fit lui-même de son procès, il déclame longuement sur l'iniquité et la fierté du synode. Ses invectives pleines d'acrimonie, ses airs de triomphe pour quelques faibles avantages qu'il avait obtenus dans le cours des débats, la subtilité de ses objections, et par-dessus tout son adresse à éluder les points principaux de la controverse, voilà ce qui frappe l'attention dans son récit, et ce qu'on retrouve si exactement dans la conduite des sophistes modernes, que nous ne prendrons pas la peine de nous en occuper.

Abeilard publia aussi un Commentaire sur l'Epître aux Romains, dans la préface duquel il se livre à des observations sur la valeur comparée des Evangiles et des Épîtres. Il pense que les premiers sont destinés à enseigner les préceptes que tout chrétien doit connaître, et que les secondes doivent servir à fixer notre attention sur ces mêmes préceptes et nous apprendre à les mettre en pratique. « Ces derniers, dit-il, contiennent des enseigne-
« mens et des avertissemens salutaires qui, sans être
« des articles de foi, embellissent la religion chré-
« tienne et développent sa doctrine. » Faire prévaloir l'autorité de certaines parties des Ecritures comparées à d'autres, tel est l'usage suivi par les Sociniens, comme si tous les livres sacrés écrits par les saints hommes de Dieu n'avaient pas reçu de l'Esprit-Saint une mesure égale d'autorité et d'authenticité. Nous ne croyons pas nécessaire de nous occuper plus longuement de ce commentaire ; l'exposé que nous venons de faire des opinions de l'auteur suffira au lecteur pour lui en faire préjuger le contenu.

Bernard étant allé, vers 1138, visiter le couvent du Paraclet dont Héloïse était la supérieure, frappa d'admiration l'abbesse et les religieuses par l'éloquence de sa parole. Il lut et approuva les statuts et la règle du couvent rédigés par Abeilard. Il censura seulement une phrase de l'oraison dominicale qu'il entendit répéter. Au lieu de l'expression ordinaire de *quotidien*, dans ce passage « donnez-nous notre

« pain quotidien, » on avait enseigné aux religieuses à dire notre pain *transsubstantiel*. Abeilard semble avoir voulu adopter l'étymologie du mot grec [1], séduit peut-être par les chimères d'Aristote au sujet de la substance.

L'esprit droit de Bernard, s'attachant plutôt à la raison et à l'utilité qu'au bruit et à l'éclat, se révolta contre cette innovation, et, tout en parlant d'Abeilard avec respect et en faisant l'éloge de plusieurs choses relatives au couvent, il désapprouva hautement l'emploi de ce terme. Quand Abeilard apprit cela, son orgueil en fut choqué; il écrivit à Bernard une véhémente apostrophe, et il essaya de justifier l'emploi du mot *transsubstantiel* en cherchant à prouver que l'autorité de saint Mathieu était supérieure à celle de saint Luc. Ici l'on voit encore paraître l'esprit socinien qui s'efforce toujours de faire prévaloir une portion quelconque de la sainte Écriture. Il paraît que ce fut à cette occasion que s'éleva la première dispute entre Bernard et Abeilard. En effet, nous ne voyons jusqu'à présent rien qui prouve d'une manière décisive que le premier ait attaqué les publications de l'autre. Au contraire, Bernard était loin d'avoir une opinion arrêtée sur le caractère théologique d'Abeilard, et nous verrons bientôt de nombreuses preuves de la circonspection et de la charité de Bernard.

La petite anecdote que nous venons de raconter est peu de chose en elle-même, si l'on peut traiter ainsi un fait qui met au grand jour le caractère de l'homme, et fait voir la relation qui existe entre la doctrine et le caractère. Cette relation ne parut jamais aussi évidemment que dans les actes de la vie d'Abeilard.

Le concile de Soissons fut tenu dans l'année 1121, et ce ne fut que long-temps après que Bernard s'occupa sérieusement des erreurs d'Abeilard,

---

[1] Ἐπιούσιον.

soit qu'il n'eût pas entendu parler de la controverse, soit qu'il n'eût pas jugé à propos de donner son opinion à ce sujet. Cependant Abeilard ayant continué à prêcher ses hérésies, malgré ses rétractations, elles finirent par attirer l'attention de Bernard.

Vers l'an 1139 [1] à peu près, Guillaume, abbé de Saint-Thierry, alarmé des progrès toujours croissans de la doctrine d'Abeilard, écrivit à Geoffroy, archevêque de Chartres, et à Bernard, pour les engager à prendre la défense des saintes vérités. « Dieu sait si je suis consterné, dit-il, lorsque je « pense que moi, « qui suis un ver et non un « homme[2], » je suis obligé d'éveiller votre zèle et « celui des autres pour une cause aussi urgente, et « pour la défense de laquelle vous avez gardé le si- « lence, vous tous dont le devoir était cependant « de parler. Quand je vois la foi gravement et « dangereusement attaquée, sans résistance ni op- « position, cette foi consacrée par le sang de Jésus- « Christ, soutenue jusqu'à la mort par les apôtres « et les martyrs, et défendue par les saints prédi- « cateurs avec tant de fatigues, j'éprouve une émo- « tion qui m'oblige à parler. Je donnerais ma vie « pour elle, si cela était nécessaire. Ce ne sont « point des articles de foi de peu d'importance que « je recommande à votre attention : ce sont ceux qui « ont rapport à la sainte Trinité, à la personne du « Sauveur, au Saint-Esprit, à la grâce de Dieu et « au sacrement de notre commune rédemption. « Abeilard enseigne de nouvelles doctrines; ses « livres traversent les mers et franchissent les « Alpes; sa doctrine sur la foi est répandue dans « toutes les provinces et dans tous les royaumes, « prêchée devant des assemblées nombreuses et

---

[1] Bern. Opera, vol. 1, p. 303.
[2] Psaume XXII, 6.

« défendue publiquement. Je le dis à chacun de
« vous, votre silence est tout à la fois dangereux
« pour vous et pour l'Eglise de Dieu. Croyez-moi :
« le monstre est encore dans l'enfantement; mais,
« si vous n'y mettez ordre, il donnera le jour à un
« serpent venimeux qu'on ne pourra conjurer en
« aucune manière.

« J'ai eu dernièrement entre les mains la Théo-
« logie de Pierre Abeilard, et j'avoue que la lec-
« ture en a été curieuse pour moi. Je vous envoie
« les volumes avec des remarques de ma main :
« vous y verrez vous-même s'ils contiennent de
« justes motifs d'appréhension. Comme les nou-
« veaux termes et les nouvelles idées ont jeté le
« trouble dans mon esprit, et comme je ne sais à
« qui communiquer mes pensées, je m'adresse à
« vous, pour vous supplier de prendre la défense
« de Dieu et de l'Eglise latine tout entière.

« Cet homme vous craint et il respecte votre au-
« torité. Presque tous les défenseurs des vérités
« saintes étant morts, un ennemi domestique s'est
« glissé dans le sein de l'Eglise abandonnée des
« fidèles : sa manière d'enseigner est étrange; il agit
« avec les Ecritures comme avec la logique : il y
« mêle ses propres innovations. C'est un censeur, et
« non pas un disciple de la foi; il la suit, mais il
« prétend la corriger. »

Guillaume parle ensuite des fausses doctrines
qu'il a découvertes, et promet « d'écrire plus lon-
« guement sur ce sujet, avec l'aide de celui qui
« est le maître de notre vie et de nos paroles. Je
« crains peu, dit-il, de vous avoir offensé par mon
« langage, si ma doctrine ne vous déplaît pas, si
« j'ai réussi à vous faire partager l'émotion que
« j'éprouve; j'espère qu'elle sera telle que vous ne
« reculerez devant aucun moyen d'attaquer Abei-
« lard en face. J'ai eu de l'amitié pour lui, et je

« désire en avoir encore, Dieu m'en est témoin ;
« mais, dans une pareille occurrence, je ne con-
« nais ni parens ni amis. »

Bernard lut le livre qui lui avait été envoyé par Guillaume, et lui fit cette réponse : « Je regarde
« votre zèle comme juste et nécessaire. Le livre
« que vous m'avez envoyé est la preuve qu'il ne
« s'est pas mal employé. Vous y fermez la bouche
« aux contradicteurs ; et, quoique je n'aie pas ap-
« porté à cette lecture toute l'attention que vous
« désirez, je vous avoue cependant que je l'ai
« faite avec plaisir, et que j'ai trouvé vos argu-
« mens solides et convaincans. Quoi qu'il en soit,
« comme je n'ai pas pour habitude de me fier à
« mon propre jugement dans des sujets de cette
« importance, je crois qu'il est de notre intérêt
« commun de fixer un rendez-vous pour en parler
« ensemble. Je pense qu'il ne pourra avoir lieu
« qu'après Pâques, pour ne pas interrompre les
« dévotions de la semaine sainte. Je vous supplie
« donc de prendre patience et de me pardonner
« mon silence, puisque la plupart, la plus grande
« partie, si ce n'est la totalité de ces erreurs m'é-
« tait inconnue. Quant aux exhortations que vous
« m'adressez, Dieu, sollicité par vos prières, vou-
« dra bien m'aider par son Esprit. »

Bernard ayant approfondi le sujet, et se sentant pénétré de sa grandeur, résolut de ne point s'épargner de peines pour mener cette affaire à bonne fin. Il eut d'abord avec Abeilard un entretien particulier, et l'engagea amicalement à abjurer ses erreurs. Cette tentative ayant été sans résultat, il prit trois personnes avec lui, suivant le précepte de l'Evangile, et apostropha l'innovateur en leur présence[1]. Voyant que ses efforts étaient inutiles,

[1] Bern. Opera, vol. 1, p. 310.

et ayant mesuré avec soin l'étendue du mal, Bernard eut à décider en lui-même s'il devait sacrifier l'honneur de Dieu et les biens des âmes au caprice et aux supercheries d'un trompeur obstiné. Un esprit droit comme le sien ne pouvait que choisir la négative; et d'ailleurs on ne pouvait l'accuser d'hostilité personnelle ni de précipitation aveugle. En conséquence, il avertit les disciples d'Abeilard de l'erreur de leur maître, et fit tout ce qui dépendait de lui pour mettre le monde chrétien en garde contre l'hérésie naissante. Il écrivit au pape Innocent une lettre conçue en ces termes :

« Un nouvel édifice s'élève à côté de celui qui a
« été construit pour nous, une nouvelle croyance
« naît en France; les vertus et les vices sont mis
« en discussion, sans avoir égard aux règles de la
« morale; les sacremens sont livrés au doute, et
« les mystères de la sainte Trinité sont le sujet
« d'un examen qui s'éloigne tout-à-fait de la sim-
« plicité avec laquelle ils nous ont été enseignés.
« Suivant la doctrine d'Arien, notre théologien
« n'admet la Trinité qu'avec des restrictions; sui-
« vant Pélage, il préfère la volonté libre à la grâce;
« et suivant Nestorien, il divise le Christ et exclut
« Jésus-Christ homme de toute participation à la
« Trinité[1]. »

Voici ce qu'il écrivit à un archevêque :

« Le dragon a gardé le silence pendant plu-
« sieurs jours; mais, alors qu'il se taisait en Angle-
« terre[2], il méditait le mal en France. L'homme
« dont nous nous occupons se vante d'avoir empoi-
« sonné la cour de Rome par ses nouvelles théo-
« ries, ainsi que d'avoir répandu ses livres chez
« les Romains; il attribue le patronage de ses er-

---

[1] Bern. Opera, vol. 1, p. 316.
[2] Allusion à l'hérésie de Pélage qui avait fleuri en Angleterre.

« reurs à ceux qui devaient les condamner. Puisse
« Dieu prendre la défense de cette Eglise pour la-
« quelle il est mort, afin qu'il puisse la faire pa-
« raître devant lui, et sans tache et sans ride[1] ! »

Ceci suffira pour donner une idée du langage de Bernard, trop véhément sans doute, mais à coup sûr enflammé par la charité. Il n'appartient qu'à ceux qui sont pénétrés de l'importance des saintes vérités de juger avec candeur et équité l'esprit qui l'animait. Les erreurs d'Abeilard, secondées par les mauvais penchans de notre nature dépravée, auraient pu silencieusement et petit à petit pervertir toute l'Europe, et la propagation du socinianisme se serait développée complétement depuis six siècles, si le mal n'avait pas été combattu avec autant de vigueur.

L'an 1140 la ville de Sens devait être témoin d'une cérémonie superstitieuse, la translation du corps d'un saint à la cathédrale. Abeilard, furieux de la guerre ouverte que ne cessait de lui faire Bernard, le défia de soutenir les accusations d'hérésie à cette assemblée solennelle. Assurément son défi fut donné dans les formes, car il pria l'archevêque de Sens d'inviter son accusateur à comparaître devant l'assemblée, et il promit de s'y trouver lui-même. L'archevêque écrivit donc à Bernard, en lui désignant le jour qu'il avait fixé pour le voir. Bernard paraît avoir été considérablement embarrassé par cette démarche. Son bon sens lui faisait apercevoir la différence qu'il y avait entre prêcher en public et argumenter à la manière des écoles. Le premier de ces exercices lui était familier, mais il était tout-à-fait étranger à l'autre. Il connaissait la supériorité d'Abeilard dans la controverse, et tout l'avantage que l'âge et l'expérience

[1] Bern. Opera, vol. 1, p. 307.

pouvaient lui donner sur un antagoniste peu habitué à ce genre de lutte. Bernard refusa donc de comparaître. « Je n'étais qu'un enfant, disait-il, « vis-à-vis de lui qui depuis sa jeunesse n'a pas un « seul instant déposé les armes ; en outre je pensais « qu'il n'était point convenable de livrer à l'argu- « mentation scolastique les preuves de la foi divine « établies sur les vérités éternelles ; je lui répondis « donc que ses seuls écrits suffisaient pour l'accuser, « et qu'il appartenait plutôt à l'archevêque qu'à « moi de juger ses opinions [1]. »

Abeilard, fier de l'apparente pusillanimité de Bernard, réunit ses amis, parla hautement de sa victoire, et en prit plusieurs à témoin de la justice de sa cause. « Le récit de ce qu'il écrivit sur « mon compte à ses écoliers me répugne, dit Ber- « nard. Il eut soin de publier partout qu'il me ré- « pondrait à Sens au jour convenu. Je cédai pour- « tant, quoiqu'en pleurant et à regret, aux instances « de mes amis. Ils voyaient en effet les hommes « courir de toutes parts pour être témoins de la « lutte. Que diraient-ils, si l'un des combattans « ne paraissait pas ? Si personne ne se présentait « pour répondre, et pour confondre l'imposture, « le public se laisserait persuader ; les imposteurs « triompheraient, et l'erreur irait toujours en « s'augmentant. Touché de ces raisons, je me dé- « terminai à la fin à me trouver au rendez-vous « sans autre préparation que cette parole de l'Écri- « ture : Ne vous inquiétez pas de la réponse que « vous aurez à faire, vous l'apprendrez au moment « même où vous devrez la faire ; et de cet autre : « Le Seigneur est mon soutien ; je ne craindrai rien « de la part des hommes. »

L'assemblée fut brillante. Louis VII y assista en-

[1] Bern. Opera, vol. 1, p. 183.

touré de sa noblesse; les archevêques, avec les évêques de huit diocèses, beaucoup d'abbés, de professeurs, et en général tous les érudits de France y furent présens. La cérémonie superstitieuse ayant eu lieu le premier jour, les deux abbés parurent avec le second, et attirèrent tous les regards. L'assemblée tout entière attendait en silence l'ouverture des débats. Bernard se leva, et, avec une attitude pleine de modestie et de défiance de lui-même, il s'exprima ainsi : « Je ne viens pas « accuser cet homme ; que ses propres œuvres « parlent contre lui. Elles sont ici entre mes mains, « et voici les propositions que j'en extrais : qu'il « dise : Je n'ai point écrit ces lignes, qu'il les con- « damne si elles sont énoncées, ou qu'il les défende « contre mes attaques. » En disant cela, il désigna les passages inculpés à l'archevêque, qui les lut à haute voix. A peine avait-il commencé, qu'Abeilard se leva : « J'en appelle au pape, » dit-il, et refusant d'écouter, il voulut quitter l'assemblée. Celle-ci fut frappée d'étonnement par cet événement inattendu. « Craignez-vous pour votre per- « sonne? lui dit Bernard, vous êtes tout-à-fait en sû- « reté, aucun danger ne vous menace ; répondez li- « brement, vous serez entendu sans interruption[1]. » « J'en ai appelé devant la cour de Rome, » s'écria l'hérétique effrayé; et il se retira aussitôt[2]. Bernard, en rendant compte au pape de cette af-

---

[1] Vie de Bernard, vol. II, p. 1138.
[2] Rappelons-nous que déjà Abeilard avait été condamné à un emprisonnement, et, bien que la doctrine de violer la foi donnée aux hérétiques n'eût pas encore force de loi dans l'église de Rome, il était assez naturel qu'il craignît les mauvais traitemens, et sa conscience ne lui donnait pas la force de les braver. Nous ne voyons pas la moindre excuse pour les principes ni pour la conduite d'Abeilard, mais nous n'en voyons pas non plus pour la condamnation qui fut subséquemment prononcée contre l'homme plutôt que contre sa doctrine, ni pour les châtimens qui lui furent infligés. ED.

faire, lui fait observer qu'Abeilard ne peut être admis à se pourvoir en appel contre des juges qu'il a choisis lui-même[1].

Si l'issue de ce débat entre ces deux célèbres antagonistes a été de nature à tromper l'attente du lecteur, le récit que nous en faisons contient toutefois un haut enseignement. Rien dans la vie de Bernard ne peint mieux son caractère que sa conduite en cette occasion. D'un naturel emporté et violent, et cependant modeste et défiant par l'influence de la grâce, et par la connaissance de lui-même, il parut alors allier l'audace à la timidité et la prudence au courage. Il est évident qu'il se présenta au combat, qu'il se rendit à l'assemblée animé de la foi la plus pure, et rempli du zèle le plus fervent pour les vérités saintes, tandis qu'Abeilard, enflé d'orgueil par ses succès dans les écoles, se présenta plein de fierté et de confiance en lui-même, et resta frappé d'impuissance, d'inanité, dans la circonstance qui réclamait le plus son éloquence et les ressources de son esprit.

Le courage semble lui avoir manqué; peut-être est-ce la conviction qu'il avait de son hérésie, qui ne lui permit pas de soutenir un examen précis et fait avec ordre. Au reste l'humble fut élevé et l'orgueilleux fut abaissé, suivant les maximes de l'Évangile; et la conduite de ces deux hommes fut tout-à-fait la contre-partie des doctrines qu'ils avaient respectivement embrassées.

Les archevêques de France écrivirent au pape au sujet de cette procédure: c'est dans leurs écrits que nous trouverons ce qui reste à dire des actes de l'assemblée. Après avoir rendu compte de la conduite de Bernard d'une manière tout-à-fait conforme à ce que ce dernier nous raconte lui-même, ils observent: « Que non seulement il pa-

---

[1] Vita Bernard. vol. II, p. 183.

« rut être enflammé d'une pieuse ferveur, mais
« encore qu'il reçut sans aucun doute l'inspiration
« du Saint-Esprit[1]. » Ils continuent ensuite en ces
termes : « Les principes d'Abeilard ayant été
« lus et relus en audience publique, et les argu-
« mens de Bernard appuyés par des raisons solides
« aussi bien que par l'autorité de saint Augustin
« et des autres Pères, nous archevêques ayant
« prouvé à l'assemblée que non seulement les opi-
« nions prononcées étaient fausses, mais encore
« hérétiques, et voulant épargner l'homme,
« pour respecter les droits du Saint-Siége, con-
« damnons ses opinions. Nous vous supplions donc
« de confirmer nos décrets et d'imposer silence à
« l'auteur des livres en question, afin de prévenir
« les conséquences pernicieuses auxquelles ces
« erreurs pourraient entraîner. »

L'extrait de son épître au pape donne une idée
de la manière dont Bernard combattit devant le
concile les opinions de son adversaire.

« Le nouveau théologien de France, dit-il, qui
« ne veut rien ignorer de tout ce qui est là-haut
« dans les cieux, ni de tout ce qui est ici-bas sur la
« terre, est tout-à-fait aveuglé sur lui-même et sur
« sa propre ignorance. Préparé à donner une rai-
« son pour chaque chose, il en suppose de con-
« traires à la raison et d'opposées à la foi. Nous
« devons considérer que Marie est louée parce
« qu'elle imposa silence au raisonnement par la foi,
« et que Zacharie fut puni parce qu'il tenta un Dieu
« fidèle par des raisonnemens. Abraham fut aussi
« approuvé pour avoir eu foi contre toute espé-
« rance.

« Notre théologien dit : Mais à quoi bon en-
« seigner ce qu'on ne peut rendre intelligible?

---

[1] Vita Bern. vol. II, p. 1131.

« Alors il s'engage à expliquer parfaitement les
« choses les plus mystérieuses. Il établit des degrés
« dans la Trinité, des mesures dans la majesté di-
« vine, et des nombres dans l'éternité. Dans le
« commencement de son ouvrage, il définit la foi
« une appréciation ou une opinion. » Mais la foi
« chrétienne n'est pas restreinte à de telles limites.
« Laissons ces définitions aux écoles, dont le carac-
« tère est de douter de tout et de ne rien savoir. Je
« m'en tiens aux sentimens de l'apôtre des gentils,
« et j'ai la certitude que je ne serai pas confondu.
« J'avoue que sa définition de la foi me plaît : « La
« foi est la vive représentation des choses qu'on es-
« père et une démonstration de celles qu'on ne voit
« point [1]; » la vive représentation des choses que
« nous espérons, et non une chimère fondée sur de
« vaines conjectures. La foi n'est pas une opinion,
« mais une certitude. Je passerai sous silence un cer-
« tain nombre de futiles théories où, en tâchant de
« faire de Platon un chrétien, il ne fait que se
« rendre païen lui-même. Pour venir aux choses
« plus graves encore, j'ai lu dans un de ses ouvrages
« et dans son explication de l'épître aux Romains
« qu'il avait découvert une théorie nouvelle sur le
« mystère de notre rédemption. Bien, dit-il, que
« les anciens fussent tous d'accord sur la manière de
« l'interpréter et qu'ils y eussent toujours persévéré,
« quant à lui, il soutenait une opinion différente.
« Et qui es-tu, toi qui fais pour nous un nouvel
« Evangile ? Tu as découvert, ce me semble, que le
« fils de Dieu ne s'est pas fait homme pour nous
« délivrer du démon. « Que les rachetés célèbrent
« la bonté de l'Eternel, dit le Psalmiste, ceux
« qu'il a rachetés de la main de l'ennemi [2]. » Tu

---

[1] Heb. xi, 1
[2] Ps. cvii. 6.

« ne peux pas remercier Dieu de t'avoir racheté,
« puisque tu ne l'as pas été. Celui-là ne demande
« pas à être racheté, qui ignore qu'il est captif ; mais
« ceux qui savent qu'ils sont dans les fers, adressent
« leurs prières au Seigneur, et le Seigneur les en-
« tend et les délivre de la main de l'adversaire. »
 Ecoutez un apôtre : « Si Dieu ne leur donne point
« la repentance pour connaître la vérité, en sorte
« qu'il se réveillent et qu'ils se dégagent du piége
« du diable, par lequel ils ont été pris pour faire
« sa volonté. » Ecoute bien ces mots : sa volonté [1].
« Après cela, nieras-tu encore le pouvoir du diable ?
« Il est appelé « le prince de ce monde — l'homme
« fort et bien armé qui garde tout ce qu'il a [2]. »
« Et tu voudrais soutenir qu'il n'a aucun pouvoir
« sur les hommes ? L'apôtre connaissait bien le pou-
« voir de Satan, lorsqu'il disait : « Qui nous a dé-
« livrés de la puissance des ténèbres, et nous a fait
« passer dans le royaume de son fils bien-aimé [3]. »
« Qu'il sache donc que le démon a non seulement
« un pouvoir sur les hommes, mais encore que ce
« pouvoir est juste. Bien que le diable lui-même,
« qui a envahi ce monde, ne soit pas juste, Dieu
« pourtant, qui nous a exposés à lui, est juste par
« excellence. L'homme fut donc justement réduit
« en esclavage, mais délivré avec une clémence et
« une miséricorde telles que sa délivrance fut en
« même temps juste. Que pouvait l'homme pour re-
« couvrer la justice perdue du moment qu'il devint
« l'esclave du démon ? La justice d'un autre a
« donc été substituée à celle qu'il avait perdue.
« Le prince de ce monde vint, et ne put rien

---

[1] II Tim. II, 25, 26.
[2] Luc. XI, 21.
[3] Col. I, 13.

« contre Christ; et, lorsqu'il voulut de nouveau
« s'emparer de l'innocent, il laissa échapper les
« captifs qu'il avait entre les mains. Or, cet être
« sur qui la mort n'avait aucun droit, ayant en-
« duré les souffrances qu'elle entraîne, et s'y étant
« soumis volontairement, nous affranchit par là,
« nous qui méritons légalement la mort; il nous
« affranchit à la fois et d'elle et du pouvoir de
« Satan. L'homme était débiteur, et l'homme
« paya la dette. Car si un seul est mort pour tous,
« tous donc sont morts; ainsi la satisfaction accor-
« dée par un seul a pu être imputée à tous,
« puisque seul il s'est chargé de leurs péchés;
« finalement celui qui offensa, et celui qui satisfit
« à la justice divine, sont le même, parce que la
« tête et le corps se confondent en un même Jésus-
« Christ. La tête se dévoua pour les membres, le
« Christ pour ses propres entrailles, depuis que,
« suivant l'évangile de saint Paul, qui réfute for-
« mellement l'erreur d'Abeilard, « Dieu nous a
« vivifiés avec lui, nous ayant pardonné toutes nos
« fautes. Il a effacé l'obligation qui était contre
« nous, en l'attachant à sa croix, et ayant dé-
« pouillé les principautés et les puissances. » Puis-
« sé-je me trouver parmi ces dépouilles arrachées
« aux puissances ennemies! Si l'on me dit : Vos
« pères vous ont fait esclave; je répondrai : Mon
« frère m'a racheté; pourquoi n'aurais-je pas le
« droit de me justifier par la justice d'un autre,
« quand la faute d'un autre m'est imputée? Eh
« quoi! le péché est dans la postérité du pécheur,
« et la justice ne serait pas dans le sang du Christ?
« —Car, comme tous meurent par Adam, de
« même tous revivent par le Christ. « Le péché,
« j'en conviens, s'est emparé de moi, mais la
« grâce est aussi venue me visiter. Le jugement
« de condamnation vient d'un seul péché, mais le

« don de grâce nous justifie de plusieurs péchés. »
« Ainsi donc, délivré des puissances des ténèbres,
« je ne crains plus d'être rejeté par le Père des
« lumières, puisque je suis justifié par le sang de
« son fils[1]—Celui qui a eu pitié du pécheur ne con-
« damnera pas le juste. Si je prends le nom de juste,
« je le dois à sa justice. Car «Christ est la fin de la loi
« pour justifier ceux qui croient, et il nous a été
« fait de la part de Dieu justice, sanctification et
« rédemption[2].» — Ainsi l'homme est purifié par le
« sang du Rédempteur, quoi qu'en dise Abeilard,
« cet homme de perdition, qui prétend que Jésus
« n'est venu sur la terre que pour nous donner
« des préceptes de morale, et un exemple de pa-
« tience et de charité. Est-ce donc là tout « le
« grand mystère de la piété? » Qu'y a-t-il là de su-
« périeur aux lumières de la nature? Assurément
« il n'en n'est pas ainsi; car l'homme naturel ne
« reçoit point les choses de l'Esprit. — « Tu les as
« cachées, ces choses, aux sages et aux prudens, et
« si notre Evangile est encore couvert, il est cou-
« vert à ceux qui périssent[3]. » — Voici encore une
« question que pose notre adversaire : Le démon
« eut-il de l'empire sur Abraham et sur les autres
« élus?— Non; mais il en aurait eu, s'ils n'avaient
« été sauvés par la foi qu'ils ont eue en Celui qui
« devait venir. Comme il a été écrit : « Abraham
« croyait en Dieu, et cela lui était imputé à jus-
« tice; » et : « Abraham s'est réjoui de voir mon
« jour; il l'a vu, et il en a eu de la joie[4]. » C'était
« le sang du Christ qui tombait, comme une bien-
« faisante rosée, sur Lazare, et qui le préserva de
« l'enfer, parce qu'il croyait en Celui qui devait

---

[1] Rom. x, 4.
[2] Cor. i, 30.
[3] II Cir. iv, 3.
[4] Jean, viii, 56.

« souffrir pour le monde. Tous les élus de cette
« époque étaient nés, comme nous, sous la puis-
« sance des ténèbres, mais ils en furent délivrés
« avant de mourir, et c'est au sang du Christ seul
« qu'ils durent leur salut.

« Pourquoi, s'écrie Abeilard, un système de
« délivrance si pénible et si cruel, tandis que
« Jésus pouvait l'accomplir par sa seule volonté?
« Ce qui explique l'efficacité de ce système, qu'il
« préféra à tout autre, c'est précisément cette
« préférence; et peut-être son excellence con-
« siste surtout en ce qu'elle nous permet de
« tirer des souffrances terribles de notre Ré-
« dempteur une instruction salutaire et profonde
« sur notre condition misérable et déchue. Mais,
« après tout, l'homme ignore et ne pourra jamais
« approfondir les précieux avantages, la sagesse,
« la justice, la gloire de ce mystère impénétrable.
« Cependant, quoiqu'il ne nous soit pas permis de
« dévoiler les mystères de la volonté divine, nous
« pouvons encore sentir l'effet de son accomplis-
« sement et recueillir les fruits de sa bonté; et ce
« que nous avons permission de savoir, nous ne
« devons pas le cacher. Lorsque nous étions en-
« core pécheurs, nous avons été réconciliés avec
« Dieu par la mort de son fils. Là où il y a récon-
« ciliation, il y a rémission des péchés. En quoi
« consiste donc la rémission des péchés? « Cette
« coupe est une nouvelle alliance en mon sang,
« lequel est répandu pour plusieurs en rémission
« des péchés. » (Mat., XXVI, 27, 28; Luc, XXII,
« 20.) Pourquoi *mon sang*, dites-vous, quand
« d'un seul mot il pouvait accomplir ce miracle?
« Demandez à Dieu lui-même. — La chose s'est
« faite ainsi, je le sais; pourquoi fut-elle faite ainsi,
« je ne puis le savoir. La créature pourra-t-elle
« dire au Créateur : «Pourquoi m'as-tu faite ainsi?»

« Il est étrange, dit Abeilard, qu'il ait fallu la
« mort de son fils pour réconcilier Dieu avec les
« hommes, lorsqu'elle devait au contraire le trans-
« porter d'indignation, comme si dans un acte pa-
« reil le Tout-Puissant agréait avec la même satis-
« faction l'iniquité des méchans et la piété du
« martyr. Comment, dit-il, expier le meurtre du
« Christ, s'il a fallu son sang pour racheter la
« faute d'Adam ? — Notre réponse est brève : c'est
« par le sang même qu'ils ont versé, c'est par
« l'intercession de Celui qu'ils ont tué. Ce qui sa-
« tisfit Dieu, ce ne fut pas seulement la mort du
« Rédempteur, mais l'obéissance, jusqu'à la mort,
« du Rédempteur, de Celui qui par sa mort dé-
« truisit la mort, nous apporta le salut, rappela
« sur cette terre l'innocence, passa le niveau sur
« les sommités et triompha des grandes puissances,
« cimenta l'alliance du ciel et de la terre, et re-
« nouvela l'univers. De plus, le sang du Christ,
« en purifiant les mains qui l'ont versé, a démon-
« tré son efficacité pour effacer la tache du péché
« originel.

« En réponse à ces lamentations tragiques sur
« la cruauté de cette dispensation de la Provi-
« dence, nous avons à dire que l'Eternel n'avait
« pas soif du pur sang, mais du salut qui ne pou-
« vait s'opérer que par le sang, car c'est toujours
« du salut qu'il s'agit, et non, comme l'écrit Abei-
« lard, d'un témoignage d'amour, en même temps
« que d'un enseignement utile et d'un exemple
« puissant. En effet, à quoi bon l'enseignement
« sans la réparation ? De quelle utilité seront pour
« nous les plus brillantes leçons, si la tache n'est
« pas effacée et le péché détruit en nous ? A ce
« compte toute la culpabilité d'Adam consiste dans
« un mauvais exemple, puisque le remède, qui
« n'est qu'un exemple, doit être appliqué à la qua-

« lité de la plaie. Car, si nous sommes Chrétiens
« et non Pélagiens, avouons que le péché originel
« est retombé sur nous, et, avec le péché, la mort;
« que le Christ nous a réhabilités, non par l'en-
« seignement, mais bien par la régénération;
« avouons que, comme par un seul péché la con-
« damnation est venue sur tous les hommes, de
« même c'est par une seule justice que tous les
« hommes recevront la justification qui donne la
« vie [1]. Si, selon Abeilard, le but de l'incarna-
« tion a été de répandre une illumination céleste
« et un motif à l'amour, convenons que ces biens
« nous viennent du Christ; mais à qui sommes-
« nous redevables de la rédemption et du salut?

« Attribuer la réparation du péché originel, non
« à l'oblation volontaire de Jésus, mais à notre
« zèle religieux et à notre sainte conduite, c'est
« annuler le mystère de la grâce divine. « Dieu
« me garde de me glorifier en autre chose qu'en
« la mort de notre seigneur Jésus-Christ, » qui est
« le salut, la vie et la résurrection de nos âmes !

« Je vois dans la délivrance du genre humain
« trois caractères bien distincts : l'humilité sincère
« dans laquelle le fils de Dieu s'abaissa, l'amour
« immense qu'il manifesta jusqu'à son dernier sou-
« pir sur la croix, et le mystère de la rédemption
« dans lequel il a souffert la mort. Otez ce dernier,
« les deux autres ne sont plus rien. Il était certes
« grand et nécessaire, l'exemple d'humilité; il était
« grand et au-dessus de toute admiration, l'exemple
« de charité; mais, sans la rédemption, tout l'édi-
« fice s'écroule. Je voudrais suivre l'humble Jésus,
« je brûle d'embrasser avec amour celui qui m'a
« aimé, et qui s'est donné à la mort pour moi;
« or, il faut que je mange l'agneau pascal. Tant

---

[1] Rom. v, 18.

« que je n'aurai pas mangé sa chair, tant que je
« n'aurai pas bu son sang, je n'aurai pas la vie en
« moi. Autre chose est de suivre Jésus, autre
« chose est de l'embrasser, et de se nourrir de sa
« chair. Le suivre, c'est un sage dessein; l'em-
« brasser, c'est une joie solennelle; se nourrir de
« sa chair, c'est la vie bienheureuse. Car sa chair
« est une véritable nourriture, car son sang est
« un véritable breuvage. « Le pain de Dieu est
« celui qui est descendu du ciel, et qui donne
« la vie au monde. » (Jean, vi.) Où trouver la
« sagesse et la joie sans la vie? Pures images,
« purs fantômes, sans appui, sans substance.
« Ainsi donc, ni les exemples d'humilité, ni les
« modèles de charité ne sont rien sans la rédemp-
« tion. »

Pour peu que le lecteur ait examiné la réponse de Bernard aux argumens d'Abeilard, il a pu voir combien est fausse l'opinion du jour, qu'en raison des progrès de la philosophie, les modernes sont plus en état que les anciens de saisir le sens de l'Ecriture sainte.

Supposons l'observation applicable aux vérités essentielles du salut, comment alors cela paraît-il? En matière d'art comme en matière de science, on peut s'attendre à de nouvelles découvertes; mais avec quelle justesse appliquerons-nous cette remarque à la théologie?

Le système de la vérité divine n'est pas plus parfaitement révélé de nos jours qu'il ne l'était il y a seize siècles. Les Ecritures ne sont-elles pas les mêmes? Le bon sens n'est-il pas le même? L'influence de l'Esprit-Saint n'est-elle pas la même? Les besoins de l'homme ne sont-ils pas les mêmes? Et si les hommes cherchent et prient dans l'humilité et le recueillement; s'ils aspirent après la connaissance; s'ils recherchent la connaissance comme l'argent, s'ils la poursuivent avec autant d'avidité que les trésors cachés, comment les empêcher de comprendre la crainte du Seigneur, et de trouver la connaissance de Dieu dans un âge comme dans un autre[1]? N'est-il pas dit que Dieu a voulu faire connaître dans les siècles à venir les immenses richesses de sa grâce, par la bonté dont il a usé envers nous en Jésus-Christ[2]? » Quel homme soutiendra qu'à des temps marqués le Seigneur refuse de faire connaître ces immenses richesses? Il ne faut pas disconvenir que l'étude approfondie des langues, que la culture de l'esprit humain ne jettent une grande clarté sur quelques passages obscurs de l'Écriture sainte, n'en déterminent avec netteté l'enchaînement et la signification, et ne facilitent ainsi l'interprétation de la Bible. Mais cette vérité une fois admise, nous maintiendrons que de nouvelles découvertes ne sont plus possibles à l'égard des doctrines essentielles et fondamentales de la sainteté et de la sagesse divines, et que notre remarque concerne exclusivement ces doctrines. Partout où la Bible a été traduite en un langage intelligible, il est permis, dans tous les âges, à tous les esprits humbles et sérieux de la comprendre. Mais les modernes Sociniens se sont-ils avancés plus loin qu'Abeilard? Et Bernard, en rabaissant les prétentions de ce dernier, répond-il autrement que les théologiens pieux de nos jours? C'est à travers les ténèbres du douzième siècle que nous avons vu la lumière éclater aussi pleine et aussi brillante qu'aujourd'hui. Renouvelez, remettez au jour les vieilles erreurs, ce seront toujours les mêmes erreurs. Aussi, pour peu que l'on connaisse à fond l'antiquité, nos hérétiques modernes perdent le

---

[1] Prov. II.
[2] Eph. II, 7.

mérite de l'invention. On multipliera les connaissances, on élargira le cercle de la science, mais on n'ajoutera rien à l'intelligence spirituelle. Dieu n'eût pas, de tout temps, manqué à son Église; la vérité divine a toujours été la même, et a toujours produit les mêmes fruits sacrés pour ceux qui craignent Dieu, et croient à l'Évangile de son Fils.

Il serait inutile de citer les autres lettres que Bernard écrivait à cette occasion. Il y fait connaître la source de toutes les erreurs d'Abeilard. « Cet « orgueilleux apostat prétend-il comprendre Dieu « avec la seule raison humaine ? rien ne semble « échapper à sa pénétration, ni les voûtes infinies « du ciel, ni les abîmes sans fond de la terre, et il « s'ignore tout-à-fait lui-même ! Il connaît tout, « excepté lui-même[1] ! » Telles sont les expressions de Bernard. En même temps, il prévient le pape et les autres dignitaires de l'Église romaine des desseins d'Abeilard, et les avertit qu'il espère trouver des partisans à Rome, où ses livres ont été répandus.

Il ne fallait pas moins que l'influence puissante des efforts de Bernard sur l'esprit du monde chrétien, pour porter un coup décisif aux prétentions de l'ennemi. Godefroi, un des biographes de Bernard, dit avec enthousiasme : « Béni soit le Dieu à « qui nous devons un maître meilleur, qui com- « battit l'ignorance du premier, terrassa son fol « orgueil, et nous fit voir dans les souffrances du « Christ trois caractères principaux : — un exem- « ple de vertu, un aiguillon d'amour, et un sacri- « fice de rédemption. »

Animé par les conseils de Bernard, le pape prononça une sentence définitive contre Abeilard, ordonna que ses ouvrages fussent brûlés, et que

---

[1] Vol. 1, p. 181, 186.

l'hérétique fût enfermé dans un monastère, au choix des juges qui avaient condamné sa doctrine. Encore avons-nous pour nous convaincre de cette hérésie de meilleures preuves que la décision du pape. Toutefois le malheureux philosophe obtint de finir ses jours au monastère de Cluni, dirigé par le vénérable Pierre, qui le traita avec bienveillance et amitié. Une entrevue, dont on ignore le résultat, fut ménagée entre les deux champions, par Pierre et un autre abbé. Il paraît seulement que Bernard se montra satisfait de la conversion d'Abeilard. Il est à présumer que ce dernier, dans cet entretien, aura retracté, ou pallié, ou expliqué ses opinions, comme il le fit dans une apologie qu'il publia vers cette époque. D'ailleurs, si le lecteur a bonne mémoire, ce ne fut pas la première fois qu'il se soumit au jugement de l'Eglise. Fut-il sincère ou non? c'est ce qu'il n'est pas permis à l'homme de décider. En tout cas, la charité de Bernard est incontestable. Il renonça au rôle d'accusateur aussitôt qu'Abeilard abandonna l'hérésie. Ce fut l'ardeur du chrétien, et non une inimitié personnelle, qui inspira Bernard.

Après ces événemens, Abeilard resta enfermé dans le monastère jusqu'à sa mort qui arriva en 1142 ou 1143[1].

Héloïse survécut plusieurs années à cet homme extraordinaire. On a encore leur correspondance. Nous l'avons examinée, pour nous assurer de la conversion véritable de ce couple infortuné. Ce qu'il y a de certain, c'est que la pureté et la vertu extérieure marquèrent la fin de leur vie; mais leur repentir

---

[1] Tout en rejetant avec horreur les opinions et l'esprit d'Abeilard, nous condamnons, nous flétrissons le traitement dont il fut l'objet. Les souffrances qu'on lui infligea font entrevoir le temps où la vérité devait être persécutée sous le nom d'hérésie, et ses pieux apôtres mis à mort. ED.

était-il sincère ? croyaient-ils réellement au Christ ? Aimaient-ils vraiment Dieu ? Nous n'en avons acquis nulle preuve satisfaisante.

A présent que nous avons cité les faits, le lecteur est à même de juger de la candeur et de la justice d'un savant historien qui a déclaré que : « Bernard n'a pas compris plusieurs opinions d'A-« beilard, et qu'il a faussé les autres à dessein. En « effet, continue le même écrivain, le zèle de ce « bon abbé lui permit trop rarement de consulter, « dans ses décisions, l'impartiale équité. Aussi « presque toujours applaudissait-il à outrance, et « censurait-il sans merci[1]. » Des opinions faussées à dessein, et encore par un homme qu'on appelle le bon abbé ! Quelle contradiction ! Ou c'est par ironie que Bernard est ainsi nommé, ou cet écrivain éprouve de la sympathie pour l'un de ces grands hommes, et de l'antipathie pour l'autre. A coup sûr quiconque, à l'exemple de Bernard, défendra la vérité pure, telle qu'elle est en Jésus, avec la simplicité d'un chrétien, quand bien même il serait modeste, prudent et charitable, ne sera jamais à l'abri de la censure des hommes plus zélés pour ce qu'ils appellent la religion rationnelle que pour celle de Jésus-Christ. Le monde aimera les siens : « L'homme charnel est ennemi de Dieu. » Aussi, celui qui, par charité, soutient les vérités évangéliques, et qui, par la grâce de Dieu, est sage pour gagner les âmes à la vraie humilité et à la vraie piété, celui-là doit se confier au Tout-Puissant qui juge justement, prêt à subir sa sentence.

Si l'historien dont il est question ne mérite pas tout-à-fait la sévère critique de nos remarques, il ne peut se soustraire, en tout cas, à l'accusation de témérité, de présomption, et d'un manque de charité.

---

[1] Mosheim, vol. 1, p. 601.

CHAPITRE III.

DISPUTES DE BERNARD AVEC PLUSIEURS AUTRES PERSONNAGES, HÉRÉTIQUES OU TRAITÉS COMME TELS. — QUELQUES MOTS SUR LES CATHARI.

Telle était l'estime des églises d'Occident pour Bernard, qu'aucun homme supérieur ne s'élevait dans le monde religieux, sans qu'il fût appelé à décider sur ses mérites. On est fondé à croire qu'il traite d'hérétiques quelques hommes qui furent « les excellens de la terre. » Aussi réunirons-nous dans ce chapitre les meilleurs renseignemens que nous pouvons recueillir à ce sujet. Nous y trouverons certainement quelque éclaircissement sur la véritable église du Christ.

Gillebert de la Porrée, évêque de Poitiers, doué d'un esprit pénétrant, et poussé par le même génie qu'Abeilard, entreprit d'expliquer le mystère de la Trinité, à l'aide de subtilités singulières. Or, c'était un défi que ces publications. Aussi le zèle et l'éloquence de Bernard furent-ils employés à réfuter de pareils dogmes dans des conférences publiques. Il n'est pas nécessaire de donner les détails de ces disputes. Elles doivent leur origine à l'esprit métaphysique de Gillebert, coupable surtout de ne s'être pas contenté de la vérité simple, et d'avoir, dans ses recherches, dépassé les bornes de l'Ecriture. La doctrine de la Trinité, telle que la présente l'Écriture, est une des vérités les plus claires, et ainsi l'ont cru ceux qui ont foi dans la révélation divine et qui se contentent d'ignorer comment le Père, le Fils et le Saint-Esprit ne font qu'un seul Dieu béni éternellement[1].

---

[1] Bern. v. 11. — Du Pin, siècle XII. c. VIII.

Ce siècle vit encore trois célèbres novateurs: Tanchelin, en Flandre, Pierre de Bruys et son disciple Henri, en France. Le premier paraît avoir été si entièrement dépourvu de mérite et si extravagant, que nous n'entretiendrons pas un instant le lecteur de son caractère ni de ses actions. Quant aux autres, ils furent tous deux traités d'hérétiques; tous deux, après avoir fait de nombreuses conversions, furent condamnés par les puissances dominantes. Pierre mourut dans les flammes; et Henri finit ses jours dans une prison. S'il faut en croire Pierre de Cluni, dont les écrits parlent beaucoup de Pierre de Bruys, et qui passe pour un homme d'une modération incontestable, ce dernier fut coupable d'excès abominables, et d'avoir employé la violence et la sédition pour soutenir ses opinions[1]. Quant au caractère de Henri, il surpasse ce qu'on rapporte du précédent. Mais on ne doit pas oublier que leurs persécuteurs n'appuient sur aucun fondement les accusations dont ils les ont chargés[2].

Toutefois ces hommes ont témoigné de la manière la plus claire contre les corruptions de l'Église. Ils attaquèrent le luxe extravagant des édifices, le culte des images et des reliques, les messes, les prières des morts et la transsubstantiation. A quoi bon établir une distinction scrupuleuse entre les croyances de Pierre de Bruys et celles de Henri? Tous deux se prononcèrent avec une véhémence presque égale contre les rites que nous venons de signaler; tous deux lancèrent des invectives contre le pape et le clergé, dont le despotisme faisait gémir l'Europe à cette époque, et préparait le torrent de vengeance qui devait entraîner leur ruine. D'après l'histoire de leur

---

[1] Du Pin.—Berington.
[2] Bern. v. i. p. 238; v. ii. p. 1139.

vie, aussi confuse que peu détaillée, il n'y a pas de quoi les accuser justement d'hérésie. Ce qu'on peut leur reprocher, c'est de n'avoir pas précisé avec autant de clarté et d'abondance les doctrines qu'ils adoptaient que celles qu'ils ont réprouvées.

Si, parmi les prétendus hérétiques de ce siècle, nous ne découvrons aucun personnage éminent, en qui l'on reconnaisse d'une manière incontestable tous les caractères du vrai christianisme, il est probable toutefois qu'il y en avait, puisqu'il s'éleva vers ce temps contre la cour de Rome une redoutable opposition qui mérite le nom de Protestantisme [1]. L'écrivain que nous avons déjà cité comme autorité, particulièrement au sujet de Claude de Turin, a jeté une grande clarté sur cette partie de l'histoire de l'Église. Il paraît avoir puisé avec talent des connaissances précieuses aux meilleures sources. Mais il serait fastidieux de le suivre à travers cet obscur labyrinthe, et de se donner la peine de classer comme lui les protestans en différentes sectes. On les a taxés communément de manichéisme. Quant à nous, nous n'affirmerons pas que toutes les croyances et les pratiques chrétiennes qu'il a décrites appartiennent à telle ou telle division. Pour peu qu'on ait conversé avec des membres des différentes sectes de chrétiens, on voit combien il est difficile de préciser les nuances de partis qui semblent néanmoins sortis d'une même souche. Il arrive fréquemment aussi que, pour avoir trop légèrement étudié ces partis, et s'être fié à quelque rapprochement extérieur, on range témérairement sous la même bannière des personnes de sentimens tout-à-fait contraires, tandis que, trompé par quelque apparence de dissentiment sur les

---

[1] Allix, des Eglises de Piémont. p. 139-183.

choses extérieures, on avait supposé une opposition réelle dans les principes. Du reste, il se peut que des chrétiens ne s'accordent pas sur des matières de peu d'importance, et même que par ignorance ils suspectent les sentimens de leurs adversaires, lorsque au fond, et à l'égard des points principaux, ils pensent tous de même. Quelques efforts qu'on ait tentés pour expliquer les nombreuses particularités et les distinctions qui existent entre les différentes sectes, à défaut de preuves palpables, loin d'éclaircir le sujet, on n'a fait que l'embrouiller. Il résulte donc naturellement de ces tentatives, que, par le mélange du bien et du mal qui s'infiltre toujours à travers de pareilles discussions, là où ont disparu progressivement les principaux caractères du christianisme, le lecteur a peine à découvrir l'existence de la vraie église de Christ. Comment marcher dans un tel labyrinthe? Il suffira, en s'appuyant des meilleures autorités, de trouver la piété qui, à différens degrés, a existé dans les diverses sectes. De cette manière le lecteur sentira la présence de Dieu parmi eux, bien qu'il soit difficile, par les distinctions humaines, de tracer les limites de l'Eglise chrétienne. Nous allons tâcher de suivre ce plan, en mettant toutefois de côté ce qui n'a point rapport à cette histoire.

Evervin de Steinfeld, dans le diocèse de Cologne, adressa à Bernard, un peu avant l'an 1140, une lettre conservée par Mabillon, concernant certains personnages de ce diocèse [1]. Embarrassé au sujet de leurs opinions, il écrivit, pour éclaircir ses doutes, à Bernard, dont les décisions faisaient loi en ce temps dans la Chrétienté. Voici quelques extraits de cette lettre: « On a découvert derniè-

---

[1] Allix, p. 140.

« rement quelques hérétiques dans les environs
« de Cologne; plusieurs d'entre eux sont rentrés
« avec plaisir dans le sein de l'Eglise. Un de leurs
« évêques et ses partisans se sont déclarés en op-
« position ouverte contre nous, dans l'assemblée
« du clergé et du peuple, et en présence de l'ar-
« chevêque de Cologne et d'une grande partie
« de la noblesse, et c'était en citant les paroles de
« Christ et de ses apôtres, qu'ils soutenaient leurs
« hérésies. Mais voyant qu'ils ne produisaient pas
« la moindre impression sur l'auditoire, ils de-
« mandèrent qu'à un jour fixé leurs ministres
« vinssent pour discuter leurs dogmes, promettant
« de se soumettre à l'Eglise, pourvu que leur opi-
« nion fût réfutée par des argumens solides;
« mais déclarant, dans le cas contraire, préférer
« mourir plutôt que de renoncer à leurs croyances.
« Sur cette déclaration, on les exhorta à s'a-
« mender; mais le peuple, par excès de zèle, se
« saisit de leurs personnes, et les fit périr dans
« les flammes. — Ce fut alors un spectacle remar-
« quable de voir ces hommes monter sur le bûcher
« et souffrir le supplice, non seulement avec fer-
« meté, mais encore avec joie. Si j'étais avec vous,
« mon père! je serais bien aise d'apprendre com-
« ment ces disciples de Satan ont pu persister
« dans leur hérésie avec une constance et un cou-
« rage rares chez les chrétiens les plus dévoués. »

Il est clair que depuis le temps de Grégoire Ier,
et même auparavant, les corruptions dominantes
avaient établi la fausseté du principe qui faisait
consister dans l'uniformité la vérité de l'Eglise.
Au milieu de ces circonstances, il n'était donc
pas déraisonnable de provoquer une discussion
ouverte et dans les formes sur l'Écriture. Il était
donc également contraire à la foi chrétienne de
se refuser à cet appel, et d'exiger une soumission

aveugle de ces prétendus hérétiques. Or si, dans le cours de leur vie, si, dans leur conduite en cette occasion, on n'a remarqué ni arrogance, ni artifice, ni violence (et Evervin ne leur reproche rien de semblable), c'est à une seule cause qu'on doit attribuer leur fermeté et leur joie; c'est qu'ils sentaient que Dieu était au milieu d'eux.

« Mais, continue Evervin, voici le principe « de leur hérésie : L'Eglise, s'écrient-ils, est « seulement parmi nous, parce que seuls entre « tous les hommes nous suivons les préceptes de « Jésus; parce que, à l'exemple des apôtres, nous « ne recherchons pas les biens temporels, nous « ne possédons pas de propriétés; mais nous avons « pris pour modèle Jésus-Christ, qui, pauvre lui- « même, recommanda à ses disciples de ne rien « posséder. » Probablement ils poussèrent les choses à l'excès : car ceux des chrétiens « qui sont riches sont chargés d'être riches en bonnes œuvres, prompts à donner et à faire part de leurs biens; » préceptes qui prouvent que l'opulence n'est pas incompatible avec le caractère du vrai chrétien [1]. Plus tard on verra qu'Evervin a défiguré leurs opinions, et il est probable que ces prétendus hérétiques étaient pour la plupart des gens du peuple. Mais il paraît qu'il y avait parmi eux des hommes qui détestaient les excès de la cour de Rome, et qui servaient Dieu dans l'Evangile de son Fils, quoiqu'il ne se soit rencontré parmi eux aucun personnage qui ait pu faire honneur à leurs intentions. Pour tout ce qui y a rapport, il nous faut nous contenter du témoignage de leurs ennemis.

On lit encore dans Evervin : « Vous, nous « disent-ils, vous ajoutez maisons à maisons,

[1] Tim. vi. 18.

« fonds de terre à fonds de terre, et vous allez
« recherchant de toute votre âme les biens de ce
« monde. Les plus parfaits d'entre vous, par
« exemple, ceux qui font partie des ordres monas-
« tiques, bien qu'ils ne possèdent rien en propre
« mais en commun, possèdent néanmoins des biens
« en ce sens-là. Quant à leur condition ici-bas,
« ils la décrivent ainsi : Nous, les pauvres du Christ,
« qui n'avons point d'asile certain, fuyant de ville
« en ville, comme la brebis au milieu des loups,
« nous souffrons la persécution avec les apôtres
« et les martyrs ; et cependant notre vie est sobre,
« laborieuse, dévouée et sainte ; et cependant nous
« ne prenons que ce qui est strictement néces-
« saire pour soutenir le corps, et nous vivons
« comme des hommes qui n'appartiennent pas à
« ce monde. Tandis que vous, amis de ce monde,
« vous vivez en paix avec le monde, parce que
« vous en faites partie. De faux apôtres, qui perver-
« tissent la parole du Christ, « en cherchant leurs
« propres intérêts, » vous ont égarés, vous et vos
« ancêtres[1]. Nous, au contraire, nés et élevés, ainsi
« que nos pères, dans la religion apostolique,
« nous avons vécu dans la grâce du Christ, et
« nous y vivrons jusqu'à la fin du monde. C'est
« à leurs fruits que nous les reconnaîtrons, dit
« Jésus ; et nos fruits à nous, ce sont les traces de
« Jésus. —La dignité apostolique, s'écrient-ils, s'est
« corrompue en se mêlant aux affaires du siècle,
« pendant qu'elle occupe le siège de saint Pierre.

« Loin de croire à l'intercession des saints, tou-
« tes les cérémonies observées dans l'Eglise et qui
« n'ont pas été établies par Christ lui-même ou par
« ses apôtres, ils les regardent comme de pures
« superstitions. Selon eux, il n'existe pas de pur-

---

[1] Philippiens, II, 21.

« gatoire après la mort; mais ils affirment que l'âme,
« au sortir du corps, jouit d'une parfaite béati-
« tude, ou subit la plus terrible punition. Et à l'ap-
« pui de leur assertion, ils citent ce passage de
« Salomon : « En quelque lieu que l'arbre soit
« tombé, vers le Midi ou vers le Septentrion, il
« y demeurera; » rendant ainsi inutiles les prières
« et les vœux des croyans pour les morts. Ceux
« d'entre eux qui sont revenus au sein de l'Eglise,
« disent hautement que leur secte est répandue
« presque partout, et que parmi eux ils comp-
« tent beaucoup de moines et de membres de
« notre clergé. »

Voilà comment s'exprime à l'égard de ces chrétiens un homme qui était leur ennemi, puisqu'il les appelle des monstres. Remarquons aussi que, d'après sa déclaration, on vit paraître dans le douzième siècle des sociétés de chrétiens qui désavouaient le pape et toutes les superstitions usitées à cette époque. Ces sociétés étaient, il est vrai, pauvres et ignorantes; on eût dit une poignée de fous et de séditieux; elles ne prenaient pas même le nom de quelque chef d'un ordre supérieur. D'ailleurs, à entendre leurs accusateurs, les principes qu'ils soutenaient étaient incompatibles avec l'ordre social [1]; pourtant ils furent inspirés par une dévotion vraie; et, malgré le manque de lumières dans leurs enseignemens et l'erreur de quelques unes de leurs pratiques, ils annoncèrent la vérité de Dieu au milieu de la corruption et de la perversité générales.

Si Bernard avait habituellement conversé avec eux, on conçoit qu'il en fût résulté du bien pour les deux partis. Ses discours eussent suffi pour leur expliquer et leur éclaircir les mystères de la

---

[1] Accusation qui ne paraît nullement fondée.

grâce divine, et les faire avancer dans la connaissance des vérités fondamentales de l'Ecriture. C'était assez de son zèle, de sa charité et de son humilité pour donner la lumière à leurs esprits et les faire renoncer à leurs fausses idées sur la propriété et les priviléges sociaux. De son côté, reconnaissant par leurs entretiens que le pape était réellement l'antechrist de l'Ecriture, il eût rejeté les idées superstitieuses dont il fut imbu pendant toute sa vie. Mais, par l'effet de leur mutuelle ignorance et de leurs préjugés, ils ne cherchèrent même pas à se connaître.

Dans son soixante-cinquième et son soixante-sixième sermon sur les Cantiques, il attaque de front ces sectaires; ce qu'il condamne en eux, c'est leur obstination formelle à ne prêter aucun serment [1]. Il critique le secret qu'ils mettent dans l'observation de leurs rites religieux, sans considérer la nécessité où ils sont encore de se soustraire à la persécution. Plus loin, quand on l'entend blâmer en eux la coutume d'habiter avec des femmes sans être mariés, il faut avouer qu'il s'exprime comme une personne étrangère aux usages de cette secte. Aveuglé par le préjugé, animé par les rumeurs sans nombre qui s'élevaient contre eux, il les soupçonne d'hypocrisie; mais si l'on veut contrebalancer ses invectives, on n'a qu'à lire son témoignage en faveur de leur conduite morale. « Parlez-leur, dit-il, de leur foi, personne n'est plus chrétien; écoutez leur conversation, rien de plus irréprochable; ce qu'ils avancent, ils le prouvent par leurs actions.

« Car en preuve de leur foi, ils fréquentent les églises, honorent les anciens, font des offrandes, se confessent et reçoivent le sacrement. Que fait de plus un chrétien? qu'on examine leur vie et

[1] Cette accusation ne paraît pas fondée.

« leurs mœurs : point de fraude, point de super-
« cherie, point de violence. Loin de s'abandonner
« à l'oisiveté, ils travaillent de leurs propres mains
« pour soutenir leur existence. Mais tout le corps,
« il faut en convenir, est grossier et sans instruc-
« tion : tous ceux de cette secte que j'ai connus,
« étaient plongés dans les ténèbres de l'ignorance. »

Quand on accorde à une société d'hommes une probité et une innocence si avérées, c'est être peu conséquent avec soi-même que de les mépriser parce qu'ils sont pauvres. Encore faut-il qu'elles soient bien puissantes, les preuves de leur hypocrisie, pour détruire le prestige de la piété et de la vertu que Bernard reconnaissait en eux. Il serait ennuyeux de passer en revue les argumens et les chefs d'accusation de ce théologien. — Il attaqua non sans raison quelques erreurs manichéennes, supposant, gratuitement toutefois, que les personnes qu'il censure dans ses écrits, sont des disciples du manichéisme ; et qui plus est, déplorable aveuglement ! il justifie la doctrine du purgatoire et les autres superstitions romaines ! De son aveu, ses adversaires sont morts avec courage pour la défense de leur croyance. Il va même jusqu'à tonner contre les bourreaux qui les ont massacrés sans forme de procès.

Chrétiens, que ces malheurs ne vous épouvantent point. Car telle est la force du préjugé, qu'il serait difficile d'énumérer les erreurs qui aveuglaient à la fois Bernard et ces prétendus hérétiques, quoique tous servissent le même Dieu au nom de l'Evangile et du Christ. La croyance du premier est assez connue ; quant à la piété d'une portion du moins des autres, nous en avons pour garant leur vie et leurs souffrances. Ne sera-ce pas une des félicités célestes, que les saints ne se méconnaîtront plus ? — D'autres preuves ne manquent pas, et nous pouvons dire sans hésiter que le peuple de Cologne était vraiment protestant.

S'il faut en croire le moine Egbert, plus tard abbé de Schonauge, qui discuta souvent avec ces hérétiques, ce serait la secte appelée communément Cathari; dénomination qui correspond au nom plus moderne de Puritains et que leurs contemporains leur avaient probablement donné par dérision et par mépris ¹. Egbert ajoute qu'ils étaient divisés en plusieurs sectes, et que l'autorité de l'Ecriture servait d'appui à leur croyance. Si l'aveu d'un ennemi a quelque poids, admirons leur vénération pour la parole divine, et la constante application qu'ils en firent dans la pratique, à une époque où l'autorité de l'Ecriture était affaiblie, et où sa lumière était malheureusement obscurcie par une multitude de traditions et de superstitions. — « Ils sont armés, dit Egbert, de tous
« ces passages de l'Ecriture sainte qui semblent en
« quelque sorte concourir à leur défense; ils citent
« sans cesse ceux qui semblent devoir les jus-
« tifier, et les opposent à la vérité catholique,
« quoiqu'ils dénaturent le sens de l'Ecriture, qui
« ne peut être saisi sans une haute intelligence².
« Dans toutes les contrées leurs prosélytes se
« multiplient : en un mot leur parole dévore
« comme le feu. En Allemagne on les appelle
« Cathari; en Flandre, Piphles; en France, Tis-
« serands, parce que beaucoup d'entre eux exer-
« cent ce métier³. » En effet, Bernard lui-même, qui était Français, dit que les sectaires des deux sexes étaient tisserands. Il ne sied pas cependant à un homme pieux comme lui de déprécier les

---

[1] Allix. p. 149.
[2] Les Romanistes se servent du même langage aujourd'hui.
[3] Du Pin, s. xii.

humbles travaux d'une classe d'industriels aussi paisible. Mais tels étaient les préjugés de l'époque, que l'oisiveté monastique portait un caractère plus sacré que les arts et travaux mécaniques. Toutefois, en comparant ensemble quelques renseignemens détachés, nous nous sommes formé une idée précise de ces Cathari.

C'était une société de chrétiens, simple, pauvre, irréprochable et laborieuse. Leur doctrine et leurs mœurs condamnaient toute la pompe de l'idolâtrie et des superstitions régnantes. Pour eux la vraie religion, c'était la foi et l'amour du Christ, et ils chérissaient avec affection la divine parole. Ni dans ce siècle, ni dans aucun autre, depuis la propagation de l'Evangile, les théories imaginaires de la philosophie n'ont réussi à éclairer le monde ou à lui faire faire un pas en matière de religion. C'est une sérieuse étude de la parole de Dieu, qui, par l'inspiration de l'Esprit-Saint, a seule assuré l'existence sur la terre d'une génération sainte, dévouée au culte de Dieu selon la justice. Peu importe qu'elle ait été, comme les Cathari, privée de la science et des autres avantages temporels. « Oui, mon père, cela est ainsi, parce que tu l'as « trouvé bon. »

A cette époque, ils étaient déjà nombreux. Cologne, la Flandre, le midi de la France, la Savoie et Milan, étaient leurs principales résidences.

« Ecoutez-les, dit Egbert; la véritable foi et le « culte du Christ n'existent que dans leurs assem- « blées. Vont-ils écouter le service divin; vont-ils re- « cevoir le sacrement, toutes leurs démarches sont « empreintes de dissimulation. Ils voudraient faire « croire qu'ils admettent des doctrines qu'ils re- « jettent en réalité. Car ils soutiennent que la prê- « trise s'est effacée de l'Eglise romaine pour se fixer « au sein de leur secte. » Cependant cet écrivain atteste par d'excellens témoignages, d'ailleurs trop étendus pour être rapportés, la pureté de leur doctrine, qui condamne le purgatoire, les prières pour les morts et les autres superstitions.

Notre devoir d'historien nous oblige à esquisser le caractère des Cathari, d'après des documens fort rares; du reste les déclarations de leurs ennemis ont déjà parlé en leur faveur. Supposons-leur assez de lumières pour ne pas confondre les excellentes pratiques de l'Eglise extérieure avec les abus de l'idolâtrie. On dirait qu'ils se sont conformés au culte public, absolument comme les apôtres à l'église juive, lors de son existence, conservant toutefois une union entre eux sous le rapport du culte, et prêtant l'oreille aux prédications autant que le permettait l'iniquité des temps. Ce qu'Egbert nomme hypocrisie était bien plutôt, selon nous, candeur et charité. Celui qui, dans la pratique, vous imite dans le bien que vous pouvez faire, a droit à vos égards par sa condescendance, quoiqu'il s'écarte de vous dans les choses que sa conscience condamne.

Egbert ajoute qu'ils ont puisé dans l'enseignement de leur maître des doctrines qui ne se trouvent pas chez les anciens manichéens; « divisés « entre eux, dit-il, ce que l'un avance, les autres « le réfutent. » Si donc les Cathari soutenaient quelque dogme tout-à-fait distinct du manichéisme, on peut croire que le reproche de leurs accusateurs contre eux, comme coupables de cette odieuse hérésie, n'était nullement fondé. Bernard lui-même, qui semble avoir été fort mal informé sur le compte de ces hérétiques, remarque qu'il n'y avait point de chef particulier du schisme : observation qui prouverait, mieux qu'il ne le donne à penser, qu'ils furent chrétiens et non hérétiques. Quant à la différence d'opinions entre eux, le nom de chrétien dépend-il de quelques nuances dans les choses secondaires?

Leurs souffrances ne furent pas de courte durée, car le douzième siècle vit continuer la persécution. Gaudin, évêque de Milan, s'était déchaîné contre les Cathari durant les huit ou neuf années de son épiscopat. Ce fut en l'an 1173 qu'il mourut victime de son emportement en prêchant contre eux.

Il existe de nos jours un ouvrage intitulé : *la Noble Leçon*, dont l'auteur est sans doute un Cathari, et qui dit : Onze siècles se sont déjà écoulés depuis qu'il a été écrit : « Car les derniers temps « sont venus[1]. » Supposant que la fin du monde est proche, l'écrivain exhorte ses frères à la prière, à la vigilance et à l'entière abnégation des biens temporels. Il parle avec énergie de la mort et du jugement; des différentes récompenses réservées aux âmes pieuses et aux âmes méchantes; et après une courte revue de l'histoire de l'Écriture, qu'il confronte avec les temps où il vivait, il conclut que peu d'hommes doivent espérer le salut.

« Le devoir du fidèle chrétien, dit-il, est d'ho« norer Dieu le Père, d'implorer la grâce de son « glorieux Fils, et l'Esprit-Saint qui nous guide « dans le sentier de la vérité. Telle est la Trinité, « pleine de puissance, de sagesse et de bonté, à « laquelle nous devons demander la force de vain« cre le diable, le monde et la chair, afin de main« tenir l'âme et le corps dans l'amour. A l'amour « de Dieu se rattache l'amour du prochain, qui « comprend même l'amour de nos ennemis. Il dit

---

[1] Sir J. Moreland fit don de ce manuscrit à l'université de Cambridge en 1638. Le peuple dont parle l'auteur y est appelé Vallenses ou Vaudes, des vallées de Piémont. Plus tard il fut appelé Waldenses, d'après Pierre Waldo, nom qu'on leur donne aujourd'hui. D'après la date 1100, il est évident que c'était alors un peuple à part. Claude de Turin déposa probablement les germes de ce peuple dans le neuvième siècle. Allix. — Moreland, Hist, des Églises de Piémont.

« que les fidèles espèrent être admis au sein de la
« gloire, et il explique l'origine de tout le mal qui
« règne sur la terre, en remontant au péché d'A-
« dam, qui nous a valu la mort, de laquelle
« Christ nous a rachetés par sa propre mort. —
« Point de salut, dit-il, sans la foi. — Plus loin il
« explique l'esprit de la loi de Dieu, et fait con-
« naître la châtiment réservé aux transgresseurs
« comme un effet de la justice et de la bonté di-
« vine. — Il montre avec un pieux respect le carac-
« tère de Dieu, comme il est revélé dans l'Ancien-
« Testament et dans l'histoire des Israélites ; et
« fait ressortir la pureté et la perfection des pré-
« ceptes de l'Evangile. — Il trace à grands traits les
« principaux événemens du christianisme, sans ou-
« blier quelques observations judicieuses sur l'es-
« prit de la persécution. Rien de plus frappant que
« le caractère qu'il attribue aux Vaudois, de son
« vivant, mis en opposition avec le caractère de
« leurs ennemis. Quiconque, ajoute-t-il, aime les
« hommes dévoués à Dieu et à Jésus-Christ, s'il
« ne se rend coupable ni de blasphême, ni de
« sermens, ni de débauche, ni d'injustice, s'il
« ne se venge pas de ses ennemis, celui-là, s'é-
« crient-ils, celui-là est un Vaudois, digne de tous
« les châtimens. C'est alors que l'iniquité multiplie
« ses artifices pour le dépouiller du fruit de son tra-
« vail légitime. Mais il reste encore au fidèle per-
« sécuté, pour se consoler, l'espoir du salut éter-
« nel. » Selon l'auteur, leurs ennemis se donnent
pour des gens vertueux et pour de vrais chrétiens ;
et il expose la folie avec laquelle ils croient au repentir formel des mourans, à l'absolution et aux
messes pour les morts.

Il se prononce contre tout le système de l'antechrist qui dominait alors, surtout contre la funeste
doctrine de l'absolution ; il montre l'influence pra-

tique du christianisme, et déclare qu'il ne faut point attendre d'autre révélation divine. La simplicité et l'énergie brillent dans la description qu'il donne du jugement dernier, et du châtiment réservé aux méchans. « Dieu nous en préserve !
« dit-il, si telle est sa volonté sainte ! et qu'il nous
« adresse ces douces paroles : Venez, vous tous, bé-
« nis de mon Père, possédez en héritage le
« royaume qui vous a été préparé dès la création
« du monde. C'est ici que vous trouverez le vrai
« plaisir, les richesses et les honneurs. Plaise au
« Seigneur qui créa le monde, qu'admis au nom-
« bre de ses élus, nous habitions son séjour glo-
« rieux éternellement. Dieu soit loué. Ainsi soit-il. »

Telle était donc la prévoyance de la grâce divine : elle arrachait à la corruption et à l'idolâtrie d'un monde chrétien de nom seulement, un peuple formé pour lui, qui, célébrant ses louanges, édifiait le monde par la lumière d'une piété et d'une humiliation sincères, un peuple tout-à-fait distinct de ses voisins par son esprit, ses manières et sa discipline sévère; rude, il est vrai, et sans culture, et non seulement mal vu, mais condamné même par le petit nombre de gens de bien dévoués à l'Église romaine; condamné, parce qu'il fut sans cesse méconnu. Existe-t-il une preuve plus frappante de la vérité de la parole divine, que, dans les siècles les plus pervers, l'Église se maintiendra, et que les portes de l'enfer ne prévaudront point contre elle ?

Un véritable chrétien ne peut pas voir sans une pénible émotion un homme comme Bernard s'acharner à la persécution de ces fidèles serviteurs du Christ, et donner, par sa conduite à cet égard, la preuve qu'il est impossible de vivre dans la corruption de l'Église romaine sans être influencé par ses funestes principes.

CHAPITRE IV.

REVUE DES OUVRAGES DE BERNARD.

Dans ce chapitre se grouperont quelques passages des ouvrages de Bernard qui n'ont pas rapport aux débats qui ont déjà fixé notre attention.

D'abord, nous passerons en revue ses épîtres, notamment celle qu'il adresse à Bruno, lors de sa promotion à l'archiépiscopat de Cologne. Elle mérite l'attention des pasteurs, et de tous ceux qui aspirent à cette fonction, la plus importante de toutes.

« Vous me demandez, illustre Bruno[1], si vous
« devez céder aux désirs de ceux qui veulent vous
« décerner le ministère d'évêque. Quel est le
« mortel assez présomptueux pour répondre à cette
« question? Dieu peut-être vous appelle; qui osera
« vous dissuader? Peut-être aussi ne vous a-t-il
« pas appelé; qui vous conseillera alors d'accepter?
« En un mot, qui peut savoir les intentions de
« Dieu, si ce n'est « l'Esprit qui sonde ce qu'il y a
« de plus profond en Dieu, » ou celui auquel
« l'Esprit le révèle? Ce qui rend encore la question
« plus embarrassante, c'est votre confession hum-
« ble et noble en même temps, lorsque, dans votre
« lettre, vous condamnez si sévèrement et avec sin-
« cérité, je pense, le cours de votre vie passée, car
« on ne peut nier qu'une telle vie ne soit indigne d'un
« ministère aussi saint. Mais, d'un autre côté, vous
« craignez, et j'ai les mêmes appréhensions, de ne
« pas répondre à cet appel et y consacrer vos con-
« naissances acquises, quoique votre conscience
« vous accuse. Vous pensez sans doute employer

[1] Ep. 6. vol. 1.

« vos talens dans une autre carrière moins étendue,
« il est vrai, mais aussi moins périlleuse. Mon âme
« est, je l'avoue, saisie d'une crainte sérieuse (je
« vous dis franchement, comme je les dirais à mon
« âme, mes véritables pensées), en comparant l'état
« où vous étiez à celui auquel vous êtes appelé,
« surtout quand le passage, dangereux comme il
« est, n'a pas été préparé par une saison consacrée
« au repentir. Et, en vérité, suivant l'ordre moral,
« l'homme doit prendre soin de son âme avant
« d'entreprendre le salut des âmes de ses sembla-
« bles. Mais enfin Dieu ne peut-il pas accélérer sa
« grâce et redoubler de charité envers vous? Heu-
« reux est l'homme à qui le Seigneur n'aura point
« imputé son péché! En effet, qui accusera les
« élus de Dieu? Dieu est celui qui les justifie. Le
« larron trouve grâce et salut sur la croix. Le
« même jour qu'il confessa ses crimes, il fut in-
« troduit dans le sein de la gloire. Pour lui la croix
« fut un court passage d'un séjour de mort au sé-
« jour de la vie, et du gouffre de la perdition au pa-
« radis de la félicité. Ce remède soudain de la piété,
« la bienheureuse pécheresse en ressentit le baume
« lorsque, par une faveur soudaine, là où abondait
« le péché, la grâce aussi vint surabonder. Elle
« n'eut pas besoin de se livrer à un long repentir,
« pour que ses fautes fussent pardonnées. Cepen-
« dant autre chose est d'obtenir une prompte ré-
« mission, et de passer d'une vie coupable au rang
« d'archevêque. Il me serait impossible de tran-
« cher la question. Mais il est un devoir que je puis
« remplir en faveur d'un ami, sans danger, mais
« non sans fruit; je lui consacre les vœux et les
« prières que j'adresse à Dieu pour son bonheur.
« Sans vouloir pénétrer les desseins de l'Eternel,
« nous le supplierons de travailler en vous et pour
« vous, selon ses vues et selon votre bien. »

Bruno accepta la mître. Bernard lui écrivit en ces termes :

« Si tous ceux qui sont appelés au saint mi-
« nistère sont nécessairement aussi appelés au
« royaume des cieux, l'archevêque de Cologne est
« sûr de son salut. Mais, si Saül et Judas furent
« élus, l'un au trône, l'autre au sacerdoce, par
« Dieu lui-même, et l'Ecriture qui l'affirme ne peut
« être rejetée[1], l'archevêque de Cologne a raison
« de craindre. Supposé que cette déclaration soit
« encore vraie maintenant, savoir que le Seigneur
« n'a pas élu beaucoup de nobles, ni beaucoup de
« puissans, ni beaucoup de sages selon la chair,
« l'archevêque de Cologne n'a-t-il pas trois fois
« raison d'être inquiet? Que celui qui est le plus
« grand parmi vous soit comme le plus petit d'en-
« tre vous, telle est la voix de la sagesse elle-même.
« Puissé-je toujours prendre avec mes amis le lan-
« gage d'une crainte salutaire, et non d'une fal-
« lacieuse adulation ! Qui me conseille d'inspirer la
« crainte? c'est celui qui dit : « Heureux l'homme
« qui est continuellement dans la crainte[2]. » Qui
« me dissuade de la flatterie? c'est celui qui dit :
« Mon peuple, ceux qui te conduisent te font éga-
« rer[3]. »

C'était sous ce point de vue sérieux que Bernard envisageait la nature du saint ministère. De notre temps, est-ce avec les mêmes sentimens qu'on aspire aux dignités ecclésiastiques? ou bien est-ce le plus souvent le gain temporel qui porte les hommes à les rechercher? Peut-être n'existe-t-il aucun point de religion pratique sur lequel les anciens puissent soutenir plus avantageusement le

---

[1] Jean, xi, 35.
[2] Prov. xxviii, 4.
[3] Esaie, iii, 12.

parallèle avec les modernes, que celui du saint ministère, sous le rapport de l'importance qu'il faut y attacher, et des qualités qu'il exige.

Dans une autre épître à Guigue et à ses frères, les moines *Chartreux*, Bernard caractérise la vraie charité. Il semble avoir parfaitement tracé le progrès de la vie spirituelle en matière de religion, et le simple bon sens arrête l'essor de son imagination. En effet, quel est le but de toutes ces dissertations métaphysiques que les gens vertueux ont écrites sur l'amour désintéressé de Dieu, si ce n'est de prouver que cet amour doit être pur et dégagé de toute considération personnelle ? Et n'est-ce pas là le vrai sens du mot amour ? Dire qu'on aime un ami pour son propre avantage, c'est s'exprimer avec bien peu de vérité; car, au fond, ce n'est pas lui que j'aime, mais mon intérêt personnel, ou quelque avantage que j'espère de lui. D'un autre côté, c'est pure folie que de dire qu'en aimant Dieu on renonce à l'amour personnel. Cette question a torturé l'esprit des gens pieux : le plus sage serait de s'en tenir au bon sens, qui reconnaît qu'il n'y a pas incompatibilité entre l'amour de Dieu et l'amour personnel, quoique le second, dans tous les cas, doive être subordonné au premier. Voilà le sens que Bernard paraît avoir saisi et parfaitement traité.

Le défaut capital de cette lettre, c'est le manque d'ordre et de clarté dans la description de la foi évangélique, seule capable d'inspirer cet amour.

Dans une autre épître, il signale avec beaucoup de justesse l'ignorance que saint Paul décrit comme le châtiment que Dieu inflige à ceux qui, connaissant Dieu, ne l'ont pas glorifié comme Dieu [1]. « Mais, dit-il, Dieu qui appelle les choses qui ne « sont pas, comme si elles étaient, par commisé-

---

[1] Ep. 18.

« ration pour ceux qui sont, pour ainsi dire, réduits
« à néant, nous a, en attendant, permis de goûter
« par la foi, et de rechercher par le désir, cette
« manne cachée dont l'apôtre dit : Votre vie est
« cachée avec Christ en Dieu [1]. Je dis en attendant,
« parce qu'il ne nous est pas encore donné de le
« contempler suivant sa nature, ou de l'embrasser
« pleinement par amour. Nous commençons ici à
« être quelque chose de cette nouvelle créature,
« qui par la suite deviendra un homme parfait, et
« atteindra la hauteur et la perfection de la stature
« du Christ, et c'est ce qui aura lieu indubitable-
« ment, lorsque la justice prévaudra contre le ju-
« gement, et que le désir du voyageur sera changé
« en parfait amour. Car si la foi et le désir nous
« transportent dans ce séjour pendant notre ab-
« sence, l'intelligence et l'amour nous consume-
« ront quand nous y serons. Et de même que la foi
« conduit à la connaissance parfaite, de même le
« désir conduit à l'amour parfait. Par ces deux
« puissances de l'âme, l'intelligence et l'amour,
« elle embrasse la longueur, la profondeur, la lar-
« geur et la hauteur; et Christ est toutes ces choses. »
Plus loin il blâme la folie de ceux qui recherchent
les louanges de leurs semblables, et il montre combien c'est s'éloigner de l'humilité qui sied à des
créatures si vaines et si misérables.

A cette époque c'était une fureur d'entreprendre
des pèlerinages à Jérusalem. Un abbé, nommé Jean
de Chartres, était possédé de cette folie. Aussi Bernard voulut-il calmer son zèle, et il essaya de lui
faire entendre qu'il ne devait pas abandonner son
saint ministère [2]. Jean mettait en avant la force et la
violence de ses désirs. C'est le défaut ordinaire de
tous les enthousiastes en religion.

[1] Col. III, 3.
[2] Ep. 82.

La réponse de Bernard est décisive. « Qui donc, « dites-vous, m'aurait inspiré ce violent désir, si « ce n'est Dieu? Permettez-moi d'énoncer ma pen- « sée. « Les eaux dérobées sont douces » : quiconque « connaît « les desseins de Satan » n'hésitera pas à « dire que cette douceur envenimée a été versée « dans votre cœur altéré par un ministre de Satan « déguisé en ange de lumière. »

Après avoir renvoyé Baudouin de son monastère, et l'avoir nommé abbé de la communauté de Réate, il lui écrivit avec cette véhémence de zèle et de sentiment qui caractérise ses ouvrages [1]. « L'in- « struction, l'exemple et la prière, voilà les trois « devoirs du pasteur. » Il insiste surtout sur la prière, parce qu'elle procure la grâce et l'efficacité aux travaux du prédicateur, soit que ces travaux consistent en paroles ou en actions.

Comme les considérations de Bernard sur l'éternité cadrent bien avec ses sentimens de charité, et avec quelle simplicité et en même temps avec quelle ardeur il s'exprime au sujet du dernier jour! « Je vous attends, dit-il à un de ses amis, mais « quand viendrez-vous? Au moins dans la cité de « notre Dieu; s'il est vrai que nous n'ayons point de « cité permanente ici-bas, mais que nous en cher- « chions une. C'est là, c'est là que nous nous ver- « rons, c'est là que notre cœur tressaillira de joie. « Cependant, j'aurai du plaisir à entendre parler « de vous, tandis que je vous attends, et que j'espère « vous voir face à face au jour du Seigneur, afin « que ma joie soit parfaite.

« A toutes les bonnes œuvres que l'on vous at- « tribue, ajoutez celle d'adresser au ciel vos plus « ferventes prières en notre faveur [2]. »

---

[1] Ep. 201.
[2] Ep. 204.

Eugène, disciple de Bernard, dont nous avons déjà parlé, venait d'être élevé au pontificat. Le maître lui écrivit avec l'ardeur d'une piété sincère, capable de faire oublier, s'il est possible, les vices de la papauté elle-même, aussi bien que ses déplorables superstitions, qui, dès sa jeunesse, avaient obscurci la dévotion de Bernard.

« J'ai long-temps attendu, dit il, qu'un de mes
« fils revînt pour calmer l'affliction de son père,
« en disant : « Joseph, ton fils, est vivant et il
« gouverne toute la terre d'Egypte. » Mais per-
« sonne ne m'a rassuré. J'écris donc moins de gré
« que de force, en réponse aux sollicitations des
« amis auxquels je ne puis refuser de faibles ser-
« vices pendant le reste de ma vie. Votre dignité
« ne me fait point envie ; car ce qui me manque,
« il me semble que je le possède dans la personne
« de celui qui non seulement vient après moi,
« mais encore par moi. Revêtu comme vous l'êtes
« du pontificat, c'est moi qui vous ai engendré
« par l'Evangile. « Quel est donc notre espoir ?
« quelle est notre joie ? quelle est notre couronne
« de réjouissance ? n'êtes-vous pas dans la présence
« de Dieu ? » = Il faut donc que l'amélioration qui
« s'opère dans votre sort améliore aussi l'état de
« l'Eglise. Ne lui demandez rien pour vous-même
« si ce n'est de sacrifier pour elle votre vie s'il
« le faut. Si Christ vous a envoyé, reconnaissez
« que vous êtes venu, non pour être servi, mais
« pour servir. Un vrai successeur de Paul doit
« dire avec lui : « Non que nous dominions sur
« votre foi, mais nous contribuons à votre
« joie [1]. » Le successeur de Pierre saura entendre
« la voix de Pierre : « Non comme ayant domina-
« tion sur l'héritage du Seigneur, mais en vous

---

[1] Cor. I, 24.

« rendant le modèle du troupeau[1]. » Toute l'Église
« des saints se réjouit dans le Seigneur, attendant
« de vous ce qu'on n'a obtenu d'aucun de vos
« prédécesseurs depuis bien des siècles. Et moi,
« ne me réjouirais-je pas ! J'avoue cependant que
« ma joie est empoisonnée par une crainte invo-
« lontaire. Car, si je me suis dépouillé du titre
« de père, j'ai encore pour vous les craintes, les
« inquiétudes, l'affection et les entrailles d'un
« père. A la vue de votre élévation, je redoute
« une chute. En contemplant la hauteur du rang
« que vous occupez, je tremble à l'aspect de l'a-
« bîme qui s'entr'ouvre dessous. Votre condition
« est plus élevée, mais non plus sûre : votre poste
« plus sublime, votre sécurité y est moins grande.
« Souvenez-vous que vous êtes le successeur de
« celui qui a dit : « Je n'ai ni or ni argent[2]. »

Après avoir fait connaître le motif qui l'a déterminé à écrire, il trace à Eugène un plan de conduite, et l'engage à se conduire de telle sorte que
les hommes puissent savoir qu'il y a « un pro-
« phète en Israël. » Oh ! puissé-je, avant de mourir,
« voir l'Église de Dieu redevenir ce qu'elle était
« dans les temps anciens, alors que les apôtres
« lançaient leurs filets, non pour y prendre de
« l'or ou de l'argent, mais bien des âmes ! Com-
« bien je voudrais vous savoir héritier de la pa-
« role de celui qui dit : « Que ton argent périsse
« avec toi[3] ! » O voix plus puissante que le bruit
« du tonnerre ! que tous ceux qui souhaitent du
« mal à Sion soient confondus par son épouvan-
« table bruit ! — Bien des gens disent aujourd'hui,
« dans une agréable attente : « La coignée est mise
« à la racine des arbres. » Beaucoup d'autres di-

---

[1] I Pierre, v, 3.
[2] Actes, III, 6.
[3] Actes, VIII, 20.

« sent au fond de leur cœur : « Les fleurs pa-
« raissent sur la terre. » Prenez donc courage et
« soyez fort. Mais, dans toutes vos actions, rap-
« pelez-vous que vous êtes homme, et que la
« crainte de Celui qui gouverne l'esprit des princes
« soit toujours devant vos yeux. Combien de pon-
« tifes, avant vous, se sont succédé en peu de
« temps ! Méditez sans cesse, et que le prestige
« de cette gloire éphémère ne vous fasse pas ou-
« blier votre fin. Ceux dont vous occupez le
« siége maintenant, vous les suivrez infaillible-
« ment dans la tombe [1]. »

On ne peut refuser à Bernard le zèle, la sincérité, la pureté de la doctrine chrétienne, quant
aux points essentiels du moins, la charité et les
mœurs irréprochables d'un réformateur. Comment
se fit-il donc que des tisserands illétrés aient vu
et démontré l'esprit de l'antechrist dans la papauté,
aient repoussé ses superstitions, tandis que cet
abbé se laissait fasciner par les faux semblans
de sainteté? probablement parce qu'il était abbé.
Ainsi un des esprits les plus éclairés du monde
fut abusé par l'éclat trompeur d'une piété fac-
tice, caractère intime de l'antechrist. Il ne lui
fut pas permis de voir combien il y avait de
folie à attendre l'accomplissement de ses désirs pieux dans l'Église, sous les auspices de la
corruption ! Certes s'il eût vécu dans le monde
hors des ordres monastiques, si par état il n'eût
été dévoué à la cour de Rome, la grâce divine
dont il était rempli, la vertu chrétienne dont il
était orné, l'eût naturellement placé à la tête
des Cathari, qu'il censurait avec tant d'ignorance !
Combien d'hommes moins pieux que Bernard doi-

---

[1] Ep. 238.

vent remercier Dieu de les avoir fait naître dans des conditions et des temps plus favorables !

Des épîtres passons aux autres ouvrages. Les cinq livres de la Considération, adressés au pape Eugène, se recommandent d'abord à notre attention. Ce prélat avait prié Bernard de lui donner quelques avis salutaires. La simplicité remarquable de l'abbé ne fut pas inférieure à l'humilité sans apparat du pontife.

Au premier livre, il cherche à préserver son ami de l'insensibilité qui résulte de la charge pesante d'une foule de devoirs. Connaissant parfaitement la vie laborieuse d'un pape, et les piéges tendus chaque jour sous ses pas, il prévient Eugène qu'il craint sérieusement que, désespérant de remplir scrupuleusement la carrière ardue et immense de ses devoirs, il ne soit tenté de s'endurcir le cœur et de se défendre toute sensibilité. « Ne commencez pas, « dit-il, par demander ce qu'on entend par dureté « de cœur. Si vous ne redoutez pas ce fléau, vous « êtes déjà tombé en sa puissance. Celui-là a le « cœur dur qui ne se craint pas lui-même ; car il est « dépourvu de sentiment. Vous me demandez ce « que c'est ? Interrogez Pharaon. Jamais un homme « n'échappa à cette malédiction, que grâce à la « miséricorde divine, qui, selon le prophète, « ôte « la pierre, et donne un cœur de chair. » (Ezéc. « XXXVI, 26.)

Après avoir développé les dispositions d'un cœur dur, il se résume en ces mots : « L'homme « insensible ne craint pas Dieu, et ne sent rien « pour son prochain. Voyez où vous mèneront « ces maudites occupations, si vous vous y livrez « tout entier, ne laissant rien de vous-même à « vous-même. »

Bernard gémit de voir la vie des papes toujours occupée à juger des causes, de manière à ne leur point laisser de temps pour la prière, ni pour la méditation des Ecritures, ni pour l'enseignement de l'Eglise. « La voix de la loi résonne sans cesse, « il est vrai, dans le palais, mais c'est la loi de « Justinien, et non celle du Seigneur. » Il engage Eugène à avoir pitié de lui-même, et à ne pas excepter son âme des vues de sa charité, de peur que, en se dévouant pour les autres, il ne néglige son propre salut. Il lui conseille d'abolir et d'anéantir les éternelles supercheries et les arguties de légistes dont les cours sont souillées, de trancher sommairement les questions évidentes, de préférer une justice substantielle à l'ennuyeuse parade des formalités artificielles, et de sévir rigoureusement contre les fourberies des avocats et des juges qui font trafic de l'iniquité. C'est le vrai moyen de remplir les devoirs de sa position avec équité, et de se ménager du temps pour le recueillement, la contemplation et la prière.

Ces écrits nous font voir l'âme pieuse et vertueuse de Bernard luttant contre la perversité du siècle. Zèle inutile ! Si Grégoire Ier pleura sur les désordres de son temps, à plus forte raison Eugène dut-il le faire, lui qui vécut dans un siècle plus corrompu, occupant un siége encore plus abandonné aux idées du siècle, et souillé au-delà de toute expression par un torrent d'iniquités. D'autres mêmes, moins élevés par leur position, et moins enlacés que le pape de Rome dans les liens de la société, ont succombé, soit dans la vie civile, soit dans la vie ecclésiastique, sous le poids accablant des affaires. Scrupuleux, ils se sentaient abattus à la vue de ces désordres; indifférens, ils s'endurcissaient dans l'iniquité, et perdaient tout sentiment de piété et de vertu. Pour un pasteur qui se voue au culte de Dieu, mieux vaut une place inférieure. Du reste les dignitaires de toute église peuvent profiter par la lecture de ces avis adressés à un pape.

Au commencement du second livre se trouve une digression sur l'insuccès de l'expédition en Terre-Sainte, entreprise à son instigation et par l'ordre du pape Eugène. Là semble faiblir l'éloquence de Bernard. Toutefois il s'agenouille avec respect devant les mystérieux décrets de Dieu; aimant mieux s'humilier lui-même, que de ternir la gloire de l'Eternel, il proclame heureux l'homme qui n'est pas scandalisé par un événement si désastreux et si imprévu. Si Bernard montre en cette circonstance la faiblesse d'un raisonneur casuiste, et s'il s'expose ainsi aux sarcasmes des profanes, il faut cependant, même ici, reconnaître son humilité et sa piété. Débarrassé de ces réflexions sur un sujet si épineux, il résume le discours sur la Contemplation, impose au souverain pontife le devoir de s'examiner lui-même, et vers la fin, développe les règles de la sainte et pieuse conversation, règles qui méritent l'attention de tous les pasteurs.

Dans le reste de l'ouvrage, aussi bien que dans la partie suivante, qui traite du devoir des évêques, Bernard trace et explique les fonctions épiscopales avec son zèle et sa véhémence ordinaires [1]. Il tonne surtout contre l'ambition des gens d'église à cette époque. Il les montre entassant bénéfices sur bénéfices, et se tourmentant jusqu'à ce qu'ils soient arrivés à l'évêché et puis à l'archevêché. « Encore, « crie-t-il, l'ambitieux ne s'en tient-il pas là : Rome « est son but. Et à force d'intrigues et de flatte- « ries, il atteint enfin le sommet du pouvoir. »

Bernard n'eût-il pas pu employer plus utilement

---

[1] Bernard raconte que deux archevêques étant venus au pape pour plaider leur cause devant lui, lui offrirent de magnifiques cadeaux, mais il les força de les renvoyer dans leur pays. De Consid. L. III.

son génie à l'instruction et à la direction de l'Église, s'il eût compris que l'idolâtrie à laquelle l'attachaient ses sermens monastiques était sans remède, et qu'il fallait alors une séparation bien distincte; parti qu'hésitent toujours à prendre les hommes réellement sages et vertueux, mais qui dans certains cas est aussi facile à justifier qu'elle est nécessaire?

On remarque encore le zèle fervent de Bernard dans un petit traité sur la Conversion, ouvrage qui contient la substance d'un sermon prêché à Paris en présence du clergé. Selon l'auteur, une vraie conversion exige une illumination divine. Cette question est traitée avec une certaine étendue; Bernard exhorte ses auditeurs à examiner leurs consciences, et tout en les sollicitant de fouiller dans leurs âmes, il démontre les salutaires effets de l'aveu sincère du péché. « Bienheureux sont les
« pauvres en esprit, car le royaume des cieux leur
« appartient[1]. » Qui donc est plus pauvre en esprit
« que celui qui ne trouve pas de repos dans son
« cœur, et qui n'a pas d'endroit pour placer sa
« tête? Telle est la sage dispensation de Dieu, que
« celui qui sent tout ce qu'il y a d'affreux dans le
« péché, apprend à plaire à Dieu par un amen-
« dement sincère; et que l'homme qui déteste sa
« demeure, séjour de perdition et d'infamie, a le
« droit d'aspirer au séjour de gloire, demeure
« qui n'a pas été faite de main d'homme, demeure
« éternelle dans les cieux. Ne nous étonnons pas
« qu'il trouve cette promesse difficile à croire!
« En effet, la misère peut-elle rendre l'homme
« heureux? Mais qui que vous soyez, en ces circon-
« stances, ne doutez pas; car ce n'est pas le péché
« mais la grâce qui procure la béatitude. Donc le

---

[1] Matt. v, 3.

« péché est l'objet de la grâce. Ainsi l'humilité
« vient de la misère du cœur. Heureuse la plaie
« qui réclame la main du médecin! Heureux le dés-
« espoir de soi, grâce par laquelle le Seigneur lui-
« même relève et purifie le cœur! C'est alors que
« l'âme convertie trouvera les plaisirs qu'elle est
« appelée à goûter cent fois plus délicieux que ceux
« qu'elle abandonne ; outre la vie éternelle, dans
« l'autre monde. N'attendez pas de notre bouche
« l'explication de ce qu'ils éprouvent. C'est l'esprit
« seul qui le révèle : et c'est par l'expérience qu'on
« le connaîtra. Là c'est l'onction et non la science
« qui instruit ; ce n'est pas par l'étude, mais par
« le recueillement qu'on saisira l'essence de ce
« bonheur. Par quel pouvoir se pourra-t-il faire
« que le souvenir des péchés subsistera dans la
« mémoire, alors même que leur souillure sera
« effacée? Ce pouvoir, c'est la parole de Dieu, seule
« efficace et puissante, et plus pénétrante qu'une
« épée à deux tranchans : « Tes péchés sont ou-
« bliés! » Permis aux Pharisiens de murmurer :
« Qui peut remettre les péchés, si ce n'est Dieu ? »
« Celui qui me parle, est Dieu. Sa faveur abolit
« la culpabilité, de manière que la mémoire, tout
« en conservant souvenir du péché, n'en sera pas
« souillée. Effacez la damnation, la crainte et la
« confusion, comme elles sont effacées par la ré-
« mission, et alors nos fautes passées, non seule-
« ment ne nous nuiront plus, mais encore contri-
« bueront à notre bonheur, afin que nous puissions
« remercier et bénir Celui qui les a oubliées. »

Telle est l'énergique piété avec laquelle Bernard prêche les doctrines de la grâce et de la conversion ; énergie toutefois obscurcie par ce mysticisme que favorise toujours la vie monastique, et qui cependant est sincère, puisqu'il est fondé sur les vérités de l'Evangile. — Vers la fin il adresse des reproches et des exhortations au clergé ; puis il gémit sur cette ambition effrénée qui a poussé et, nous osons le dire, pousse encore tant d'hommes à quitter les occupations séculières pour se livrer aux fonctions ecclésiastiques. Qu'une phrase ou deux suffisent pour terminer l'analyse de ce sermon. Le reproche de l'auteur regarde ces hommes qui le justifient par leur conduite, conduite qui sert à montrer que le sacerdoce est la seule profession où l'orgueil soit admis comme vertu, et la modestie flétrie comme vice. « On se jette de tous côtés « dans les ordres pour s'emparer d'un office ré- « véré du ciel. Cela se fait sans pudeur et sans ré- « flexion, par des gens en qui se révèleraient les plus « grandes abominations, si, suivant la prophétie « d'Ezéchiel, nous faisions un trou dans la paroi « pour contempler les choses horribles qui se font « dans la maison de Dieu¹. »

C'est dans les sermons sur le Cantique de Salomon que l'on remarque une grande expérience de la sainteté et de la vie spirituelle. Le trente-sixième est un exposé des différentes manières par lesquelles la connaissance enfle. « Quelques hommes, dit l'au- « teur, désirent connaître pour le seul désir de con- « naître : pure curiosité. D'autres désirent connaî- « tre afin de pouvoir être connus eux-mêmes : pure « vanité. Il en est encore qui recherchent la con- « naissance par un motif d'intérêt : bassesse et « avarice. Plusieurs veulent connaître pour pou- « voir édifier leur prochain : charité exemplaire. « D'autres, afin d'être édifiés : sagesse recomman- « dable. » En un mot, il déclare que la connaissance est bonne pour notre instruction, mais que la connaissance de notre propre infirmité sert encore plus à notre salut.

---

¹ Ezech. VIII, 8. 10.

Dans le 74ᵉ sermon sur le même livre divin, Bernard énonce quelques unes de ses idées sur l'opération du Saint-Esprit, et explique cette comparaison de notre Sauveur : « Le vent souffle où il veut, mais tu ne sais d'où il vient, ni où il va[1]. » Après une introduction écrite avec sagesse et modestie, et en même temps avec une vénération sincère, il dit : « Je sentais qu'il
« était en moi ; je me le rappelais quand sa visite
« était passée ; parfois j'avais un pressentiment de
« son arrivée, mais jamais je n'ai pu remarquer
« son arrivée ni son départ. D'où venait-il ? Où
« s'en retournait-il ? Par où entrait il ? Où, comm-
« ment me quittait-il ? C'est un mystère pour moi,
« je le confesse. On ne doit plus s'étonner puisque
« *ses traces n'ont point été connues*. Mais, me
« direz-vous, puisque ses voies sont insaisissables,
« comment pouvez-vous reconnaître sa présence ?
« Sa présence a été sentie et puissante ; sa présence
« a réveillé mon âme endormie ; sa présence a
« ému, amolli, frappé mon cœur, auparavant in-
« sensible, dur et engourdi. C'est le Saint-Esprit
« qui a arrosé les endroits arides ; c'est lui qui a
« dissipé les ténèbres, ouvert les endroits impé-
« nétrables ; c'est à lui que je dois cette chaleur
« bienfaisante ; il a aplani les chemins raboteux.
« Aussi mon âme rend-elle grâces au Seigneur ;
« aussi tout ce qui est en moi glorifie-t-il son
« saint nom. Ce n'est par aucun de mes sens que
« j'ai reconnu la présence du Seigneur ; mais c'est
« au tressaillement de mon cœur que j'ai compris
« qu'il était avec moi. En me voyant délivré de
« mes vices et du tourment des appétits charnels,
« j'ai été convaincu de sa toute-puissance. Quelque
« amélioration dans mon caractère et dans ma con-

[1] Jean, III.

« duite m'a rappelé la bonté de sa grâce : par le
« renouvellement de mon être, j'ai apprécié la
« perfection de sa beauté, et en contemplant tous
« ces effets réunis, j'ai tremblé devant la majesté
« de sa grandeur. Mais quand tous ces mouvemens,
« à son départ, se sont ralentis ; quand ce foyer
« d'émotions s'est refroidi, comme le vase qu'on
« retire du feu, alors son départ s'est manifesté.
« Mon âme sera triste jusqu'à son retour ; alors
« mon cœur brûlera d'une nouvelle flamme : c'est
« le signal évident de sa venue. Connaissant ainsi
« le Verbe divin, désormais, et tant que je vi-
« vrai, quand il s'éloignera de moi, je lui dirai
« dans le langage de l'épouse [1] : « Reviens. » Au-
« tant de fois il me quittera, autant de fois je le
« rappellerai, afin qu'il me rende la joie de son
« salut, c'est-à-dire afin qu'il me rende à lui-
« même. Rien ne sourit quand il est absent, lui
« qui seul est le bonheur ; qu'il vienne alors, qu'il
« vienne plein de la grâce et de la vérité, comme
« de coutume. » Bernard s'étend ensuite sur le
mélange délicieux de gravité et de plaisir, de
crainte et de joie, dont tous les vrais convertis
sont imbus : sa devise est celle-ci : « Servez le
« Seigneur avec crainte, et réjouissez-vous avec
« tremblement. »

Le but de cette histoire nous a porté à arrêter
le lecteur sur les sentimens intimes d'un croyant
du douzième siècle, avouant et décrivant les vicissitudes des consolations et des déclins spirituels
qui, avec plus ou moins de variété, dans tous
les temps de l'Église, sont connus des vrais chrétiens. Je sais qu'on doit parler d'eux avec ména-
gement ; cependant si nos paroles sont d'accord
avec les oracles divins, comme celles de Bernard,

---

[1] Cant. vi, 13.

« ce serait peu de chose pour nous que d'être jugés par les hommes. » La doctrine de la régénération d'une créature déchue, n'est autre chose que folie pour l'homme naturel. Quiconque n'a pas l'esprit du Christ, n'est pas à lui[1]. La véritable sagesse de ceux qui s'appellent chrétiens ne consiste pas à se moquer de l'Esprit-Saint, mais à le rechercher ; or, toute âme pieuse qui reconnaîtra sa présence et son éloignement, aux signes et aux effets que développe Bernard, non seulement se sentira délivré des entraves du fanatisme, mais fera son but constant de ne pas offenser l'Esprit de Dieu, qui doit nous *sceller* au jour de la Rédemption.

Au soixante-dix-huitième sermon sur le Cantique, Bernard montre l'Église comme prédestinée de tout temps pour être l'épouse du Christ. Son observation s'appuie sur les paroles de saint Paul[2]. Après avoir signalé l'influence du Saint-Esprit et la conversion des pécheurs, comme un effet de cette prédestination : « Toutefois Emmanuel, « dit-il, est encore le personnage qui parmi nous et « pour nous a subi notre malédiction, et s'est souillé « en apparence et non en réalité de nos péchés. »

Dans un discours sur le commencement du quatre-vingt-onzième psaume, il résout une de ces questions qui se présentent naturellement à l'esprit des hommes sérieux. La question et la réponse méritent toutes deux d'être rapportées dans les termes propres de l'auteur. « Pourquoi, malgré nos « prières et nos instantes supplices, ne pouvons-« nous pas obtenir cette abondance de grâce, ob-« jet de nos désirs ? croyez-vous que Dieu soit de-« venu avare, ou indigent, impuissant ou inexo-« rable ? Loin de nous cette pensée : Dieu sait de

---

[1] I Cor. II, 14.
[2] Eph. I.

« quoi nous sommes faits. Il ne faut donc pas ar-
« rêter le cours de nos prières, parce que, sans
« nous combler de biens à satiété, il nous donne
« cependant assez pour subvenir à nos besoins; il
« nous chérit comme une mère, de toute sa ten-
« dresse. De même qu'à l'approche de l'oiseau ra-
« visseur, la mère étend ses ailes protectrices sur
« sa jeune famille, de même son sein s'ouvre à
« nous comme un asile, tant sa bonté est inépui-
« sable? Telle est la grâce accordée à la faiblesse
« de notre condition : mais la grâce même exige
« des bornes, de peur que nous ne tombions dans
« une vanité blâmable ou dans des transports d'or-
« gueil[1]. »

Croyez-vous que vous soyez poussé par le Saint-
Esprit? voilà une question sérieuse, que devraient
examiner à fond tous ceux qui aspirent au saint
ministère. Pour y répondre consciencieusement,
qu'il se demande si la description de Bernard est
conforme à ce qui se passe dans son cœur; description qui, sans être une preuve sûre, ne peut
qu'inspirer de salutaires méditations. « Celui qui
« est appelé à instruire les âmes est appelé par le
« Seigneur, et n'est pas appelé par sa propre am-
« bition. Et qu'est-ce que cette inspiration, sinon
« un vif sentiment d'amour qui nous remplit de
« zèle pour le salut de nos frères? Tant que l'homme
« qui s'occupe à prêcher la parole divine sentira
« son âme enflammée par de célestes affections, il
« peut être sûr que Dieu est là, et que c'est lui
« qui l'appelle à travailler pour le bien des âmes.
« Oui, j'aime à entendre ce prédicateur, qui,
« loin de s'étudier à faire admirer son éloquence,
« me fait gémir sur mes péchés. Vos paroles pro-
« duiront un effet salutaire, si vous-même vous

---

[1] Florum Bernardi, L. II, c. 15.

« paraissez pénétré des conseils que vous me pro-
« diguez. Alors au moins vous ne mériterez pas ce
« reproche ordinaire : Toi qui enseignes les autres,
« que ne t'enseignes-tu toi-même[1] ? »

Avec quelle force Bernard n'explique-t-il pas la
grâce de Dieu dans l'Evangile ! « Heureux est ce-
« lui-là seul auquel le Seigneur n'impute point
« ses péchés. Il suffit à ma conscience d'avoir l'ap-
« probation de celui seul contre lequel j'ai péché.
« Ne pas nous imputer nos fautes, c'est les ef-
« facer. Si mon iniquité est grande, Seigneur, ta
« grâce l'est encore plus. Quand mon âme est at-
« térée à l'aspect de ses souillures, je lève les yeux
« vers ta clémence, et l'espoir renaît en moi. Et
« cette clémence est le trésor de tous ; il est offert
« à tous les hommes, et celui seul qui ne puise
« pas à cette source en perd les bienfaits pré-
« cieux. Joie et bonheur à celui qui se sent cri-
« minel et digne de la damnation éternelle. Car la
« grâce de Jésus dépasse encore l'immensité de ses
« crimes. « Ma peine, s'écrie Caïn, est plus grande
« que je ne puis porter. » Arrière cette pensée !
« La clémence de l'Eternel est plus grande que
« toute iniquité. Il est réellement bon, miséricor-
« dieux et compatissant, et toujours prêt à par-
« donner ; sa propre nature c'est la bonté : son
« cœur est un foyer de clémence. « Il fait donc
« miséricorde à qui il veut, et il endurcit celui
« qu'il veut. » Mais la miséricorde vient de lui, et
« s'il prononce la condamnation, c'est nous qui l'y
« avons forcé. Aussi ne s'appelle-t-il pas le père de
« la vengeance, mais le père de la miséricorde[2]. »

Déjà nous avons résumé les idées de Bernard
sur les différentes opérations du Saint-Esprit. Plu-

---

[1] In Cant. serm. 58. Florum.
[2] Florum.

sieurs sermons nous montreront l'application qu'il fait de sa doctrine. « C'est un état de l'âme très dan-
« gereux, dit-il, que d'être insensible à la présence
« ou à l'absence du Saint-Esprit. En effet, comment
« demander sa présence quand on n'a pas senti son
« absence ? Comment celui qui vient nous conso-
« ler sera-t-il dignement accueilli, si sa présence
« n'est pas sentie ? Quiconque marche dans l'Es-
« prit-Saint jamais ne reste au même point. Sa
« voie n'est pas en lui-même; mais, assisté qu'il est
« par l'esprit, selon sa divine volonté, tantôt dou-
« cement, tantôt avec ardeur, il oublie les choses
« qui sont derrière lui, et il s'avance de toutes les
« forces de son âme vers celles qui sont devant lui.
« Au lieu donc de désespérer, quand vous ren-
« contrez l'ennui et la torpeur, cherchez la main
« de votre guide, suppliez-le de vous conduire jus-
« qu'à ce que vous soyez capable de courir dans les
« voies des statuts de votre Dieu. D'un autre côté,
« point de présomption ni d'orgueil, quand vous
« marchez à la lueur de la divine consolation, de
« peur que, si le guide retire sa main, vous ne
« tombiez dans un état déplorable pour un chré-
« tien. »

Ainsi donc, au douzième siècle, la vie divine avait été comprise par quelques uns; cette vie divine que, dans tous les temps, ont comprise les hommes saints, cette vie divine qui a pour base les vraies doctrines de la grâce, qui seule engendre la vertu sur la terre, qui sert de bouclier aux vrais chrétiens, et de jouet aux philosophes et aux chrétiens de nom, et qui doit se développer parfaitement au sein de la gloire céleste. Qu'après les plus ardens efforts, après les plus apparens succès, un chrétien sente encore en lui les souillures du péché, c'est pour les personnes les plus pieuses et les plus intelligentes le

sujet de mille tourmens et d'une profonde surprise. Souvent on s'est trompé sur ce point ; quelques uns, à la fin, se sont laissés aller à croire que le péché a été entièrement chassé de leur sein; d'autres se sont livrés à une inquiétude et à un abattement nuisibles. Le mystère de la piété pratique réside en grande partie, n'en doutons pas, dans une vue juste de l'état où nous sommes, et surtout dans la discipline du cœur à cet égard. Ecoutons Bernard discutant cette question : son langage est à l'unisson des plus vertueux chrétiens de tous les siècles, et surtout de saint Paul, dans son discours aux Romains[1]. « Que personne ne
« dise dans son cœur : Ce sont de légères fautes ;
« je n'en ai nul souci ; peu importe que je reste
« entaché de ces péchés véniels. D'un autre
« côté, le mal ne peut être entièrement arraché
« ou déraciné de nos cœurs, tant que nous som-
« mes dans le monde. Quelques progrès que tu
« aies faits dans l'œuvre du salut, c'est te tromper
« grossièrement que de supposer que le péché soit
« anéanti. Quelque chose que tu fasses, le Jébu-
« site habitera dans tes frontières ; on peut le
« dompter, mais non l'exterminer. Ce n'est qu'à
« la mort qu'a lieu l'anéantissement du péché, ce
« ver rongeur de l'âme. Par l'effet de la grâce di-
« vine, il peut bien être abattu de manière à ne
« plus régner sur notre être, mais il y subsiste
« jusqu'à la mort ; « car nous bronchons tous en
« plusieurs choses[2] ; » que chaque personne se
« garde donc de dédaigner ou de négliger ces
« maux. Le chrétien pourtant ne sait pas non plus
« par trop s'en préoccuper. Ce sera avec plaisir
« que le Tout-Puissant nous remettra nos fautes,
« pourvu toutefois que nous les confessions avec

[1] I Rom. VII.
[2] Jacques, III, 2.

« larmes. A l'égard de ces péchés quotidiens, l'in-
« différence est coupable, et aussi la crainte ex-
« cessive : car il n'y a aucune condamnation pour
« ceux qui sont en Jésus-Christ, et qui renoncent
« aux aiguillons de la concupiscence[1]. N'est-ce pas
« afin de nous humilier que le Seigneur a laissé
« vivre en nous la concupiscence comme un tour-
« ment habituel? n'est-ce pas pour nous faire
« éprouver tous les trésors de sa grâce, et nous
« obliger à invoquer son inépuisable bonté[2]? »

Ainsi pensait Bernard. Tel était son éloignement prononcé pour l'orgueil artificieux de celui qui prétend à la perfection, et la coupable négligence de l'antinomien.

Un court extrait terminera l'examen des ouvrages de Bernard. On y voit la base de ses espérances chrétiennes : en cela les vrais chrétiens de tous les siècles sympathiseront avec ses sentimens[3]. « Trois
« objets constituent mon espérance : l'amour d'a-
« doption, la vérité de la promesse et la puissance
« de l'accomplissement. Que mon cœur insensé
« murmure à son aise et dise : Qui es-tu? et quelle
« est cette gloire? à quels titres la brigues-tu? Je
« répondrai en toute confiance : Je connais Celui
« en qui j'ai cru, et je suis certain qu'il m'a adopté
« dans son amour, parce qu'il est vrai dans ses pro-
« messes, parce qu'il est puissant pour les accom-
« plir, parce qu'il peut faire ce qu'il veut. Voilà
« un triple lien qu'il n'est pas aisé de briser. Ce
« lien nous vient des cieux. Il faut nous y attacher
« fermement. Puisse-t-il aussi, ce lien sacré, nous
« attirer vers la gloire de Dieu, qui est béni à ja-
« mais ! »

---

[1] Rom. VIII, 1.
[2] Florum, 373.
[3] De Evang. serm. 5.

CHAPITRE V.

MORT ET CARACTÈRE DE BERNARD.

De tous les pères de l'Eglise, Bernard est celui qui a le plus à se plaindre du tort que l'on a fait à sa mémoire. Telles étaient l'ignorance et la superstition des temps où il vivait, que nous en sommes à nous demander si «quelque chose de bon a pu venir» du douzième siècle. Il serait difficile de décider si Bernard a eu plus à souffrir des panégyriques extravagans des uns que des critiques mordantes des autres. Lisez ces miracles imaginaires dont les biographies sont parsemées; ne sont-ce pas autant de cruelles diffamations, qui, par une association d'idées toute naturelle semblent ôter tout crédit aux plus éclatans témoignages de sa piété et de sa vertu? A voir les papistes le qualifier du nom d'ange, et quelques protestans le traiter de bigot, de fanatique furibond; à se guider par les jugemens qu'ont prononcés sur lui ces sectes opposées, on sera tenté de le regarder comme un objet de mépris, pour ne pas dire d'exécration.

Le cercle étroit dans lequel il fallait circonscrire nos extraits nous empêche de citer des traits plus nombreux de sa piété, de son humilité et de sa charité. D'un autre côté nous n'avons point passé sous silence son aveugle superstition, et les déplorables préjugés qui l'ont poussé à décrier et à combattre ceux «dont le monde n'était pas digne.» Pénétré d'un profond dévouement pour la hiérarchie romaine, il s'était imbu de la plupart des erreurs de ce temps, qui cependant n'étaient pas en contradiction directe avec l'Evangile. Et le caractère monastique, qui, suivant l'esprit du siècle, paraissait si glorieux, semble avoir presque éclipsé ses vertus réelles, et arrêté ses progrès dans la vraie sagesse évangélique.

Mais sous le rapport du vrai talent, Bernard ne fut pas un homme ordinaire; son savoir était borné, mais son entendement solide. Rarement il se trompait en décidant sur quelque point de théologie, quand son imagination n'était pas influencée par les préjugés et les superstitions dominantes de l'époque.

Doué d'un génie vraiment sublime, son caractère était ardent, son esprit actif et plein d'énergie. L'amour de Dieu avait jeté de profondes racines dans son âme, et le feu dont ce sentiment l'avait embrâsée ne s'affaiblit jamais. Non moins charitable que zélé, sa tendresse et sa compassion pour ses frères en Jésus-Christ s'alliait parfaitement avec sa sévérité à l'égard des prétendus hérétiques, des profanes et des hommes vicieux. Son humilité mérite l'admiration; c'est à peine s'il éprouva un mouvement de joie des louanges extravagantes qui lui étaient décernées. Soumis au Christ, son cœur était un foyer d'affections célestes et puissantes. Chez lui les vraies connaissances chrétiennes s'unissaient aux plus absurdes superstitions : et ce bizarre assemblage ne saurait être attribué qu'à une influence toute divine. Est-il en effet un dogme fondamental de l'Evangile qu'il n'ait embrassé avec zèle, défendu avec éloquence, et honoré par sa vie? Le socinianisme surtout, il l'étouffa dans le principe et l'empêcha de se répandre dans le monde; tel fut Bernard, généralement appelé le dernier des pères.

Aux yeux d'un homme de goût, le récit de sa mort, considéré comme pièce littéraire, ne sera pas moins choquant que celui de sa vie. Tandis que ses amis l'admiraient comme un ange, il se sentait coupable et pécheur de sa nature. Ce fut à l'âge de soixante-trois ans qu'il succomba à une gastrite. Une lettre qu'il adressa à un de ses amis, peu de jours avant sa mort, est empreinte de cette simplicité, de cette modestie et de cette piété qui avait fait le plus bel ornement de son caractère. « L'esprit est fort, quoique la chair soit faible. « Priez le Sauveur, qui ne veut pas la mort d'un « pécheur, de ne pas différer mon départ, mais de « le préparer. Fortifiez de vos prières une pauvre « créature indigne, afin que l'ennemi qui l'attend « en embuscade, ne trouve pas une place où il « puisse enfoncer sa dent meurtrière, ni faire la « moindre blessure [1]. »

CHAPITRE VI.

ÉTAT DE L'ÉGLISE DE CHRIST DANS CE SIÈCLE.

On peut juger de l'état de l'Église, en tant que l'Église latine y est intéressée, d'après ce que nous avons dit sur Bernard. Il y a peu de choses à dire sur l'état de l'Église grecque. Superstition, idolâtrie, disputes frivoles, subtilités métaphysiques, et en même temps absence de toute piété vitale, tels sont les traits principaux de l'Église de l'Orient.

Au milieu du chaos de l'Église extérieure, nous trouvons seulement quelques faits qui jettent une faible lumière sur son état en général. Ils se distinguent de ceux dont nous avons parlé dans l'his-

---

[1] Beaucoup de miracles sont attribués à Bernard, par l'église de Rome, mais il ne faut pas nécessairement en conclure que Bernard ait eu la moindre part à ces impostures.

toire de Bernard et de ceux qui se rattachent à celle des Vaudois dont nous aurons à parler plus tard.

Vers la fin du siècle précédent, c'est-à-dire en 1095, le pape Urbain II convoqua à Clermont en Auvergne un synode, dans le but d'exciter le monde chrétien à concourir aux croisades; cent cinquante évêques y assistèrent. Urbain mourut en 1099, et Jérusalem fut prise par les croisés la même année [1].

L'Église extérieure s'agrandit par les conquêtes des guerriers de l'Occident, et plusieurs siéges épiscopaux furent institués dans ces mêmes lieux, d'où la lumière de l'Évangile avait lui pour la première fois, pour le bonheur des hommes. Mais ils ne subsistèrent pas long-temps, et, chose remarquable, pendant leur courte existence, ils ne donnèrent aucun signe, aucune preuve de l'esprit de la véritable piété. Cette circonstance ôte tout intérêt religieux à la guerre fanatique, qui, à cette époque, agitait l'Europe et l'Asie. En principe, nous n'accuserons pas les chrétiens d'Occident d'injustice pour l'avoir entreprise; mais, dans ses conséquences, cette guerre mérite la censure amère qu'en font en général les écrivains de nos jours. Un des mille maux qu'elle produisit, ce fut la vente d'indulgences faite par les papes dans toute l'Europe, dans le but d'encourager, par des moyens pécuniaires, ce qu'ils appelaient la guerre sainte. Ces indulgences, il est vrai, s'étaient vendues précédemment par des dignitaires inférieurs de l'Église; moyennant une certaine somme d'argent, ceux-ci remettaient aux pénitens les peines qui leur avaient été imposées; mais ils n'avaient pas prétendu abolir les châtimens qui attendent les méchans dans un autre monde. Cette impiété était

[1] Baronius, XIIe siècle

réservée au pape lui-même, qui osa usurper l'autorité dont Dieu seul dispose. Cet abus, une fois sanctionné, prit racine, et s'accrut d'âge en âge jusqu'au temps de la Réforme. Il est inutile de dire combien cette pratique dut étouffer toute piété et toute vertu. Il n'est que trop évident, de l'aveu même de ses propres écrivains, que l'Église de Rome encouragea de tous ses efforts ces trafics impies [1]. Cela prouve combien saint Paul avait raison de dire de « l'homme du péché [2] » qu'il veut « se faire passer pour Dieu »; cela prouve aussi que la justice et le droit étaient du côté de ceux qui s'opposaient à la puissance et à la doctrine de la papauté à cette époque. On peut en déduire également le mérite et l'urgence de la réformation elle-même. Ajoutons que la discipline de l'Église était renversée de fond en comble; ceux qui avaient les moyens d'acheter un permis de pécher, se livraient effrontément au vice, et s'abandonnaient sans remords à l'inspiration de leurs passions criminelles.

On ne peut considérer comme compensation à d'aussi grands maux la renaissance des lettres, qui date de ce siècle. Le moine Gratien, natif de Toscane, fit une collection célèbre de lois canoniques qu'il publia en 1151. Son travail se trouva facilité par la découverte, faite en 1137, des *Pandectes* de l'empereur Justinien [3]. Les causes ecclésiastiques furent dès lors décidées d'après la loi canonique. Comme encouragement à l'étude de cette science, le pape Eugène III, disciple de Bernard, institua les degrés de bachelier, de licencié et de

---

[1] Mosheim, siècle XII. Morinus, Simon, Mabillon et d'autres auteurs papistes, n'ont pas eu honte de justifier ce système abominable.
[2] I Thes. II, 4.
[3] Mosheim. — Vies des papes, par Bower. Vol. VI. — Du Pin, c. XVII.

docteur, titres dont aucun écrivain n'a fait mention avant le temps de Gratien. Ils furent bientôt introduits dans l'université de Paris, par Pierre Lombard, surnommé le Maître des Sentences: ils se donnaient aux étudians en théologie aussi bien qu'aux étudians en droit. En effet, Lombard passe pour avoir rendu à la théologie le même service que son contemporain Gratien rendit à la jurisprudence. Paris, par sa chaire de théologie, et Boulogne par sa chair de droit, occupèrent depuis ce temps la première place parmi les universités de l'Europe.

L'Angleterre prit aussi part à la renaissance des lettres. On voit l'université d'Oxford, fondée du temps d'Alfred et presque anéantie par les Danois, s'élever pendant ce siècle à un degré très distingué. Le savoir du continent pénétra en Angleterre, mais il y pénétra avec l'impiété qui y existait, et Oxford va nous montrer tout à l'heure l'effet terrible de ces deux causes réunies. En effet, l'intelligence humaine pouvait recevoir une impulsion favorable du progrès que faisaient alors les lettres; mais celles-ci étaient impuissantes à adoucir les mœurs des hommes aussi long-temps qu'elles seraient accompagnées du mépris de la parole de Dieu et de la salutaire doctrine de l'Evangile.—Terminons cet aperçu succinct du progrès de la science en rappelant que Cambridge aussi avait été, peu de temps après Oxford, choisi pour siége d'une université. Anéantie, pour ainsi dire, par les Danois, cette université avait commencé à refleurir vers l'an 1109, époque où Gislebert, de compagnie avec trois autres moines, avait été envoyé par l'abbé Croyland à Cottenham, près de Cambridge, pour y répandre l'instruction. Ces moines se rendaient chaque jour à Cambridge, où ils avaient loué une grange, pour y faire des cours publics. L'un d'entre eux expliquait les principes de la grammaire, le matin; le second dissertait sur la logique, à une heure; et dans la soirée, le troisième faisait un cours de rhétorique d'après Cicéron et Quintilien. Gislebert prêchait lui-même les dimanches et les jours de fête. Bientôt la grange fut trop petite pour les auditeurs, et l'on chercha dans la ville un emplacement mieux approprié aux travaux de Gislebert et de ses compagnons. Tel est le récit que nous a laissé Pierre de Blois des premiers pas faits dans la science par l'université de Cambridge.

Une louable passion pour les progrès de l'intelligence se manifesta, nous le voyons, dans ce siècle. A l'étude des saints Pères succéda celle des scoliastes, dont la théologie avait été fondée par Pierre Lombard. Leur science était pleine de subtilités métaphysiques; eux-mêmes ils étaient presque des objets d'idolâtrie pour les ignorans, au nombre desquels nous pouvons mettre les nobles, qui étaient tout aussi illettrés que le peuple. Cependant l'esprit humain retrouva par l'exercice une élasticité et une vigueur nouvelles; mais la science était sans force pour communiquer la grâce qui vient de Dieu : elle n'ouvrit pas même les yeux des hommes à la folie qu'il y avait à demeurer les esclaves de la papauté. L'influence de l'évêque de Rome devint prodigieuse; les empereurs d'Allemagne tremblèrent sous sa verge, et quelques uns des plus braves et des plus sages des princes anglais se trouvèrent hors d'état de lutter avec la hiérarchie romaine. Mais s'arrêter à ces détails serait s'écarter de l'histoire de l'Eglise telle que nous l'entendons.

Où était, à l'époque dont il s'agit, l'Église de Christ, et dans quel état se trouvait-elle? On n'aurait pu la trouver dans ce qu'on peut appeler les religions nationales. Dieu, cependant, veillait sur ses élus. Il se trouvait çà et là, à n'en pas douter, quelques individus trop pauvres et trop insignifians pour mériter que l'histoire en fasse mention, mais qui craignaient Dieu et le servaient selon l'Evangile de son Fils, protégés qu'ils étaient contre la persécution par le rang peu élevé qu'ils occupaient dans la société. Dans quelques uns des couvens aussi, parmi les pratiques superstitieuses, il y avait quelquefois la sincérité de la religion. L'histoire de Bernard nous fournit une preuve de cette assertion.

Dans l'Occident, les Cathari avaient aussi formé entre eux des sociétés religieuses. Ces sociétés prirent un développement considérable et adoptèrent un nouveau nom, sous lequel ils étaient mieux connus et honorés à la fin de ce siècle; aussi méritèrent-ils par-là le courroux injuste des puissances ecclésiastiques et politiques de cette époque [1]. Le récit des persécutions auxquelles ils furent exposés sera l'objet de notre attention, quand nous serons arrivés à parler de l'histoire de l'Eglise au siècle suivant. C'est ainsi que l'Eglise du Christ avait dans l'Occident une existence réelle, « et était comme une lampe qui éclairait dans un lieu obscur. »

Dans l'Orient, il serait extrêmement difficile de découvrir les moindres traces de véritable piété. Il est probable néanmoins que l'Eglise conservait quelques disciples sincères parmi les Pauliciens. En effet, dans l'année 1118, nous voyons Alexis Comnène qui, vers la fin du siècle précédent, avait persécuté cette secte avec un zèle aveugle, nous le voyons, disons-nous, brûler un prétendu Manichéen que l'on accusait de défendre les absurdités de Manès. Ce récit, nous le devons à

[1] Les Vaudois.

Anne Comnène, sa fille, qui en toute occasion élève au ciel le caractère de son père [1]. Il faut pourtant le dire, ce prétendu hérétique rejetait, comme preuve d'idolâtrie, l'adoration des images ; ce fait plaide fortement en sa faveur, et doit nous le faire considérer comme s'étant réellement rapproché de la bonne doctrine [2]. On peut donc conclure de là, avec assez de probabilité, qu'il existait, même alors, dans l'Orient quelques restes de l'Église de Dieu. Sans doute l'absence de preuves plus claires est à regretter : malheureusement l'histoire ne nous en fournit pas de plus amples. Qu'on se rappelle l'histoire des Cathari dans les mémoires de Bernard, et l'on verra, en la rattachant aux faits qui nous occupent, que la prophétie du Christ au sujet de son Église s'accomplit au milieu même des temps de ténèbres que nous passons en revue : « Les portes de l'enfer ne prévaudront point contre elle. »

Quelle consolation indicible pour le véritable chrétien, de penser que les scènes les plus affligeantes, ainsi que les faits les plus glorieux qui se rattachent à l'histoire de l'Église sont tous prédits dans l'Ecriture ! L'évidence de la prophétie se déroule constamment au flambeau de l'histoire, et, « je vous le dis maintenant, avant que la chose « arrive, » c'est la voix de notre Seigneur que nous entendons d'âge en âge. — Dans un concile tenu à Londres en 1108, sous le règne de Henri Ier, l'on passa un décret contre les clercs qui cohabiteraient avec des femmes [3]. Ce concile ne cherchait pas probablement à établir la vérité de la prophétie de saint Paul, au sujet de l'apostasie des derniers

---

[1] Anne Comnène, l. xv.
[2] Baron, XIIe siècle.
[3] Baron.

temps, apostasie dont un des traits principaux était la prohibition du mariage [1]. Quoi qu'il en soit, ce concile accomplissait cette prophétie à la lettre. Hâtons-nous de le dire, la voix de la conscience et celle du sens commun se faisaient encore entendre à cette époque de ténèbres. Fluence, évêque de Florence, enseigna publiquement que l'antechrist était né et qu'il était dans le monde [2]. Ce fut à ce sujet que le pape Pascal II tint un concile, l'an 1105, pour réprimander l'évêque et lui enjoindre le silence à cet égard. Bernard lui-même se sentait ému de tant d'indignation contre les papes et le clergé, que, sans les préjugés enracinés de son éducation monacale, ses yeux se seraient ouverts à la vérité tout entière. Rien de plus naturel pour des hommes qui respectaient les Ecritures et rapprochaient la description qu'elles font de l'antechrist de ce qu'ils voyaient dans l'église de Rome, rien de plus naturel pour eux que de croire à l'accomplissement de cette prophétie et d'exprimer leurs soupçons à cet égard, bien que l'éclat trompeur de fausse sainteté qui se reflétait alors sur la papauté les empêchât de distinguer avec netteté l'objet de leur indignation.

C'est pendant ce siècle que l'Angleterre arriva à l'état de la plus déplorable sujétion envers la cour de Rome. Les hommes les plus sensés, Henri II, par exemple, gémissaient sur cet état de choses, mais ne pouvaient y opposer qu'une résistance vaine. Ils sentaient l'oppression temporelle de la tyrannie ecclésiastique, au moment même qu'ils étaient dans un entier aveuglement à l'égard de leur esclavage spirituel, et se joignaient à la cour de Rome pour opprimer de véritables

---

[1] I Tim. IV.
[2] Newton sur les Prophéties, vol. III.

chrétiens. Ce même Henri II, qui, en matière civile, s'opposa avec tant de persévérance aux empiétemens du pape, n'hésita pas, dans la vingt-quatrième année de son règne, à prêter aide au roi de France pour accabler les Cathari de Toulouse, auxquels on avait injustement donné le nom d'Ariens; et, pendant qu'il dépensait dans des projets d'ambition et dans des scènes de débauches une des plus belles intelligences qu'on ait jamais vues, pendant qu'il soutenait une religion idolâtre, lui-même il se voyait exposé aux exigences les plus arbitraires, aux traitemens les plus odieux de la part du pape [1]. Nous allons raconter en détail un des traits de sa cruauté.

En 1159, des Allemands, au nombre de trente, hommes et femmes, se rendirent en Angleterre et furent, bientôt après leur arrivée, menés devant un concile à Oxford. Gérard, leur maître, homme de savoir, répondit qu'ils étaient chrétiens, et croyaient à la doctrine des apôtres. Il ne cacha pas qu'ils tenaient en horreur la doctrine du purgatoire, celle des prières pour les morts et l'invocation des saints. Henri, d'accord avec le concile, les fit marquer au front d'un fer chaud, leur fit traverser ensuite la ville d'Oxford, en les frappant de verges, et, après les avoir dépouillés de leurs vêtemens jusqu'à la ceinture, on les chassa en rase campagne. Personne, sous peine d'amende sévère, ne put les abriter ni les secourir, et, comme on était alors au cœur de l'hiver, ils périrent tous de froid et de faim [2]. La seule personne qu'ils eussent convertie en Angleterre, une femme, se rétracta par crainte d'un châtiment semblable. Les Allemands, hommes et femmes, se montrè-

---

[1] Hoveden, p. 327.
[2] Neubrig. Brompt. Collect. Henry, vol. III, p. 240.

rent patiens, sereins, recueillis; ils répétaient cette parole de l'Évangile : « Heureux sont ceux qui « sont persécutés pour la justice, car le royaume « des cieux est à eux. » On marqua d'une brûlure au menton leur maître Gérard, afin de le distinguer des autres.

Ce fait nous donne une idée de l'obscurité religieuse où l'Angleterre était plongée à cette époque. Un roi sage et politique, une université célèbre, le clergé tout entier pouvaient alors s'unir pour chasser Christ de leur pays! Quelque bref que soit le récit que nous venons de faire de ces martyrs, il prouve clairement qu'ils étaient les martyrs de Christ; chassés probablement de leur pays par la rage de la superstition, ils avaient apporté avec eux en Angleterre la lumière et la puissance de l'Évangile; mais cette nation se trouvait alors si abrutie et si corrompue que personne ne sut les comprendre. Il ne faut pas oublier que l'Angleterre se trouva, par la suite et pendant long-temps, plus exposée que toute autre nation aux exactions et aux vengeances des papes.

Un historien a dit à cette occasion que pour prétendre alors au rang de réformateur, il fallait être un héros ou un fou. Nous répondrons à cela que le véritable réformateur n'a besoin d'être ni l'un ni l'autre. Tout homme intelligent qui craint Dieu, qui parle avec « bon sens »[1], et qui est sous l'influence de l'esprit de Dieu, peut devenir le réformateur du genre humain.

On connaît les détails de la querelle entre Henri et Becket. Tout ce que nous avons à dire sur cet épisode étranger à notre récit, c'est que rien ne prouve que l'esprit de la véritable religion ait influencé, dans cette circonstance, le roi ou l'archevêque.

---

[1] Actes, XXVI, 25.

Cependant le pape exerçait à son aise en Europe une autorité victorieuse. Ce n'est pas que, même en Italie, l'on n'eût quelque soupçon qu'il était l'antechrist. Joachim, abbé de Calabre, était un homme justement célèbre par son savoir et sa piété. Il osa affirmer que l'antechrist était né dans les États romains et qu'il serait élevé au siége apostolique [1]. Richard, roi d'Angleterre, se trouvant à Messine en Sicile, lors de sa croisade en Terre-Sainte, envoya chercher ce Joachim, et prit plaisir à l'explication que l'abbé lui fit du livre de l'Apocalypse, et de ce qui avait rapport à l'antechrist. Berington a tracé un récit burlesque de l'entrevue du roi avec l'abbé. Il fait observer que « les évêques présens à cette occasion, que Richard et Joachim, comprenaient les mystères de l'évangéliste à l'égal de tous ceux qui, à cette époque, se chargeaient de les interpréter [2]. » Cet écrivain ingénieux a, dans d'autres occasions, montré des ressources, un savoir et une patience dont nous avons grandement profité ; mais toute raillerie sur la parole de Dieu sera toujours un sujet de blâme, soit que la personne qui s'en rend coupable soit un catholique romain, un protestant ou un incrédule. Sans doute son esprit aura amusé ceux de ses lecteurs pour qui la religion n'est pas une chose sérieuse ; mais qu'il prenne garde, une partie de l'Apocalypse est très inintelligible, même aujourd'hui ; le reste en sera probablement compris avant la fin des temps. Du reste, n'est-il pas dit : « Toute l'Écriture est divinement inspirée et « utile [3] ? » Il ne convenait donc pas à un homme qui professait le christianisme de s'exprimer en

---

[1] Hoveden. Collier, l. vi.
[2] Hist. de Henri II.
[3] II Tim. iii, 16.

des termes que l'on aurait droit de blâmer, même dans la bouche d'un infidèle.

Si Richard eût apporté à l'étude des Écritures le zèle qu'il déploya dans sa romanesque expédition en Terre-Sainte, s'il eût rapproché les prophéties de l'Apocalypse des mauvais traitemens, des avanies qu'il eut à essuyer de la part du pape, peut-être alors il eût compris que l'évêque de Rome était l'antechrist. En effet, dans une bulle datée de 1197, Innocent III déclara qu'il ne convenait pas qu'un homme fût investi de l'autorité souveraine s'il ne rendait au pape obéissance et hommage. Dans une seconde bulle adressée à Richard, le pape lui faisait savoir que dans le cas où il s'opposerait à l'exécution des décrets du siége apostolique, il ne tarderait pas à éprouver combien il en coûte « de regimber contre l'aiguillon. » Enfin, dans une bulle ultérieure, il déclara ne vouloir endurer la moindre marque de mépris, soit à l'égard de sa personne, soit à l'égard de Dieu, dont il était le représentant sur la terre. Il ajoutait qu'il était résolu à punir toute désobéissance sans délai, et sans égard pour les personnes ; que le monde entier verrait bientôt qu'il était déterminé à se conduire en souverain [1]. Richard Cœur-de-lion obéit aux décrets du pape, et abandonna la cause qu'il avait prise en main. Innocent exerça dès lors en Angleterre un pouvoir à peu près despotique. C'est ce même pape qui confirma la doctrine de la transsubstantiation dans le sens le plus matériel, qui réduisit les deux princes, successeurs de Richard, Jean et Henri III, à l'état du vasselage le plus abject, et qui, à son bon plaisir, enrichit ses créatures des trésors d'Albion.

[1] Gervas, Chroniques, Henry, Histoire d'Ang. vol. III.

CHAPITRE VII.

PROPAGATION DE L'ÉVANGILE.

Dans ce siècle l'Eglise extérieure s'est répandue davantage chez les peuples idolâtres ; et on doit reconnaître que, malgré les moyens souvent antichrétiens employés par les propagateurs de la vérité divine, plusieurs missionnaires se sont montrés imbus d'un esprit apostolique, et si de tels exemples sont rares, ils méritent, par cela même, l'attention du lecteur.

Boleslas, duc de Pologne, avait pris d'assaut Stettin, capitale de la Poméranie, et mis tout le pays à feu et à sang ; ceux des habitans qui avaient échappé au massacre furent forcés de se soumettre à discrétion. — De quel droit il fit la guerre aux Poméraniens, jusqu'à quel point il sut se maintenir dans les limites de l'humanité : voilà des questions difficiles à résoudre, vu le peu de renseignemens que nous possédons sur ces événemens. Voilà cependant sous quels sinistres commencemens la Poméranie fut ouverte au christianisme. Le conquérant essaya en vain, pendant trois ans, de trouver des prêtres et des prédicateurs parmi ses anciens sujets pour instruire les nouveaux. Il s'adressa alors à Othon, évêque de Bamberg, pour l'engager à entreprendre cette mission. Le duc de Poméranie va à la rencontre du vénérable ministre, et le reçoit avec toutes les marques de respect dues à son caractère. Les sauvages habitans de cette contrée voulaient d'abord le massacrer ; ce fut avec difficulté qu'on lui sauva la vie. Othon se montre ferme, et par son zèle religieux, sa patience et sa douceur, il parvint à détruire les fausses idées que ces hommes s'étaient formées du christianisme, dont ils n'avaient entendu parler qu'à la suite des exécutions militaires ordonnées par Boleslas. La duchesse de Poméranie et ses dames d'honneur reçurent l'Évangile. Son époux, avec les seigneurs de sa cour, imita un si pieux exemple. Pour gage de sa sincérité, d'après les conseils d'Othon, il renvoya ses concubines qui étaient au nombre de vingt-quatre.

Dans la suite, le zélé missionnaire fut assailli par quelques habitans et n'échappa que difficilement à leur fureur. Mais il supporta tous les outrages avec tant de résignation, et poursuivit son entreprise avec une probité et une charité si remarquables, qu'il parvint à répandre les lumières du christianisme et à en établir le culte parmi ce peuple hostile. C'est de l'an 1124 que date sa mission : son succès le fit surnommer l'apôtre de la Poméranie. Après avoir enseigné l'Évangile à Naim et dans les autres districts éloignés, il retourna à Bamberg pour s'y livrer de nouveau à l'enseignement de son premier troupeau, et il y mourut en 1139[1].

L'événement toutefois nous montre clairement que ses travaux apostoliques en Poméranie ne portèrent pas des fruits durables, car bientôt après, les habitans, se soulevant contre les pasteurs chrétiens, les chassèrent et rétablirent l'idolâtrie de leurs ancêtres.

Dans le voisinage de la Poméranie se trouve l'île de Rugen, dont les habitans s'étaient signalés par leur haine pour l'Évangile. Eric, roi de Danemarck, les vainquit, et ne leur accorda la paix qu'à la condition qu'ils embrasseraient sa religion. Cet état de choses devait être de courte durée;

---

[1] Cent. Magd. XIIe siècle, p. 16. Baron. Butler, vol. VII.

l'île de Rugen retomba bientôt dans l'idolâtrie. Enfin parut Waldemar, roi de Danemarck, qui par la puissance de ses armes soumit cette population indomptable à la couronne danoise, et l'obligea à lui livrer son idole, nommée Swanterwith. Nous en avons parlé dans l'histoire du dixième siècle. Le vainqueur la fit mettre en pièces et brûler. Il exigea qu'on lui abandonnât toutes les monnaies portant l'effigie sacrée : d'un autre côté, les prisonniers chrétiens que les habitans avaient réduits en esclavage recouvrèrent leur liberté, et les biens consacrés au maintien des prêtres païens furent répartis entre des ministres du Christ. On attribue à Waldemar d'autres actes d'une importance et d'une utilité plus certaine encore : c'est lui qui donna à ces sauvages ignorans des ministres et des prédicateurs. Citons parmi eux Absolom, archevêque de Lunden, dont les pieux efforts établirent l'Evangile dans cette île, qui jusqu'alors avait repoussé les tentatives des plus ardens missionnaires. Absolom doit trouver sa place à côté de ces bienfaiteurs du genre humain qui se sont sacrifiés pour le salut des âmes [1].

Un fait qui doit nous surprendre, c'est que Jaremar lui-même, qui était alors maître de l'île de Rugen, accueillit les ministres de l'Evangile avec joie. Non content d'édifier ses sujets par l'exemple de sa vie, il les instruisit encore par des avis et d'utiles leçons. Par fois il eut recours aux menaces, mais on ignore dans quelles circonstances et à quel dégré son zèle a pu l'entraîner à employer de tels moyens. Ce qu'il y a de certain, c'est que c'est de cette époque que date la conversion à l'Evangile des habitans de Rugen. Jamais peuple n'avait manifesté une aversion plus prononcée pour

---

[1] Mosheim, XIIe siècle. Cent. Magd.

les doctrines du christianisme. Cette aversion pour l'Evangile n'était qu'une conséquence trop naturelle des opérations militaires qu'avait dirigées Eric. Ici cependant, comme plus haut, on doit faire une distinction entre le caractère des princes et celui des missionnaires; car, dans les récits qui nous sont parvenus, les efforts de ceux-ci paraissent avoir été animés par un véritable esprit de piété. Ces événemens eurent lieu vers l'an 1168, dans l'île de Rugen [1].

Idolâtres et pirates comme ceux de Rugen, les habitans de la Finlande firent en Suède plusieurs invasions dévastatrices. Eric, roi de cette contrée, les battit. On prétend que ce prince pleura en voyant ses ennemis mourir sans avoir reçu le baptême. Une fois maître de la Finlande, il envoya Henry, évêque d'Upsal, évangéliser les barbares. Le succès du missionnaire fut brillant et rapide : aussi fut-il appelé l'apôtre de la Finlande, quoiqu'il fût massacré dans la suite par la populace insurgée. L'historien Mosheim a-t-il raison de critiquer la rigueur de l'évêque envers cette nation ? C'est ce qu'on ne saurait décider; Henry semble d'ailleurs avoir été pieux et animé de bonnes intentions. La noble conduite de son souverain mérite aussi sa part d'éloges. Eric fut excellent chrétien et excellent roi. Sa dévotion provoqua contre lui les conspirations de quelques impies mécontens. Ils osèrent l'attaquer pendant qu'il s'occupait des devoirs religieux. « C'est ailleurs, dit-il, que j'achèverai la fête. » Il célébrait la fête de l'Ascension. Seul, pour éviter l'effusion du sang, il vient au-devant des assassins, et succombe en recommandant son âme à Dieu. Il mourut en 1151. On voit encore à

[1] Butler, vol. x.

Upsal sa tombe que le temps a respectée [1]. Ajoutons que Henry, Anglais de naissance, avait beaucoup souffert en instruisant les peuples barbares avant sa mission en Finlande, et qu'il fut immolé à l'instigation d'un meurtrier dont il avait censuré la conduite. Il mourut la même année que le roi son maître. Ce personnage est comblé d'éloges par Jean Olaus dans son traité *de Rebus Gothicis* [2].

Les Slaves étaient tout-à-fait opposés à la religion du Christ; aussi mirent-ils à une rude épreuve la patience et la charité de Vicelin, qui pendant trente ans prêcha l'Evangile dans le Holstein, et dans les contrées environnantes. A la fin, il obtint l'archevêché d'Oldenbourg, dont le siége fut plus tard transféré à Lubec. Son ministère fut profitable et glorieux. Il mourut en 1154. Les annales de l'antiquité sont remplies des louanges de Vicelin. Mosheim trace son caractère en peu de mots, mais avec une grande énergie. Cette esquisse insuffisante nous fait regretter que ce savant historien ne nous ait laissé qu'un abrégé de sa vie et de ses actions. Notre regret est d'autant plus vif que Mosheim eût pu puiser les matériaux de ce travail aux sources dont il fait mention, mais qui nous semblent inaccessibles. Nous avons consulté les Centuriateurs et nous avons trouvé dans leurs ouvrages de quoi piquer notre curiosité sans la satisfaire. Ce qu'on en peut extraire, nous le recueillerons dans le chapitre suivant. Ici, comme en beaucoup d'autres endroits, nous sommes à court de renseignemens sur les objets les plus dignes de nos recherches.

La propagation du christianisme en Livonie ne

---

[1] Mosheim. Butler, vol. x.
[2] Sa Vie, par Bengelin, *voy*. Butler, vol. II. Baron. XIIe siècle.

mérite pas beaucoup de détails. Elle eut lieu dans la seconde partie du xii⁰ siècle. On avait recours à des mesures violentes et aux dernières rigueurs pour contraindre ces malheureux peuples à recevoir le baptême. Nous n'avons pas trouvé dans les annales de ce siècle de résultat digne du nom chrétien.

CHAPITRE VIII.

ÉCRIVAINS ET PERSONNAGES DISTINGUÉS DU XII⁰ SIÈCLE.

Bernard surpassa de beaucoup en mérite les chrétiens de son temps. On doit cependant consacrer ici quelques mots aux hommes qui, parmi ses contemporains, se sont distingués par leur éclatante piété.

Le premier, dont la biographie est malheureusement trop incomplète, c'est Meginher, archevêque de Trèves. Ce noble caractère se déchaîna contre le luxe et la sensualité de son clergé, et alluma tellement le courroux de ses subalternes qu'il fut réduit à aller se justifier à Rome. Mais une trahison de ses ennemis l'arrêta dans sa route et le fit mettre en prison à Parme, où il mourut l'an 1130[1]. Si sa vie était mieux connue, il y a toute raison de croire qu'elle présenterait une ressemblance frappante avec celle de saint Jean Chrysostome sous le rapport de l'intégrité et des souffrances. Toutefois Meginher a droit à nos éloges. Sa vie prouve combien il était dangereux, en ces temps, de défendre la religion chrétienne, même au milieu des hommes qui voulaient passer pour disciples de Christ.

[1] Cent. Magd.

Vers cette époque, vint à Rome un prêtre nommé Arnolphe, qui prêcha avec véhémence contre les vices du clergé. Irréprochable lui-même dans ses mœurs et dans ses paroles, il mit tout son zèle à ramener les pasteurs de l'Église à la simplicité et au désintéressement des premiers chrétiens. Il semble avoir prévu qu'il était destiné à souffrir pour la cause de Dieu. « Je sais, dit-il publique-
« ment, que vous en voulez à ma vie; vous me
« méprisez, vous méprisez votre Créateur qui a
« voulu vous racheter par la mort de son Fils uni-
« que, il n'est donc pas étonnant que vous immo-
« liez un pauvre pécheur, qui vous a dit la vé-
« rité, vous qui tueriez saint Pierre lui-même, s'il
« se levait de sa tombe pour vous reprocher vos
« monstruosités. » Arnolphe fut assassiné secrètement. Ce fut, selon toute apparence, un fidèle martyr [1].

Ricard, dans un traité sur l'Incarnation, explique, avec profondeur et clarté, la divinité et l'humanité de Jésus-Christ, et l'influence des deux natures sur la rédemption [2].

Dans ce siècle, Rupert commenta l'évangile de saint Jean. Au chapitre quatorze, où notre Seigneur déclare que le monde ne voit ni ne connaît le Saint-Esprit, l'écrivain dit : « Que si les
« hommes ne le voient pas, c'est qu'ils ne croient
« pas; que s'ils ne croient pas, c'est qu'ils ont de
« l'orgueil. L'incrédulité n'a de foi que dans le
« présent, et l'orgueil, loin de reconnaître un tel
« consolateur, regarde comme fanatiques ceux qui
« cherchent ses consolations, et leur promet une
« fin sans gloire. »

Un Juif, Pierre Alphonse, se convertit en 1106,

---

[1] Cent. Magd. 23.
[2] Ibid. 98.

à l'âge de 44 ans. Sévèrement blâmé par ses compatriotes, il publia contre les Juifs un dialogue qui passe pour un plaidoyer victorieux en faveur du christianisme. Pierre Alphonse se distingua autant dans la littérature sacrée que dans la littérature profane; aussi devint-il, du moins il faut l'espérer, un des ornemens du christianisme [1].

Dans ce siècle dégénéré la fidélité était un titre au malheur. Tel fut le sort de Heinric, évêque de Mayence, modèle d'intégrité, de douceur et de charité. Par suite des fausses accusations de son clergé, il fut dépouillé à Worms de son évêché, par l'autorité de deux cardinaux.

« Je sais, dit-il, que ma voix implorerait en vain « le pape. C'est donc à Jésus-Christ que j'en ap- « pelle! Souverain juge des vivans et des morts, « il ne fait acception de personne, et ne reçoit « pas de présens, comme vous! » Dépossédé de la mitre qu'il avait portée neuf années environ, il se retira dans un monastère en Saxe, et mourut en 1153 dans la solitude, mais sans porter l'habit monastique [2].

Vicelin, dont on a déjà parlé, naquit dans une vallée obscure sur les bords du Wéser, au diocèse de Minden. Dans sa jeunesse, un prêtre lui reprocha avec une mordante ironie sa paresse et son ignorance. Piqué du sarcasme, l'enfant s'adonna de toute son âme à la culture de son intelligence. A cette époque, beaucoup d'hommes étudiaient avec un zèle et un succès égal; mais ce qui donna de la supériorité à Vicelin, c'est l'ardeur avec laquelle il appliqua ses études à la pratique; c'est le soin qu'il mit à éviter l'écueil

---

[1] DuPin, 179. Cent. Magd. 704.
[2] Ibid. 710.

des subtilités métaphysiques, dont s'occupaient exclusivement les savans de cette époque.

Le théâtre de ses travaux évangéliques fut le Holstein, province de Danemarck. Là, il apprit aux habitans à renoncer au culte des idoles pour adorer le Dieu vivant. En effet, les Holsteinois ne connaissaient encore de Christ que le nom. Leurs divinités étaient les bocages, les fontaines et d'autres objets inanimés. Le succès de Vicelin fut solide et durable. Dès lors, tous les paysans d'alentour, et particulièrement les Vandales, adoptèrent la loi du Sauveur. Trente années de prédication dans le Holstein et dans les contrées voisines lui valurent, en l'an 1128, l'évêché d'Oldenbourg. Loin de s'arrêter au milieu de sa carrière évangélique, il poursuivit encore sa noble mission pendant près de six ans; mais enfin il mourut en 1154, ayant été retenu au lit plus de deux ans par une paralysie [1].

Anselme, évêque d'Avelbourg, se distingua au milieu de ce siècle par son mérite littéraire. Tout ce qu'on sait de remarquable sur lui, et ce qui donne du relief à sa piété et à son intelligence, c'est qu'il découvrit et censura vigoureusement l'hypocrisie et l'esprit pharisien des institutions monastiques [2].

On pourrait sans injustice ne pas faire mention de Pierre, abbé de Cluny, surnommé le Vénérable: ignorant et frivole écrivain, il fut honoré d'un titre pompeux, puissante preuve de l'état abject où étaient tombées les connaissances en ces temps. Il s'évertue à réfuter les objections élevées contre les règles et les coutumes de son monastère. Son style est si verbeux et si chargé de détails, qu'il

---

[1] Cent. Magd. 748.
[2] Ibid. 761.

semble avoir fait consister l'essence du christianisme dans des rites insignifians et minutieux[1].

C'est lui qui accueillit avec humanité l'infortuné Abeilard, qui adoucit autant qu'il le put la douleur d'Héloïse en lui envoyant, à sa prière, pour la faire graver sur son tombeau, la formule de l'absolution de ce malheureux mais savant hérétique[2]. Le seul éloge que mérite l'abbé de Cluny, c'est qu'il était affable, doux et humain.

Pierre Lombard occupe aussi un rang assez distingué parmi les personnages éminens du siècle. Néanmoins après ce que nous avons dit de lui plus haut, rien ne le recommande à la postérité : une grande subtilité de raisonnement, voilà tout son mérite ; quant à son humilité et sa dévotion, l'histoire garde le silence.

Un pauvre laboureur de Madrid, Isidore, fut canonisé vers cette époque avec la sanction du pape. Plus de détails nous feraient mieux apprécier son vrai mérite et ses qualités. Il paraît cependant qu'il y eut quelque chose d'extraordinaire dans son caractère, puisqu'on lui décerna une couronne de sainteté, qui, dans ce cas-ci du moins, n'était pas le prix des intrigues, ou d'une adulation intéressée. Son maître, Jean de Vargas, lui permettait chaque jour d'assister à l'office divin, et lui, serviteur consciencieux, se levait de bonne heure pour s'acquitter de ses devoirs habituels, soulageant le pauvre du produit de son travail ; il était humble, laborieux et juste.

La mort le surprit à l'âge de soixante ans, dans la pratique de ses bonnes œuvres. Vrai saint, si, comme on aime à le croire, il fut toujours inspiré

---

[1] Du Pin, XIIe siècle, p. 79.
[2] Baron.

par la foi de Jésus, et si, du fond de son cœur, il repoussait toute idée de son propre mérite comme une chose sans prix devant le Seigneur.

FIN DU DOUZIÈME SIÈCLE.

TREIZIÈME SIÈCLE.

CHAPITRE PREMIER.

PIERRE WALDO.

Le lecteur se rappellera ce que nous avons dit des Cathari, qui furent évidemment, au commencement du dernier siècle, un peuple fidèle à Dieu. Vers la fin du dernier siècle on voit un grand nombre de prosélytes s'attacher à ce peuple fidèle, grâce aux savantes études et au zèle de Pierre Waldo. Dans ce siècle, ils furent victimes d'une épouvantable suite de persécutions, et donnèrent le spectacle de la puissance divine et de l'invincible acharnement du monde contre la parole du Christ. Notre but est de réunir en un seul point de vue l'histoire de ce peuple jusqu'à la réforme et un peu au-delà. Cette marche, plutôt que des détails jetés çà et là, fera connaître parfaitement l'esprit, la doctrine et les progrès des Vaudois. Leur histoire d'ailleurs trouve naturellement sa place dans le XIIIe siècle.

Les Cathari, que Bernard a si malheureusement défigurés, se trouvaient en grand nombre surtout dans les vallées du Piémont : de là le nom de Vaudois ou Vallois, nom qui fut donné particulièrement aux habitans des vallées de Lucerne et d'Angrogne. C'est aussi ce qui a fait croire que Pierre Valdo ou Waldo avait été le premier fondateur de leur église. Comme le nom de Vallois pouvait aisément se changer en Vaudois, les papistes virent dans cette erreur facile un argument propre à réfuter l'antiquité de leurs églises et même leur existence jusqu'à l'apparition de Waldo. Durant les querelles des papistes et des protestans, il n'était pas sans importance que cette matière fût éclaircie. En effet, les premiers prétendaient que les doctrines de leurs antagonistes n'avaient jamais existé avant Luther. Mais, pour peu qu'on examine à fond ce sujet, on reconnaît que les vraies doctrines protestantes avaient déjà paru dans les temps obscurs de l'Eglise, long-temps avant Waldo; celui qui fut le fondateur réel de ce peuple est Claude de Turin, le héros chrétien du ixe siècle[1].

Vers 1160, la doctrine de la transsubstantiation, confirmée plus tard d'une manière solennelle par Innocent III, fut érigée en dogme par la cour de Rome, qui voulut la faire adopter universellement. Une pernicieuse pratique d'idolâtrie s'était liée à cette doctrine. On se prosternait devant l'hostie, on l'adorait comme Dieu lui-même. Aussi l'étrangeté, la folie et l'impiété de cette abomination devaient-elles choquer l'esprit de tous les hommes qui n'étaient pas morts à tout sentiment de vraie religion. A cette époque parut Pierre Waldo, citoyen de Lyon, qui s'opposa courageusement à cette innovation. Du reste, nous avons tout lieu de croire que ce ne fut pas le seul motif qui l'influença dans ses projets de réforme. S'il combattit avec

---

[1] Le docteur Allix présente, à ce sujet, les choses dans leur véritable jour. Nous avons puisé beaucoup chez lui, mais encore plus dans l'histoire écrite par J. J. Perrin, de Lyon, en 1618. Il serait à désirer qu'il eût laissé, sur l'état intérieur de ces églises, des renseignemens plus proportionnés aux détails qu'il nous donne de leurs souffrances. Mais il n'y avait pas d'historien parmi les Vaudois, et l'Histoire de Perrin est faite en grande partie sur les pièces du procès qui leur fut fait, trouvées dans les archives de l'archevêque d'Embrun.

ardeur les dangereuses corruptions de la hiérarchie, ce fut, il faut le croire, la crainte de Dieu agissante dans son cœur, et le spectacle de la dépravation de ces temps, qui, sous l'inspiration du Saint-Esprit, le soutinrent dans son œuvre de régénération.

Une de ces circonstances, que la Providence se plait à faire naître, éveilla dans l'âme de ce réformateur son zèle pour la religion. Ayant réuni quelques uns de ses amis à souper, et s'étant livré après le repas aux plaisirs de la conversation, toute la société fut saisie d'étonnement et de stupeur en voyant un d'entre eux tomber mort. Dès ce moment, sous l'influence de la volonté céleste, Waldo se mit à chercher la vérité dans toute la sincérité de son âme. Son inquiétude pour son propre salut et pour celui d'autrui ne fit qu'augmenter de jour en jour, et aussitôt qu'il vit la possibilité d'être utile aux autres dans le chemin qui conduit au bonheur éternel, il abandonna son commerce, par lequel il avait acquis des biens considérables, distribua ses richesses aux pauvres, et exhorta ses voisins à chercher les biens qui ne périssent point. Les pauvres, nourris de ses aumônes, reçurent toutes les instructions qu'il fut capable de leur donner, et leur vénération pour l'homme qui, par sa charité bienfaisante, contribua à soulager leurs malheurs, ne servit qu'à exciter contre lui la haine et le mépris des puissans et des riches.

Mais Waldo, pour enseigner les autres avec fruit, avait lui-même besoin d'être enseigné, et à qui pouvait-il s'adresser? Les hommes à cette époque auraient pu courir çà et là à la recherche d'une nourriture solide sans pouvoir la trouver. Dans quelques couvens, parmi le grand nombre de reclus « qui avaient remplacé la réalité par la forme, » se trouvaient quelques individus qui puisaient à

« la *source* » et en tiraient leur sainte nourriture. Comment un simple laïc comme Waldo pouvait-il découvrir ces hommes privilégiés? et s'il avait été assez heureux pour les rencontrer, leurs préventions en faveur de Rome les auraient infailliblement empêchés de lui fournir cette nourriture sainte si nécessaire à son âme, ou au moins ils l'auraient amené à embrasser un genre de vie telle que la leur, qui aurait étouffé son zèle au milieu des ténèbres de la solitude. La conduite de Bernard, un des plus distingués parmi eux, démontre jusqu'à l'évidence que l'un ou l'autre résultat aurait été la conséquence inévitable des démarches que Waldo aurait pu faire auprès d'eux. Bernard d'ailleurs était depuis long-temps descendu dans la tombe, sans laisser aucun frère monastique digne de lui être comparé.

La Providence divine avait des vues plus élevées. Au milieu des ténèbres qui enveloppaient son esprit, des tourmens qui déchiraient son âme, il savait que les saintes Écritures étaient le seul guide infaillible, et il brûlait du désir de consulter le volume sacré qui alors était un livre dérobé aux regards du monde chrétien en général. Ceux qui comprenaient le latin pouvaient, il est vrai, les consulter, mais que le nombre en était petit comparé à celui des autres hommes! Aucune autre édition des saintes Écritures n'existait en Europe à cette époque que la vulgate, et, quel que fût le mélange de latin qui entrait dans les idiomes de l'Europe, ils formaient néanmoins des langues bien distinctes. Rien ne prouve plus clairement le peu de cas que le clergé en général faisait du peuple dans ces siècles, que l'ignorance dans laquelle les prêtres le laissaient sous ce rapport; car aucune loi, que je puisse découvrir, ne défendait la lecture des Écritures en langue vulgaire. Une chose est certaine, c'est que Waldo trouva bientôt le moyen de répandre les saintes Écritures parmi le peuple, quoique les récits qui nous sont parvenus ne s'accordent pas sur les moyens qu'il employa[1]. Ses ennemis prétendent qu'il trouva quelques livres des Écritures déjà traduits, et que là-dessus il s'arrogea le titre d'apôtre. Reiner surtout prétend que, « comme il avait quelque savoir humain il se « mit à enseigner le texte du Nouveau-Testament « au peuple. » Ceci a tellement l'air d'un aveu arraché à ses ennemis, que l'on serait porté à croire que Waldo n'était pas dépourvu de connaissances, et à s'en rapporter aux paroles de Mathias d'Illyrie, qui nous dit que « par ses bienfaits répandus parmi « les pauvres, son désir d'enseigner et leur désir « d'apprendre devinrent de jour en jour plus « prononcés. Des prosélytes en grand nombre s'at-« tachaient à ses pas et il leur expliquait les Ecri-« tures. Quelques vieux parchemins me font con-« naître qu'il était lui-même savant et qu'il ne « fut pas obligé, comme ses ennemis le disent, « d'avoir recours à d'autres qu'à lui-même pour « la traduction des saintes Écritures. » Un écrivain anonyme nous assure aussi que Waldo assembla en langue vulgaire plusieurs passages tirés des Pères de l'Église, pour convaincre ses disciples par le témoignage de ces autorités opposées à celles de ses ennemis.

Soit que Waldo exécutât tout l'ouvrage lui-même, soit qu'il le fît exécuter par d'autres, ou, ce qui est encore plus probable, qu'il se servît de l'aide d'autrui, il est certain que les chrétiens de l'Occident lui sont redevables de la première traduction de la Bible en langue vulgaire qui eût paru, depuis que la langue latine eût cessé d'être parlée.

[1] Usher, de Christ. Eccl. etc.

Quel don précieux! Jamais il n'a existé de véritable réformateur qui ne se soit distingué en s'efforçant de détruire l'ignorance parmi le peuple; au contraire, quelque pieux que puissent être certains individus parmi les papistes, un perpétuel sujet de reproche à leur faire, c'est qu'ils n'ont jamais pris le moindre soin de populariser la connaissance des Écritures saintes. A l'exception de la seule version sclavonne des Écritures, qui d'ailleurs fut faite par deux moines grecs [1], sans la moindre coopération de la part des papistes, tout l'honneur d'un tel ouvrage revient de droit au protestantisme.

Les connaissances que Waldo puisa dans les Écritures lui firent bientôt voir combien les actions de ceux qui passaient pour des chrétiens étaient opposées aux vérités contenues dans le Nouveau-Testament, et surtout combien de coutumes, regardées dans le monde avec vénération, non seulement n'étaient pas autorisées par la parole de Dieu, mais lui étaient formellement opposées. Poussé par un zèle égal à sa charité, il s'éleva courageusement contre l'arrogance de la papauté et contre tous les vices qui caractérisaient son siècle. Il ne s'arrêta pas là; ses progrès dans la connaissance de la véritable foi et dans l'amour du Seigneur le portèrent à expliquer les principes d'une vraie piété et à exhorter les hommes à chercher leur salut en Jésus-Christ.

La tendance d'une telle réformation ne put échapper à l'archevêque de Lyon, John de Beles-Mayons, qui, jaloux de l'honneur d'un système corrompu, dans lequel il tenait lui-même un rang si élevé, défendit au nouveau réformateur toute prédication, sous peine d'être excommunié et livré

---

[1] Voy. Histoire de l'Eglise morave par Crantz.

aux tribunaux comme hérétique. Waldo répondit que, quoiqu'il ne fût pas dans les ordres, il ne saurait se taire dans une affaire qui intéressait le salut éternel des hommes. L'archevêque donna l'ordre de le saisir. L'attachement que les amis de Waldo lui portaient, l'influence de ses parens, qui occupaient un rang élevé, l'hommage universel rendu à sa probité et à sa piété, et la conviction générale que les circonstances extraordinaires de l'époque pouvaient l'autoriser à prendre le caractère de prédicateur, tout parlait si hautement en sa faveur, qu'il put demeurer caché à Lyon pendant trois ans.

Parmi ses autres découvertes, la lecture des Écritures fit sentir à Waldo tous les maux qui prenaient leur source dans la papauté; et le pape Alexandre III, aussitôt qu'il apprit le caractère de ses efforts, prononça un anathème contre lui et contre ses disciples, et ordonna à l'archevêque de les poursuivre avec toute la rigueur possible.

Il ne fut plus possible à Waldo de rester à Lyon. Il s'enfuit, et ses disciples le suivirent; cette dispersion a quelque chose de semblable à celle qui arriva à l'Église primitive, lorsqu'Étienne fut persécuté. La suite aussi fut la même : car de sa fuite date la propagation de ses principes dans toute l'Europe. Il s'était retiré en Dauphiné, où ses doctrines prirent racine d'une manière ferme et durable. Quelques uns de ses disciples, selon toute apparence, cherchèrent un refuge parmi les Vaudois du Piémont, et la nouvelle traduction de la Bible ne contribua pas peu à augmenter les trésors spirituels de ce peuple. Cependant il ne paraît pas que Waldo lui-même se soit jamais trouvé parmi eux. Après avoir été poursuivi de lieu en lieu, il se retira enfin en Picardie. Le succès couronna toujours ses travaux; et ses doctrines paraissent avoir été si parfaitement d'accord avec celles des Vaudois, que ce dernier peuple et ses disciples furent depuis confondus avec raison sous le même nom.

Dans ce siècle, les princes les plus distingués par leur pouvoir ou par leur sagesse ne songèrent pas à soutenir ou à encourager l'Église de Jésus-Christ. Nous avons déjà eu occasion de parler de la conduite barbare de Henri II, roi d'Angleterre. Philippe-Auguste, un des princes les plus prudens et les plus clairvoyans qui aient jamais gouverné la France, ne fut pas moins dévoué au « dieu de ce monde.[1] » Il parut en armes contre les partisans de Waldo de Picardie, détruisit de fond en comble les maisons de trois cents gentilshommes qui voulaient les protéger, abattit quelques villes fortifiées, et en chassa les habitans en Flandre. Sa vengeance ne fut pas encore satisfaite, il les poursuivit, et en livra plusieurs aux flammes.

D'après le récit d'un historien français digne de foi, il paraît que Waldo se sauva en Allemagne et qu'il s'établit enfin en Bohême, où il termina sa carrière vers l'an 1179 [2]. Nous savons de bonne source que les églises du Dauphiné entretenaient des rapports avec celles de Bohême, et que le Piémont envoyait de loin à loin des pasteurs aux églises de Bohême. Ces renseignemens nous font comprendre l'union qui existait entre toutes les églises des partisans de Waldo. Ils établissent éga-

---

[1] II. Cor. IV. 4.
[2] Thuan. Hist. 437. Ce que dit Mosheim de ce peuple diffère tellement de notre récit que nous croyons devoir rendre raison au lecteur de notre manière d'envisager le sujet. 1°. Alix démontre que ce peuple existait déjà avant le temps de Waldo. 2°. Ce que dit Mosheim de la pauvreté et du travail forcé des pasteurs, se trouve contredit par lui-même dans un autre chapitre de son histoire. 3°. Il ne paraît pas que Waldo ait jamais été en Piémont. 4°. Au lieu de prendre sur lui les fonctions de pasteur en 1180, il paraît d'après de Thou, qu'il était déjà mort à cette époque. Enfin les matériaux qu'on trouve dans l'ouvrage de Mosheim sont peu considérables, confus et erronés. Mosheim, vol. I.

lement l'origine plus ancienne de l'Église des Vaudois ou des Vallées, la sévère persécution qui s'éleva contre Pierre Waldo et les importans services qu'il rendit. Cet homme extraordinaire ressemble sous plusieurs rapports aux successeurs immédiats des apôtres. Sa piété, ses qualités et ses travaux n'ont pas encore trouvé d'historien digne de lui, et puisque dans ce monde nulle récompense ne lui fut accordée, nous devons le considérer comme un de « ceux dont le monde ne fut pas digne, » mais « il en mena plusieurs à la justice, et il luira comme une étoile, à toujours et à perpétuité [1]. »

La parole du Seigneur crût et fructifia dans les lieux où il l'avait semée, et dans des endroits encore plus éloignés. Dans l'Alsace et sur les bords du Rhin, l'Évangile fut annoncé sous la puissante influence du Saint-Esprit; des persécutions s'ensuivirent, et trente-cinq citoyens de Mayence furent brûlés sur un seul bûcher dans la ville de Bingen, sans compter dix-huit autres personnes qui périrent dans les flammes à Mayence. Ces persécutions de l'évêque de Mayence ne ralentirent pas l'ardeur de sa vengeance, et il trouva un digne imitateur dans l'évêque de Strasbourg, dont le zèle persécuteur fit périr dans les flammes quatre-vingts personnes. Tout ce qui se rapporte aux partisans de Waldo nous rappelle les scènes de l'Église primitive. Plusieurs d'entre eux moururent en chantant les louanges du Seigneur et avec une foi assurée dans une résurrection glorieuse, et c'est ainsi que le sang des martyrs fut encore une fois la semence de l'Église; dans la Bulgarie, la Croatie, la Dalmatie et la Hongrie s'élevèrent des églises qui florissaient dans le treizième siècle sous la direction spirituelle de Barthélemy, natif de Carcassonne, ville peu

---

[1] Daniel, XII, 3.

éloignée de Toulouse, et qui pouvait à bon droit se nommer à cette époque la métropole des partisans de Waldo, à cause du grand nombre de personnes qui y professaient les vérités de l'Évangile [1]. Dans la Bohême et dans le pays de Passau, on comptait quatre-vingt mille Vaudois au commencement du quatorzième siècle. On en trouvait dans presque toute l'Europe ; et cependant on les traitait comme des misérables, et toutes les puissances de ce monde se réunissaient contre eux. Mais « les martyrs continuaient à prophétiser dans des « sacs, » les âmes étaient confirmées dans la foi, dans l'espérance et dans la charité de l'Évangile ; et « la foi et la patience des saints » se manifestèrent malgré tout [2].

CHAPITRE II.

VÉRITABLE CARACTÈRE DES VAUDOIS.

Mais c'est ici que nous allons établir les justes droits de ce peuple à l'honorable titre d'Église de Dieu. Quiconque, inspiré par le Saint-Esprit, entreprend dans un siècle dégénéré de faire revivre la véritable religion, s'expose à se voir accusé d'orgueil, d'amour-propre et de manque de charité. Celui qui blâme les autres, les invite par cela même à noter et à scruter ses propres faiblesses. Outre ces obstacles, communs à tous les réformateurs, les Vaudois avaient à lutter contre d'autres difficultés qui leur étaient propres. L'instruction, le savoir et la puissance appartenaient presque exclusivement à leurs adversaires, tandis

[1] Mathieu Pâris. Henri III. A. D., 1223.
[2] Apoc. XI, 3. XIII, 10.

que les Vaudois, faibles et ignorans, étaient néanmoins choisis par la puissance du ciel pour confondre la sagesse de ce monde. Comment pouvait-il s'élever de savans théologiens, des logiciens habiles, des historiens distingués, chez un peuple composé d'hommes simples et sans lettres ? La sainteté de leur vie, et leur patience à endurer les persécutions, voilà ce qui a fait que l'on a vu dans l'association religieuse dont ils faisaient partie le noble caractère de la véritable Église. Il est vrai pourtant qu'il nous reste à consulter certains documens qui peuvent nous aider à former un jugement impartial sur les principes qui dirigeaient la conduite de ces hommes.

Les calomnies grossières dont leurs adversaires les ont accablés leur procurèrent le glorieux privilége de porter la croix des chrétiens primitifs. Pauvres gens de Lyon, ou chiens, tels étaient les noms qui leur étaient donnés le plus ordinairement. Dans la Provence, on les appelait les coupeurs de bourse; en Italie, les *Insabathas*, parce qu'ils n'observaient pas les fêtes de l'Eglise et ne se reposaient de leurs travaux que les dimanches. En Allemagne, on les appelait *Gazares*, épithète qui signifie tout ce qu'il y a de plus méchant et de plus immoral. *Turlupins* était le nom sous lequel ils étaient connus en Flandre; ce qui veut dire compagnons des loups, parce qu'on les forçait souvent de se retirer dans les bois et dans les déserts; et comme ils ne croyaient pas que l'hostie fût Dieu, on les accusait d'arianisme, comme s'ils eussent nié la divinité de Jésus-Christ. Un ancien historien les traite effectivement d'*Ariens*[1]. Il n'était pas possible à ces infortunés d'expliquer ou de défendre leurs doctrines, que la malice, prompte à tout dénaturer, ne manquait pas

[1] Hovendon, p. 327.

de représenter sous de fausses couleurs; et s'ils soutenaient que le pouvoir temporel doit être indépendant du pouvoir ecclésiastique, ce que l'on croit aujourd'hui dans presque toute l'Europe, on les appelait Manichéens, comme s'ils eussent adopté le dogme des deux principes. C'est ainsi que Baronius prétend qu'ils se rapprochaient plus des Manichéens que des Ariens[1]. Le nom de *gnostiques*, cette vieille qualification injurieuse, leur fut également appliqué. Enfin, aucune expression de mépris, soit ancienne, soit nouvelle, ne leur fut épargnée, car on voulait ternir le caractère de ces malheureux, pour autoriser la cruauté sauvage avec laquelle on les persécutait.

Mathieu Pâris, un des meilleurs historiens parmi les moines, les appelle lui-même *ribauds*, ou hommes débauchés; ils passaient pour sorciers dans l'esprit de plusieurs personnes dont l'ignorance égalait la crédulité, et ils furent même accusés de commettre des crimes contre nature. Les vieilles calomnies accréditées par les païens contre les premiers chrétiens se renouvelèrent contre eux. On disait qu'ils s'assemblaient pendant la nuit, se livraient aux débauches, à l'inceste, etc. Reinerius, un de leurs adversaires déjà cité, n'a pas honte de répéter une accusation si absurde; il ajoute qu'ils autorisaient le divorce à volonté, afin que personne ne fût tenté de quitter leur société; qu'ils adoraient leurs ministres; que dans leurs principes, le droit de vie ou de mort n'appartenait à aucun magistrat. Nous n'en finirions pas s'il fallait répéter toutes les calomnies de ce genre : voyons comment ils se défendaient dans leurs écrits. — Il existait encore au temps de Perrin une apologie que les Vaudois de Bohême avaient envoyée à Ladislas, roi de Hongrie et de Bohême,

[1] Baron. Ann. 1176.

un de leurs plus cruels persécuteurs. Cette apologie et quelques autres écrits contiennent une défense de leur conduite et de leurs principes.

Ils repoussent avec force toutes les accusations dirigées contre la pureté de leurs mœurs, et ils expriment l'horreur qu'ils ont pour le vice d'impureté. C'est ce vice, disent-ils, qui dévore les biens d'un grand nombre d'hommes, ainsi qu'il arriva à l'enfant prodigue, qui dissipa ses richesses dans le désordre et dans la débauche. Balaam eut recours à ce vice pour pousser les enfans d'Israël à offenser le Dieu de leurs pères. Ce fut aussi à ce vice que Samson dut la perte de la vue. Ce fut par le vice d'impureté que Salomon tomba, et que plusieurs ont péri. On s'en préserve par le jeûne, par la prière, par l'éloignement. On peut subjuguer les autres vices en combattant, celui-ci seulement en fuyant. — Que les hommes de ce siècle de lumières, esclaves de la concupiscence, viennent apprendre à se conduire chez les Vaudois dont la simplicité respire une véritable sagesse. — Ils s'élèvent avec indignation contre l'accusation qui leur est faite de permettre le divorce et s'appuient de plusieurs passages de l'Écriture sainte pour le condamner : « Que la femme ne « quitte pas son mari, et que le mari ne chasse pas « sa femme[1]. » Ils publièrent un livre où ils rendent compte de leur séparation de l'Église de Rome. Cette séparation, grâce à la violence de leurs persécuteurs, se trouva nettement établie et clairement définie, mais ce ne fut pas chez eux, comme on a déjà dit, qu'elle commença. — On les avait accusés injustement de prêcher la communauté des biens et de nier tout droit de propriété en particulier. Leur réponse doit détruire une telle

[1] I. Cor. VII. 10, 11.

calomnie. « Il n'y a personne parmi nous qui n'ait eu son bien propre en tout temps et en tout lieu. Quand on nous chassa du Dauphiné ou d'autres pays, chaque propriétaire intenta un procès en son nom pour regagner ce qu'il avait perdu [1]. Les Vaudois de Provence s'adressèrent au pape pour obtenir la restitution des terres et des propriétés que l'on avait confisquées à son profit, et chaque individu constata par serment la partie des biens et des terres qui lui revenaient de ses ancêtres; car jamais nous n'avons eu parmi nous communauté de biens, dans le sens de nos adversaires. »

Rien de plus ordinaire que de calomnier les véritables chrétiens, afin de leur ôter toute considération dans la société, et de les mettre dans l'impossibilité de s'occuper avec succès des affaires ordinaires de la vie. C'est ainsi que l'on accusa les Vaudois de ne permettre le serment, dans aucun cas; mais cette partie de leur histoire n'est pas parfaitement éclaircie, et d'après le récit d'Usher, il n'est pas facile d'avoir une juste idée de leur doctrine à ce sujet [2]. Il est probable qu'ils trouvaient mauvais le grand nombre de sermens que l'on avait l'habitude d'exiger dans les cours de justice. Il n'est pas moins certain qu'ils considéraient quelques sermens comme permis, car on lit dans leur almanach ecclésiastique, au sujet du troisième commandement qu'il y a « des sermens légitimes qui contribuent à l'honneur de Dieu et à l'édification de notre prochain. » Ainsi on lit, Héb. XI, 16 : « Les hommes jurent par celui qui est plus puissant, et un serment devient pour eux

---

[1] Après un procès qui avait lieu au temps de Perrin, il paraît que Louis XII condamna les possesseurs des propriétés des Vaudois à en faire la restitution; c'était au commencement du XVIe siècle.

[2] Usher, de Christ. t. IV.

la terminaison de toute dispute. » Ils citent d'autres morceaux de l'Écriture dans le même sens, et certes de tels hommes ne peuvent pas être accusés de repousser toute espèce de serment. Accuser le peuple de Dieu de cette manière est un des artifices le plus ordinairement employés par le prince des ténèbres. Il sait bien que, s'il parvient à représenter les hommes religieux comme peu propres aux affaires de ce monde, à cause de quelques pratiques absurdes ou ridicules, on fera peu de cas de tous leurs enseignemens par rapport aux affaires d'un autre monde.

On voit donc combien il importe de donner à ces chrétiens calomniés leur véritable caractère. Quant au reproche qu'on leur faisait d'adorer leur Barbo ou ministre, cette accusation est suffisamment réfutée par leur exposition du premier commandement. Albert de Capitaneis, leur ennemi déclaré dans le diocèse de Turin, ne se lassa pas de les torturer, pour leur arracher l'aveu de cette idolâtrie; mais il ne put jamais y parvenir.

Les représenter comme hostiles à l'autorité répressive du magistrat, parce qu'ils se plaignaient que, par un abus de pouvoir, il condamnait à mort sans être entendus de véritables chrétiens, c'était les calomnier grossièrement, surtout lorsque leurs livres proclamaient que le malfaiteur ne méritait pas de vivre[1]. Ce ne fut pas avec moins d'injustice qu'on leur attribua un esprit de sédition et d'insubordination à l'égard des pouvoirs établis, puisque, dans le livre qui explique la cause de leur séparation de l'Église de Rome, ils disent que tout homme doit se soumettre à ceux qui sont revêtus de l'autorité, doit leur obéir et les aimer, les honorer doublement, avoir pour eux soumis-

[1] Voyez un de leurs livres, intitulé: *La lumière du trésor de la Foi*.

sion et fidélité, et payer le tribut à qui de droit. Quant aux accusations de sortilége, de crimes contre nature, leurs écrits, la sainteté de leur vie et des souffrances subies sans murmurer, sont la meilleure réponse qu'on puisse y opposer.

On prétend aussi qu'ils obligeaient leurs ministres à exercer un métier quelconque. Ecoutez leur réponse : « Nous ne croyons pas nécessaire que nos « pasteurs travaillent pour gagner leur nourriture. « Ils pourraient nous instruire avec plus de profit, « s'il nous était possible de les entretenir sans qu'ils « travaillassent; mais notre pauvreté nous en ôte « les moyens. » Tel est le langage de leurs lettres publiées en 1508[1].

Jusqu'à présent nous nous sommes occupé à les défendre contre des calomnies infâmes, plutôt qu'à décrire leur véritable caractère; il est évident que sur tous les points ils ont été injustement calomniés. Les témoignages suivans de leurs ennemis vont nous aider à nous former quelque idée de leur probité et de leur piété.

Un inquisiteur papiste dit : « On peut recon« naître les hérétiques à leurs manières. Leur con« duite est sage et retenue; aucun orgueil ne se mon« tre dans leur habillement[2]. » Seysillius dit : « Ce « qui fait la force des Vaudois, c'est qu'à l'excep« tion de leur hérésie, ils mènent une vie plus « sainte que les autres chrétiens. Ils ne jurent ja« mais, excepté quand on les y force, et n'invoquent « que rarement le nom de Dieu en vain; ils ob« servent leurs promesses avec fidélité, et dans leur « pauvreté ils imitent la vie et professent la doctrine « des apôtres. » Lielenstenius, dominicain, en parlant des Vaudois, dit : « Sous le rapport de leurs « mœurs et de leur manière de vivre, ils sont

---

[1] Usher.   [2] Id.

« sans reproche, fidèles à leur parole, animés d'un
« amour fraternel, mais leur croyance est détes-
« table et incorrigible, comme je l'ai démontré
« dans mon traité. »

Ces témoignages tirés des recherches faites par l'archevêque Usher, nous paraissent d'une haute importance. Le premier, dans tout ce qu'il dit, est favorable aux Vaudois; le second et le troisième complètent leur éloge. Les effets doivent naturellement suivre leurs causes. Comment le papiste, que nous avons cité le dernier, pouvait-il dire que la foi de ces hommes était mauvaise, quand elle produisait de tels fruits? Pouvait-il, à cette époque, nous montrer des fruits semblables dans l'Église romaine?

Nous venons de voir la sainteté des Vaudois reconnue par des témoignages irrécusables; nous verrons aussi que leurs doctrines ne furent autres que celles auxquelles, avec le secours de l'influence divine, on a constamment attribué toute la vertu qui ait paru dans le monde.

Reinerius, ce cruel persécuteur, avoue que les Vaudois se livraient à la lecture de l'Ecriture sainte, et qu'ils avaient l'habitude de rapporter dans leurs discours les paroles du Christ et de ses apôtres, touchant l'amour céleste, l'humilité et les autres vertus, de telle sorte que les femmes qui les écoutaient étaient ravies de les entendre. Il ajoute qu'ils enseignaient aux hommes à vivre d'après les doctrines de l'Evangile et des apôtres; qu'ils menaient une vie religieuse; que leurs actions étaient dirigées par la grâce, et leurs paroles par la prudence; qu'ils discouraient avec plaisir sur les choses célestes, afin de passer pour des hommes pieux; qu'ils enseignaient aussi à leurs enfans les épîtres et les évangiles.—Blande, évêque de Turin, écrivit contre leurs doctrines un traité, où il admet franchement qu'ils sont sans reproche parmi les hommes, et qu'ils observent de tout leur pouvoir les commandemens de Dieu.

Jacob de Ribeira raconte qu'il avait rencontré parmi eux des paysans qui pouvaient répéter le livre de Job par cœur, et plusieurs qui savaient de même tout le Nouveau-Testament.

L'évêque de Cavaillon ordonna, dans une certaine occasion, à un moine prédicateur de discuter avec eux, afin de les convaincre de leurs erreurs, et d'empêcher l'effusion du sang. C'était pendant la violente persécution qui eut lieu en 1540 dans le Mérindol et dans la Provence ; mais le moine revint confus, et déclara que jamais il ne s'était autant occupé de la sainte Ecriture que pendant le peu de jours qu'il venait d'employer à discuter avec les hérétiques. L'évêque envoya encore parmi eux quelques jeunes théologiens arrivés depuis peu de la Sorbonne, qui était à cette époque le foyer de la subtilité dialectique. L'un d'eux n'hésita pas à avouer que les réponses des enfans, d'après leur catéchisme, renfermaient plus clairement les principes du salut éternel qu'aucune discussion qu'il eût jamais entendue. Ce témoignage est tiré du discours de Vesembecius sur les Vaudois. Nous apprenons du même auteur que Louis XII, poussé par les calomnies des délateurs, envoya deux personnages dignes de foi pour faire des recherches dans la Provence. Ils rapportèrent qu'en visitant les paroisses et les temples, aucune image, aucune cérémonie de Rome ne s'était présentée à leurs yeux ; qu'ils n'avaient trouvé aucune trace des crimes dont on avait parlé; le dimanche était religieusement observé, les enfans étaient baptisés selon l'usage de l'Eglise primitive, et instruits dans les articles de la foi chrétienne et dans les commandemens de Dieu. Louis, après avoir lu ce rapport, s'écria en faisant un serment qui lui était habituel : « Oui, ce sont de plus honnêtes gens que moi-même et que le reste de mes sujets. » Un des confesseurs du même roi ayant, par ses ordres, visité la vallée de Fraissenière dans le Dauphiné, fut si frappé d'admiration pour la sainteté des gens qui y demeuraient, qu'il dit à haute voix en présence de plusieurs témoins : « Plût au ciel que je fusse aussi bon chrétien que le plus misérable habitant de cette vallée ! »

Il faut ici ajouter le témoignage du grand historien De Thou, ennemi des Vaudois à la vérité, mais honorable ennemi. Il parle d'une des nombreuses vallées habitées par ce peuple dans le Dauphiné; on l'appelait la Vallée des Pierres. « L'habillement « des Vaudois, dit-il, consiste en peaux de mou- « tons; ils n'ont pas de linge, leurs villages sont au « nombre de sept; leurs maisons sont construites de « cailloux et de pierres, ils en couvrent le toit qui « est plat avec la boue, qu'ils unissent au moyen d'un « cylindre, toutes les fois que la pluie l'a gâtée ou « endommagée. Telles sont les maisons où ces gens « demeurent avec leurs bestiaux, dont une cloison « les sépare; ils ont aussi deux cavernes, l'une « pour cacher leurs bestiaux, l'autre pour se réfu- « gier, lorsqu'ils sont poursuivis par leurs ennemis. « Ils se nourrissent de lait et de venaison, leur « manière de vivre les rendant très adroits à la « chasse. Contens malgré leur pauvreté, ils vivent « sans communication avec les autres peuples. « Une chose étonnante, c'est que des gens si gros- « siers et si sauvages aient l'esprit si cultivé. Ils « savent tous lire et écrire. Ils entendent assez de « français pour comprendre la Bible et pour chan- « ter des psaumes. A peine trouverez-vous un en- « fant parmi eux qui ne puisse vous rendre compte « de la foi qu'il professe; sous ce rapport, ils res-

« semblent à leurs frères des autres vallées : ils
« paient consciencieusement leurs impôts, obliga-
« tion qui leur a été inculquée par leur confession
« de foi. Si la guerre civile les empêche de remplir
« ce devoir, ils mettent soigneusement la somme de
« côté, et à la première occasion ils la livrent aux
« officiers du roi.[1] »

François I, successeur de Louis XII, ayant demandé des renseignemens sur le peuple qui habitait Mérindol et les lieux avoisinans, apprit que c'étaient des gens très laborieux venus du Piémont pour s'établir dans la Provence, depuis environ deux cents ans; que leur travail avait changé la face du pays, que sous le rapport des mœurs ils étaient sans reproche, honnêtes, généreux, hospitaliers et charitables; que, bien différens de leurs voisins, ils évitaient de blasphémer, de prononcer le nom du diable, et de faire des sermens, si ce n'est dans des circonstances graves et solennelles; et qu'ils se retiraient aussitôt qu'il leur arrivait de rencontrer des gens dont le langage était entaché de blasphèmes ou de libertinage. Tel est le caractère accordé à ce peuple, même par ses ennemis.

Il n'est pas nécessaire de citer les nombreux témoignages des protestans qui, naturellement, devaient parler avec admiration des Vaudois. Bèze, Bullinger et Luther nous offrent leurs suffrages en faveur de ce peuple. Ce dernier réformateur mérite d'autant plus notre attention, qu'il avoue combien il avait été prévenu contre eux. Il apprit par leurs confessions et par leurs écrits, avec quelle diligence et avec quel bonheur ils s'étaient livrés depuis des siècles à l'étude des Écritures saintes. Il se félicitait et remerciait Dieu de ce qu'il était parvenu à amener les Réformés et les Vaudois à se reconnaître pour frères.[2]

[1] Thuan. Hist. l. XXVII, p. 16.   [2] Vesembescius.

Œcolampadius et Martin Bucer adressèrent aussi, en 1530, une lettre pleine d'affection aux Vaudois de la Provence.

Après tant de témoignages en faveur des Vaudois, celui de Vignaux, un de leurs pasteurs, mérite aussi notre attention. Il a écrit un traité sur leurs mœurs et leur genre de vie. « Jamais, dit-il, nous « ne nous marions avec des catholiques romains, « et pourtant leurs nobles et autres gens de leur « communion aiment mieux avoir nos pauvres « pour domestiques que ceux de leur propre reli- « gion, et viennent de très loin pour chercher des « nourrices parmi nous. »

Ce qui est surtout remarquable, c'est que Thomas Walden, qui écrivit contre Wickliff, dit que la doctrine de Waldo avait passé de France en Angleterre; et cela n'est pas sans quelque fondement, car les Anglais, ayant été long-temps maîtres de la Guienne, auraient pu recevoir quelques rayons de la vérité divine, dans leurs rapports avec les sectateurs de Waldo. Il est certain, d'après l'aveu général des auteurs papistes, que les principes des Vaudois et des protestans ont toujours été considérés comme identiques.

Les églises de Piémont, à cause de leur antiquité, étaient regardées comme des guides pour les autres : aussi deux pasteurs, envoyés par elles en Bohême, ayant suscité par leur mauvaise conduite une violente persécution contre leurs frères, les Bohémiens ne cessèrent pas pour cela de demander des pasteurs au Piémont; seulement, ils prièrent qu'on ne leur envoyât plus que des personnes d'un caractère éprouvé.

Nous ne pouvons ici qu'esquisser le portrait des Vaudois; la réunion de traits plus nombreux et plus circonstanciés formerait un des plus glorieux tableaux que l'on puisse contempler. Sur les frontières de l'Espagne, dans tout le midi de la France, au-dessus et au-dessous des Alpes, sur les deux rives du Rhin jusqu'en Bohême, on verrait des milliers d'âmes pieuses supporter avec patience la persécution pour l'amour du Christ ; les calomnies que l'on a accumulées contre les Vaudois disparaîtraient à l'éclat de leurs vertus, et l'on reconnaîtrait enfin que ce sont ces vertus mêmes qui étaient la source de la haine dont ils étaient l'objet.

Leurs persécuteurs avouaient avec regret que c'était précisément leur vertu qui les rendait si dangereux pour l'Église. Mais pour quelle Église? Pour celle qui pendant le treizième siècle et longtemps auparavant, avait appartenu à l'Antéchrist. Ce n'était pas seulement un ou deux individus comme Bernard, mais un grand nombre de véritables chrétiens, qui, se conformant aux principes de l'Ecriture sainte, s'éloignaient avec soin de cette idolâtrie qui déshonorait le siècle. Que le cœur de l'homme est naturellement dur! Des hommes pouvaient contempler et proclamer hautement la supériorité morale d'autres hommes, et cependant les poursuivre avec toute la cruauté de persécuteurs barbares! Quelles précieuses lumières que celles que procure la connaissance de l'Ecriture sainte! Par elles les Vaudois trouvaient le chemin du ciel ignoré de leurs contemporains, qui, bien que chrétiens de nom, ne puisaient point à ces sources divines! Que les voies du Seigneur sont admirables! Quelle fidélité à ses promesses de soutenir et de diriger son Eglise au milieu des plus épaisses ténèbres! Mais « le sac et la cendre, » voilà ses vêtemens; ses larmes, voilà sa nourriture durant son séjour sur cette terre. Que le factieux d'ailleurs, que le rebelle se garde bien de s'appuyer sur l'exemple des Vaudois. Nous avons assez de preuves de leur obéissance aux pouvoirs établis, et leur séparation de cette Église de Rome si corrompue fut l'ouvrage de la nécessité. Les meilleurs et les plus sages dans tous les siècles ont agi de même.

Nous allons nous occuper maintenant de la doctrine et de la discipline des Vaudois; car leurs vertus avaient pour base les principes de l'Evangile. Il est à regretter qu'on n'ait que des renseignemens si rares sur un sujet fait pour exciter l'attention de tous ceux qui cherchent à comprendre combien le Seigneur est bon, dans son amour et dans ses miséricordes.

CHAPITRE III.

DOCTRINE ET DISCIPLINE DES VAUDOIS.

Le principe fondamental de cette Église, que Dieu suscita dans les siècles de ténèbres pour rendre témoignage à son Evangile, est celui sur lequel s'accordent toutes les églises protestantes, savoir : « Que nous devons croire que les saintes Ecritures « seules contiennent tout ce qui est nécessaire au « salut, et qu'on ne doit recevoir comme article « de foi que ce que Dieu nous a révélé[1]. » Quiconque n'admet pas ce principe pour la forme seulement, mais aussi le reçoit de tout son cœur, y trouve un préservatif sûr contre la superstition et l'idolâtrie. Il pratique sincèrement alors le culte d'un seul Dieu, par l'intervention de l'unique Médiateur, et par l'influence du seul Saint-Esprit. Car les rêves du purgatoire, l'intercession des saints, l'adoration des images, le culte des reliques et les

[1] Vignaux, dans ses Mémoires des Vaudois.

austérités ne peuvent se soutenir devant la doctrine de l'Ecriture. De même que le salut par la grâce et par la foi au Christ seul, est la vérité essentielle et la gloire de l'Ecriture, de même aussi ce salut est le triomphe et la joie du chrétien qui reconnaît en lui-même la créature coupable et souillée dont parlent ces mêmes Ecritures. Quelle abominable doctrine aux yeux d'un chrétien que celle des indulgences et du rachat des péchés par certaines œuvres, que l'édifice tout entier de la domination du pape! Le véritable amour de Dieu et du prochain, même la véritable sainteté, qui est le but principal et le premier objet de la rédemption du Christ, se trouvent renversés par ces inventions humaines. Les Vaudois étaient fidèles au grand principe, base du protestantisme. Ce que l'histoire nous en apprend prouve assez qu'ils étaient formés par la grâce de Dieu, pour le glorifier dans le monde; et quelque grande que nous semble déjà la ressemblance entre eux et les réformés, si nous avions sur les Vaudois autant d'écrits que nous en possédons sur les autres, cette ressemblance, selon toute probabilité, serait encore plus frappante.

« Ils affirment, dit Vignaux, qu'il n'y a qu'un Médiateur ; et que par conséquent nous ne devons pas invoquer les saints.

« Qu'il n'y a pas de purgatoire ; mais que tous ceux qui sont justifiés par le Christ entrent dans la vie éternelle.

« Ils admettent deux sacremens : le baptême et la cène du Seigneur.

« Ils disent que toutes les messes sont autant de sacriléges, et en particulier celles qui sont dites pour les morts ; c'est pourquoi il faut, selon eux, les abolir. Ils rejettent en outre ce nombre infini de cérémonies. Ils nient la suprématie du pape, et principalement le pouvoir qu'il a usurpé sur le gouvernement temporel; et ils ne reconnaissent pas d'autres degrés dans la hiérarchie que ceux d'évêque, de prêtre et de diacre; ils condamnent la papauté comme la vraie Babylone, permettent le mariage du clergé, et définissent comme la véritable Église ceux qui écoutent et comprennent la parole de Dieu. »

Vignaux fait mention de vieux manuscrits des Vaudois, contenant des catéchismes et des sermons qui prouvent de quelles lumières supérieures ils jouissaient à une époque d'épaisses ténèbres. Un grand nombre de leurs anciens traités prouvent que, depuis quelques centaines d'années, les principes de l'Evangile, qui seuls peuvent produire une vie aussi sainte que celle des Vaudois, étaient observés, compris et professés par ce peuple d'élus, dans le temps même où l'Antéchrist était au plus haut degré de sa puissance.

Il paraît qu'ils eurent parmi eux tout l'essentiel de la discipline ecclésiastique; et leur état de détresse, de pauvreté et de persécution, quoique pénible pour la chair et le sang, favorisait cet esprit de soumission et d'obéissance, qui donne toujours à la discipline une action salutaire; c'est l'absence de cet esprit parmi nous qui fait que les lois des églises ne sont que trop communément traitées comme insignifiantes. Le raffinement, la richesse, le luxe et les théories de la politique étaient des choses inconnues aux Vaudois.

Un ouvrage sur leurs pasteurs nous fournit les détails suivans sur leur discipline : « Tous ceux
« qui doivent être ordonnés pasteurs parmi nous,
« tant qu'ils restent dans leurs maisons nous sup-
« plient de les recevoir dans le ministère, et de
« prier Dieu qu'il les rende capables d'une si grande
« charge. Il faut qu'ils apprennent par cœur les
« évangiles de saint Mathieu et de saint Jean, tou-

« tes les épîtres canoniques, et une bonne partie
« des écrits de Salomon, de David et des prophètes.
« Ensuite, quand ils ont donné des preuves suffi-
« santes de leur science et de leurs bonnes mœurs,
« on les admet comme pasteurs par l'imposition des
« mains. Les plus jeunes pasteurs ne doivent rien
« faire sans l'autorisation de leurs anciens, et
« ceux-ci n'entreprennent rien sans l'assentiment
« de leurs collègues, afin que tout soit fait avec
« ordre parmi nous. Nous nous réunissons, tous
« les pasteurs ensemble, une fois par an, afin de
« régler nos affaires dans un synode général. Ceux
« que nous instruisons nous fournissent de bonne
« volonté les vivres et les vêtemens, et sans y
« être nullement contraints. L'argent que le peuple
« nous donne est apporté à ce synode général,
« reçu là par les plus âgés, et consacré, partie à
« secourir les voyageurs, partie à aider les indi-
« gens. Si quelque pasteur parmi nous commet
« un péché mortel, on le chasse de la communauté,
« et on lui interdit la chaire. »

Il serait inutile de transcrire leurs confessions de foi : qu'il nous suffise d'en rapporter les points les plus intéressans. Ils admettaient sans aucun doute le symbole des apôtres, et celui qu'on attribue communément à Athanase. Ils reconnaissaient les mêmes livres canoniques de l'Ecriture qu'admettent les églises protestantes [1]. « Ces livres, di-
« sent-ils, nous enseignent qu'il y a un Dieu tout
« puissant, sage et bon, qui, dans sa bonté a fait
« toutes choses ; il avait créé Adam à son image,
« mais par la malice du démon et la désobéissance
« d'Adam le péché entra dans le monde, et nous
« devînmes pécheurs dans Adam et par lui. Jésus-
« Christ est notre vie, notre vérité, notre pain,

---

[1] Ils citent Jérôme à ce sujet.

« notre justice, notre pasteur et notre avocat,
« notre sacrifice et notre prêtre; il est mort pour
« le salut de tous ceux qui croiront, et il est ressus-
« cité pour notre justification. »

La confession des Vaudois de Bohême, publiée dans la première partie du seizième siècle, est très explicite sur ces articles. Ils disent que les hommes doivent reconnaître qu'ils naissent dans le péché, et sous le poids du péché; qu'ils doivent reconnaître, qu'à cause de cette dépravation et des péchés qui naissent de cette souche d'amertume, une perdition éternelle est justement suspendue sur leurs têtes; et qu'ils doivent tous avouer qu'ils ne peuvent en aucune manière se justifier par des œuvres ou des intentions, mais que leur seule espérance est dans le Christ. Ils maintiennent que, par la foi en Jésus-Christ, les hommes sont gratuitement et miséricordieusement justifiés, qu'ils reçoivent le salut par lui, sans aucun mérite ou secours humain; ils maintiennent qu'en lui seul nous devons mettre notre confiance, que c'est vers lui que nous devons tourner nos regards, et que ce n'est qu'en vue de lui que Dieu s'apaise et nous adopte pour ses enfans. Ils enseignent aussi qu'aucun homme ne peut avoir cette foi par sa seule force ou par sa volonté; qu'elle est le don de Dieu, qui, lorsqu'il lui plaît, la fait naître dans l'homme par son esprit. Ils enseignent aussi la doctrine que les bonnes œuvres sont les fruits et les preuves d'une foi vive.

Les Vaudois, en général, énoncent comme leur ferme croyance, qu'il n'y a pas d'autre Médiateur que Jésus-Christ; ils parlent avec un grand respect de la Vierge Marie, comme d'une femme sainte, humble et pleine de grâce; mais, en même temps, ils désapprouvent entièrement ce culte absurde et extravagant dont elle est l'objet depuis des siècles. Ils affirment que tous ceux qui ont été et seront sauvés ont été choisis de Dieu avant la création du monde ; et que quiconque admet le libre arbitre nie absolument la prédestination et la grâce de Dieu [1].

Nous employons ici leur propre expression, libre arbitre, non que nous la regardions comme d'une justesse rigoureuse, mais parce qu'il n'est pas difficile de comprendre que, par partisan du libre arbitre, ils veulent dire un homme qui soutient qu'il y a dans la nature de l'homme d'assez grandes ressources pour le rendre capable de vivre pour Dieu, comme il le doit, et sans qu'il ait besoin d'être renouvelé par la grâce divine.

« Nous respectons, disent-ils, les pouvoirs sé-
« culiers, nous leur rendons soumission et obéis-
« sance, et nous leur payons les tributs. » Ils reviennent à plusieurs reprises sur ce sujet, et rappellent l'exemple de Notre Seigneur, qui ne refusa pas de payer le tribut, et ne s'arrogea aucun point de la juridiction temporelle.

Ils ont sur la doctrine de la Sainte Trinité des idées pratiques parfaitement conformes à la foi orthodoxe de tous les siècles ; qu'il nous suffise de rapporter ce qu'ils disent du Saint-Esprit : « Nous
« croyons qu'il est notre consolateur, qui procède
« du Père et du Fils ; c'est par son inspiration que
« nous prions ; il nous renouvelle et est en nous le
« moteur de toutes bonnes œuvres ; c'est par lui
« enfin que nous connaissons toute vérité. » Ils tiennent sur la nature et sur l'usage des sacremens le langage commun aux églises protestantes. Et il est vrai de dire qu'entre les véritables gens de bien de tous les siècles, la différence d'opinion sur les questions fondamentales est beaucoup moins grande

---

[1] Morland, p. 40, 48, 49.

que ne le croient bien des hommes; des dissentimens sur des points secondaires ont été exagérés outre mesure, en partie par ignorance, en partie par malignité. On a vu dans le cours de cette histoire l'uniformité de foi, de sentimens et de pratiques extérieures dans les différens âges de l'Église du Christ; car c'est « le même Dieu qui fait tout en « tous » chez les véritables saints.

Ce qui est assez remarquable, c'est qu'une ancienne profession de foi, copiée sur certains manuscrits portant la date de 1120, c'est-à-dire antérieurs de quarante ans à Pierre Waldo, contient en substance, sur bien des points et dans les mêmes termes, les articles dont nous venons de donner un abrégé, et qui furent approuvés dans le seizième siècle. Il faut conclure de ce fait que, bien que Waldo ait été le premier et le plus grand bienfaiteur des églises vaudoises par sa traduction des Écritures, par ses autres ouvrages, ses sermons et ses souffrances, il n'en fut pas, à proprement parler, le fondateur. Leur plan de doctrine et leur établissement, particulièrement dans le Piémont, étaient d'une date antérieure, et tout ce que l'on peut dire sur l'existence et l'éclat d'une Église si pure et si fidèle, dans des siècles d'une aussi insigne corruption, c'est qu'elle dut son origine aux travaux de Claude de Turin, qui, avec la grâce de Dieu, en avait posé le fondement dès le neuvième siècle.

Les hommes qui se sacrifient à la gloire de Dieu et au salut des âmes, ignorent parfois l'importance de leurs efforts. Souvent les projets et les travaux d'un conquérant ambitieux ou d'un politique intrigant, qui, pendant sa vie, a rempli le monde d'admiration, s'évanouissent comme la fumée; tandis que les humbles et pénibles travaux d'un ministre du Christ, quoique raillé et méprisé pendant sa vie, subsistent pour le bien des générations suivantes et pour délivrer des milliers d'individus de la domination de Satan. Dieu veut agir, « qui l'en empêchera ? » Sur un point toutefois, ces professeurs d'une religion pure, semblent avoir poussé leur zèle un peu loin. « Nous avons toujours regardé, « disent-ils, comme des abominations inexprima- « bles devant Dieu, toutes ces inventions des « hommes, notamment les fêtes et les vigiles des « saints. » A cela ils ajoutent l'idolâtrie et la corruption du papisme. Les anniversaires des martyres des premiers saints étaient célébrés dès la plus haute antiquité, dans les temps de la plus grande pureté et même dans le second siècle : la manière dont on les solennisait à cette époque n'avait rien de superstitieux ; mais l'adoration et la canonisation des saints, ainsi que d'autres pratiques qui méritent en effet le nom d'*abominations*, et qui furent ajoutées à ces fêtes au douzième siècle, et même antérieurement, nous expliquent naturellement le zèle et l'indignation de ces réformateurs.

L'ancien catéchisme pour l'instruction de leurs enfans contient, en substance, les mêmes vérités essentielles qui forment le catéchisme des protestans. Nous en citerons plusieurs passages qui nous ont paru très frappans.

Q. En quoi consiste votre salut ?
R. En trois vertus indispensables au salut. .
Q. Comment le prouvez-vous ?
R. L'apôtre a écrit (1 Cor. XIII) : « Maintenant ces trois choses demeurent : la foi, l'espérance et la charité. »
Q. Qu'est-ce que la foi ?
R. La foi est une vive représentation des choses qu'on espère et une démonstration de celles qu'on ne voit pas. (Hébr. XI, 1.)

Q. Combien y a-t-il de sortes de foi?

R. Deux : une foi vive et une foi morte.

Q. Qu'est-ce que la foi vive?

R. C'est celle qui agit par l'amour.

Q. Qu'est-ce que la foi morte?

R. Selon saint Jacques, la foi qui n'agit pas est morte. Ou, la foi n'est rien sans les œuvres. Ou bien encore, c'est croire qu'il y a un Dieu, croire aux choses qui ont rapport à Dieu, et ne pas croire *en* lui.

Ce dernier membre de phrase semble expliquer très heureusement le point en question. Croire en Jésus-Christ, c'est, comme il le dit lui-même (Jean, VI), venir à lui et se confier *en* lui; ce qui est un exercice du cœur vers Jésus-Christ, exercice qui agit toujours par l'amour. Tandis qu'un assentiment à certaines vérités de doctrine, quand il n'est pas accompagné des œuvres, n'emporte aucune idée de la réception du Christ dans le cœur, bien que des milliers d'individus regardent cet assentiment comme seul nécessaire pour constituer la véritable croyance.

Il paraît, d'après la question et la réponse qui suivent, que les auteurs de ce catéchisme avaient en vue la différence notable qu'il y a entre croire en théorie à l'existence d'une personne et croire de cœur *en* cette personne.

Q. Crois-tu en la sainte Eglise catholique?

R. Non, car c'est une créature; mais je crois qu'il y en a une.

Ils établissent alors que la véritable Eglise du Christ est composée des élus, par la grâce de Dieu et les mérites de Jésus-Christ. Ces élus, prédestinés à la vie éternelle, sont réunis par le Saint-Esprit, depuis le commencement jusqu'à la fin du monde.

Les églises vaudoises publièrent aussi une exposition du symbole des apôtres, des dix commandemens, de la prière du Seigneur et des sacremens; preuve que, dans tous les siècles, l'esprit de Dieu a su conduire la véritable Eglise dans un chemin toujours uniforme, afin de pourvoir à l'instruction de ses enfans, par des commentaires sur les principes fondamentaux les plus indispensables. Dans leur organisation originaire, les églises protestantes ont toutes suivi le même plan; mais une foule de cérémonies et de superstitions gênantes se propageaient dans les domaines du siége de Rome, tandis que de loin à loin quelque génie hardi, comme Pierre Abeilard, tentait d'offrir à l'esprit humain la vaine pâture des subtilités philosophiques. Cependant les vrais chrétiens se nourrissaient du pain de vie, qu'ils puisaient dans la parole de Dieu et qu'ils se communiquaient les uns aux autres par des traités explicatifs et catéchistiques mis à la portée des intelligences les plus bornées. Cet exemple a été heureusement suivi de nos jours.

Nous avons examiné les explications et les commentaires vaudois, qui, avec les preuves tirées de la Bible qui y sont annexées, devaient alors former un corps de doctrine très utile. Mais les nombreux traités modernes où les mêmes sujets sont expliqués rendent superflus les détails que nous en pourrions donner.

Nous ne citerons que quelques uns des passages les plus frappans. On doit remarquer que dans leur exposition du symbole des apôtres, les réformateurs vaudois nous donnent le passage bien connu (1 Jean, V. 7) comme une preuve de la doctrine de la Trinité. Il paraît qu'ils étaient très convaincus de son authenticité et que probablement à cette époque aucun doute ne s'était encore élevé à cet égard.

« Le Fils de Dieu, par le commandement de
« Dieu le Père et par l'effet de sa propre volonté, fut

« crucifié et racheta le genre humain par son sang ;
« ce sacrifice accompli, il ressuscita des morts le
« troisième jour après avoir répandu sur le monde
« une clarté éternelle, comme un nouveau soleil ;
« image de la résurrection glorieuse et du céleste
« héritage par lesquels le Fils de Dieu a promis de
« récompenser ceux qui le serviront dans la foi. »

Voyons par quelques exemples comment, d'accord avec les interprètes évangéliques, ils comprennent le sens spirituel des commandemens.
« Le premier degré du salut est la connaissance
« du péché ; reconnaissant ainsi notre état de péché
« nous approchons avec confiance du trône de la
« grâce et nous confessons nos péchés. »

« Tous ceux qui aiment une créature de Dieu
« plus que Dieu même, n'observent pas le premier
« commandement. Que si un homme se dit : Je ne
« puis affirmer que j'aime Dieu plus que ce qu'il
« me défend d'aimer, répondez à cet homme : Ce
« que vous consentiriez le plus volontiers à perdre
« en un moment de nécessité, c'est ce que vous
« aimez le moins, car vous chercheriez alors à
« sauver ce qui vous est le plus cher. Le marchand
« jette ses marchandises à la mer pour sauver sa
« vie ; cela nous prouve qu'il aime mieux sa vie
« que les richesses. C'est d'après cette règle que
« vous pourrez juger si vous préférez Dieu à tout,
« ou si vous êtes un idolâtre. »

Les idées des Vaudois au sujet du second commandement paraissent on ne peut plus logiques et plus sensées, et cela s'explique par leur position exceptionnelle au milieu des abominations dont l'Europe était infestée.

« Le troisième commandement, disent-ils, nous
« défend de jurer faussement, vainement ou par
« habitude. Faire un serment, c'est reconnaître que
« Dieu connaît la vérité et confirmer une chose

« douteuse ; c'est un acte où Dieu lui-même inter-
« vient ; donc ceux qui jurent par les élémens com-
« mettent un péché. »

« Ceux qui veulent observer le sabbat des chré-
« tiens, c'est-à-dire sanctifier le jour du Seigneur,
« doivent premièrement n'exécuter aucun travail
« mondain ; secondement, s'abstenir de péché ;
« troisièmement, ne négliger aucune occasion de
« bonnes œuvres ; quatrièmement, faire tout ce qui
« peut avancer le salut de leur âme. » Ils appuient
en cela leur assertion de la mort de ce violateur
du sabbat, dont parle le livre des Nombres.

A l'égard des autres commandemens, ils en
étendent le sens aux désirs mêmes du cœur, et citent à l'appui de leur interprétation les passages
bien connus du sermon de Notre Seigneur sur la
montagne.

Dans une très bonne introduction à l'oraison
dominicale, ils remarquent que « Dieu, qui con-
« naît les secrets de nos cœurs, est plus touché par
« les gémissemens et les plaintes qui viennent du
« cœur que par des milliers de paroles. » Combattant ces répétitions systématiques de prières, si fort
à la mode à cette époque, « il n'y a pas d'homme,
« disent-ils, qui puisse attacher son attention à la
« prière pendant tout un jour ou toute une nuit, à
« moins que Dieu ne lui accorde le secours spécial de
« sa grâce. Aussi Dieu a-t-il assigné à ses serviteurs
« d'autres exercices : il veut qu'ils marchent tantôt
« dans un chemin, tantôt dans un autre ; il faut que
« ces exercices aient pour objet leur bien ou celui
« de leur prochain, et ils doivent s'y livrer en di-
« rigeant leurs cœurs à Dieu. Prier beaucoup,
« c'est prier avec ferveur. Aucune prière ne peut
« être agréable à Dieu si elle n'a pas quelque rap-
« port soit direct, soit indirect à la prière du
« Seigneur. Il est du devoir de tout chrétien de

« s'efforcer de l'apprendre et de la comprendre. »

On trouve dans les archives de ce peuple une très ancienne confession des péchés usitée parmi eux, et qui montre qu'ils recommandaient à leurs disciples de s'appliquer le hideux portrait de la dépravation humaine tracé par saint Paul [1] : « Afin « que toute bouche soit fermée et que tout le monde « soit reconnu coupable devant Dieu. » Si l'on ne pouvait dire autre chose en faveur de ce peuple, sinon qu'il haïssait les grossières superstitions du papisme, qu'il avait en horreur les vices de la plus grande partie du genre humain, il pourrait se faire encore que les Vaudois n'eussent été malgré cela que d'orgueilleux Pharisiens et des Sociniens vaniteux. Mais, quoique sans doute il y eût parmi eux des professeurs peu orthodoxes, comme parmi les autres sectes de chrétiens, ils possédaient cependant des croyans fidèles qui savaient diriger leur sévérité contre les « péchés qui habitaient en eux, » et qui, vraiment humiliés sous le sentiment de la dépravation humaine, s'en remettaient entièrement, pour leur salut, à la grâce et aux mérites du Christ. Ecoutez-les parler : « Comment pourrais-je « me justifier par moi-même, ô Seigneur ! puisque « c'est toi seul qui m'as fait distinguer le bien du « mal ? J'ai compris ton pouvoir ; j'ai eu connais- « sance de ta sagesse et de ta justice, et j'ai res- « senti les effets de ta bonté. Cependant tout le « mal que je fais vient de ma méchanceté. J'ai « commis beaucoup de fautes depuis le commence- « ment de ma vie : l'avarice est enracinée dans « mon cœur ; j'aime la richesse, je recherche les « éloges et je suis ingrat envers les personnes qui « m'ont obligé. Si tu ne me pardonnes, il n'y aura « point de salut pour mon âme. La colère règne

[1] Rom. III, 10-20.

« dans mon cœur et l'envie me ronge ; car naturel-
« lement je n'ai pas de charité. Je suis lent à
« faire le bien et prompt à faire le mal. Je me suis
« aveuglé et j'ai eu de mauvaises pensées contre
« toi. J'ai prêté l'oreille à de vains bruits et à de
« mauvaises paroles ; mais j'ai été sourd à tes in-
« structions. Je me suis trouvé plus heureux dans
« la fange du crime que dans la douceur de ton
« joug ; j'ai même adoré le péché, je me suis ef-
« forcé de rejeter ma propre faute sur mon pro-
« chain. Mon esprit et mon corps sont blessés, mon
« cœur s'est laissé aller au mal et à une vaine curio-
« sité. Je suis égaré dans de mauvaises voies, et par
« ma légèreté j'ai donné de coupables exemples.
« J'ai calomnié mon prochain et je ne l'ai aimé que
« par intérêt. »

Il ne s'est jamais trouvé et ne se trouvera jamais de chrétien vraiment humble et sincère, qui ne se reconnaisse coupable sous tous ces rapports envers Dieu, bien que sa conduite ait été peut-être sans reproche aux yeux des hommes. C'est le manque de connaissance de soi-même qui fait que les hommes ignorent combien ils sont coupables devant Dieu. Cependant les Vaudois étaient persuadés de cette vérité ; aussi formèrent-ils un peuple préparé à recevoir l'Évangile du Christ, à suivre la route tracée par lui et à craindre le péché par-dessus tout.

Voici comment parlent des Vaudois d'anciens mémoires tirés des archives de l'inquisition et qui traitent des coutumes et des mœurs de ce peuple : « Ils s'agenouillent et prient tout le temps qu'il faudrait à un homme pour réciter trente ou quarante *pater*. Ils le font quotidiennement et avec de grandes marques de respect. Quand il n'y a pas d'étrangers parmi eux, ils le font encore avant et après le dîner, avant et après le souper, avant de se livrer au repos, et le matin en se levant. Au moment du repas, l'aîné de la famille dit : « Dieu, qui dans le désert as béni les cinq pains et les deux poissons devant tes disciples, bénis cette table et les alimens que nous allons y prendre : au nom du Père, du Fils, du Saint-Esprit. » Après le repas, il dit : « Dieu, qui nous as donné la nourriture corporelle, donne-nous aussi la vie spirituelle. Que Dieu soit avec nous, et puissions-nous être toujours avec lui. » Ensuite ils s'instruisent et s'exhortent les uns les autres.

Reinerius, un de leurs adversaires, assure « qu'un Vaudois, voulant détourner une personne de la foi catholique, traversa une rivière à la nage pendant une nuit d'hiver, pour enseigner à cette personne la nouvelle doctrine. »

Voyons maintenant le portrait que nous a laissé des Vaudois un ancien inquisiteur :

« On reconnaît ces hérétiques à leurs mœurs et à leur langage ; leur conduite est pleine de simplicité et de modestie. Dans leur habillement, ils s'interdisent toute recherche ainsi que le défaut contraire. Ils ne s'adonnent point au commerce, parce qu'il pourrait les porter au mensonge ; ils se nourrissent du travail de leurs mains ; leurs prédicateurs sont tisserands et tailleurs. Ils n'amassent point et se contentent du nécessaire. Ils sont chastes, sobres et évitent la colère. » Il ajoute : « Ils vont hypocritement à l'église, à confesse, au prêche, pour confondre les prédicateurs par leurs propres paroles. Leurs femmes sont modestes, fuient la calomnie, les folles plaisanteries et surtout le mensonge et les sermens [1]. »

Les conseils donnés aux pasteurs pour la conduite à tenir en visitant les malades sont pleins

[1] Allix, p. 235.

d'une simplicité évangélique. On y invite le malade à regarder le Christ comme un modèle de patience dans la douleur; à se rappeler que, bien qu'il soit le véritable Fils de Dieu, il a été plus affligé et plus tourmenté qu'aucun homme. Le malade doit songer qu'il ne fait qu'endurer ce qu'endura le Seigneur lorsqu'il souffrit pour nous, et que, par conséquent, loin de murmurer, il doit rendre grâce à Dieu de ce qu'il lui a plu de livrer à la mort notre miséricordieux Seigneur, afin de nous sauver; et en priant Dieu il ne doit lui demander miséricorde qu'au nom de Jésus-Christ. Comme chrétiens, nous devons avoir une parfaite assurance que notre Père nous pardonnera à cause de sa bonté. Que le malade se confie donc entièrement à Dieu. Qu'il fasse pour son prochain ce qu'il voudrait que son prochain fît pour lui; qu'il mette ses affaires en ordre, afin qu'il n'y ait aucune contestation après sa mort entre ses parens; qu'il espère son salut de Jésus-Christ et de lui seul; qu'il se reconnaisse misérable pécheur, et qu'il demande pardon à Dieu en s'avouant coupable et digne d'une mort éternelle. Si le pasteur s'aperçoit que le malade soit alarmé, terrifié par la conviction qu'il a de la colère céleste contre les pécheurs, qu'on lui rappelle les promesses consolantes faites par Jésus à ceux qui imploreraient le pardon de Dieu au nom de son Fils; en un mot, qu'il recevrait tous ceux qui viendraient à lui. Telles sont les choses sur lesquelles le véritable pasteur doit s'appesantir, afin de conduire à Dieu le malade qu'il assiste. »

A l'égard des cérémonies funèbres, ils condamnaient les dépenses auxquelles l'usage obligeait les veuves, pour payer des pleureurs et des sonneurs, aux dépens de la fortune de leurs enfans. « Afin qu'une perte aussi douleureuse que celle d'un père ne soit pas suivie d'autres pertes également sensibles, notre devoir et la charité nous commandent de venir en aide aux orphelins; de les aider de nos conseils et de notre bourse, selon nos moyens, de veiller à leur éducation, afin qu'ils puissent travailler pour gagner leur vie comme Dieu l'a voulu, et qu'ils apprennent à se conduire en bons chrétiens. »

Ils ordonnaient aux nouveaux convertis d'étudier les instructions épistolaires de saint Paul, afin que leur conduite ne fût pas une pierre d'achoppement pour leur prochain, et pour ne pas faire de la maison du Seigneur une caverne de voleurs.

Ils apportaient un très grand zèle à l'instruction des enfans. « Ne désespère pas, disaient-ils, de ton enfant, quand il ne veut pas se corriger, ou s'il n'est pas dès son bas âge porté au bien; car le laboureur ne recueille pas aussitôt après l'ensemencement, mais il attend la saison propice. Un père doit avoir un œil vigilant sur ses filles; il doit les garder à la maison, et les empêcher de s'en éloigner, car c'est en se laissant voir à des étrangers que Dinah, la fille de Jacob, fut corrompue. »

Pour les punitions ecclésiastiques, ils suivaient les règles du Seigneur. D'abord, ils réprimandaient en particulier le frère coupable; ensuite, en présence de deux ou trois frères; puis, en présence de tous: et enfin, s'il ne s'amendait pas, il était excommunié. La réprimande en particulier, disaient-ils, suffit pour les fautes qui n'ont été commises qu'en présence de peu de monde; mais pour les fautes notoires, ils appliquent la règle apostolique. « Les mariages ne doivent se faire qu'aux degrés de parenté permis par Dieu. Les dispenses du pape ne sont d'aucune valeur, et ne méritent pas qu'on y fasse attention. Le mariage ne doit pas être contracté sans le consentement des parens, car les enfans appartiennent à leurs parens. »

Ils se montrent excessivement sévères contre les désordres des lieux de réunion publique, et contre les conséquences fâcheuses de la danse. Voici à ce sujet une sentence remarquable : « Ceux qui parent leurs filles sont comme ceux qui mettent du bois sec au feu, afin qu'il en brûle mieux. Une taverne est une source de péchés et une école de Satan. » Les règles qu'ils établissent pour les rapports que peuvent avoir leurs co-religionnaires avec ceux qui ne font pas partie du troupeau, ces règles, disons-nous, respirent une simplicité toute chrétienne ; et les conseils de morale chrétienne adressés par eux à leurs compatriotes sont, par le fond et par la forme, de beaucoup supérieurs à l'esprit et au goût du troisième siècle.

Il n'est peut-être pas inutile de faire observer que sir Samuel Morland, dans son Histoire des églises évangéliques des vallées du Piémont, rend le témoignage le plus positif à la vérité du récit de Perrin. Il nous fournit aussi une attestation de Tronchin, principal ministre de Genève, attestation qui se trouve, dit-il, avec d'autres papiers originaux, dans la bibliothèque de l'université de Cambridge. Voici la substance de l'attestation elle-même : Tronchin déclare que Perrin, venant à Genève pour faire imprimer son Histoire, lui communiqua son ouvrage avec d'autres manuscrits, dont Perrin avait extrait la doctrine et la discipline des Vaudois. Tronchin vit alors ces manuscrits et les parcourut. Le témoignage de Tronchin date de 1656. Nous avons donc, pour prouver l'authenticité de l'Histoire dont nous nous occupons, les témoignages

[1] Morland.

réunis de Perrin, de Tronchin et de Morland. Il existe une correspondance de ce même Tronchin avec Perrin et Morland, postérieure à l'époque dont nous venons de parler de trente-huit ans. Enfin nous citerons un manuscrit sur l'Antechrist, auquel sont annexés plusieurs sermons. Ce manuscrit, à la date de 1120, avait nécessairement été écrit avant le temps de Waldo[1]. Ces preuves établissent donc surabondamment que l'existence de ces églises remonte à une époque plus reculée que celle où vécut ce réformateur. C'est aux Vaudois des Alpes que nous devons la conservation du traité sur l'Antechrist; en voici le sommaire : « On le nomme Antechrist, parce
« que se parant des formes et des couleurs du
« Christ et de son église, il s'oppose au salut acheté
« par le Christ et acquis aux fidèles par la foi,
« l'espérance et la charité. Il combat la vérité par
« la vaine sagesse du monde, et en prenant les
« dehors d'une piété mensongère. Son cortége se
« compose de ceux que le monde répute sages, des
« membres de divers ordres religieux, de Pha-
« risiens, de ministres de la religion, de docteurs,
« de ceux qui ont en main le pouvoir séculier
« et des hommes qui aiment cette vie passagère
« de préférence à celle qui est à venir. L'An-
« techrist, il est vrai, fut conçu du temps des
« apôtres, mais du moins faut-il reconnaître qu'a-
« lors il était encore dans son enfance, informe et
« imparfait. Comme il était facile à reconnaître,
« on le chassa, grossier qu'il était, ignorant et in-
« habile à la parole. Dépourvu du secours de mi-
« nistres hypocrites, il ne possédait pas encore

---

[1] Ce traité porte des renvois aux chapitres; et la division des Ecritures saintes en chapitres ne fut introduite qu'en 1248 par le cardinal Hugo. Il est possible, cependant, qu'ils aient été ajoutés par un copiste. (ED.)

« l'art des décrétales, et n'avait pas, pour en im-
« poser, les jongleries des ordres religieux ; sans
« richesse pour attirer les ministres des rois à sa
« cause, et pour multiplier ses prosélytes, il n'avait
« point encore usurpé le pouvoir séculier, et ne
« pouvait user de violence pour contraindre les
« hommes à porter sa livrée. Cependant il devint
« redoutable dès que les amans de ce monde, dès
« que les serviteurs du trône ou de l'autel eurent
« accaparé le pouvoir entre leurs mains. Christ
« n'eut jamais d'ennemi si formidable ; jamais
« il n'en eut qui sût, comme l'Antechrist, faire
« que la voie de la vérité devînt celle du men-
« songe, de telle sorte que l'Église et ses véritables
« enfans soient foulés à ses pieds. Il dépouille le
« Christ des mérites de la justification, de la régé-
« nération, de la sanctification, et de la nourriture
« spirituelle, pour attribuer ces mêmes mérites à
« sa propre autorité, à de vaines formules de mots,
« à ses propres œuvres, à l'intercession des saints
« et aux feux du purgatoire. Il a, disons-le, pour
« colorer d'aussi exécrables doctrines, quelques
« qualités spécieuses : telles sont la profession ex-
« térieure du christianisme, la tradition, les listes
« de la succession épiscopale, les miracles, mais
« des miracles mensongers, les dehors de la piété
« et certaines maximes prononcées par Jésus-Christ
« lui-même ; enfin, l'administration des sacre-
« mens, la prédication contre les vices, et la vie
« sainte de plusieurs de ses membres, qui en effet
« vivent en Dieu au milieu de Babylone, et que
« l'Antechrist cependant empêche autant qu'il
« le peut de ne mettre leur espoir de salut qu'en
« Jésus-Christ seul[1]. Tel est le manteau dont s'en-
« veloppe l'Antechrist, pour déguiser sa méchan-

---

[1] Cette description s'applique en grande partie à ce qui a été dit précédemment sur Bernard. (Ed.)

« ceté, et pour ne pas être chassé comme un païen.
« Nous donc qui savons à quoi nous en tenir à son
« égard, nous nous séparons de l'Antechrist, en
« nous conformant aux instructions expresses de
« l'Écriture. Nous nous unissons à la vérité du
« Christ et de son épouse, quelque faible qu'elle
« puisse paraître. Nous exposons ici les motifs qui
« nous ont portés à nous séparer de l'Antechrist[1],
« afin que, s'il plaît à Dieu de communiquer notre
« conviction à d'autres, tous puissent avec nous
« s'attacher à la vérité et l'aimer. Que s'il leur
« manque encore des lumières, le secours de notre
« ministère est à leur disposition, et nous les ai-
« derons à se laver du péché par le Saint-Esprit.
« S'il existe des hommes à qui la grâce ait été don-
« née plus abondamment qu'à nous-mêmes, nous
« les prions humblement de nous éclairer, afin que
« nous puissions nous corriger de nos défauts. Le
« génie de l'Antechrist se révèle par une multi-
« tude d'idolâtries de toute espèce, et c'est dans
« ces idolâtries qu'il apprend aux hommes à cher-
« cher la grâce qui ne réside essentiellement qu'en

---

[1] Ce passage paraît indiquer qu'il existait dès 1120 un corps de Vaudois qui s'étaient complétement séparés de l'Eglise de Rome. Cependant il est évident, d'après le récit de Bernard, que les Vaudois, dont il avait quelque connaissance, n'étaient pas des séparés décidés. Ceci est peut-être un exemple des différences d'opinion qui existaient entre eux, et dont parle Evervin. On conçoit facilement que des hommes également sincères aient pu, pendant un temps, n'être pas unanimes sur ce point. La crainte du schisme d'un côté, et de l'autre, celle d'une idolâtrie contagieuse, pourraient venir à l'appui des deux côtés de la question. Quoi qu'il en soit, on voit qu'en 1200, les Albigeois, qui étaient une branche des Vaudois, s'étaient multipliés au point de former une Eglise distincte, et s'étaient ouvertement séparés de celle de Rome. L'homme de péché, il est vrai, parut enfin avec son affreux cortège, et tel que le dépeignent les plus véhémens des auteurs protestans. Les vrais chrétiens se trouvèrent donc alors dans l'indispensable nécessité de s'éloigner de la Babylone moderne, et c'est ce que firent successivement et graduellement les diverses classes de Vaudois. On peut avec raison les regarder comme les premières Eglises du protestantisme.

« Dieu seul, comme elle existe en Jésus-Christ par
« les mérites de son sacrifice, et que nous commu-
« nique la foi seule par le Saint-Esprit. » L'auteur
s'attache ensuite à établir distinctement tout ce
qu'ont de criminel les diverses pratiques du papisme : mais il est inutile de nous arrêter à ce
qu'ils disent à ce sujet ; contentons-nous de remarquer que, pour voir et pour raisonner comme ces
hommes-là, au milieu des ténèbres de leur siècle,
il fallait être doué d'une perspicacité et d'une force
de jugement étonnantes ; il convient mieux à notre
plan d'extraire de cet écrit les passages relatifs au
ministère de Jésus-Christ. « Il est notre avocat : il
« remet les péchés. Il vient en quelque sorte au-
« devant de nous, avant que nous songions à
« nous présenter à lui. Il frappe, afin que nous lui
« ouvrions : et, pour écarter toute occasion d'ido-
« lâtrie, il s'assied à la droite du Père qui est au
« ciel, et fait des vœux pour que toute âme fidèle
« n'ait recours qu'à son seul rédempteur ; c'est
« pour cela que toutes les pensées des fidèles de-
« vraient se diriger vers Christ, leur guide et leur
« modèle. Il est la porte : quiconque entre par
« lui sera sauvé. A lui seul appartient la préroga-
« tive d'obtenir tout ce qu'il demande en faveur du
« genre humain, qu'il a réconcilié avec Dieu par
« sa mort. Pourquoi donc recourir à la médiation
« d'autres saints ? N'est-il pas plus charitable que
« tout autre, et, plus que tout autre, disposé à
« nous secourir ? »

Il existe encore un petit traité sur les Tribulations, sujet bien digne de l'étude des chrétiens,
de ceux surtout qui, comme les Vaudois, vivent
au sein des persécutions.

La *Noble Leçon*, ouvrage écrit en 1100, a déjà
été mis sous les yeux du lecteur ; c'est le dernier

des documens vaudois, dans la collection qui en a été faite par Perrin de Lyon.

Les passages que nous avons traduits de cet auteur pourront paraître d'une simplicité presque enfantine à ceux qui en jugeront par comparaison avec la littérature moderne, et nous avouerons franchement qu'il ne s'est trouvé parmi les Vaudois aucun homme de génie, ou d'une capacité supérieure. Les moyens qu'ils avaient de s'instruire étaient très bornés ; ils n'avaient aucun rapport avec les peuples qui les entouraient, et ils étaient, à peu près sans exception, tout aussi pauvres les uns que les autres. « Oui, mon Père, cela est ainsi « parce que tu l'as trouvé bon[1]. » C'est donc à Dieu qu'il faut rapporter le résultat de leurs travaux et non pas aux hommes. Comment se fait-il que nous les voyions en possession d'une aussi saine portion de la vérité évangélique, réfuter avec tant de force et de sens les erreurs établies, maintenir si courageusement la vérité telle qu'elle est en Jésus, souffrir si patiemment pour elle, mener une vie qui contrastait si singulièrement avec celle du monde, et se montrer si supérieurs à tous ceux qui les entouraient ? Comment se fait-il qu'ils nous présentent un spectacle si intéressant, tandis que les princes, les dignitaires de l'Eglise, les membres des universités, les grands, les puissans, les riches, étaient plongés, sous ce rapport, dans une misérable ignorance ? Dieu le voulait ainsi, Dieu, dont les œuvres et les desseins sont aussi admirables qu'étonnans. Le soin qu'il a eu de conserver en ce monde, et dans des circonstances si critiques, cette divine semence, est une preuve que jamais il n'abandonnera son Église, et que les portes de l'enfer ne prévaudront jamais contre

[1] St. Luc, X, 21.

elle. Nous avons établi d'une manière satisfaisante l'existence, chez ce peuple, de la véritable doctrine apostolique, et la sainte pratique de cette doctrine sous l'influence du Saint-Esprit. Il est vrai de dire qu'à la réformation, certaines doctrines fondamentales, celles, entre autres, du péché originel et de la justification par la foi en Christ, furent développées d'une manière plus claire et plus étendue. Néanmoins, le lecteur sincère et intelligent, se rappellera que ces vérités premières étaient comprises et professées par les Vaudois. Ce qu'on pourrait reprocher à ces récits, c'est de mêler aux instructions catéchistiques des invectives trop multipliées contre l'Antechrist et ses abominations; tandis que, au contraire, les vérités principales de l'Évangile n'y sont pas aussi amplement exposées que cela serait à désirer pour l'édification du lecteur. Peut-être ce défaut disparaîtrait à la lecture des sermons de leurs pasteurs, et, d'un autre côté, l'agitation et les dangers sans cesse renaissans où se trouvaient ces églises expliquent et doivent excuser, jusqu'à un certain point, l'imperfection des écrits publiés sous leur direction.

CHAPITRE IV.

PERSÉCUTION DES VAUDOIS.

Cette partie de l'histoire des Vaudois est la seule dont nous ne nous soyons pas occupé, et il est malheureusement vrai que leur histoire extérieure n'est guère qu'une suite non interrompue de persécutions. Il est à regretter que, tandis que nous avons des relations nombreuses et détaillées des cruautés de leurs persécuteurs, nous ne possédons que très peu de chose sur la manière dont ils les souffrirent, et encore moins sur les exercices intérieurs de piété, qui ne sont connus que du peuple de Dieu. Mais ce n'est pas la première fois que nous avons à déplorer la négligence avec laquelle l'histoire de l'Église du Christ nous a été transmise.

En 1162, deux ans après que Waldo eut commencé à prêcher l'Evangile à Lyon, Louis VII, roi de France, et Henry II d'Angleterre, tenant par la bride la mule du pape Alexandre VII, marchaient à ses côtés et le conduisaient dans son palais ; offrant, dit un auteur papiste (Baronius), le spectacle le plus agréable à Dieu, aux anges et aux hommes [1]. A cette époque les princes de la terre, aussi bien que les plus simples particuliers, étaient esclaves du siége de Rome, et il n'était pas difficile de les pousser à persécuter les enfans de Dieu avec des raffinemens de barbarie dont le récit nous frappe d'étonnement et d'horreur. Celles qui éclatèrent contre les Vaudois, au commencement du treizième siècle, présentèrent un spectacle inouï de cruautés et de perfidies.

En 1176, quelques Vaudois, ayant été interrogés par des évêques, furent accusés d'hérésie ; ils recevaient, disait-on, le Nouveau-Testament et rejetaient l'Ancien, excepté cependant les passages cités par Notre Seigneur et les apôtres [2]. Cette accusation est réfutée par tout ce qu'ils nous ont laissé d'écrits authentiques, et dans lesquels, sans aucune restriction, ils citent comme divine l'autorité de l'Ancien-Testament. Interrogés au sujet de leur croyance, ils se bornèrent à dire : « On ne saurait nous obliger à répondre. » On les accusait encore d'être sectateurs de la doctrine

---

[1] Baronius, Annales du XIIe siècle.   [2] Ibid.

manichéenne, de nier l'utilité du baptême des enfans, la possibilité de la transsubstantiation, le droit que s'arrogeaient les prêtres d'exercer le pouvoir temporel ou de prélever des dîmes, la nécessité de la confession auriculaire et la légitimité du serment. Le lecteur qui a suivi avec attention ce que nous avons rapporté de l'histoire des Vaudois saura séparer le vrai du faux dans ces accusations. « Ces misérables, dit Baronius, prétendent qu'ils « suivent l'Évangile et les Épîtres, et qu'ils ne re-« connaissent que ce qui y est contenu expressé-« ment, rejetant ainsi les interprétations des doc-« teurs, quoiqu'ils soient eux-mêmes entièrement « illettrés. » Il ajoute : « qu'à une conférence devant « l'évêque d'Albi, ils furent réfutés par les termes « mêmes du Nouveau-Testament, que seul ils ad-« mettent, et qu'ils consentirent à embrasser la foi « catholique ; mais que n'ayant pas voulu jurer « sur la croix, ils furent condamnés. »

Cependant de ce récit inexact et, dans quelques endroits, visiblement injurieux, on peut recueillir quelques lumières sur l'état des Vaudois à cette époque.

En 1178, les mêmes Louis et Henry, qui, sept ans auparavant, avaient agi d'une manière si peu digne de la royauté en abandonnant « leur pouvoir « et leur force à la bête[1], » comprirent que les Albigeois ne pouvaient que devenir plus nombreux, et se déterminèrent à les attaquer par l'épée ; mais ensuite ils jugèrent plus prudent d'employer des prédicateurs[2]. Ils leur envoyèrent

---
[1] Rev. xvii, 13.
[2] Baronius, xii⁰ siècle. Il est évident que le terme Albigeois, employé par notre auteur, vient de la ville d'Albi, où florissaient les Vaudois. Il est vrai de dire que leurs doctrines, à cette époque, se propagèrent rapidement dans les possessions de Raymond, comte de Toulouse, et au centre du midi de la France, compris le territoire

plusieurs évêques et autres ecclésiastiques, et chargèrent Raymond, comte de Toulouse, et quelques autres seigneurs, d'expulser les hérétiques. A leur arrivée à Toulouse, les émissaires exigèrent de tous les catholiques le serment de dénoncer les hérétiques qu'ils connaissaient. Par ce moyen un grand nombre de Vaudois furent découverts, entre autres un riche vieillard nommé Pierre Moranus. Ce vieillard, ayant nié que le corps du Christ pût résider dans le pain de la messe, fut condamné; ses biens furent confisqués et son château, conventicule d'hérétiques, fut rasé. Pierre abjura son hérésie et fut traîné à l'église devant tout le peuple, en chemise et nu pieds. L'évêque de Toulouse et un abbé étaient à ses côtés, et le frappèrent de verges depuis l'entrée du monument jusqu'à l'autel, où le cardinal légat célébra la messe. Là, étant réconcilié avec l'Eglise, il abjura encore une fois son hérésie, lança des anathèmes contre les hérétiques, et se soumit à une autre pénitence, qui fut de quitter son pays dans le délai de quarante jours, pour servir les pauvres de Jérusalem pendant trois années; et chaque dimanche des quarante jours il devait faire le tour des églises de Toulouse, en chemise et nu pieds, pendant qu'on le frappait de verges. Cependant on ordonna qu'à son retour de Jérusalem ses propriétés lui seraient restituées.

Plusieurs autres abjurèrent aussi leur hérésie; mais quelques uns, refusant de se soumettre, furent excommuniés, et les princes eurent ordre de les chasser de leurs états. Roger, prince du diocèse d'Albi, fut excommunié.

Le récit de l'historien anglais Hoveden est semblable à celui de Baronius. Il est à remarquer que

d'Avignon. Du reste, les Albigeois ne différaient aucunement des Vaudois, ni pour la doctrine, ni pour les mœurs.

le premier traite d'arianisme la doctrine des Albigeois ; mais dans ces temps de persécution, plus d'exactitude était peu nécessaire, et le nom d'Arien, de Manichéen, ou tout autre de ce genre, était un prétexte suffisant pour les projets de persécuteurs déterminés. Il a paru utile de faire mention des traitemens barbares qu'eut à souffrir le riche vieillard de Toulouse, qui fut puni malgré sa rétractation, parce que ce trait confirme la vérité des rapports de Perrin au sujet des mêmes persécutions, et démontre, de l'aveu même des écrivains catholiques, qu'en général les horreurs de la tyrannie papale n'ont pas été exagérées par les écrivains protestans ; et à cette occasion nous ne pouvons que désapprouver l'inconséquence et les préventions d'un historien distingué dont nous avons déjà parlé[1]. Il dit que les Albigeois niaient la doctrine manichéenne des deux principes. Or cet auteur en croit ces mêmes ennemis, qui ne donnent, que nous sachions, aucune preuve de leur sincérité, et il accuse les Albigeois de dissimulation, malgré les persécutions endurées par un grand nombre d'entre eux plutôt que d'abjurer leurs principes. L'historien qui traite de faits incertains doit prendre connaissance de tout ce qui est de nature à jeter quelque lumière sur ces faits, et approfondir l'un et l'autre côté de la question. Si l'auteur que nous citons avait lu avec la moindre attention les annales des Vaudois, il n'aurait pas avancé que ces derniers étaient les descendans légitimes de la secte de Manès.

Les sujets de Raymond, comte de Toulouse, et de plusieurs autres grands personnages des environs, professaient si généralement la doctrine des Vaudois, qu'ils encoururent plus particulièrement la vengeance du pape. Les habitans de Toulouse,

[1] Histoire de Henry II, de Berington, p. 305.

de Carcassonne, de Béziers, de Narbonne, d'Avignon et de plusieurs autres villes, reçurent le nom d'Albigeois, et furent en butte à une des plus violentes persécutions dont l'histoire fasse mention. Reinerius prétend que les Vaudois sont les plus formidables ennemis de l'Eglise romaine, « parce « que, dit-il, ils ont une grande apparence de « sainteté, parce qu'ils vivent droitement devant « les hommes, croient vraiment en Dieu en toutes « choses, et professent tous les articles de foi; « mais ils haïssent et cherchent à avilir l'Eglise « romaine, et entraînent d'autant plus facile- « ment le peuple à croire à la vérité de leurs « accusations. »

Il était réservé à Innocent III, le plus ambitieux des papes, d'instituer l'inquisition, dont les Vaudois furent les premières victimes[1]. Il chargea un certain nombre de moines de la procédure en cette cour, et les autorisa à livrer au pouvoir séculier les prétendus hérétiques. Au commencement du treizième siècle, des milliers d'individus furent brûlés ou pendus par ordre de ce tribunal inique. Leur seul crime était de croire en Jésus-Christ et de n'attendre que de lui le salut de leur âme, de renoncer à toutes les vaines espérances de l'idolâtrie et de la superstition.

Ceux qui ont lu attentivement les Épîtres aux Colossiens et aux Galates, et se sont bien pénétrés du sens de l'Apôtre, comprennent toute l'importance des préceptes qui y sont renfermés. Il y est dit qu'il faut s'en tenir au chef et s'en remettre, pour sa justification, à Jésus-Christ, par la foi, en opposition aux enseignemens du monde et de la vaine philosophie; en opposition aux égaremens d'un culte arbitraire et aux espérances de bon-

---

[1] Quelques chronologistes placent l'origine de l'inquisition en 1204.

heur fondé sur les œuvres de l'homme et sur ses propres ressources.

On voit ainsi quel est *le vrai protestantisme opposé au vrai papisme*, et on est convaincu que la différence n'est rien moins que frivole, qu'elle ne consiste pas non plus dans les mots seulement, mais qu'il y a une opposition parfaite entre les deux systèmes, et que ces deux religions n'admettent ni union, ni coalition ; c'est pourquoi le vrai moyen de résister aux tentations de Satan, est de rester fidèle à la grande doctrine de la justification qui résulte « du mérite de notre Sauveur « et Seigneur Jésus-Christ seulement, et non pas « de nos propres œuvres. » Cette croyance détruit la fausse religion jusque dans ses fondemens ; par là les consciences troublées retrouvent la paix ; et la foi, opérant par l'amour, conduit les hommes au véritable esprit du christianisme ; elle fortifie leurs cœurs et les affermit dans toutes bonnes œuvres.

Des systèmes si opposés, soutenus avec une égale chaleur par les deux partis, ne pouvaient que produire une rupture violente. En effet le monde entier et l'Église du Christ se trouvaient engagés dans cette contestation. Cependant Innocent essaya d'abord des moyens de raisonnement et de persuasion. Il envoya des évêques et des moines qui prêchèrent dans les endroits où florissait la doctrine des Vaudois, mais ils n'obtinrent que des succès insignifians. Deux moines, Pierre de Châteauneuf et Dominique[2], eurent mission de prêcher dans le voisinage de Narbonne. Le premier fut assassiné en remplissant ses fonctions d'inquisiteur.

Raymond, comte de Toulouse, fut accusé

---

[1] L'infâme fondateur des Dominicains, et le premier auteur de l'inquisition, dont nous parlerons plus tard avec quelque détail.

d'avoir participé à ce meurtre. Il protégea fortement ses sujets vaudois, quoiqu'il ne paraisse pas avoir été touché de l'importance des doctrines protestantes. Mais il était irrité par les mesures violentes et impérieuses des moines; et l'extrême injustice de la domination papale ne lui échappait point. De plus, il était témoin de la vie pure que menaient ses sujets, et entendait avec indignation les calomnies dont ils étaient accablés par leurs adversaires, dont l'hypocrisie, l'avarice et l'ambition étaient connues de tout le monde. Exaspéré par ces procédés, Raymond eut recours à un moyen qu'on ne saurait justifier, pour se soustraire aux malheurs dont le menaçait la tyrannie du pape. Mais l'événement eut les conséquences les plus désastreuses : Innocent en tira ce qu'il désirait, un prétexte pour l'horrible et injuste persécution dont nous avons parlé. Nous n'avons pas besoin de détailler les procédés de l'inquisition; ils sont assez connus. Depuis l'année 1206, époque à laquelle elle fut établie, jusqu'en 1228, le massacre des fidèles fut si grand que dans la dernière année quelques évêques français engagèrent eux-mêmes les moines à différer leur œuvre d'emprisonnement, jusqu'à ce que le pape fût averti du grand nombre de personnes qui avaient été arrêtées. Ce nombre était si considérable qu'il était devenu impossible de suffire à la nourriture des prisonniers, et même de se procurer des pierres et du mortier pour leur construire des prisons. Cependant il est si vrai que le sang des martyrs est la semence de l'Église, qu'en 1530, huit cent mille personnes environ professaient la religion des Vaudois.

Lorsque les Albigeois virent que le pape voulait se donner le mérite de la douceur, ils prirent la résolution de défendre ouvertement leurs principes. En conséquence ils firent savoir aux évêques que leurs pasteurs, ou du moins un certain nombre d'entre eux, étaient prêts à prouver dans une conférence que leur religion était vraiment fondée sur l'Écriture sainte.

Ils mettaient pour condition à cette offre, que la conférence serait tenue selon toutes les règles usitées en pareil cas. Ils entendaient par là, qu'il y aurait de l'un et de l'autre côté des modérateurs munis de pleins pouvoirs pour s'opposer au tumulte et à la violence ; que la conférence se tiendrait dans un lieu où toute personne intéressée pût arriver sans obstacle et sans danger ; que l'on choisirait un sujet du consentement unanime des argumentans, que ce sujet serait approfondi par la discussion jusqu'à ce qu'on fût arrivé à une solution satisfaisante, et que le parti qui ne pourrait défendre son opinion par la parole de Dieu, seule règle décisive des chrétiens, devrait s'avouer vaincu.

Tout cela était si parfaitement convenable et juste que les évêques et les moines ne purent le refuser. La conférence se tint à Montréal près de Carcassonne en l'année 1206. Les arbitres furent, d'un côté, les évêques de Villeneuve et d'Auxerre, et de l'autre, R. de Bot et Antoine Rivière. Plusieurs pasteurs furent envoyés par les Albigeois, entre autres Arnold Hot, qui arriva le premier le jour et au lieu désignés. Un évêque, nommé Euse, vint ensuite accompagné du moine Dominique, de deux légats et de plusieurs autres prêtres. Voici les points qu'Arnold entreprit de prouver : La messe et la transsubstantiation sont des actes d'idolâtrie et contraires aux Écritures ; l'église de Rome n'est point l'épouse du Christ, et sa politique est criminelle et impie. Arnold envoya ces propositions aux évêques, qui demandèrent quinze jours pour y répondre, ce qui leur fut accordé. Au jour désigné, l'évêque parut apportant avec lui un volumineux manuscrit qu'il lut dans la conférence. Arnold demanda la permission de répondre de vive voix, s'en remettant à l'indulgence de ses auditeurs pour le temps qu'il mettrait à réfuter un écrit si prolixe. Ayant obtenu la promesse d'être écouté patiemment, il discourut pendant quatre jours, avec une facilité et une abondance d'expressions extraordinaires. L'ordre, la profondeur et la force de raisonnement qui brillent dans son discours, furent tels qu'il fit une vive impression sur son auditoire.

Arnold conclut son discours en sommant les évêques et les moines de décliner les preuves qu'ils croyaient pouvoir trouver dans l'Écriture à l'appui de la messe et de la transsubstantiation. Ce qu'ils répondirent n'a pas été rapporté, mais la conclusion brusque de la conférence montre assez quel parti eut l'avantage. Pendant que les deux légats disputaient avec Arnold à Montréal, et que plusieurs autres conférences avaient lieu dans différens endroits, l'évêque de Villeneuve, un des arbitres du côté du papisme, déclare que rien ne pouvait être terminé, à cause de l'arrivée des croisés. Ce qu'il annonçait était vrai : l'armée du pape s'avançait et elle décida bientôt toutes les controverses par le fer et le feu. Si les conférences eussent été menées à bonne fin, un historien de la véritable Église aurait eu à rapporter des détails importans. Mais sa tâche s'arrête là où commence celle de l'historien profane, que l'on doit consulter pour le récit des opérations militaires. Cependant nous ne pouvons passer sous silence quelques circonstances propres à mettre dans tout son jour le mérite et la conduite de l'Église du Christ.

Arnold et ses compagnons étaient indubitablement de ceux qui, « agissant selon la vérité, « viennent à la lumière, afin que leurs œuvres « soient manifestées, parce qu'elles sont faites « selon Dieu. » Et leurs adversaires étaient de ceux qui « haïssent la lumière et ne veulent pas « venir à la lumière, de peur que leurs actions « ne soient censurées [1]. » Au milieu des ténèbres et de l'incertitude qui, sans le secours de la révélation divine, dans un monde comme celui-ci, et parmi des créatures aussi dépravées que les hommes, doivent envelopper toutes les vérités fondamentales du salut, la disposition à s'en rapporter aux oracles des saintes Écritures ou le refus de se soumettre à leur autorité, suffisent pour faire voir qui a tort ou qui a raison. Dans tous les siècles, il paraît en avoir été ainsi, mais rarement nous rencontrons un exemple aussi frappant que celui dont nous venons de parler. « Dans « le sacrifice de la messe, on disait que le prêtre « offre le Christ, pour obtenir la rémission des « peines et des fautes, pour les vivans et pour les « morts. » C'est ce qui a été traité avec raison de « fable blasphématoire et de dangereuse trom- « perie; » puisqu'il n'y a d'autre satisfaction à offrir pour le péché que le sacrifice fait une fois par Jésus-Christ, vérité que l'autorité de l'Écriture suffisait pour éclaircir. Les armes auxquelles le pape avait eu recours ne montraient-elles pas assez le mépris dont il faisait profession pour la parole de Dieu lui-même? n'était-ce pas un aveu que la lumière qui en provenait lui était insupportable?

L'approche des croisés, qui, comme nous l'avons dit plus haut, mit un terme aux conférences, n'avait pas été accidentelle; car Innocent, qui n'avait

[1] Jean, III.

jamais eu l'intention de terminer la controverse par la logique, prit le prétexte du meurtre d'un moine pour envoyer des prédicateurs dans toute l'Europe, afin d'engager les fidèles à venger le sang innocent de Pierre de Châteauneuf; promettant le paradis à ceux qui porteraient les armes pendant quarante jours, et leur offrant des indulgences semblables à celles qu'on avait accordées aux croisés lors de la conquête de la Terre-Sainte. « Nous promettons de plus, disait-il dans « sa bulle, à ceux qui prendront les armes pour « venger ledit meurtre, le pardon et la rémis- « sion de leurs péchés. Et comme nous ne sommes « pas tenus de garder fidélité à ceux qui ne « l'ont pas gardée à Dieu, nous déclarons toute « personne liée audit comte Raymond, soit par « serment, soit par vasselage, soit de toute autre « manière, dégagée de toute obligation par l'au- « torité apostolique; déclarons en outre que tout « catholique romain a le droit de persécuter ledit « comte et de s'emparer de ses états, etc. »

Quel est donc cet homme qui prend ainsi sur lui de remettre les péchés, que Dieu seul peut remettre? quel est donc celui qui ose dispenser ainsi des obligations les plus sacrées? — N'est-ce pas l'*antechrist*, se donnant pour Dieu lui-même? — Dans cette occasion et dans plusieurs autres, nous avons préféré rapporter les expressions mêmes de la bulle du pape, comme réfutation suffisante des sophismes par lesquels quelques écrivains modernes ont entrepris de pallier ou de justifier les crimes de la papauté. Le langage de nos premiers écrivains protestans est peut-être, il est vrai, d'une sévérité excessive; mais ne peut-on pas dire aussi que cette sévérité pouvait à peine égaler le crime? L'erreur la plus importante des protestans modernes paraît être d'avoir fixé trop à la hâte l'heure où l'*homme du péché* devait apparaître. Mais lorsque ses excès eurent comblé la mesure, les reproches les plus violens furent encore trop faibles.

Le pape disait aussi dans sa bulle : « Je vous « exhorte à détruire l'hérésie des Albigeois, et « à le faire avec toute la rigueur que vous eus- « siez déployée contre les Sarrasins eux-mêmes; « persécutez-les avec une main forte dépouillez- « les de leurs possessions, bannissez-les et don- « nez leurs biens à des catholiques. » Telle fut la méthode employée par le pape afin de punir tout un peuple du meurtre de Pierre de Châteauneuf ! Philippe-Auguste, roi de France, était alors trop occupé de la guerre qu'il faisait à l'empereur Othon et au roi d'Angleterre, pour entreprendre cette affreuse croisade. Mais les barons français, séduits par l'appât que le pape présentait à leur cupidité, s'y portèrent avec ardeur.

Raymond de Toulouse fut alors frappé de terreur. Des motifs politiques lui avaient fait embrasser le parti des protestans, parce que ses sujets et la plupart de ses voisins professaient cette religion ; mais il ne paraît pas qu'il fût porté à la défense de la bonne cause par un esprit vraiment religieux. Les autres princes ses voisins semblent aussi avoir été poussés par la politique et non par la conviction. Ils auraient pu résister vigoureusement, avec l'aide de leurs sujets, dont la loyauté était inaltérable, et qui reconnaissaient comme principe religieux la fidélité à leurs souverains temporels. A cette époque féodale, Raymond avait plus d'autorité sur le peuple de Toulouse que Philippe lui-même. Le courage des protestans était exalté, et les catholiques romains qui vivaient avec eux étaient eux-mêmes parfaitement disposés à coopérer à la défense commune. Mais dans le récit de cette guerre, nous ne trouvons aucun exemple d'un prince ou d'un chef resté fidèle à la cause de Dieu. Aussi ne doit-on pas s'étonner de les voir victimes de l'oppression et de la fourberie des catholiques. Les chrétiens, après avoir rempli les devoirs de fidèles sujets et de braves soldats, n'eurent qu'à souffrir avec patience les oppressions de l'antechrist.

Trois cent mille pélerins, conduits par l'avarice et la superstition, remplirent le pays des Albigeois de confusion et de carnage, et cela pendant plusieurs années. Le lecteur qui n'est pas versé dans cette histoire aura peine à croire les actes de bassesse, d'hypocrisie et de cruauté commis dans cette croisade prêchée par le pape Innocent, et dirigée, d'un côté, par le légat, et de l'autre, par l'infâme comte Simon de Montfort. Mais, sans entrer dans tous les détails de cette horrible guerre, nous nous bornerons à en citer quelques traits qui montrent toute la patience du peuple de Dieu.

Le château de Menerbe, sur les frontières d'Espagne, manquant d'eau, fut contraint de se rendre au légat du pape. Un abbé entreprit de prêcher ceux qui y étaient renfermés pour les engager à reconnaître le pape. Mais ils interrompirent son discours, en déclarant qu'il prenait une peine inutile. Le comte Simon et le légat firent alors mettre le feu au château, et cent quatre personnes de l'un et de l'autre sexe périrent dans cet incendie. Ces martyrs moururent en rendant grâce à Dieu de les avoir jugés dignes de souffrir pour l'amour de Jésus-Christ. — Ils résistèrent au légat en face, et dirent à Simon qu'au dernier jour, lorsque le livre du jugement serait ouvert, Dieu lui ferait subir la punition de toutes ses cruautés. Plusieurs moines les priaient d'avoir pitié d'eux-mêmes, en leur promettant la vie s'ils voulaient se soumettre au pape; mais les véritables chrétiens « n'ont point aimé leurs vies, mais les ont exposées à la mort.[1] »

Un autre château, appelé Termes, situé à peu de distance de Menerbe, dans le territoire de Narbonne, fut pris par Simon en l'année 1210. « De toutes les places, dit Simon, voilà la plus « exécrable : on n'y a pas chanté de messe depuis « plus de trente ans. » Observation qui peut nous donner une idée de la constance et du nombre des Vaudois; tout ce qui constitue le culte papiste avait, à ce qu'il paraît, été banni de Termes. Les habitans s'enfuirent pendant la nuit et échappèrent ainsi à l'impitoyable Simon. Une fois cependant ce monstre, plus fidèle aux principes de la chevalerie qu'à ceux de l'Évangile, préserva plusieurs femmes des insultes et des outrages des soldats; c'est le seul trait de ce genre qu'on puisse citer de lui.

Mais le triomphe des méchans est court. Après avoir été déclaré souverain de Toulouse, qu'il avait conquise, et général des armées de l'Eglise, dont il fut proclamé le fils, il fut tué dans une bataille en 1218. Le comte Raymond, dont la vie avait été une suite de malheurs, mourut paisiblement dans son palais en 1222, après avoir remporté une victoire sur Simon. On nous rapporte que s'il fut influencé d'abord par des motifs politiques, il vit à la fin la fausseté des doctrines du pape. Aucun homme, il est vrai, ne fut traité avec plus d'injustice par la cour de Rome; sans parler de la flétrissure qu'elle chercha à imprimer à sa mémoire, au sujet du meurtre de Pierre de Château-

[1] Rev. XII. 11.

neuf. Du reste, on n'a aucune preuve de sa croyance religieuse et de sa piété. Son persécuteur, Innocent, mourut en 1216; et le fameux Dominique, qui, selon notre auteur Perrin, continua par l'inquisition les massacres que Simon avait commencés par les armes, mourut en 1220.

Amalric de Montfort, fils de Simon, fatigué de la guerre, céda à Louis VIII, fils et successeur de Philippe, toutes les possessions et les prétentions qu'il avait sur le territoire des Albigeois, en échange du titre de connétable de France, qu'il reçut en 1224. Cette transaction accéléra la perte des Albigeois. Dès ce moment la monarchie française fut intéressée à leur destruction. Cet événement ne fut retardé ni par la mort de Louis VIII, ni par la minorité de Louis IX, la reine régente trouvant en elle-même assez de ressources pour accomplir ce projet. Raymond, qui hérita des malheurs de son père, fut traité avec la plus impitoyable barbarie, et mourut d'une fièvre à Milan.

Alphonse, frère de Louis IX, fut mis en possession du comté de Toulouse, et Jeanne, la seule fille du dernier comte Raymond, avait été amenée à la cour de France pour y être retenue jusqu'à ce qu'elle fût en âge d'être mariée à Alphonse. C'est ainsi que l'ambition séculière et l'ambition ecclésiastique s'unirent pour opprimer l'Eglise du Christ. Le moine Reinierus, dont nous avons déjà eu occasion de parler, remplit en 1250 les fonctions d'inquisiteur. Et ce fait tendrait à prouver l'extrême violence des persécutions dirigées contre les Vaudois, alors presque sans défense, jusqu'en l'année 1281.

Longtemps auparavant, en 1229, un concile se tint à Toulouse, et un des canons fut que les laïques ne pourraient posséder, en langue vulgaire, ni le Nouveau ni l'Ancien-Testament, excepté cependant le psautier et quelques autres livres; *et il fut même défendu de traduire les Écritures.* Ce fut le premier exemple de la prohibition explicite dont le papisme eût frappé les Ecritures entre les mains des laïques. Il y avait déjà longtemps que cette défense existait indirectement. Quel honneur que ce canon pour la cause des Albigeois! Quel aveu de la part des catholiques!

La conséquence de la persécution dont nous venons de parler fut l'extermination presque totale des Albigeois à Toulouse : ils ne trouvèrent d'autre consolation que de continuer à bien faire et à imiter leur Dieu et leur Sauveur. L'antechrist triomphait évidemment dans le sud-est de la France, et les martyrs « couverts du sac, » ne virent d'autre espoir que le repos céleste, tout bonheur ici-bas leur étant refusé.

Il est à propos de remarquer ici qu'un célèbre historien, le moine Mathieu Pâris, raconte que les Albigeois nommèrent pour leur pape un certain Barthélemi, qui résidait dans le voisinage de Toulouse, consacrait des évèques et gouvernait leurs églises; et que dans une seule bataille, les Albigeois perdirent cent mille hommes avec tous leurs évêques. De pareils contes se réfutent d'eux-mêmes, et ne prouvent qu'une chose, l'ignorance de Mathieu Pâris dans tout ce qui concerne l'histoire de France. Le seul avantage que nous puissions en recueillir est d'apprendre à nous défier des bruits mensongers, sur des sujets qui intéressent les passions humaines, rapportés par des personnes éloignées du théâtre des événemens, et à nous mettre en garde contre toutes les histoires racontées par des hommes qui ignorent les premiers fondemens des opinions religieuses.

La province du Dauphiné était remplie de Vaudois, qui habitaient les vallées situées des deux côtés des Alpes. Du côté de l'Italie, la vallée de Pragela avait, du temps de Mathieu Pâris (en 1618), six églises, ayant chacune un pasteur qui desservait aussi plusieurs villages de son ressort. Les vieillards les plus avancés en âge, suivant l'observation de Perrin, ne se souvenaient point d'avoir jamais entendu la messe dans leur pays. Cette vallée était une des plus sûres retraites des Vaudois ; elle était ceinte de montagnes dont les cavernes fournissaient un asile assuré dans les temps de persécution. Vignaux, un de leurs prédicateurs, parle avec admiration de la constance de ces chrétiens qu'aucun danger ne pouvait détourner de la foi de leurs ancêtres. Leurs enfans étaient instruits avec le plus grand soin : leurs pasteurs les exhortaient non seulement le jour du sabbat, mais encore dans le courant de la semaine ; ils visitaient les hameaux pour y répandre l'instruction. Ils gravissaient les montagnes les plus escarpées pour aller visiter leurs ouailles. La parole de Dieu était reçue et écoutée avec vénération ; la prière se faisait entendre dans les demeures privées aussi bien que dans les églises ; tout respirait le zèle et la simplicité chrétienne, et les écoles étaient une source d'instruction simple et précieuse.

En 1380, un moine inquisiteur, nommé François Borelli, armé d'une bulle de Clément VII, fit subir une persécution à ces pieux Vaudois. Dans l'espace de treize ans, il livra au bras séculier cent cinquante personnes, qui furent brûlées à Grenoble. Dans la vallée de Fraissinière et dans les environs, il fit arrêter quatre-vingts personnes, qui périrent du même supplice. Les moines inquisiteurs prenaient pour eux la moitié des biens des condamnés, et remettaient l'autre moitié aux seigneurs. Que d'injustices et de cruautés n'a-t-on pas à redouter, quand la cupidité, la malice et la superstition s'unissent dans la même cause !

Vers l'an 1400, les persécuteurs attaquèrent les Vaudois de la vallée de Pragela. Les malheureux habitans voyant leurs cavernes envahies et occupées par leurs ennemis, qui les attaquèrent au fort de l'hiver, se réfugièrent sur l'une des plus hautes montagnes des Alpes : les mères emportaient dans leurs bras leurs enfans au berceau, et conduisaient par la main ceux qui pouvaient marcher. Un grand nombre furent massacrés, d'autres moururent de faim ; cent quatre-vingts enfans furent trouvés morts dans leur berceau, et leurs mères, pour la plupart, périrent bientôt après eux. Mais pourquoi rapporter dans tous leurs détails ces scènes d'une infernale barbarie ?

En 1460, les habitans de la vallée de Fraissinière furent persécutés par un moine de l'ordre des frères Mineurs ou des Franciscains, armé de l'autorité de l'archevêque d'Embrun ; et des documens qui existaient encore du temps de Perrin nous apprennent que l'on mit en œuvre contre les Vaudois tous les artifices que la ruse et la calomnie purent inventer.

Dans la vallée de Loyse, on alluma de grands feux à l'entrée des cavernes, et quatre cents enfans furent suffoqués dans leurs berceaux, ou dans les bras de leurs mères expirantes. Plus de trois mille personnes, formant la population de cette vallée, furent alors exterminées. Les Vaudois de Pragela et de Fraissinière, alarmés de ces sanglantes exécutions, tentèrent de pourvoir à leur propre sûreté : ils attendirent leurs ennemis au passage des défilés étroits de leurs vallées, et firent si bonne contenance qu'ils les forcèrent à la retraite. Plus tard, les Vaudois de Fraissinière firent quelques tentatives pour reprendre leurs biens, que leurs persécuteurs avaient saisis; mais, malgré la protection de Louis XII, roi de France, ils ne purent y parvenir.

Dans le Piémont, les archevêques de Turin tourmentaient continuellement les Vaudois, accusés par les prêtres de leurs vallées de ne faire aucune offrande pour les morts, de mépriser la messe et les absolutions, et de ne point racheter leurs parens des peines du purgatoire. La cupidité était sans doute le principe de ces persécutions, car ces abus produisaient au clergé des sommes immenses. Néanmoins, les souverains du Piémont, qui étaient en même temps ducs de Savoie, étaient peu disposés à inquiéter des sujets fidèles, dont ils connaissaient la loyauté, l'activité et la probité.

Un seul fait prouve combien on estimait leur caractère. Les habitans du voisinage préféraient particulièrement les Piémontais comme serviteurs, et les femmes des vallées comme nourrices. Mais à la fin, la calomnie triompha : de nombreuses accusations les chargeaient de tant de crimes odieux, que le pouvoir temporel les abandonna enfin à la cruauté de la puissance ecclésiastique. Des tourmens inouïs furent infligés à ces véritables chrétiens, qui, par leur constance, rappelèrent la mémoire des premiers martyrs.

Un d'entre eux, Catelin Girard, se distingua particulièrement par sa fermeté : condamné au supplice du feu, à Revel, dans le marquisat de Saluces, il monta sur le bûcher et pria ses bourreaux de lui donner deux pierres, et les ayant reçues, il dit : « Quand j'aurai mangé ces pierres, « vous verrez la fin de la religion pour laquelle « je souffre la mort; » et il les jeta aussitôt à terre

Les bûchers continuèrent à s'allumer jusqu'à l'an 1488, où les persécuteurs eurent recours aux exécutions militaires. Albert de Capitaneis, archidiacre de Crémone, fut envoyé par le pape Innocent VIII pour faire périr les Vaudois par le glaive. On leva pour cette expédition dix-huit mille soldats, auxquels se joignirent un grand nombre de catholiques piémontais, attirés par l'espoir du butin. Mais les Vaudois, armés de boucliers de bois et d'arbalètes, profitant des avantages de leur situation, repoussèrent leurs ennemis. Tandis qu'ils combattaient, leurs femmes et leurs enfans à genoux imploraient la protection du Dieu des armées.

Philippe, duc de Savoie, eut la bonne foi de reconnaître que, dans cette occasion, les Vaudois n'avaient fait que repousser une agression injuste, et demeura convaincu qu'ils avaient toujours été sujets fidèles et obéissans. Il écouta leur justification et leur pardonna. Mais ayant entendu dire que leurs enfans venaient au monde avec la gorge noire, le corps tout velu et quatre rangées de dents, il s'en fit amener quelques uns à Pignerol; et s'étant assuré que les Vaudois n'étaient pas des monstres, il résolut de les protéger contre les persécutions. Il n'eut pas assez de force pour mettre ses bonnes intentions à exécution. Les inquisiteurs de la cour de Rome continuèrent à se saisir des Vaudois, et la persécution dura jusqu'à l'année 1532. A cette époque, les Piémontais commencèrent à célébrer ouvertement le service divin dans leurs églises. Cette manifestation de leur foi irrita contre eux la puissance temporelle, qui seconda avec plus de vigueur les violences militaires suscitées par les papes.

Les Vaudois néanmoins se défendirent avec courage et succès : les prêtres abandonnèrent le pays;

la messe ne fut plus célébrée; et tandis qu'auparavant ils ne possédaient que le Nouveau-Testament et quelques livres de l'Ancien, traduits en langue vaudoise, ils firent alors imprimer toute la Bible; car, jusqu'à l'an 1535, ils n'avaient entre les mains qu'un petit nombre d'exemplaires manuscrits. Ils firent venir de Neuchâtel une Bible sortie des presses de l'imprimeur qui publia les premières bibles que l'on ait vues en France. Ils tentèrent aussi de tirer de Genève des livres religieux, mais leur messager fut pris et mis à mort.

François Ier, roi de France, continua les persécutions contre les Vaudois avec une cruauté inouïe. Un de leurs martyrs, Geffroy, qui fut brûlé à Turin dans la cour du château, fit, par sa piété, sa douceur et sa fermeté, une profonde impression sur l'esprit d'un grand nombre de personnes. Mais nous ne poursuivrons pas le récit circonstancié des persécutions qui continuèrent avec plus ou moins de violence jusqu'à la fin du seizième siècle. Ce fut à cette époque que Barthélemi Copin, de la vallée de Lucerne, se trouvant à Asti, en Piémont, avec des marchandises qu'il allait vendre à la foire, fut arrêté à cause de quelques propos qu'il avait tenus contre la papauté. Il supporta les tortures avec la plus grande fermeté, et triompha de tous les efforts des moines pour vaincre sa résistance. Il écrivit à sa femme, protestant qu'il n'attendait son salut que de la grâce de Christ. Il mourut en prison, où l'on soupçonne qu'il fut étranglé : son cadavre fut consumé par le feu.

La conduite des Vaudois fut en général à peu près conforme aux principes chrétiens de la soumission aux gouvernemens établis. Les premiers chrétiens n'auraient jamais pris les armes contre leurs souverains, quelle qu'eût été leur tyrannie.

Les Vaudois ont-ils dans quelques cas enfreint les préceptes de l'Evangile à ce sujet? C'est ce qu'il est assez difficile de déterminer, car il n'est pas toujours facile de décider quel était leur souverain légitime. Tantôt ils étaient sous la dependance des rois de France, tantôt sous celle des ducs de Savoie; mais, dans tous les cas, ils avaient incontestablement le droit de résister au pape, souverain étranger, et qui les attaquait avec une injustice, une cruauté et une violence inouïes.

A la fin du seizième siècle, par suite d'un échange de territoires entre Henri IV et le duc de Savoie, les Vaudois du marquisat de Saluces perdirent les priviléges dont ils avaient joui sous le gouvernement français; opprimés par leur nouveau souverain, sur les instances du pape, ils vinrent chercher un asile en France. Quelques uns, par amour du monde, renoncèrent à leur foi, mais la plupart préférèrent l'exil, avec une conscience sans reproche, aux douceurs du sol natal. A cette occasion, ils publièrent un manifeste fort bien écrit, dans lequel ils proclamaient hautement leur fidélité, leur esprit de paix, les nécessités de leur position et leur parfaite conformité de principes avec toutes les églises réformées. Il est donc hors de doute que les Vaudois étaient, quant au fond de leurs doctrines, de véritables protestans et de sincères confesseurs de la religion évangélique.

Un grand nombre de Vaudois, habitans des Alpes, possédaient plusieurs villages, et même la petite ville de Barcelonette. Persécutés en 1570 par le prince de Piémont, ils prièrent les souverains protestans d'intercéder auprès de lui en leur faveur. Le prince palatin du Rhin déploya pour eux beaucoup de zèle. Mais les habitans de Barcelonette, réduits à quitter leur ville, se virent, au milieu de l'hiver, dans la nécessité de tenter le passage d'une haute montagne : la plupart d'entre eux périrent ; le reste se retira dans la vallée de Fraissinière.

Vers l'an 1370, quelques jeunes Vaudois du Dauphiné allèrent former un établissement dans la Calabre, parce que leur pays natal était trop resserré pour le nombre de ses habitans. Ayant trouvé le sol fertile et le pays mal peuplé, ils s'adressèrent aux propriétaires, et traitèrent avec eux des conditions auxquelles ils pourraient s'établir dans leur territoire. Ceux-ci les accueillirent favorablement, et leur donnèrent des terres à cultiver à des conditions équitables. Les nouveaux colons enrichirent et fertilisèrent bientôt ce pays. Leur assiduité au travail, leur probité, leurs mœurs paisibles, leur exactitude à remplir leurs engagemens, les firent aimer de leurs seigneurs et de leurs voisins. Les prêtres seuls, remarquant la différence de leurs sentimens religieux, et voyant avec peine qu'ils ne contribuaient point à l'entretien du clergé, auquel ils ne fournissaient aucun casuel, devinrent leurs ennemis. Ils supportaient impatiemment que certains instituteurs étrangers, chargés de l'éducation des enfans, fussent traités par les Vaudois avec le plus grand respect, tandis qu'eux-mêmes ne recevaient des nouveaux habitans que les dîmes que ceux-ci s'étaient engagés à leur payer en vertu de leurs contrats. Concluant de là que ces étrangers devaient être des hérétiques, ils résolurent de porter plainte au pape ; mais ils en furent empêchés par les seigneurs. « Ils sont justes et honnêtes, disaient-« ils, et ils ont enrichi notre pays. Vous avez vous-« mêmes tiré de leurs travaux des avantages im-« portans. Les dîmes que vous recevez maintenant « sont si fort au-dessus de celles que vous rece-« viez auparavant, qu'elles compensent suffisam-

« ment ce que vous pouvez perdre d'un autre
« côté. Ils viennent peut-être d'un pays moins at-
« taché aux cérémonies de l'église romaine, mais
« comme ils craignent Dieu, qu'ils sont généreux
« envers les pauvres, et charitables pour tous les
« hommes, il serait injuste de vouloir pénétrer
« leurs consciences. Ne sont-ils pas sobres, mo-
« dérés, prudens et réservés dans leurs discours?
« Leur avez-vous jamais entendu proférer un seul
« blasphème? » En conséquence, les seigneurs,
touchés de leur probité et de leurs vertus, les
soutinrent jusqu'à l'année 1560 et les protégèrent
contre leurs ennemis.

Dans tout cela, les fruits de la foi parmi les
Vaudois se manifestaient même à ceux qui igno-
raient la nature de la vraie piété. Les seigneurs,
guidés par leur intérêt personnel, agirent avec
loyauté; tandis que les prêtres, blessés dans leurs
intérêts, témoignèrent leur mécontentement par
des plaintes et des murmures. Il n'est point étonnant que les prêtres de l'idolâtrie se montrent
partout les ennemis les plus acharnés de la vraie
religion : c'est l'effet naturel de la dépravation
humaine. Les passions sont mises en jeu par l'intérêt, et de tels événemens doivent nous apprendre à reconnaître la doctrine de la chute de
l'homme et ses funestes conséquences.

En 1560, les Vaudois de la Calabre demandèrent des pasteurs à Genève; on leur envoya
Etienne Négrin et Louis Pascal, qui tentèrent d'é-
tablir en Calabre l'exercice public du protestantisme. Le pape Pie IV en étant instruit, il résolut
d'exterminer un peuple qui avait osé établir le lu-
théranisme (c'est ainsi qu'il appelait leur religion) si près du saint-siége, et commença contre
eux la plus violente persécution. Un grand nombre
de Vaudois furent massacrés par des compagnies

de soldats conduits par des agens du pape: le reste demanda grâce pour les femmes et pour les enfans, et promit d'abandonner pour jamais le pays. Leurs ennemis furent insensibles à la pitié; ils attaquèrent avec acharnement les Vaudois, qui se défendirent et qui les mirent en fuite. Le vice-roi de Naples vint en personne pour seconder les projets diaboliques du pape, et en peu de temps les Vaudois de la Calabre furent entièrement exterminés. La plupart subirent les traitemens les plus cruels : on en mit quelques uns à la torture pour leur faire avouer que leurs frères avaient commis les plus odieux incestes, et le midi de l'Italie vit renaître tous les supplices des anciennes persécutions païennes.

Un jeune homme, nommé Sanson, se défendit longtemps contre ceux qui voulaient l'arrêter : il fut blessé, saisi et conduit au sommet d'une tour. « Confessez-vous à un prêtre, lui dirent les persécuteurs, avant d'être précipité. » — « Je me suis confessé à Dieu, répondit-il. » — « Jetez-le du haut de la tour, » dit l'inquisiteur. Le lendemain le vice-roi vit ce malheureux jeune homme gisant au pied de la tour, horriblement mutilé, mais respirant encore; il lui frappa la tête de son pied en disant: « Eh quoi! ce chien est encore vivant; donnez-le à manger aux pourceaux. »

Détournons les yeux de ces scènes d'horreur, qui n'offrent qu'une répétition continuelle des mêmes atrocités, qui montrent tout le pouvoir du prince des ténèbres, et qui prouvent que « l'affection de la chair est ennemie de Dieu. » Ajoutons seulement qu'Etienne Négrin mourut de faim dans sa prison, et que Louis Pascal fut conduit à Rome, où il fut brûlé vif en présence de Pie IV. Ce cruel tyran eut la joie de voir périr dans les flammes un homme qui avait osé l'appeler l'antechrist. Cependant Pascal, à ses derniers momens, lui fit entendre plusieurs vérités qui durent vivement l'offenser; et son zèle, sa fermeté et sa piété excitèrent l'admiration et la pitié des spectateurs.

Les Vaudois de la Provence, après avoir fécondé par leurs travaux une terre stérile, furent, comme leurs frères, exposés à la persécution. Vers l'an 1506 on tenta de les noircir dans l'esprit de Louis XII par les mêmes calomnies dont les premiers chrétiens furent les victimes. Le roi, saisi d'horreur, ordonna au parlement de Provence d'examiner les accusations et de punir les coupables. Ayant appris ensuite que quelques hommes innocens avaient été mis à mort, il envoya deux commissaires pour faire une enquête sur la conduite des Vaudois, et d'après le résultat de cette enquête, il demeura tellement convaincu de leur innocence, qu'il jura qu'ils valaient mieux que lui et que tous ses sujets catholiques: il les couvrit de sa protection jusqu'à la fin de son règne. Ainsi, la sincérité et la générosité de ce prince, qui fut surnommé le Père du peuple, contribuèrent, d'après les vues de la Providence, à défendre et à protéger les Vaudois.

Quelque temps après, les chefs des protestans provençaux écrivaient au réformateur OEcolampade, de Bâle, une lettre, modèle touchant d'humilité et de simplicité chrétienne. « *Les chrétiens de* « *Provence* à OEcolampade, salut. Ayant appris « de plusieurs personnes que le Dieu Tout-Puis- « sant vous a rempli de son Saint-Esprit, comme « cela paraît par vos œuvres, nous avons recours « à vous, avec l'espoir assuré que l'Esprit divin « nous éclairera par vos conseils, et nous instruira « de plusieurs choses que nous ne connaissons « qu'imparfaitement, et qui sont cachées pour « nous à cause de notre ignorance et de notre relâ-

« chement, au grand détriment du troupeau dont
« nous sommes les conducteurs indignes. Afin
« que vous connaissiez notre position, vous saurez
« que nous, pauvres pasteurs de ce petit trou-
« peau, nous avons pendant plus de quatre cents
« ans éprouvé les plus cruelles persécutions, mais
« non sans des marques signalées de la faveur
« de Christ; car souvent il nous a délivrés, quand
« nous gémissions sous le poids de la tribulation.
« Dans cet état de faiblesse, nous venons vous de-
« mander des avis et des consolations. »

Cette lettre décrit ensuite le mode d'admission des ministres, et les règles de leur conduite, sur lesquelles on demandait l'opinion et l'avis des réformateurs. Elle énumère leurs articles de foi relativement à la Trinité, à l'incarnation et à la divinité de Jésus-Christ et à la rédemption. Selon eux, les sacremens sont les symboles visibles d'une grâce invisible : ils sont utiles aux fidèles, mais non nécessaires au salut. Les Vaudois ne reconnaissent d'autre intercesseur que Christ; ils considèrent le purgatoire comme une fable de l'antechrist. Ils exposent plusieurs particularités relatives à leur discipline, et ils énumèrent douze points plus ou moins importans sur lesquels ils éprouvaient beaucoup de doutes et d'hésitation. « Dans
« toutes ces choses, disent-ils, nous espérons
« et nous désirons ardemment être éclairés et gui-
« dés par le Saint-Esprit, au moyen de vos con-
« seils; il nous tarde que vous conduisiez notre
« troupeau comme vous conduisez le vôtre. Il y a
« un seul berger et un seul troupeau. Plût à Dieu
« que nous fussions tous fermement unis, et que
« nous pussions conduire toutes choses par vos
« conseils, et par ceux d'hommes semblables à
« vous. Dans tous les points importans nous som-
« mes d'accord avec vous; et depuis le temps

« des apôtres notre foi a été conforme à la vôtre :
« mais nous différons de vous, en ce que, par
« notre faute et par la lenteur de notre intelli-
« gence, nous ne comprenons point l'Ecriture
« Sainte aussi bien que vous. Nous venons donc à
« vous pour être guidés, instruits et édifiés ;
« nous sommes tous les adorateurs du même
« Dieu. » Ils écrivirent [1] dans le même esprit à
d'autres réformateurs, et montrèrent tant de zèle
à profiter de leurs lumières, qu'ils s'exposèrent
ainsi volontairement à partager les persécutions
qui accablaient les *luthériens* : c'est le nom que
l'on donnait aux réformés, en France et dans
le reste de l'Europe.

En 1530, OEcolampade écrivit aux Vaudois
de la Provence pour réprimander quelques uns
d'entre eux qui assistaient à la messe et qui s'incli-
naient devant les idoles. Il leur démontra que ces
prétendues satisfactions, pour les péchés des vivans et des morts, impliquaient que Jésus-Christ
n'avait pas fait une expiation suffisante, qu'il n'é-
tait pas notre Sauveur, et qu'il était mort en vain :
il leur exposa que si les chrétiens avaient le droit
de dissimuler leur foi sous la tyrannie de l'antechrist, ils auraient eu aussi le droit d'adorer Jupiter ou Vénus. De tels avis étaient appropriés à la
situation des Vaudois, car ils eurent bientôt après
de nombreuses occasions de les mettre en pratique.
Un des messagers qui leur apportaient des lettres
fut arrêté à Dijon, et condamné à mort comme
luthérien. En 1540, le parlement d'Aix rendit
contre les chrétiens de la Provence un des édits les
plus barbares dont l'histoire fasse mention. Il
ordonna que la ville de Mérindol serait ruinée, et
que tous les arbres seraient abattus dans un rayon

---

[1] Cette lettre est rapportée en entier par Scultatus.

de deux cents pas. L'autorisation de François Ier fut obtenue par surprise, et la révocation de l'édit qu'il envoya ensuite au parlement fut supprimée par les persécuteurs. Les massacres, les violences, les dévastations commises à cette occasion dépassent toute croyance. Plusieurs femmes furent enfermées dans une grange remplie de paille à laquelle on mit le feu; un soldat ému de compassion ayant ouvert une issue afin qu'elles pussent s'échapper, ces malheureuses victimes de la fureur du pape furent repoussées dans les flammes à coups de pique et de hallebarde. On commit encore une foule de cruautés tellement horribles qu'elles seraient à peine croyables, si elles n'étaient attestées par les témoignages les plus authentiques. Celui qui connaît ce qu'est la nature humaine abandonnée à elle-même et à l'influence de Satan, sait qu'il n'est pas d'abomination dont elle ne soit capable.

Rendons cependant justice à François Ier, prince dont le caractère n'était ni cruel ni tyrannique. Ayant été informé de l'exécution de ce barbare édit qu'il avait signé avec précipitation, il en éprouva les plus vifs remords, et sur le point de mourir, il chargea son fils Henri II de punir les meurtriers. L'avocat Guérin fut le seul qui fut puni à cette occasion. C'était à la vérité le plus coupable, puisqu'il avait supprimé la révocation de l'édit sanguinaire.

Ceux qui avaient échappé aux persécutions rentrèrent peu à peu en possession de leurs biens, et, en vertu de la publication de l'édit de Nantes, ils jouirent, comme le reste des protestans français, de la protection du gouvernement.

Si nous portons nos regards sur la Bohême, pays où mourut Valdo, nous y trouvons des églises vaudoises dans le XIVe siècle; mais les Vaudois ne formaient plus un peuple ayant une existence à part, quand les Hussites commencèrent à fleurir. Les Hussites sont postérieurs aux Vaudois de deux cent quarante ans; ils professaient les mêmes principes. Cependant, lorsque la doctrine de Hus fut reçue en Bohême, il n'existait dans ce pays aucun des écrits des Vaudois, tant fut complet le triomphe de la tyrannie papale! Mais la Providence suscita d'autres témoins de la vérité.

En Autriche, le nombre des Vaudois était très considérable. Vers l'an 1467, les Hussites commencèrent à entretenir avec eux une correspondance chrétienne, dans laquelle ils leur reprochèrent avec douceur quelques pratiques d'idolâtrie auxquelles leurs églises se laissaient entraîner. Ils blâmaient aussi leur empressement à amasser des richesses.

« Chaque jour, disent-ils, a ses soucis et ses
« peines; mais comme les chrétiens ne doivent as-
« pirer qu'aux richesses du ciel, nous ne pouvons
« nous empêcher de condamner votre excessif
« attachement au monde; et nous craignons que
« votre cœur ne finisse par se préoccuper entière-
« ment des choses visibles et temporelles. » Tel est le langage des chrétiens nouvellement convertis, qui, n'ayant point encore perdu leur première ferveur, sont plus frappés des dangers d'un esprit mondain, que des chrétiens plus expérimentés, mais qui peuvent être tombés dans la tiédeur. Comparativement aux Vaudois, les Hussites n'étaient, pour ainsi dire, que des commençans en religion. Ceux-ci furent bientôt après exposés à de terribles persécutions; et ceux qui y échappèrent s'enfuirent en Bohême, et se réunirent aux Hussites.

En Allemagne (1230), l'inquisition papale opprima les Vaudois avec une excessive sévérité.

Mais ils furent fermes dans leur foi : leurs pasteurs proclamèrent publiquement que le pape était l'antechrist, affirmant que si Dieu ne les avait point envoyés dans l'Allemagne pour prêcher l'Evangile, les pierres mêmes se seraient soulevées pour instruire les hommes. « Nous ne prêchons pas, « disaient-ils, une rémission mensongère; mais « nous annonçons la rémission des péchés procla- « mée par Dieu lui-même dans sa parole. »

Vers l'an 1330, Echard, moine dominicain et inquisiteur, persécuta cruellement les Vaudois. A la fin, il les pressa de lui déclarer la véritable cause de leur séparation de l'Église romaine, convaincu dans sa conscience que plusieurs de leurs griefs étaient légitimes. Une pareille occasion d'user loyalement des armes du christianisme fut rarement offerte aux Vaudois. Le résultat en fut heureux : Echard fut éclairé, il confessa la foi de Christ, s'unit aux Vaudois, et comme Paul, il proclama les croyances qu'il avait persécutées. Il subit le martyre à Heidelberg, et son exemple fut pour les chrétiens un sujet de glorifier Dieu.

Raynard Lollard fut converti de la même manière : il fut d'abord Franciscain et ennemi des Vaudois. Devenu chrétien, il fut saisi par les inquisiteurs et brûlé à Cologne. C'est de son nom que les disciples de Wickleff en Angleterre furent appelés *Lollards* : il enseigna aussi aux Anglais qui habitaient en Guienne la doctrine des Vaudois. Pendant le règne d'Édouard III, les relations entre la France et l'Angleterre furent si multipliées, qu'il est assez probable que Wickleff lui-même reçut de Lollard ses premières impressions religieuses. Les princes et les empires peuvent combattre ou négocier entre eux; mais celui qui gouverne toutes choses fait contribuer tous les événemens a son grand dessein, l'agrandissement du royaume de son Fils.

La Flandre fut aussi le théâtre d'une violente persécution contre les Vaudois, quoique Perrin semble en avoir peu connu les particularités. Un autre historien [1] nous apprend qu'en 1163, quelques Vaudois quittèrent la Flandre et se rendirent à Cologne. Là, ils furent découverts et renfermés dans une grange. Un abbé nommé Egbert discuta avec eux; on en brûla trois, et une jeune femme, que le peuple voulait épargner, se précipita dans les flammes. En 1183, on en brûla un grand nombre. Un dominicain appelé Robert, qui d'abord avait été Vaudois, fut nommé par le pape inquisiteur général. Comme il connaissait les retraites habituelles des Vaudois, il fit brûler ou enterrer toutes vives en 1236 environ cinquante personnes; mais il fut justement puni de sa barbarie. Le pape le destitua pour abus de pouvoir, et le condamna à un emprisonnement perpétuel.

En Flandre, les persécuteurs tourmentaient les chrétiens en employant contre eux des frelons, des guêpes et des ruches d'abeilles. Néanmoins, les serviteurs de Dieu furent fermes dans la foi. Ils traduisirent l'Ecriture sainte en langue néerlandaise pour l'édification de leurs frères. « Dans « l'Ecriture sainte, il n'y a ni plaisanteries, ni « fables, ni bouffonneries, ni faussetés, mais des « vérités solides; elles contiennent çà et là « quelques passages d'une interprétation diffi- « cile, mais dans lesquels on peut néanmoins re- « cueillir une instruction sainte et précieuse. » Pendant ces siècles de barbarie, une vénération particulière pour l'Ecriture sainte forme un des traits les plus glorieux du caractère des églises vaudoises.

[1] Brandt, Histoire de la Réformation dans les Pays-Bas.

L'Angleterre, à cause de sa situation isolée, vit moins de persécutions que le continent. Cependant les martyrs qui périrent sous le règne de Henri II peuvent être ajoutés à la liste des martyrs vaudois. Il n'est aucune partie de l'Europe qui n'ait été témoin des souffrances de ces héros chrétiens. A Paris, en 1304, cent quatorze personnes furent brûlées vives, et déployèrent, au milieu des flammes, un courage admirable.

C'est ainsi que, dans les ténèbres du moyen âge, Dieu pourvoyait abondamment à l'instruction de son Eglise. Les Vaudois sont les chaînons qui rattachent les réformés aux premiers chrétiens. Leur existence prouve que la croyance au salut par la grâce de Christ a toujours été vivante depuis le temps des apôtres jusqu'à nos jours; elle démontre que c'est une doctrine sanctionnée par la croix, et parfaitement distincte de toute religion formaliste et extérieure qui prend le nom de chrétienne, mais qui est dépourvue de l'esprit de Christ[1].

---

[1] Nous croyons faire une chose utile en continuant l'histoire des Vaudois jusqu'aux temps modernes; mais les faits n'étant pas toujours présentés dans l'ordre chronologique, nous avons supprimé, dans les titres courants, l'indication des dates, et nous continuerons ainsi jusqu'à la fin de ce volume.

SUPPLÉMENT

A L'HISTOIRE DES VAUDOIS.

SECTION PREMIÈRE.

LE VÉRITABLE CARACTÈRE DES VAUDOIS ÉTABLI PRINCIPALEMENT D'APRÈS LES TÉMOIGNAGES DE LEURS ADVERSAIRES.

L'INTÉRÊT profond qu'inspire généralement l'histoire des Vaudois nous fait espérer que de nouveaux détails sur ces chrétiens seront agréables à nos lecteurs. Nous nous proposons de donner quelques éclaircissemens sur leurs doctrines et sur leur conduite. Nous donnerons aussi quelques extraits de ceux de leurs écrits qui ont échappé aux recherches actives des inquisiteurs romains. Ces détails prouveront que la vraie doctrine protestante existait même au milieu des ténèbres qui enveloppaient les églises chrétiennes; et ils suffiraient, à défaut d'autres preuves, pour démontrer la fausseté de cette assertion si fréquemment avancée par l'Eglise romaine, *que les doctrines de la réformation n'existaient point avant Luther*.

La nature du sujet que nous allons traiter nous oblige à entrer dans des détails plus circonstanciés, relativement à un peuple parmi lequel la lumière de l'Evangile brilla de son éclat originaire, quand toutes les autres églises étaient plongées dans les ténèbres de l'erreur. Et comme les Vaudois ont toujours conservé une existence séparée, nous traiterons séparément et sans interruption de tout ce qui les concerne [1].

Nous avons suffisamment exposé l'origine et l'histoire des Vaudois, ainsi que les accusations de leurs adversaires. La partie fausse et calomnieuse de ces accusations a été complétement réfutée, et le plus souvent par leurs ennemis eux-mêmes. Ces accusations sont très précieuses, en ce qu'elles prouvent quelle était la foi de cette portion de l'Eglise de Christ, et qu'elles nous fournissent les moyens d'établir l'identité de la doctrine vaudoise avec celle des premiers chrétiens et des Églises réformées. Ainsi le Seigneur ne s'est point laissé sans témoignages sur la terre, même au sein des plus épaisses ténèbres de la superstition romaine.

Le plus ancien, et à quelques égards le plus précieux de ces témoignages, est celui de Reinerius Sacco, qui, de son propre aveu, fut pendant dix-sept ans membre de leur Eglise [2], et acquit ainsi la connaissance de leurs doctrines. Comme Demas, il abandonna l'Eglise, « ayant mieux aimé le monde présent, » et devint un des inquisiteurs chargés de poursuivre les sectateurs de Christ. Nous pouvons donc le regarder comme un témoin sûr et digne de foi, dans toutes les circonstances où son témoignage est confirmé par les écrits des Vaudois; mais il est étranger à notre dessein de faire mention de tous les points dont il a parlé. Nous nous contenterons de rapporter les points de doctrine les plus importans, et nos lecteurs en remarqueront la conformité avec la croyance des réformateurs et avec les principes de l'Evangile; car comme *la Bible*

---

[1] L'ancien sceau officiel de l'Eglise vaudoise représente un flambeau brillant au milieu d'un espace ténébreux, où paraissent aussi sept étoiles. Léger, etc., etc.

[2] Summa de Reinerii, in Thes. Anecdot. Vol. V, p. 1759.

est la religion des protestans, on reconnaîtra que ceux qui, dans tous les siècles, ont protesté contre l'Eglise de Rome, ont pris ce livre pour la base de leur foi et la règle de leur conduite.

Reinerius déclare que la première erreur des Vaudois est « leur mépris de la puissance ecclésiastique; » il entend par-là le pouvoir usurpé par l'Eglise de Rome et par ses prélats. « Pour cette « raison, dit-il, ils ont été abandonnés à Satan et « précipités par lui dans d'innombrables erreurs. » Reinerius fait une longue énumération de ces erreurs. Selon lui, les Vaudois prétendaient que, quoiqu'ils fussent rejetés de l'Eglise catholique, ils étaient l'Eglise de Christ : ils regardaient l'Eglise de Rome comme « la grande Babylone, la mère des prostituées, » décrite dans l'Apocalypse, considérant comme damnés tous ceux qui lui obéissaient; ils niaient qu'aucun vrai miracle eût été opéré dans l'Eglise romaine; ils rejetaient les fêtes, les jeûnes, les bénédictions, la consécration des Eglises, et autres semblables pratiques et cérémonies, les regardant comme des inventions des prêtres pour augmenter leurs bénéfices ; ils ne croyaient pas que les symboles du sacrement de la cène fussent le corps et le sang de Jésus-Christ, mais seulement du pain, qui, dans un langage figuré, est appelé « le corps de Christ; » ils célébraient ce sacrement dans leurs assemblées, répétant les paroles de l'Evangile à la table sainte, et communiant ensemble à l'imitation de la Sainte-Cène, et ne croyant aucunement que le pain fût transformé en la chair de Christ; ils pensaient qu'un prêtre n'étant qu'un pécheur, ne pouvait absoudre personne; ils soutenaient qu'il n'y a point de purgatoire, et qu'à la mort, les âmes vont immédiatement au ciel ou en enfer; que, par conséquent, les prières pour les morts sont inutiles, puisque ceux qui sont au ciel n'en ont pas besoin, et que ceux qui sont en enfer ne peuvent en recevoir aucun soulagement; ils ne recouraient point à l'intercession des saints, les regardant comme trop absorbés dans les joies célestes pour s'occuper de ce qui se passe sur la terre. Reinerius fait encore un reproche aux Vaudois de ce que « ceux d'entre « eux qui étaient éloquens et capables d'enseigner « apprenaient par cœur des passages de l'Evangile « et les paroles des apôtres et des saints, afin « de pouvoir instruire et persuader les autres; il « les blâme également de ce qu'ils prétendaient « qu'il faut se confesser à Dieu seul, et non à « l'homme. »

Telles sont quelques unes des accusations émises contre les Vaudois par un persécuteur catholique qui écrivait vers l'an 1250. Elles nous prouvent que les Vaudois différaient de l'Eglise romaine sur des points très importans; et quant aux fausses allégations mêlées à quelques unes qui sont vraies, Allix remarque avec beaucoup de justesse [1] qu'il n'y a rien de plus ordinaire au parti catholique que de noircir par les plus horribles calomnies ceux qui se sont séparés de la communion romaine.

Un autre inquisiteur écrivit sur les Vaudois de Bohême avant l'an 1400; il prétendait connaître parfaitement leurs doctrines. Il nous en a laissé un exposé très détaillé [2]. En voici quelques unes : « Ils pensent que l'Eglise de Rome n'est point l'Eglise de Christ, mais une réunion d'impies;—que l'on ne peut forcer personne en matière de foi. —Ils méprisaient les priviléges de l'Eglise et les immunités dont jouissaient ses membres. — Ils

---

[1] Allix., p. 191.
[2] Ibid. p. 205. Voyez aussi Basnage, Histoire des Eglises réformées. Période 4.

croyaient que la messe était inutile ; que les apôtres ne l'avaient point connue, et qu'on ne la célébrait que pour gagner de l'argent. — Il vaut mieux, selon eux, se confesser à un laïque pieux qu'à un mauvais prêtre. — Le célibat ecclésiastique est une fâcheuse institution. — L'usage de la langue latine dans les églises nuit à l'édification des fidèles qui ne la comprennent point. — Toute prédication qui n'est point appuyée sur des preuves tirées de l'Ecriture n'a pas plus d'autorité qu'une fable, et la Bible traduite en langue vulgaire a la même efficacité qu'en latin. — Les décrétales, les légendes des saints, ne méritent que du mépris, et le texte de l'Ecriture sainte a seul de l'autorité. — Dédaignant l'excommunication, les Vaudois n'attachent aucun prix à l'absolution prononcée par un homme, et ne la demandent qu'à Dieu. — Ils ne prient point les saints, ne croient point à leurs légendes, et se moquent de leurs miracles. — Ils regardent la doctrine de Jésus-Christ et des apôtres comme suffisante pour le salut. — Les statues et les tableaux exposés dans les églises sont, à leurs yeux, une idolâtrie. — Les prières et les cérémonies pour les morts leur sont inutiles. — L'Oraison Dominicale récitée une seule fois a plus d'efficacité que le bruit d'un millier de cloches et que la messe elle-même. » Cet écrivain énumère en outre plusieurs pratiques et superstitions romaines que les Vaudois rejetaient [1].

OEneas Sylvius, qui devint pape en 1458, sous le nom de Pie II, a écrit une histoire de la Bohême, dans laquelle il parle des Vaudois, et les représente comme niant la supériorité du pape sur les autres évêques. Ils ne croient point au purgatoire, et rejettent le culte des images. — Ils affir-

---

[1] Allix, p. 212.

ment qu'on ne doit commettre aucun péché mortel sous le prétexte d'éviter un plus grand mal. — Ils regardent comme inutile l'invocation des saints. — Ils pensent que le jour du Seigneur est le seul que l'on doive sanctifier par la cessation du travail. OEneas Sylvius rapporte en outre plusieurs particularités déjà mentionnées par les autres accusateurs des Vaudois [1].

Un autre témoignage bien précieux relativement aux doctrines des Vaudois est celui de Claude Seissel, archevêque de Turin, mort en 1520. Les vallées du Piémont formaient une partie de son diocèse; il était donc tout-à-fait à portée de s'instruire de leur croyance et de leurs usages. Désirant ardemment les faire rentrer dans le sein de l'Eglise romaine, il composa pour cet effet un traité dans lequel il expose leurs dogmes, et met en avant les argumens qu'il croyait les plus propres à les convaincre. Son livre porte l'empreinte évidente des préjugés de l'Eglise de Rome; mais il établit clairement la conformité de la doctrine des Vaudois avec celle des réformateurs allemands qui parurent quelques années plus tard. Ce livre est écrit d'ailleurs avec une modération et une bonne foi peu ordinaires aux adversaires des Vaudois. Il commence par avouer que les plus cruelles persécutions n'avaient pu anéantir les églises d'Italie ni les empêcher de défendre avec constance la vérité que leurs ancêtres leur avaient transmise comme un dépôt sacré. « Une foule d'ennemis, « dit-il, se sont efforcés de les anéantir; mais les « Vaudois sont demeurés, sinon vainqueurs, du « moins toujours invincibles. Ils soutiennent que « les croyans doivent se séparer de l'Eglise de « Rome, parce qu'elle a perdu son autorité légi-

---

[1] Ce témoignage et les précédens sont rapportés par Léger, liv. I, chap. 18.

« time par les crimes de ses ministres et par ses
« erreurs en matière de foi. Notre Sauveur nous
« a averti, disent-ils : « Gardez-vous des faux pro-
« phètes qui viennent à vous avec l'apparence de
« brebis, mais qui au dedans sont des loups ravis-
« seurs; » et pour désigner plus clairement quels
« sont ceux dont il faut se garder, Christ ajoute :
« Vous les connaîtrez à leurs fruits. » Et ces fruits,
« ce sont nos œuvres; si nous sommes méchans,
« on doit nous éviter, quoique nous puissions avoir
« l'apparence des brebis. Comment un évêque ou
« un prêtre ennemi de Dieu peut-il rendre Dieu
« propice aux autres?[1] » Le lecteur remarquera
que ces puissantes exhortations à se séparer de la
Babylone spirituelle avaient été prononcées avant
l'arrivée de Luther et des autres réformateurs, et
qu'elles sont rapportées par un prélat de l'Eglise
romaine !

Claude Seissel donne en outre un exposé plus
détaillé des dogmes des Vaudois : « Le pontife
« romain et les autres prélats et prêtres de l'E-
« glise de Rome, disent-ils, ne suivent ni l'exem-
« ple ni les préceptes de Christ; ils font tout le
« contraire, non pas en secret, mais si ouverte-
« ment que la vérité ne peut plus être cachée; ils
« s'estiment eux-mêmes d'après des dispositions
« contraires à celles que demande la religion, et
« non-seulement ils dédaignent les préceptes des
« apôtres, mais ils s'en moquent. Les apôtres vi-
« vaient dans la pauvreté, l'humilité, la chasteté,
« le renoncement aux choses charnelles et le mé-
« pris du monde, tandis que nous, prélats et prê-
« tres, nous vivons dans la magnificence, le luxe
« et la dissolution. Nous aimons mieux posséder
« la puissance d'un souverain que la sainteté d'un

---

[1] Allix, p. 280, 282.

« prêtre; tous nos travaux et toutes nos études
« tendent à l'acquisition de la gloire mondaine,
« non par la vertu, la sainteté et le savoir, mais
« par la richesse et l'abondance, par les armes, par
« la pompe guerrière, par de grandes dépenses en
« chevaux et en équipages, et en autres objets de
« luxe. Les apôtres ne possédaient rien en pro-
« pre, et ne recevaient aucun membre dans leur
« société à moins qu'il ne voulût renoncer à tous
« ses biens et les mettre en commun. Nous autres,
« au contraire (les prélats romains), non contens
« de ce que nous avons, nous convoitons les biens
« des autres hommes avec plus d'avarice et d'im-
« pudence que les païens eux-mêmes; c'est pour sa-
« tisfaire cette avarice que nous soulevons des guer-
« res et que nous excitons aux armes les princes
« et les peuples. — Les apôtres parcourant les villes
« et les villages, et répandant partout la parole de
« Dieu, remplissaient différens offices de charité,
« suivant les dons qu'ils avaient reçus du Saint-
« Esprit; pour nous, nous ne faisons rien de tout
« cela; nous n'édifions point les autres par de pieux
« discours; nous nous opposons même à ceux qui
« veulent le faire, et nous ouvrons ainsi la voie à
« la dissolution et à la cupidité. — C'était, pour
« ainsi dire, malgré eux et avec répugnance que
« les apôtres recevaient l'ordination pour prêcher
« le salut; pour nous, nous achetons les bénéfices
« et les dignités ecclésiastiques; nous les obtenons
« par la force, par l'intrigue, par la faveur des
« princes, dans le seul but de satisfaire nos con-
« voitises, d'enrichir nos parens, de nous élever
« aux yeux du monde. — Ils passaient leur vie
« dans les jeûnes, les veilles, les travaux, bravant
« les fatigues et les dangers pour montrer aux au-
« tres le chemin du salut; et nous, nous passons no-
« tre temps dans l'oisiveté, dans les plaisirs, dans des

« occupations mondaines et criminelles. Ils dédai-
« gnaient l'or et l'argent; ayant reçu gratuitement
« la grâce divine, ils la dispensaient gratuitement
« aux autres; nous, au contraire, nous vendons
« les choses saintes; nous faisons un trafic des tré-
« sors du ciel et de Dieu lui-même; en un mot,
« nous confondons tout, le sacré et le profane. En
« sorte que l'Eglise de Rome ne peut pas être ap-
« pelée l'épouse de Christ, mais la grande prosti-
« tuée qu'Esaïe, Jérémie, Ezéchiel, et saint Jean,
« dans son Apocalypse, ont dépeinte avec de si
« frappantes couleurs; car Christ a choisi pour
« sa fiancée une Eglise pure et chaste, parée de
« tous les ornemens de la vertu, sans taches ni
« rides, telle enfin que le Saint-Esprit la décrit
« métaphoriquement dans le cantique de Salo-
« mon. »

Tels sont les termes dans lesquels les Vaudois décrivaient l'ambition et la tyrannie du clergé romain avant la réformation protestante; et ce qu'il y a de plus remarquable, c'est la source où ces opinions ont été puisées. Allix n'ignorait pas que quelques membres de l'Eglise romaine pouvaient répondre à cela : que toutes ces plaintes des Vaudois indignés de la corruption et de la licence des ecclésiastiques ne prouvaient rien autre chose qu'une disposition à se séparer de l'Eglise; en conséquence, il a extrait de l'ouvrage de Seissel des preuves suffisantes de l'identité de la doctrine des Vaudois avec celle des réformateurs; car Seissel rapporte aussi plusieurs de leurs articles de foi. Nous en exposerons quelques uns sans nous occuper des faibles argumens au moyen desquels Seissel essaie de les réfuter. D'après son témoignage, « les Vaudois admettent tout ce qui est en-
« seigné dans le Vieux et le Nouveau-Testament.
« — Ils affirment que les évêques de Rome et les

« autres prêtres ont corrompu l'Ecriture sainte
« par leurs doctrines et par leurs commentaires.
« — Les hommes n'ont pas besoin des prières des
« saints, Christ ayant abondamment satisfait
« pour eux. — Les indulgences dispensées par
« l'Eglise sont méprisables et inutiles. — Il n'y a
« point de purgatoire. — Les Vaudois détestent
« les images, et rejettent la transsubstantiation,
« qu'ils regardent comme une absurdité. » Après
« quelques autres particularités relatives à la
foi des Vaudois, Seissel rend un témoignage
précieux, quoique involontaire, aux fruits de
cette foi. « Ils veulent triompher de leurs adver-
« saires par la simplicité de leur foi, par la
« pureté, par une bonne conscience, par l'inté-
« grité de leur vie, et non par des distinctions phi-
« losophiques ou des subtilités théologiques. En
« mettant à part leurs doctrines contraires à notre
« foi, ils vivent pour la plupart avec plus de pu-
« reté que les autres chrétiens. Ils ne jurent point,
« à moins d'y être forcés, et prennent très rare-
« ment le nom de Dieu en vain. Ils tiennent reli-
« gieusement leurs promesses. Pauvres pour la
« plupart, ils protestent qu'ils suivent l'exemple
« et la doctrine des apôtres, et que, par consé-
« quent, l'autorité de l'Eglise réside en eux comme
« vrais disciples de Jésus-Christ, pour l'amour du-
« quel ils vivent dans la pauvreté [1]. »

Les autres écrivains romains qui nous ont
fourni des preuves incontestables de la pureté de
la doctrine professée par les Vaudois ont aussi
laissé d'éclatans témoignages de la pureté de leur
vie et de leur conduite. L'inquisiteur bohémien

---

[1] Ces extraits sont rapportés par Léger, liv. I, p. 120, etc. *Voyez* aussi Dupin, cent. XVI, article Claude Seissel. On y trouve une analyse complète de son traité contre les Vaudois, qui fut imprimé à Paris en 1520.

qui écrivait en 1400, et dont nous avons déjà parlé, dit : « Ces hérétiques se font reconnaître à « leurs mœurs et à leur langage : ils sont réguliers « et modestes dans leurs mœurs et dans leur con- « duite, et sont exempts de tout orgueil. Pour « éviter le mensonge, ils ne pratiquent aucun « commerce, mais ils travaillent de leurs mains « comme journaliers. Ils n'amassent point de ri- « chesses, mais se contentent du nécessaire. Ils se « distinguent par leur chasteté. Ils sont économes « et très modérés dans le boire et dans le manger ; « ils ne fréquentent ni les cabarets ni les tavernes, « s'abstiennent des bals et autres vanités mondai- « nes. Ils ne se livrent point à la colère. Leurs « femmes sont modestes, évitent la médisance, les « bouffonneries, les discours frivoles. Les Vaudois « s'abstiennent de mensonges et de juremens, au « point qu'ils n'emploient pas même ces affirma- « tions communes « *en vérité, certainement,* etc., » « car ils les regardent comme des sermens. Ils s'a- « genouillent par terre, près d'un banc, et prient « en silence tout le temps que l'on mettrait à ré- « citer trente ou quarante fois le *Pater noster*, et « terminent leurs prières en répétant plusieurs « fois le mot *Amen.* Ils prient régulièrement tous « les jours, le matin, l'après-midi, et le soir avant « de se livrer au sommeil. Ils prient aussi de grand « matin avant de se lever, et encore plusieurs fois « dans la journée. » Nous trouvons dans De Thou, Baronius, et dans d'autres écrivains, des passages qui attestent les mêmes vérités.

Les actes de l'inquisition de Toulouse contien- nent quelques accusations contre les Albigeois, dont l'identité avec les Vaudois a déjà été démon- trée[1]. En voici un extrait succinct. « En l'an 1283,

---

[1] C'est un fait reconnu par Gretzer et par d'autres auteurs catho- liques *Voyez* aussi les remarques d'Allix sur les Albigeois, p. 170,

Guillaume de Manuhaco fut amené devant les inquisiteurs; il ne s'élevait aucune accusation contre ses mœurs, mais il soutenait que ni le pape ni aucun homme ne pouvait être chef de l'Église de Christ, — que le pape et ses prélats n'avaient point le pouvoir de pardonner les péchés, — que le baptême n'en donnait point la rémission. Il déclarait que les sacremens nouvellement établis par l'Église romaine étaient inutiles, que le pain consacré par le prêtre était toujours du pain, et que c'était offenser Dieu que de prétendre qu'il était transformé en la chair de Christ. Il refusait en conséquence de croire ce que l'Église de Rome prêchait et soutenait par sa seule autorité [1]. »

« D'après ces preuves, dit Allix, quoique
« nous ne puissions pas assigner l'époque précise
« où commença cette courageuse opposition au
« siége de Rome, inspirée par le désir de défendre
« la liberté, et de maintenir des vérités anciennes,
« néanmoins, autant que nous pouvons le conjec-
« turer d'après les monumens historiques échappés
« à la barbarie des inquisiteurs, il paraît que cette
« opposition publique aux efforts du papisme date
« du commencement du douzième siècle. »

Mais nous pouvons encore nous en référer au témoignage important de l'inquisiteur Reinerius Sacco, qui ne peut pas être suspect de partialité en faveur des Vaudois. Il dit : « Parmi tous ceux
« qui se sont soulevés contre l'Église de Rome, les
« Vaudois ont été les plus dangereux et les plus
« pernicieux, parce que leur résistance a duré le

---

172. Perrin dit aussi : « Les Albigeois ne différaient point des Vau-
« dois quant à leur foi; ce nom leur venait du pays d'Alby, qu'ils ha-
« bitaient. Les papes, les légats, les inquisiteurs, les condamnèrent,
« les combattirent, les accusèrent comme Vaudois ». Histoire des Albigeois, p. 1. *Voyez* aussi Peyrani, Nouvelles Lettres sur les Vaudois. Cependant, ce n'est pas l'opinion de Limborch. (vol. I, ch. 8.)

[1] Allix. p. 165. *Voyez* aussi Basnage, Hist. des Eglises réformées.

« plus long-temps, et parce que cette secte est si
« nombreuse qu'il y a à peine une contrée où elle
« ne se soit propagée. En outre, toutes les autres
« sectes excitent l'horreur par leurs blasphèmes
« contre Dieu ; celle-ci, au contraire, a toutes les
« apparences de la piété ; ceux qui en font partie
« vivent justement aux yeux des hommes, ont une
« croyance raisonnable relativement à Dieu, adop-
« tent les articles du symbole ; ne blasphèment
« que contre l'Église de Rome, qu'ils détestent, et
« se font ainsi de nombreux partisans[1]. » Reinerius décrit ainsi la première leçon que les Vaudois donnent à leurs disciples. « Ils leur ensei-
« gnent, dans les termes de l'Évangile et des
« apôtres, ce que doivent être les disciples de
« Christ, disant que ceux-là seuls sont les succes-
« seurs des apôtres qui imitent leur vie[2]. »

Dans son intéressant ouvrage sur les Vaudois,
M. Jones donne un extrait de Reinerius[3], que
nous allons reproduire en le faisant précéder des
remarques de M. Jones.

« Le même auteur, dit-il, nous a donné des
« détails fort intéressans sur la manière dont les
« Vaudois répandaient leurs principes parmi la
« noblesse ; et ces détails expliqueront suffisam-
« ment pourquoi les écrivains catholiques ont
« quelquefois accusé les Vaudois de permettre à
« leurs femmes d'enseigner. Il paraît que ceux
« d'entre eux qui voulaient propager leurs doc-
« trines parmi les personnes d'un rang élevé por-
« taient avec eux une caisse de petites marchan-
« dises ou d'objets de parure, comme le font, de
« nos jours, les colporteurs. Reinerius décrit

---

[1] Perrin, liv. II, p. 95.
[2] *Ibid.* p. 96.
[3] Reinerii, chap. VIII.

« ainsi la manière dont ils avaient coutume de s'in-
« troduire auprès des grands.

« Monsieur, vous plaît-il d'acheter des bagues
« ou des cachets ? Madame, voulez-vous que je vous
« fasse voir des mouchoirs ou quelques étoffes bro-
« dées pour voiles ? Je puis vous les donner à bon
« marché. » Si, après avoir fait une emplète, la
« compagnie demandait : Avez-vous encore autre
« chose ? — Oui, répondait le marchand, j'ai des
« objets beaucoup plus précieux que ceux-ci, et je
« vous en ferai présent si vous voulez me protéger
« contre les ecclésiastiques. » Après avoir obtenu
« la promesse qu'il demandait, il poursuivait
« ainsi : « Le joyau inappréciable dont je vous
« parle est la parole de Dieu, par laquelle il com-
« munique son esprit aux hommes, et qui les pénè-
« tre d'amour pour lui. « Le sixième mois, l'ange
« Gabriel fut envoyé, par Dieu, dans une ville de
« Galilée, nommée Nazareth, etc. » Il continuait
« ainsi répétant le reste du premier chapitre de saint
« Luc, ou bien il commençait par le treizième
« chapitre de saint Jean, et récitait le dernier dis-
« cours de Jésus-Christ à ses disciples. Si la com-
« pagnie paraissait l'écouter favorablement, il ré-
« pétait le vingt-troisième chapitre de saint
« Mathieu. « Les Scribes et les Pharisiens sont
« assis sur la chaire de Moïse. — Malheur à vous,
« Scribes et Pharisiens hypocrites, parce que vous
« fermez aux hommes le royaume des cieux ; vous
« n'y entrez point et vous n'en laissez pas appro-
« cher ceux qui voudraient y entrer. Malheur à
« vous, car vous dévorez les maisons des veuves. »
« Et si quelqu'un des assistans demandait contre
« qui ces malédictions étaient prononcées, le mar-
« chand répondait : « Contre le clergé et les
« moines[1]. »

[1] Jones, Histoire de l'Eglise chrétienne, chap. v, sect. 4.

C'est ainsi qu'ils attiraient l'attention de leurs auditeurs sur la corruption et les erreurs de l'Eglise de Rome, et sur les doctrines de l'Ecriture sainte. Alors, l'usage de la Bible était interdit aux laïques, et les prêtres eux-mêmes en connaissaient à peine le contenu; mais la plupart des Vaudois connaissaient des livres entiers de la Bible, ou même tout le Nouveau-Testament.

Un ancien historien cite un exemple remarquable de l'instruction chrétienne des enfans vaudois; nous le rapporterons ici, dans les propres termes du vénérable Jean Fox.

« L'évêque (catholique) de Cavaillon vint à Mé-
« rindol, en 1541, et appelant auprès de lui les
« enfans de tout âge, il leur donna de l'argent et
« leur recommanda d'apprendre l'Oraison domini-
« cale et le Symbole en latin. La plupart répondi-
« rent qu'ils savaient déjà ces deux prières en
« latin, mais qu'ils ne comprenaient que ce qu'ils
« disaient en langue vulgaire. L'évêque leur dit
« qu'il suffisait de les savoir en latin, et qu'il
« n'était point nécessaire pour leur salut de com-
« prendre les articles de leur foi, car il y avait
« beaucoup d'évêques, de curés et même de doc-
« teurs en théologie qui n'étaient pas capables
« d'expliquer le *Pater noster* et le *Credo*. Le bailli
« de Mérindol, André Maynard, demanda quelle
« utilité il y avait à réciter ces prières si on ne les
« comprenait pas; car agir ainsi, c'était se mo-
« quer de Dieu. « Eh bien! lui dit l'évêque,
« savez-vous ce que signifient ces paroles : *Je crois
« en Dieu?* — Je me croirais bien malheureux,
« si je ne les comprenais pas, reprit le bailli,
« qui se mit alors à rendre compte de sa foi. —
« Je n'aurais jamais cru, ajouta l'évêque, qu'il y
« eût de si grands docteurs à Mérindol. — Le
« moindre des habitans de Mérindol, dit le bailli,

« peut le faire encore plus facilement que moi, et
« s'il vous plaît d'interroger un ou deux de ces
« enfans, vous verrez s'ils sont instruits ou non. »
« Mais l'évêque ne savait comment les interroger,
« ou peut-être ne le voulait-il pas. Un homme,
« nommé Roy, prit alors la parole, et dit : « Un
« de ces enfans peut en interroger un autre, si
« vous le jugez à propos. » L'évêque y consentit.
« Alors, un des enfans se mit à interroger un de
« ses camarades avec beaucoup de jugement, et
« les enfans répondirent l'un après l'autre avec
« tant de justesse que leurs réponses excitaient
« l'étonnement. Cela se passait en présence de
« plusieurs personnes, entre autres, quatre ecclé-
« siastiques récemment arrivés de Paris; un d'eux
« dit à l'évêque : « J'avoue que je me suis souvent
« trouvé aux écoles publiques de la Sorbonne à
« Paris, où j'ai entendu les discussions des théolo-
« giens, mais jamais ils ne m'en ont appris autant
« que ces enfans viennent de le faire[1]. »

Un autre traité sur les Vaudois, écrit probablement par Reinerius, témoigne du soin qu'ils mettaient à instruire leurs enfans selon l'Évangile :
« Ils enseignent les évangiles et les épîtres même
« aux petites filles, afin qu'elles en adoptent la
« doctrines dès leur plus tendre jeunesse; et les
« enfans qui ont reçu cette instruction cherchent
« à la répandre toutes les fois qu'ils trouvent quel-
« qu'un disposé à les écouter. »

L'auteur décrit ensuite l'empressement avec lequel les Vaudois cherchaient à propager la vérité,
surtout parmi ceux qui n'étaient pas intimement
liés avec des prêtres catholiques. « Toutes les fois,
« dit-il, qu'un de ces hérétiques trouve quelqu'un
« désireux de s'instruire, il se met à lui parler de
« l'humilité, de la chasteté et d'autres vertus; il

---

[1] Fox, Actes et Monumens, vol. III, p. 155.

« lui apprend à éviter les vices ; il lui fait connaître
« les paroles de Jésus-Christ, des apôtres et des
« autres saints, en sorte qu'on croirait plutôt en-
« tendre un ange qu'un homme. » Tel est le témoignage d'un adversaire qui reproche surtout
aux Vaudois leur opposition à la puissance et à
l'autorité du pape et du clergé[1].

Comme nous avons déjà cité beaucoup de passages de l'inquisiteur apostat Reinerius, il est à
propos de rapporter le témoignage bien différent
d'un autre inquisiteur. Il consiste plutôt en faits
qu'en preuves écrites. Geoffroy Varaille était fils
de l'officier qui commandait les troupes de meurtriers envoyés en 1488 contre les Vaudois. Il se
fit moine en 1520, et fut envoyé, avec d'autres
inquisiteurs et missionnaires, pour prêcher le papisme dans les vallées du Piémont. Son éloquence
promettait les succès les plus brillans ; mais plus
il travaillait à pervertir les Vaudois, plus il était
frappé des argumens qu'ils opposaient aux siens.
Enfin le pouvoir de la grâce divine fut manifesté en lui, et, nouveau saint Paul, il embrassa
la croyance qu'il voulait détruire. S'étant joint
aux Vaudois, il fut pendant quelques années ministre à Angrogna, et en 1557, il confirma son témoignage par son sang. Il subit le supplice du feu
à Turin, et chanta les louanges de Dieu jusqu'à
son dernier soupir[2].

Perrin nous a donné un sommaire des points
controversés entre l'Eglise de Rome et les Vaudois, particulièrement dans la conférence de Montréal, en 1206[3]. Il ne s'élevait aucune accusation
contre leur conduite morale.

[1] Tractat. de Hæresi Pauperum de Lugduno. Thes. anecd. vol. v, p. 1782.
[2] Léger, liv. II, p. 29.
[3] Perrin, Hist. des Albigeois, liv. I, p. 4. — Allix, Remarques sur les Albigeois, p. 158.

1°. L'Église de Rome n'est point l'Église sainte, la fiancée de Jésus-Christ; c'est une Eglise imbue de la doctrine des diables, la prostituée de Babylone décrite dans l'Apocalypse. 2°. La messe n'a point été instituée par Jésus-Christ ou par les apôtres; c'est une invention humaine. 3°. Les prières des vivans sont inutiles aux morts. 4°. Le purgatoire est une fable imaginée pour satisfaire l'avarice des prêtres. 5°. On ne doit point prier les saints. 6°. La transsubstantiation est un dogme erroné, d'invention humaine; l'adoration du pain est une idolâtrie manifeste. « C'est pour de telles opinions, remarque Perrin, qu'ils sont haïs et persécutés jusqu'à la mort. »

Mais il y avait d'autres points sur lesquels les Vaudois différaient de l'Eglise de Rome.

D'après le témoignage de Reinerius: « Ils sou-
« tenaient rigoureusement les doctrines de l'Ecri-
« ture relativement au péché originel : ils affir-
« ment que tous ont péché et que ceux qui sont
« rétablis dans la sainteté primitive n'obtiennent
« point cette grâce par leurs mérites. Ceux qui
« sont tombés dans le péché implorent leur par-
« don en présence de toute la congrégation, au
« lieu de se confesser en particulier à un prêtre;
« toute l'assemblée réunie, comme pour le culte
« public, écoute ces paroles que prononce un de ses
« membres : « Nous venons en présence de Dieu et
« de ses ministres confesser nos péchés; car nous
« l'avons souvent offensé par nos pensées, nos pa-
« roles et nos actions. » C'est pour cela que l'inquisiteur les représente comme mourant dans leurs péchés : il ajoute que les Vaudois soutiennent faussement *que les œuvres ne sont point une satisfaction pour le péché, car il est nécessaire de faire des bonnes œuvres pour obéir aux ordres de Dieu, mais non pour expier des péchés commis.* N'est-ce

pas là la doctrine des protestans, ou plutôt celle de l'Ecriture sainte, sur le salut? Reinerius remarque encore que les Vaudois font peu l'aumône « parce qu'ils n'espèrent pas obtenir par-là le « pardon de leurs péchés, ou une récompense plus « éclatante dans l'autre vie. »

Après avoir établi le caractère véritable des Vaudois d'après les témoignages de leurs adversaires, nous allons recourir aux preuves que nous fournissent leurs propres écrits ; et nous exposerons brièvement leur discipline, telle qu'elle est décrite dans leurs anciens manuscrits.

Ils définissent la discipline, l'application de la doctrine et des enseignemens de Christ et des « apôtres, indiquant de quelle manière cha- « que homme doit vivre dans sa vocation par « la foi et se conduire avec droiture dans ce « monde ». Le troisième article sur l'instruction des enfans porte : « Les enfans, nés de leurs pa- « rens dans un état charnel, doivent être élevés « par eux dans la connaissance de Dieu par la dis- « cipline et par l'instruction, ainsi qu'il est écrit : « Celui qui aime son fils le corrige de bonne heure « afin d'en avoir de la consolation dans sa vieil- « lesse, et il ne sera pas forcé d'aller frapper à la « porte de ses voisins. Celui qui instruit son fils en « sera loué, et se glorifiera en lui devant sa famille. « Celui qui enseigne son fils excite l'envie de ses « ennemis, mais il en retirera de l'honneur parmi « ses amis. Le père meurt, et est encore comme « s'il vivait, car il laisse après lui un autre lui- « même. Tant qu'il vivait, il voyait son enfant et « se réjouissait en lui; à l'article de la mort, son fils « n'a point été pour lui une cause de peine, et il n'a « point eu à en rougir devant ses ennemis. Il a laissé « quelqu'un pour protéger sa famille contre ses « ennemis, et pour être utile à ses amis. Elève ton

« fils dans la crainte du Seigneur, suivant ses pré-
« ceptes, et dans la foi [1] ».

Le neuvième article se rapporte à la danse, aux bals, et contient des prescriptions fort étendues et fort sévères. Les Vaudois semblent avoir parfaitement compris que les désordres moraux, résultats ordinaires des bals, sont en opposition avec les préceptes divins; et c'est une vérité que bien des parens chrétiens paraissent ignorer. Les danses publiques sont appelées une invention diabolique; les conséquences funestes qui en résultent sont clairement déduites, ainsi que la manière dont elles conduisent à la transgression des commandemens de Dieu; de plus, elles sont encore signalées comme une violation des engagemens du baptême. Voici la fin de cet article : « Ceux qui fréquentent
« les bals suivent le diable. Il est au commence-
« ment, au milieu et à la fin de ces plaisirs. Ceux
« qui y entrent avec le cœur pur en sortent per-
« vertis et corrompus. Telle n'était pas Sarah,
« cette sainte femme d'autrefois. »

L'article X enseigne comment on doit se conduire envers les gens du monde.

« N'aimez pas le monde. — Fuyez les mauvaises
« compagnies. — Ne soyez point querelleurs et ne
« vous vengez point vous-mêmes. — Aimez vos
« ennemis. — Soyez prêts à souffrir les peines, les
« calomnies, les menaces, les reproches, la honte,
« les injures, et toutes les souffrances pour la vé-
« rité. — Possédez vos âmes par la patience. —
« Ne vous liez point avec les incrédules. — Ne
« vous unissez point aux méchans; surtout gardez-
« vous des idolâtres. »

Le dernier article enseigne aux fidèles comment ils doivent se conduire.

« N'obéissez point aux convoitises de la chair.

[1] Ecclésiastique, chap. xxx. Version de L. Howard.

« —Prenez garde que vos membres ne deviennent
« des instrumens d'iniquité. —Réglez vos pensées.
« — Soumettez le corps à l'esprit. — Mortifiez
« votre chair. — Fuyez l'oisiveté. — Soyez sobres
« dans le boire et dans le manger ; soyez modérés
« dans vos discours et dans votre attachement aux
« choses du monde.—Faites des œuvres de misé-
« ricorde. — Vivez par la foi, et vivez purement.
« — Combattez les mauvaises passions. — Morti-
« fiez les œuvres de la chair. — Assistez aux exer-
« cices religieux en temps convenable. —Entrete-
« nez-vous ensemble touchant la volonté de Dieu.
« —Examinez soigneusement votre conscience.—
« Purifiez, tranquillisez et amendez votre esprit.[1] »

Assurément, ce ne sont pas là les enseignemens du paganisme, mais bien la vraie morale chrétienne ; il n'y a que le christianisme qui puisse porter de tels fruits.

---

[1] Léger, liv. I, chap. 31, p. 190.— Perrin, 3e partie, p. 225.

SECTION II.

ÉCLAIRCISSEMENS SUR LES DOCTRINES DES VAUDOIS, TIRÉS DE LEURS ÉCRITS.

Nous allons maintenant donner quelques extraits des ouvrages des Vaudois, dans le but de faire connaître leurs doctrines. Ils ont toujours adopté comme principe fondamental que « l'Ecriture « sainte contient tous les enseignemens nécessaires « au salut, et que l'on ne doit recevoir comme ar- « ticle de foi que ce que Dieu a révélé dans sa « parole ». Tel est le principe dont ils ne se sont jamais départis.

Le plus ancien document de la doctrine des Vaudois est *la Noble Leçon*, qui fut écrite vers l'an 1,100, et dont nous avons déjà parlé. Nous en extrairons quelques passages que nos lecteurs ne verront pas sans intérêt[1].

« Les Ecritures disent (et nous devons les croire), que tous les hommes doivent passer par deux routes : la bonne route conduit à la gloire, la mauvaise aux tourments.

« Celui qui ne croit point à l'existence de ces deux routes doit examiner l'Ecriture depuis le commencement. Il y trouvera, s'il a de l'intelligence, que depuis le temps de la création d'Adam il n'y a proportionnellement que peu de personnes sauvées.

« Quiconque désire bien faire doit commencer par aimer Dieu.

---

[1] Il existe deux exemplaires de cet important document : l'un a été déposé par sir S. Morland dans la bibliothèque publique de l'université de Cambridge ; l'autre a été offert par M. Léger, pasteur vaudois, à la bibliothèque de Genève, en 1662. — *Voyez* Léger, Histoire des Eglises vaudoises, part. 1, p. 23 et suivantes. L'Histoire de Morland ; Allix, p. 160.

Il doit aussi invoquer son glorieux fils, l'enfant de la bien heureuse Marie, ainsi que le Saint-Esprit, qui nous enseigne le bon chemin.

Ces trois personnes composent la sainte Trinité, et le seul Dieu que l'on doive prier, plein de puissance, de sagesse et de bonté.

Nous devons souvent le prier qu'il nous donne la force de combattre nos ennemis, qui sont le monde, le diable et la chair, afin que nous puissions en triompher avant de mourir ; que dans sa bonté il nous donne la sagesse de connaître le chemin de la vie, et de conserver pure l'âme qu'il a mise en nous ; et non seulement notre âme, mais aussi notre corps, en toute charité, afin que nous aimions la sainte Trinité et notre prochain, comme Dieu l'a commandé dans sa parole.

Comment le mal est-il entré dans le monde ?

Parce qu'Adam a péché au commencement, en mangeant le fruit défendu ; et la mauvaise semence ayant pris racine, Adam a attiré la mort sur lui-même et sur toute sa postérité.

Nous avons lieu de dire que c'était un fruit amer[1].

L'ancienne loi nous commandait de combattre nos ennemis et de rendre le mal pour le mal : la loi nouvelle dit : *Ne vous vengez point vous-mêmes*, mais laissez la vengeance au Roi du ciel : laissez vivre en paix ceux qui vous injurient, et le Roi céleste vous pardonnera vos offenses.

L'ancienne loi disait : Vous aimerez vos amis et vous haïrez votre ennemi ; la loi nouvelle dit : Vous n'agirez plus ainsi, vous aimerez vos ennemis, vous ferez du bien à ceux qui vous haïssent, vous prierez pour ceux qui vous persécutent et qui

---

[1] Suit un sommaire de l'Histoire sainte entremêlé de remarques dogmatiques et pratiques.

cherchent à vous nuire, afin que vous soyez les enfans de votre père qui est au ciel.

L'ancienne loi disait : Punissez ceux qui vous font du mal; la loi nouvelle dit : Pardonnez à tous, et vous trouverez miséricorde auprès de votre Père tout puissant; mais si vous ne pardonnez pas, vous ne serez point sauvés.

Nous ne devons tuer ni haïr personne; encore moins devons-nous nous moquer des simples ou des pauvres. Nous ne devons point mépriser l'étranger, car nous sommes tous voyageurs dans ce monde.

Nous sommes tous frères, et nous devons servir Dieu.

Telle est la loi nouvelle que Jésus-Christ veut que nous observions.

Après les apôtres, il y eut des hommes chargés d'enseigner, qui nous montrèrent le chemin pour aller à Christ notre Sauveur.

Il existe encore de ces hommes, mais peu de gens les connaissent.

Ils souhaitent ardemment de montrer le chemin qui conduit à Christ;

Mais ils sont tellement persécutés que leurs efforts ne produisent que peu de bien.

Tant l'erreur aveugle les faux chrétiens et surtout leurs pasteurs!

Car ils persécutent et font mourir ceux qui valent mieux qu'eux,

Et ils laissent vivre en paix ceux qui sont faux et trompeurs.

Mais cela nous apprend que ce ne sont point de bons pasteurs :

Car ils n'aiment le troupeau que pour sa toison.

Néanmoins, l'Ecriture le dit, et nous pouvons le reconnaître : si quelqu'un trouve en lui même quelque preuve qu'il désire connaître, aimer, craindre Dieu et Jésus-Christ, il ne voudra jamais maudire, jurer ou mentir.

Il ne commettra ni adultère, ni meurtre, ni tromperie ;

Il ne se vengera point de ses ennemis.

Et maintenant, ils disent qu'un tel homme est un Vaudois (Vaudès) et mérite d'être puni de mort.

Ils cherchent par des mensonges et des fourberies à lui ravir ce qu'il a loyalement acquis.

Toutefois, celui qui est ainsi persécuté à cause de sa piété se console en pensant que le royaume des cieux lui sera donné.

Alors il sera glorifié pour toutes ses disgrâces.

Mais en cela leur malice est évidente :

Car celui qui maudit, qui ment, qui jure, qui prête son argent à usure ; qui tue, qui fornique, qui se venge de ses ennemis, celui-là, disent-ils, doit être regardé comme un honnête homme ;

Mais qu'ils prennent garde qu'à la fin ils ne soient déçus.

Quand la maladie mortelle survient, quand la mort se saisit de lui et lui ôte presque la parole,

Alors il demande un prêtre pour se confesser.

Mais, suivant l'Ecriture, il a tardé trop longtemps :

Car elle nous recommande de nous repentir à temps, et de ne pas différer jusqu'au dernier moment.

Le prêtre lui demande s'il est coupable de quelque péché ;

Il répond deux ou trois paroles et cesse de parler ; le prêtre lui apprend qu'il ne peut obtenir son pardon s'il ne restitue ce qu'il a pris, et s'il ne répare le dommage qu'il a causé ;

A ces mots, il se trouble. S'il restitue tout, se dit-il en lui-même, que pourra-t-il laisser à ses enfans et que dira le monde ?

Alors il recommande à ses enfans d'examiner leurs fautes ; et il achète du prêtre une absolution complète :

Quoiqu'il retienne injustement cent ou deux cents livres, cependant le prêtre l'absout pour cent sous, et quelquefois moins, quand il ne peut pas obtenir davantage,

Lui faisant un long discours, et lui promettant le pardon ;

L'assurant qu'il dira des messes pour son âme et pour ses parens ;

Et ainsi il absout les bons et les méchans en mettant sa main sur leur tête.

En prenant congé, il assure au malade que ses péchés lui sont pardonnés.

Alors le prêtre fait bonne chère.

Mais le malade se trouvera déçu avec une telle absolution ;

Et celui qui le trompe ainsi est coupable de péché mortel.

J'ose le dire, parce que cela est vrai.

C'est faussement que tous les papes, depuis Silvestre jusqu'au présent pape,

Tous les cardinaux, les évêques et les abbés, se sont attribué le pouvoir de pardonner les péchés ;

Ils ne peuvent pardonner à une créature un seul péché mortel :

Il n'y a que Dieu qui puisse pardonner.

Nous chrétiens qui avons péché, et qui avons transgressé les commandemens de Jésus-Christ, parce que nous n'avons ni crainte, ni foi, ni amour,

Nous devons reconnaître nos péchés sans délai.

Nous devons verser des larmes de repentance pour les fautes que nous avons commises, particulièrement pour ces trois péchés mortels : la convoitise de la chair, la convoitise des yeux et l'orgueil, par lesquels nous avons fait le mal.

Nous devons persévérer dans cette voie, si nous voulons aimer et suivre Jésus-Christ.

Nous n'aurons point désormais d'autre loi que celle-ci, savoir : de suivre Jésus-Christ et de faire sa volonté,

D'observer soigneusement ce qu'il nous commande,

De prendre bien garde à la venue de l'Antechrist,

Et de ne croire ni à ses paroles ni à ses œuvres :

Car, selon l'Écriture, il y a beaucoup d'antechrists : ce sont tous ceux qui sont contre Christ.

Dans un sermon sur la crainte de Dieu, nous trouvons une pressante exhortation à rechercher des biens préférables aux richesses terrestres :

« Ne convoitons pas les choses terrestres, mais
« désirons les biens célestes, et fixons nos affec-
« tions sur Christ : car l'amour des hommes con-
« duit aux tourmens, mais l'amour de Christ
« éteint les flammes de l'enfer et calme l'ardeur
« des affections terrestres. Ne souhaitons pas de
« faire notre propre volonté, mais la volonté de
« celui qui est descendu du ciel, et qui a dit :
« Je ne suis pas venu pour faire ma volonté,
« mais celle de celui qui m'a envoyé. Que ta vo-
« lonté soit faite. » Mais il y en a beaucoup qui
« disent : Je suis jeune, et je ne puis résister à
« mes passions ; quand je serai vieux, je me repen-
« tirai. Les insensés ! ils ne savent pas qu'ils peu-
« vent mourir demain, et ils espèrent prolonger
« leurs jours jusqu'à l'extrême vieillesse ! » Après quelques reproches adressés à ceux qui se mettent à couvert sous le mauvais exemple des autres, le prédicateur termine par cette pressante exhorta-

tion : « Repentez-vous, quand il est encore temps :
« car la vie est courte. Fuyons l'ennemi que nous
« ne pouvons voir, et courons vers la cité de Dieu,
« qui doit être notre refuge : car Christ nous a ra-
« chetés par son sang, et nous devons l'aimer par-
« dessus tout, et garder ses commandemens[1]. »

Le traité sur l'*Affliction*, que nous avons déjà
cité, fut écrit pour consoler les fidèles dans les
tribulations auxquelles les enfans de Dieu sont
exposés, et auxquelles les Vaudois eurent une si
grande part. Après les avoir exhortés à ne pas
craindre ceux qui tuent le corps, mais qui ne peuvent anéantir l'âme, il porte : « Contemplez les
« souffrances que le Seigneur endura pour vous :
« celles que vous supportez pour lui ne sont rien
« auprès de celles qu'il supporta pour vous. Soyez
« assurés que votre ennemi n'a sur vous d'autre
« pouvoir que celui que Dieu lui a donné, et son-
« gez à la récompense qu'il vous promet. Ecoutez
« en quels termes l'Ecriture parle de cette récom-
« pense : Mes bien-aimés, nous sommes dès à pré-
« sent enfans de Dieu, et ce que nous serons n'a pas
« encore été manifesté ; mais nous savons que quand
« il paraîtra nous serons semblables à lui, parce
« que nous le verrons tel qu'il est (I. Jean, III, 2.).
« Christ est notre vie ; efforçons-nous donc de sui-
« vre son exemple ; et si cette tâche vous effraie,
« pensez à la récompense que Dieu vous promet.
« Pouvez-vous espérer d'obtenir les joies du ciel
« sans peine, quand les plaisirs mêmes du monde
« ne s'obtiennent qu'à ce prix? Si vous n'aviez

---

[1] Léger, liv. I, chap. V, p. 30. Ces extraits et les suivans sont traduits des ouvrages des Vaudois contenus dans l'histoire de Léger. La plupart se trouvent aussi dans Perrin, qui écrivait quarante ans plus tôt. Léger était modérateur ou principal pasteur des Eglises vaudoises, lors de la grande persécution de 1655. Obligé de quitter le pays, il fut nommé pasteur de l'Eglise wallonne de Leyde, où son Histoire fut imprimée en 1669.

« point d'ennemis, pourriez-vous observer le com-
« mandement de Dieu qui vous ordonne d'aimer
« vos ennemis? Il est donc avantageux que les
« méchans soient mêlés aux bons : car comme le
« feu éprouve l'or, de même les méchans éprou-
« vent les bons. Que le monde exerce sa fureur
« contre nous, qu'il nous calomnie, qu'il nous
« frappe de son glaive; le mal qu'il peut nous faire
« n'est rien, en comparaison de la récompense que
« Dieu nous a promise. Celui qui tue le corps ne
« peut tuer l'âme; attendez votre récompense, et
« priez pour qu'elle ne vous manque point. Pour
« l'amour de Dieu, nous devons mépriser tous les
« plaisirs du monde, et non seulement les plai-
« sirs, mais tout ce qui peut nous effrayer, les
« fers, les prisons, la pauvreté, la faim, le froid,
« le glaive, la mort même ! C'est une folie de re-
« douter la perte de nos frères dans ce monde, et
« de ne pas craindre d'être privé de la compagnie
« des anges, dont saint Jean parle dans son *Apo-*
« *calypse,* quand il tombe aux genoux de l'ange
« qui lui dit : « Ne m'adore point : car je ne suis
« que ton serviteur, celui des prophètes et celui
« des hommes qui gardent les commandemens de
« ce livre; adore Dieu! » — Je ne parle point ainsi
« parce que j'ai confiance en moi-même ou en ma
« propre force; mais parce que je me confie en
« Jésus-Christ et en ses commandemens, que je
« porte dans mon cœur et dans mes mains; c'est
« là mon travail, et c'est là ce qui me fortifie.
« Quand les vagues de la mer et tous les princes
« du monde s'élèveraient contre moi, ils ne pour-
« raient ni me nuire, ni m'abattre. Tout ce qui
« est dans la mer et sur la terre ne peut détruire
« un homme, s'il ne se détruit lui-même. » — Après
une énumération des souffrances des saints et de
celles de Christ, qui nous délivra de la mort par

l'effusion de son sang, le traité se termine par une citation de saint Augustin, contre l'erreur dominante de ces temps, l'adoration des saints.

Dans une explication de l'Oraison dominicale, celle qui a rapport à de cette demande : *Donne-nous aujourd'hui notre pain quotidien*, prouve que les Vaudois ne partageaient pas les erreurs de l'Eglise romaine touchant le sacrement de l'Eucharistie. « Par ces mots « pain quotidien, » nous pouvons en-
« tendre deux sortes de pain, la nourriture du
« corps et celle de l'âme. La première comprend
« les alimens et les vêtemens, et toutes les choses
« nécessaires au corps, sans lesquelles l'homme
« ne peut vivre. La nourriture de l'âme, ou le
« pain spirituel, est la parole de Dieu, le corps
« de Christ, sans lequel l'âme ne peut vivre ; c'est
« à ce pain que Jésus-Christ faisait allusion, lors-
« qu'il disait à ses disciples : *Celui qui mange de*
« *ce pain a la vie éternelle*. Chacun doit demander
« ce pain à Dieu, en lui disant : Notre Père, fais-
« nous la grâce que nous puissions, par notre tra-
« vail, nous procurer le pain dont nos corps ont
« besoin, que nous en usions avec tempérance,
« en te louant, en te bénissant et en étant chari-
« tables envers les pauvres. Nous te supplions par-
« ticulièrement de nous accorder la grâce d'en
« user avec modération ; car le prophète Ezéchiel
« déclare que l'abondance de la nourriture et l'oi-
« siveté produisent les iniquités, et le péché de
« Sodome, si abominable aux yeux de Dieu qu'il
« détruisit par le feu du ciel cette ville coupable.
« — Le pain spirituel est la parole de Dieu. C'est de
« ce pain que le prophète parle quand il dit : « Ton
« pain nous donne la vie ; » et Jésus-Christ dit dans
« l'Evangile : « L'heure vient où ceux qui sont
« morts entendront la voix du Fils de Dieu, et
« vivront. » En effet, plusieurs de ceux qui étaient

« morts dans leurs péchés furent rappelés à la vie,
« quand ils entendirent prêcher la parole de Dieu ;
« ils éprouvèrent alors cette sincère repentance
« qui donne la vie. Cette nourriture divine, la
« sainte Ecriture, éclaire l'âme, suivant cette dé-
« claration du psalmiste : « O Dieu ! ta parole
« donne la lumière, l'intelligence et la vérité aux
« simples ». Elle apprend aux humbles ce qu'ils
« doivent croire, pratiquer, craindre, aimer et
« espérer. Ce pain est plus doux que le miel ; c'est
« la voix du bien-aimé qui pénètre au cœur de
« l'Eglise. — Le corps et le sang de notre Seigneur
« Jésus-Christ dans l'Eucharistie sont un autre
« pain spirituel ; ceux qui les reçoivent digne-
« ment reçoivent non seulement la grâce, mais
« encore participent spirituellement à Christ le
« Fils de Dieu, en qui sont cachés des trésors de
« sagesse [1]. »

Nous avons déjà fait mention de l'explication que les Vaudois donnaient du symbole des apôtres et des dix commandemens, ainsi que de leur confession des péchés. Voici quelques extraits de leur ancien catéchisme, daté de l'an 1100 :

D. Quelle est la base de ces commandemens, par laquelle chacun doit entrer dans la vie, et sans laquelle les commandemens ne peuvent être observés ?

R. Le Seigneur Jésus-Christ, dont l'apôtre dit dans la première Epître aux Corinthiens : « Car
« personne ne peut poser d'autre fondement que
« celui qui a été posé, qui est Jésus-Christ ».
(I. Cor., III, 11.)

D. Par quel moyen pouvons-nous atteindre à ce fondement ?

---

[1] Basnage a clairement démontré que les Vaudois rejetaient la transsubstantiation. Hist. des Eglises Réf. vol. I, p. 369.

R. Par la foi. Saint Pierre dit : « Voici, je mets « en Sion la pierre principale de l'angle, choisie « la plus précieuse ; et qui croira en elle ne sera « point confus. » (1. Pierre, II, 6.) Et le Seigneur dit : « Celui qui croit en moi a la vie éternelle. » (Jean III, 36.)

D. Comment pouvez-vous vous assurer que vous croyez?

R. En ce que je sais qu'il est le véritable Dieu, et l'homme même qui est né et qui a souffert pour ma rédemption et ma justification : en ce que je l'aime et que je désire garder ses commandemens.

D. Par quel moyen acquérons-nous les vertus essentielles, la foi, l'espérance et la charité?

R. Par les dons du Saint-Esprit.

D. Croyez-vous au Saint-Esprit?

R. Je crois en lui. Car le Saint-Esprit procède du Père et du Fils, et est une des personnes de la Trinité; et par sa nature divine, il est égal au Père et au Fils.

D. Vous croyez que Dieu le Père, Dieu le Fils, et Dieu le Saint-Esprit sont trois personnes ; vous avez donc trois dieux?

R. Non : je n'en ai pas trois.

D. Mais n'en avez-vous pas nommé trois ?

R. Cela tient à la différence des personnes, mais non à l'essence de la divinité ; car, quoiqu'il y ait trois personnes, il n'y a qu'une seule essence.

D. Comment adorez-vous et servez-vous le Dieu en qui vous croyez ?

R. Je lui rends l'adoration du culte extérieur et du culte intérieur. Extérieurement, en me prosternant à genoux, en élevant les mains, en chantant des hymnes et des cantiques spirituels, en jeûnant et en priant : intérieurement, par une sainte affection et par une disposition à faire tout ce que Dieu veut. Je l'honore par la foi, l'espérance et la charité, en gardant ses commandemens.

D. Adorez-vous quelqu'autre objet et l'honorez-vous comme Dieu?

R. Non.

D. Pourquoi?

R. Parce qu'il est dit dans les commandemens : « Tu adoreras le Seigneur ton Dieu, et tu ne serviras que lui seul. » (Mat. IV, 10.) — « Je ne donnerai pas ma gloire à un autre. » (Esaïe, XLII, 8.) — « Je suis vivant, dit le Seigneur, et tout genou se courbera devant moi. » (Rom., XIV, 11.) Et Jésus-Christ dit : « Les vrais adorateurs sont ceux qui adorent le Seigneur en esprit et en vérité. » (Jean, IV, 23.) De plus, l'ange ne voulut point être adoré par saint Jean, ni saint Pierre par Corneille.

D. Quelle est la troisième vertu nécessaire pour le salut?

R. L'espérance.

D. Qu'est-ce que l'espérance?

R. C'est une attente assurée de la grâce et de la gloire à venir.

D. Par quel moyen espérez-vous obtenir la grâce?

R. Par la médiation de Jésus-Christ, dont saint Jean dit : « La grâce est venue par Jésus-Christ : « nous avons vu sa grâce pleine de gloire et de vé- « rité. Et nous avons tous reçu de sa plénitude. » (Jean, I, 14-16.)

D. Qu'est-ce que la grâce?

R. C'est la rédemption, la rémission des péchés, la justification, l'adoption et la sanctification.

D. Comment espérons-nous obtenir cette grâce Christ?

R. Par une foi vive et une sincère repentance;

suivant ces paroles : « Repentez-vous et croyez à l'Evangile. »

D. D'où vient cet espoir ?

R. Du don de Dieu et de ses promesses ; car l'apôtre dit : « Il peut tenir tout ce qu'il promet. » Et il a promis que celui qui le connaîtra, qui se repentira et qui espérera, trouvera en lui miséricorde, pardon et justification.

D. Quelles sont les choses qui peuvent nous faire perdre cet espoir ?

R. La foi morte, c'est-à-dire la foi à d'autres qu'à Christ. La foi aux saints, la foi à la puissance de l'Antechrist, à ses paroles, à ses bénédictions, à ses sacremens, à ses reliques : la croyance aux fictions du purgatoire, qui nous persuade que nous pouvons obtenir le salut par des moyens directement opposés à la vérité, tels que les diverses espèces d'idolâtrie, et les fraudes de la simonie. Car c'est ainsi que nous abandonnons la source des eaux vives, le don de la grâce pour recourir à des citernes crevassées, pour adorer et honorer la créature au lieu du créateur, pour la servir par des prières, des jeûnes, des sacrifices, des offrandes, des pèlerinages, des invocations, etc.....; espérant ainsi obtenir une grâce que Dieu seul peut accorder par Christ. Mais tout cela n'est qu'une peine inutile, c'est perdre son argent et sa vie, non-seulement la vie présente, mais encore la vie à venir. C'est pour cela qu'il est écrit : « Les « espérances des méchans périront. »

D. Que pensez-vous de la bienheureuse Vierge Marie, « pleine de grâce, » comme l'ange l'a déclaré ?

R. La bienheureuse Vierge est pleine de grâce ; mais cette grâce est pour elle-même, et elle ne peut la communiquer aux autres. Il n'y a que le

Fils qui ait ce pouvoir, suivant qu'il est écrit, « Nous avons tous reçu de sa plénitude, et grâce sur grâce [1]. »

Les doctrines des Vaudois sur tous ces points importans forment, comme nous l'avons déjà remarqué, un lien entre les églises primitives et les églises réformées. Et il est intéressant d'observer avec quelle uniformité ces doctrines furent enseignées dans les différens siècles, quoique souvent d'une manière imparfaite.

Dans un ouvrage intitulé l'*Almanach spirituel*, les erreurs de l'Eglise romaine sur les sacremens sont clairement démontrées, surtout par rapport aux sacremens que l'Antechrist a ajoutés aux deux seuls qui soient d'institution divine. Cet ouvrage combat particulièrement les jeûnes « ordonnés par « l'Antechrist et qui sentent l'idolâtrie, » ainsi que ces prétendues jeûnes dans lesquels, sous prétexte d'abstinence, on interdit certains mets, tandis que l'on en permet d'autres plus coûteux et plus délicats.

Nous avons déjà cité un traité sur l'Antechrist : cet ouvrage, un des plus anciens écrits des Vaudois, contient une excellente réfutation des diverses abominations du papisme, et leur oppose des argumens solides et convaincans, qui seraient de nature à intéresser nos lecteurs; mais cela dépasserait les limites que nous nous sommes prescrites. Ce traité se termine par quelques réflexions sur la cause de l'idolâtrie de l'Antechrist. « La « véritable cause de cette idolâtrie est une opinion « fausse sur la grâce, la vérité, l'autorité, le pou- « voir, l'invocation et l'intercession que l'Ante- « christ attribue à ces cérémonies et à ces usages,

---

[1] Le catéchisme entier se trouve dans Léger. Part. 1. chap. xi. page 58.

« aux saints et au purgatoire. L'Antechrist nous
« enseigne que la régénération, la force spiri-
« tuelle, la rémission des péchés et la sanctifica-
« tion, peuvent s'obtenir par le moyen des sacre-
« mens, ou même pour de l'argent. C'est ainsi
« qu'il a trompé les hommes, et après avoir fait
« une marchandise de toutes les choses sacrées,
« il a trouvé une foule de pratiques pour se pro-
« curer de l'argent, en promettant la grâce et la vie
« à ceux qui les observeront. »

La seconde œuvre de l'Antechrist ne doit pas être passée sous silence ; elle est ainsi décrite dans le traité dont nous parlons : « Il enlève au
« Christ son mérite, sa grâce, sa justice, son pou-
« voir de remettre les péchés, de sanctifier, de
« vivifier les hommes par la foi et par la nourriture
« spirituelle ; il attribue tous ces pouvoirs à ses
« propres cérémonies, aux saints et à leur inter-
« cession, et aux flammes du purgatoire. Les
« hommes, séduits par ses mensonges, ne cher-
« chent plus les grâces de Christ en Christ lui-
« même, mais ils les cherchent par leurs propres
« œuvres, non par la foi vivante à Dieu, à Jésus-
« Christ et au Saint-Esprit, mais par la volonté
« et les œuvres de l'Antechrist, qui leur promet
« le salut. — La troisième œuvre de l'Antechrist
« est d'attribuer la réformation ou l'œuvre du
« Saint-Esprit à une foi morte et tout extérieure :
« il baptise les enfans dans cette foi et leur per-
« suade que c'est ainsi qu'ils seront régénérés ; il
« s'arroge à lui seul la dispensation des ordres sa-
« crés et des autres sacremens, se faisant l'unique
« fondement de la foi chrétienne, malgré les dé-
« clarations du Saint-Esprit. »

Ce même ouvrage, écrit en 1120, réfute avec force les erreurs concernant le purgatoire, et peint admirablement la manière dont Jésus-Christ a

sanctifié son Eglise, dans ce monde même : « Christ
« a aimé l'Eglise et s'est livré pour elle, afin qu'il
« la sanctifiât, après l'avoir purifiée par l'eau et par
« sa parole, pour la faire paraître devant lui une
« église glorieuse, n'ayant ni tache, ni ride, ni
« rien de semblable, mais sainte et irrépréhen-
« sible. » (Ephes., v, 25-27.) L'apôtre prouve
« que Christ a tellement aimé son Eglise qu'il n'a
« point voulu la purifier autrement que par son
« sang, en sorte qu'elle demeurât pure de toute ta-
« che, et qu'elle fût à ses yeux une église glorieuse
« sans ride ni souillure, mais sainte et irrépro-
« chable. Et cette purification de l'Eglise par le sang
« de Christ est attestée, non-seulement sur la terre,
« mais encore dans le ciel par ceux qui ont été ainsi
« purifiés. Ce sont ceux qui sont venus de la grande
« tribulation, qui ont lavé leurs robes et les ont
« blanchies dans le sang de l'agneau ; c'est pour-
« quoi ils sont devant le trône de Dieu et ils le
« servent jour et nuit. » (Apoc., VII, 14-15.)

Le traité sur l'invocation des Saints, écrit en
1100, témoigne avec force contre cette idolâtrie.
Après avoir décrit les honneurs rendus aux Saints,
il porte : « Les ignorans sont ainsi conduits à sup-
« poser que les Saints sont plus miséricordieux
« que Dieu lui-même, puisqu'il les aurait con-
« damnés, et qu'il les délivre de la condamnation
« par l'intercession des Saints. Les ignorans sup-
« posent que les Saints aiment les présens, les of-
« frandes et les louanges comme récompense de
« leurs bienfaits, et qu'ils prient avec plus d'ar-
« deur pour ceux qui leur offrent de l'encens,
« des dons et un culte ; mais ces idées sont absur-
« des et doivent être rejetées. » Ce traité établit
ensuite que les Saints doivent être pour nous des
modèles de conduite, mais non des objets de culte.
« Nous soutenons que l'adoration n'est point due

« aux morts, mais à Christ seul, et que Jésus-
« Christ est le seul avocat ou médiateur entre
« Dieu et l'homme, le seul qui intercède pour les
« pécheurs et que les hommes doivent invoquer.
« Comme il l'a lui-même déclaré, il a le privilége
« d'obtenir de son père tout ce qu'il demande pour
« les hommes, qu'il a réconciliés avec Dieu par sa
« mort. Il est le seul et unique médiateur entre
« Dieu et l'homme, l'intercesseur céleste auprès
« de Dieu pour les pécheurs ; son père ne refuse
« rien à quiconque demande en son nom, mais
« par amour pour le fils, il exauce les prières de
« tous : Il nous était convenable d'avoir un tel sa-
« crificateur, qui fût saint, irréprochable, pur,
« séparé des pécheurs et élevé plus haut que les
« cieux. » (Heb., VII, 26.) Il y a véritablement de
« la folie à chercher un autre intercesseur. Christ
« vit éternellement avec le Père, il intercède pour
« nous, et est toujours prêt à secourir ceux qui
« l'aiment. Il est donc inutile de recourir à un
« Saint comme médiateur, car Christ est plus
« miséricordieux et plus disposé à nous aider
« qu'aucun d'eux ne peut l'être : de plus, celui
« qui prie, incertain du Saint qu'il doit choisir
« parmi un si grand nombre, éloigne les affections
« de Christ, et les affaiblit en les divisant. Beau-
« coup de chrétiens, en outre, lorsqu'ils adres-
« sent leurs prières à un Saint, le prennent pour
« leur unique médiateur et pour leur soutien spi-
« rituel. L'Eglise prospérerait bien davantage si
« elle ne reconnaissait pas cette multitude d'inter-
« cesseurs ; car il y a de la folie à abandonner la
« source des eaux vives qui est près de nous, pour
« aller puiser à des sources moins pures et plus
« éloignées. Plusieurs de ceux qui cherchent un
« secours spirituel sont déçus par de fausses espé-
« rances. Car puisque Dieu est juste, et que nous

SUR L'INVOCATION DES SAINTS. 545

« sommes injustes et incapables de nous aider
« nous-mêmes, c'est Christ qui nous pardonne à
« tous de sa propre autorité; il s'est donné pour
« nous racheter. Dieu a envoyé son Fils afin que
« par lui il pût nous pardonner, et afin que nous
« ne tombassions point dans le désespoir. Nous
« devons donc recourir à lui comme à notre dé-
« fenseur, qui plaide continuellement notre cause
« auprès de son père, à lui qui est non-seule-
« ment notre avocat, mais aussi notre juge. — Car
« Dieu a remis à son Fils le soin de nous juger, et
« par conséquent ceux qui se repentent peuvent
« espérer d'avoir pour juge leur propre défenseur.
« Cette foi est fondée sur Christ, la principale
« pierre de l'angle, sur laquelle les Saints se sont
« toujours appuyés, jusqu'à ce que l'homme du
« péché eût reçu le pouvoir d'introduire cette mul-
« titude de nouveaux intercesseurs. C'était la foi
« de tous les Saints, tandis qu'ils étaient sur la
« terre; et même encore, ils déclarent qu'ils n'ont
« point été sauvés par leurs offrandes, mais que
« c'est par l'intercession de Christ qu'ils ont ob-
« tenu le royaume des cieux, suivant qu'il est
« écrit dans l'Apocalypse : « Tu es digne, ô Sei-
« gneur, de prendre le livre et d'en ouvrir les
« sceaux, car tu es mort pour nous, et tu nous as
« rachetés à Dieu par ton sang, de toute tribu, de
« toute langue, de tout peuple et de toute nation;
« tu nous as faits rois et sacrificateurs à notre
« Dieu. » Remarquez combien sont éclatantes
« leur humilité et leur reconnaissance, quand ils
« avouent qu'ils sont entrés au ciel par le sang de
« Christ; quand ils déclarent que c'est par lui
« qu'ils ont obtenu toutes les bénédictions de ce
« monde et de l'autre; et quand ils reconnais-
« sent qu'ils n'ont reçu aucune grâce que par le

« bienheureux médiateur et intercesseur Jésus-
« Christ [1]. »

Nous avons déjà fait mention des confessions de foi des Vaudois ; nous ajouterons quelques extraits de la plus ancienne que nous ayons, et qui porte la date de 1120, plus d'un demi-siècle avant Waldo de Lyon.

« *Du péché originel.* L'Ecriture enseigne qu'il y a un Dieu tout-puissant, connaissant tout, qui, par sa bonté, a créé toutes choses. Il forma Adam à son image et à sa ressemblance ; mais par la jalousie du diable, et par la désobéissance d'Adam, le péché est entré dans le monde ; nous sommes tous pécheurs en Adam et par Adam.

« *De Jésus-Christ.* Christ est celui qui fut promis à nos pères qui vivaient sous la loi ; en sorte que, par la loi, connaissant leurs péchés, leur défaut de justice et leur propre faiblesse, ils attendaient la venue de Jésus-Christ, qui devait satisfaire pour leurs péchés et accomplir la loi.

« *De la mort et de la passion de Jésus-Christ.* Christ est venu dans le monde au temps fixé par son Père, temps où l'iniquité abondait. Il n'est pas venu pour les justes, car tous étaient pécheurs, mais afin d'obtenir grâce et miséricorde pour nous.

« *De son pouvoir.* Christ est pour nous la vie, la paix, la justice ; notre berger, notre défenseur, notre sacrifice, notre sacrificateur ; il est mort pour le salut de ceux qui croient, et il est ressuscité pour notre justification.

« *De Christ notre seul défenseur.* Nous affirmons hautement que nous n'avons point d'autre médiateur ni d'autre défenseur auprès du Père que Jésus-Christ. Quant à la Vierge Marie, elle était sainte, humble, pleine de grâce ; nous croyons de

---

[1] Léger, chap. XVI, p. 87.

même que tous les autres saints attendent dans le ciel la résurrection de leurs corps au jour du jugement.

« *Des sacrements.* Nous croyons que les sacrements sont les signes ou les choses visibles des choses saintes, persuadés qu'il est bon que les fidèles usent de ces signes visibles, quand ils sont en état de le faire; mais nous pensons néanmoins que les fidèles qui n'ont point eu l'occasion d'y participer peuvent être sauvés sans cela. Nous ne reconnaissons point d'autres sacrements que le Baptême et l'Eucharistie. »

En donnant ces extraits des écrits des Vaudois, il nous est impossible de ne pas remarquer qu'ils diffèrent essentiellement des ouvrages de ceux qui étaient extérieurement membres de l'Eglise de Rome, quoiqu'il y ait lieu d'espérer que ceux-là aussi étaient partisans de la doctrine de Christ. Les écrits des Vaudois sont partout d'accord; ils sont pénétrés du même esprit, quoique l'expression en soit quelquefois affaiblie. Il n'en est pas de même des ouvrages de Bernard et des autres docteurs catholiques, à la sainteté desquels nous voudrions pouvoir croire, quoiqu'ils aient été canonisés par les papes. Leurs écrits renferment beaucoup de choses condamnables ou déplorables, et si nous voulions faire des extraits de leurs ouvrages, il faudrait d'abord séparer la paille du bon grain.

Nous avons vu par ce qui précède que la doctrine des Vaudois était véritablement puisée dans l'Ecriture, et non une invention humaine. Leurs ennemis ne les accusaient point d'adopter de faux articles de foi, mais seulement de ne pas admettre certaines doctrines que l'Eglise de Rome déclarait nécessaires pour le salut. On ne peut découvrir aucun homme auquel on puisse attribuer la réformation ou l'établissement de leurs églises; ils affirment hautement qu'ils n'ont jamais admis les erreurs qu'ils combattent; et l'opinion qui attribue leur origine à Waldo, ou même à Claudius, ne peut pas soutenir l'examen. — Aucun monument historique de quelque autorité ne contient l'indice d'un changement dans les doctrines des Vaudois. L'Eglise romaine, qui les a persécutés pendant des siècles, ne peut pas prouver qu'ils lui aient jamais appartenu[1]. En tant que cela concerne les habitans des vallées du Piémont, comme formant une Eglise extérieure, cela est de peu d'importance; mais cela est extrêmement important par rapport aux doctrines professées, non seulement par les Vaudois, mais aussi par les réformés protestans. Ceux-ci, en prouvant l'identité de leurs principes avec ceux des Vaudois, se trouvent en position de combattre l'Eglise romaine sur son propre terrain.

Si l'Eglise de Rome ne peut pas prouver que les Eglises des vallées ont jamais admis la foi romaine, elle ne peut pas traiter de novateurs ceux qui professent la même doctrine que les Vaudois[2]. Dans un de leurs documens publics, les Vaudois

---

[1] Si les Vaudois avaient soutenu ces assertions sans de solides raisons, leurs ennemis n'auraient pas manqué de les refuter; mais, loin de là, Reinerius affirme qu'ils sont les hérétiques les plus anciens, quelques uns faisant remonter leur origine jusqu'au siècle des apôtres. Seissel au contraire attribue leur origine à Léon, qui vivait sous Constantin 1er. Cassini, moine franciscain, prétend que leur hérésie consistait à nier l'autorité de l'Eglise de Rome, et à refuser de lui obéir: à d'autres égards, il les regardait comme membres de l'Eglise de Christ, et pense qu'ils lui avaient toujours appartenu. Léger, liv. I, chap. 28.

[2] Il n'est pas nécessaire que nous nous étendions sur leur correspondance avec les réformateurs suisses et allemands, dont nous parlerons plus tard. On ne peut avoir aucun doute sur les dates assignées aux écrits des Vaudois; c'est donc à eux que l'on doit d'abord s'en rapporter. Cependant, il est intéressant de remarquer que Luther et les autres réformateurs témoignent en faveur des Vaudois, quoique le premier paraisse s'être attaché à la lettre plutôt qu'à l'esprit de leurs ouvrages. *Voyez* Seckendorf, com. de Luther, livre III, 23.

disent : « La religion que nous professons n'est pas
« seulement la nôtre, et n'a point été établie de-
« puis quelques années, comme on le prétend
« faussement. C'est celle de nos pères, de nos aïeux
« et de nos bisaïeux, de nos ancêtres les plus re-
« culés, des martyrs, des confesseurs, des pro-
« phètes et des apôtres ; et si quelqu'un peut nous
« prouver le contraire, nous sommes prêts à re-
« connaître et à avouer notre erreur. Jésus-Christ
« notre Seigneur disait, en se défendant contre les
« Juifs : « Qui de vous me convaincra de péché ?
« Si je vous ai dit la vérité, pourquoi ne me croyez-
« vous point ? » Et nous aussi, au nom de Jésus-
« Christ notre Seigneur, nous demandons que,
« si nous nous trompons dans notre religion, on
« nous fasse voir notre erreur ; mais si nous pro-
« fessons la vérité pure et irréprochable, qu'on
« nous en laisse en possession. La parole de Dieu
« ne périra pas, mais subsistera éternellement.
« Par conséquent, si, comme nous en sommes
« persuadés, notre religion est la pure parole de
« Dieu, et non une invention de l'homme, aucune
« puissance humaine ne pourra la détruire [1]. »

Que telle ait été la religion des Vaudois, c'est
ce que les extraits précédens nous prouvent clairement. Remarquons cependant que sur quelques
points importans, tels que la justification et l'expiation, ils ne surent pas se défaire entièrement
des expressions obscures adoptées dans les premiers siècles de l'Eglise, et dont Augustin, évêque
d'Hippone, ne fut pas lui-même exempt. Mais,
tout considéré, ne pouvons-nous pas souscrire à

---

[1] « Supplique des pauvres Vaudois » à Philibert Emmanuel, duc de
Savoie, en 1560. *Voyez* Morland. Léger, liv. II, p. 31, 33. On répondit à cette supplique en attaquant quelques uns de leurs villages, où
les émissaires de Rome firent brûler à petit feu les pasteurs de Saint-
Germain.

l'opinion d'un homme qui a dernièrement visité les Vaudois, et dire avec lui : « Si l'on demandait « où était la véritable Eglise de Christ, après tant « d'hérésies avouées par l'Eglise romaine, nous « répondrions qu'elle se trouvait dans les Eglises « des vallées du Piémont[1]. »

[1] Gilly.

SECTION III.

PERSÉCUTIONS CONTRE LES VAUDOIS. — OBSERVATIONS SUR LEUR ÉTAT AU COMMENCEMENT DU DIX-NEUVIÈME SIÈCLE.

Nous avons déjà rapporté les anciennes persécutions endurées par les Vaudois. Elles prouvent la vérité de cette observation du vénérable Peyran, pasteur vaudois, en 1823 : « Nous étions au « premier rang, et c'est contre nous que furent « lancées les premières foudres de Rome. Nos val- « lées ont entendu les cris des limiers de l'inqui- « sition avant que vous en connussiez le nom[1]. » Les traitemens cruels que nous avons rapportés cessèrent en 1561 ; et pendant près d'un siècle les Vaudois n'eurent point à souffrir de violente persécution, si l'on excepte le bannissement (1601) de cinq cents familles qui résidaient dans le marquisat de Saluces. Ils furent néanmoins exposés à une multitude de petites vexations, et sans cesse tourmentés par les machinations des missionnaires romains.

En 1650, on célébra un jubilé à Rome, et ce fut naturellement une occasion d'enflammer le zèle des catholiques contre ceux qui rejetaient leurs doctrines. À cette époque, le « Conseil pour la propagation de la foi et l'extirpation de l'hérésie » institua de semblables associations dans les principales villes de France et d'Italie, associant à cette œuvre plusieurs femmes d'un rang élevé. Celle qui fut établie à Turin avait pour président André Gastaldo. Après plusieurs vexations et plusieurs

---

[1] Nous avertissons le lecteur que ces sections supplémentaires furent écrites en 1829. ED.

abus d'autorité, ce conseil publia, en janvier 1655, une ordonnance qui enjoignait aux habitans de Lucerne et des cantons de la plaine d'abandonner leurs demeures et leurs biens, et de se retirer dans les montagnes, dans le délai de trois jours, ou bien d'embrasser le catholicisme [1]. Aucun d'eux ne balança. Ils quittèrent leurs demeures, et au travers de la neige et des torrens, ils gagnèrent péniblement la retraite qu'on leur avait assignée. Mais leurs persécuteurs, privés pour le moment de l'occasion de les accabler, ne renoncèrent point à leurs projets sanguinaires. Au mois d'avril, une armée de quinze mille hommes entra dans les vallées, et, sous prétexte de s'assurer de la soumission des habitans, pénétra dans plusieurs de leurs villages et de leurs villes. Au bout de quelques jours, on donna le signal d'un massacre général, et on fit subir les plus cruels tourmens à tous ceux qui, sur la foi de promesses pacifiques, ne s'étaient point réfugiés sur les sommets les plus inaccessibles.

Nous n'affligerons pas nos lecteurs du récit des machinations diaboliques pratiquées dans cette circonstance par les serviteurs de Satan. « Il nous suffira de dire qu'environ six mille Vaudois furent massacrés et mis à mort, au moyen de tortures plus horribles que celles de l'inquisition espagnole, et que la cruauté la plus inouïe fut mêlée à la plus brutale indécence. »

Il n'y a ici rien d'exagéré : quelques uns des plus estimables historiens des Vaudois ont également fait le récit de ces cruautés, et ont tenté de les dépeindre ; mais de pareils tableaux ne peuvent

[1] Léger, liv. II, p. 72, 92. Il était alors modérateur de l'Eglise vaudoise, et c'est à lui que furent adressées quelques unes des ordonnances de Gastaldo, p. 74. Il rapporte ici des scènes dont il a été témoin oculaire.

être exposés aux yeux de tous. Il n'y a aucune raison de douter de leur exactitude. Leurs déclarations sont appuyées du témoignage de plusieurs victimes échappées à ces persécutions, et de celui de plusieurs personnes qui visitèrent ces pays après le départ des troupes catholiques, tandis que les membres épars et les cadavres mutilés des malheureux Vaudois attestaient encore les expédiens diaboliques employés pour les détruire. Dans un seul village, les restes mutilés de cent cinquante femmes et enfans prouvaient jusqu'où avait été poussée la cruauté romaine [1]. On conserve encore à l'Université de Cambridge la déclaration originale et authentique d'un des officiers employés dans cette expédition, qui avoue les atrocités qui furent commises, et qui déclare que le général Marquis de Pianesa donna ordre qu'on ne fît point de quartier aux Vaudois, « parce que le duc de Savoie « avait résolu d'extirper de ses Etats tous les « membres de cette religion. » Et ce fut là la seule raison que l'on donna à l'envoyé britannique qui plaidait la cause de ce peuple malheureux [2].

L'Angleterre et les Etats protestans de l'Europe intervinrent en faveur des Vaudois. Les cantons suisses observèrent un jeûne solennel; ils firent une collecte générale pour leurs malheureux frères, écrivirent les lettres les plus pressantes aux autres protestans, et députèrent le colonel Wits, avec plusieurs autres envoyés, à la Cour de Turin, pour y intercéder en faveur des

---

[1] Léger, liv. ii, chap. ix, x. etc. M. Jones dit avec raison : « Quand « les habitans de l'enfer auraient été lâchés dans les vallées du Pié- « mont, ils n'auraient point commis de plus épouvantables atroci- « tés. » Vol. ii, p. 347.

[2] Cette importante déclaration fut écrite par l'officier lui-même, et l'original fut déposé dans l'université de Cambridge par Sir Samuel Morland, envoyé britannique à la cour de Turin.

Vaudois. Mais de tous les potentats qui s'intéressèrent à eux, Cromwell fut celui qui montra le zèle le plus prononcé. Il alla jusqu'à déclarer dans son énergique langage, « Que, si le duc de Savoie ne « mettait pas un terme à ses persécutions, il sau« rait bien faire passer les Alpes à une flotte, pour « aller défendre les Vaudois. » Il ordonna un jeûne et une quête dans toute l'Angleterre, en Ecosse et en Irlande, et souscrivit lui-même pour une somme de 2,000 liv. st. (50,000 fr.). Il écrivit aussi en leur faveur à plusieurs princes, aux rois de Danemark et de Suède, aux Etats-Généraux des Provinces-Unies, et fit partir sir Samuel Morland, en qualité d'envoyé extraordinaire, et lui dit de remettre en passant par Paris une lettre à ce sujet au roi de France. Ce monarque répondit au Protecteur qu'il ne pouvait que désapprouver la conduite de ses troupes, qui, sans ses ordres, avaient agi de concert avec celles du duc de Savoie. Un personnage que l'Angleterre compte au nombre de ses grands hommes, alors secrétaire d'Oliver Cromwell, John Milton, rédigea les fameuses lettres latines adressées par le Protecteur aux différentes cours, notamment au duc de Savoie; et les souffrances des Vaudois furent le sujet d'un sonnet fameux composé par cet admirable poète[1]. Morland, qui fut

---

[1] Sonnet XVIII.

Avenge, o lord, thy slaughtered saints, whose bones
Lie scattered on the alpine mountains cold:
E'en them, who kept thy truth so pure of old,
When all our fathers worshipped stocks and stones,
Forget not; in thy book record their groans,
Who were thy sheep, and in their ancient fold
Slain by the bloody Piemontese, that roll'd
Mother with infant down the rocks. Their moans
The vales redoubled to the hills, and they
To Heaven. Their martyred blood and ashes sow
O'er all the Italian fields, where still doth sway
The triple tyrant; that from these may grow
An hundred fold, who, having learnt thy way,
Early may fly the Babylonian woe!

suivi de deux autres envoyés, parla au duc en termes énergiques et véhémens, mais malheureusement il arrivait trop tard; un traité avait déjà été conclu à Pignerol avec les envoyés suisses, et l'absence des ambassadeurs anglais et hollandais fut cause que les stipulations en furent si peu favorables aux Vaudois. Les Provinces-Unies, non-seulement envoyèrent un député des Etats-Généraux, mais s'associèrent au zèle du gouvernement par un jeûne public et par une collecte qui eut lieu dans toutes les villes et même dans les villages. Le roi de Suède fit une réponse pleine d'énergie à la lettre de Cromwell, et adressa de sévères représentations à la cour de Turin. L'électeur palatin imita cette conduite. L'électeur de Brandebourg et le landgrave de Hesse-Cassel déployèrent la même vigueur et la même charité.—Le produit des collectes fut de la plus grande utilité, et de ce qui resta des sommes recueillies en Angleterre, Cromwell, par une ordonnance, institua un fonds de secours annuels applicable aux Vaudois, et montant à environ 700 liv. st. (17,500 fr.). Ces secours furent régulièrement payés jusqu'à la restauration de Charles II, ce malheureux prince ayant déclaré « qu'il n'entendait ni exécuter les ordres ni rem-« plir les engagemens de Cromwell; » injustice brutale et envers les Vaudois et envers le peuple anglais, dont on paralysait la générosité, et dont on s'appropriait les deniers. On ne pouvait pas espérer que Jacques II ressentît le moindre mouvement de sympathie pour les pauvres protestans; mais, après la révolution de 1688, Guillaume III restitua ce fonds, ou du moins en institua un nouveau, qui fut maintenu par le gouvernement anglais jusqu'à l'occupation du Piémont par les Français, en 1797.

Le duc de Savoie avait pris avec Cromwell et

avec les autres puissances protestantes l'engagement de *pardonner* à ses sujets, de leur rendre leurs propriétés, et de leur accorder certains priviléges; mais tout cela ne fut qu'une déception grossière; aucune garantie n'avait été donnée, et les Vaudois, ainsi que leurs protecteurs, ne tardèrent pas à s'apercevoir qu'ils étaient dupes d'une barbare hypocrisie. Aussitôt que Cromwell ne put plus douter de l'ignoble tromperie dont les Vaudois étaient victimes, quand il vit à quels maux ils continuaient d'être en butte, il ne dissimula point son indignation, il écrivit les lettres les plus fortes, et à Louis XIV, dont l'ambassadeur avait négocié le traité de Pignerol, et aux cantons suisses, leur annonçant la détermination bien arrêtée de protéger les Vaudois persécutés, sans que les distances pussent l'en empêcher. Malheureusement pour ce peuple infortuné, Oliver mourut l'année même (1658) où il écrivit ses dernières lettres, et ils perdirent en lui leur plus zélé et leur plus puissant protecteur.

Les Vaudois, pendant plusieurs années, continuèrent à essuyer tous les genres d'oppression et de mauvais traitemens, malgré l'intercession de quelques unes des puissances protestantes, malgré même celle de la cour d'Angleterre, dont l'intervention, après la suppression de la pension des Vaudois, n'était plus ce qu'elle avait été du temps de Cromwel. Enfin, lors de la révocation de l'édit de Nantes, qui fut le signal d'une nouvelle persécution contre les protestans français, Louis XIV, ce monarque bigot et fanatique, engagea le duc de Savoie à recommencer l'œuvre de destruction dans les vallées du Piémont. L'année 1686 vit se renouveler les atrocités de 1655; mais les Vaudois, attaqués de tous côtés par une puissante armée, épuisés par les précédentes persécutions, offrirent de se rendre, pourvu qu'il leur fût permis de quitter les domaines de la maison de Savoie. On accepta leurs propositions; mais loin de pouvoir se retirer, la plupart de ceux qui s'étaient rendus sur des promesses de sûreté pour leur vie et pour leurs biens furent massacrés avec une cruauté pareille à celle dont nous avons déjà parlé. Les survivans furent arrachés à leurs vallées et emprisonnés dans les forteresses du Piémont. On enleva les enfans à leurs familles pour les placer dans des familles catholiques. Plus de douze mille Vaudois furent incarcérés et subirent les plus barbares traitemens. On les nourrissait d'un pain pétri des ingrédiens les plus grossiers et d'eau corrompue. Ils couchaient à terre ou sur de la paille dégoûtante de saleté; leurs prisons étaient tellement encombrées que la maladie en fit périr un grand nombre.

Au milieu de ces privations et de ces souffrances, ils étaient journellement tourmentés par les prêtres catholiques, qui s'efforçaient de les convertir. Malgré les promesses et les menaces, la plupart demeurèrent fermes dans la foi. Après quelques mois de pareils traitemens, le nombre des Vaudois se trouva réduit à trois mille; les Cantons suisses intercédèrent pour eux, et le duc de Savoie leur permit de s'exiler. Mais, forcés de se mettre en marche au milieu d'un hiver rigoureux, la plupart périrent en chemin. Leurs compagnons arrivèrent à Genève vers le milieu de décembre, mais tellement épuisés que plusieurs expirèrent aux portes de la ville. Les Génevois les reçurent avec une affection vraiment fraternelle et s'empressèrent à l'envi à secourir les malades et les plus malheureux. C'était un spectacle à la fois douloureux et intéressant de voir ces infortunés, réunis pour la première fois depuis qu'ils avaient été arrachés à leur patrie ; les parens et les enfans s'enquéraient les uns des autres ; tous cherchaient leurs amis, mais souvent en vain. Plus des trois quarts avaient péri, soit dans les prisons, soit pendant le voyage. Ils trouvèrent cependant un asile où ils furent traités avec une charité toute chrétienne.—L'antechrist manifestait alors sa puissance de toutes parts, et chaque nation protestante avait justement à craindre qu'on ne lui réservât le même calice d'amertume. La conduite atroce des princes catholiques envers les Vaudois et envers les protestans de France, fit une telle impression sur l'esprit des Anglais qu'elle ne fut pas sans influence sur l'animosité que l'Angleterre manifesta contre le papisme en 1688 [1].

Quoique nous puissions regarder comme terminée notre Histoire des églises des vallées du Piémont, nous ajouterons cependant quelques détails relatifs à cette intéressante population.

Nous avons vu comment le Seigneur conserva dans ces vallées la lumière de la vérité au milieu des siècles obscurcis par la superstition, jusqu'à la réforme, par laquelle, dans sa miséricorde, il voulut répandre cette divine lumière dans la plupart des contrées de l'Europe. Ce fut alors que Dieu permit que les Vaudois succombassent aux efforts de leurs ennemis. Leur nombre diminua graduellement ; ils perdirent leurs ministres [2] ; ils dégénérèrent en quelque sorte de leur simplicité

[1] *Voyez* Boyer, Hist. des Vaudois ; Jones, Hist. des Vaudois ; Sims, Aperçu historique, etc., etc.

[2] En 1630, tous leurs pasteurs, excepté deux, furent enlevés par une peste qui moissonna les deux tiers des habitans ; les Vaudois les remplacèrent par des ministres suisses, qui introduisirent l'usage du français dans le service divin, et qui firent quelques changemens à leur discipline. (Léger, liv. I, p. 207.) Le collége où étaient élevés leurs ministres ayant été détruit, ils furent obligés d'envoyer les jeunes gens à Lausanne ou à Genève.

primitive[1]; ils furent chassés de leurs demeures, et, pour ainsi dire, exterminés de dessus la surface de la terre. Mais le bras de la Providence s'étendit encore pour les protéger.

Au mois de février 1687, le reste des Vaudois était arrivé dans les cantons protestans de la Suisse, où ils trouvèrent des secours empressés, et où on leur assigna pour résidence le canton de Berne. « Là, dit l'historien qui nous a transmis le récit « de leur rentrée en Piémont, ils auraient pu vivre « contens de leur sort, s'ils n'avaient été tour- « mentés du désir de revoir leur patrie[2]. » Après deux tentatives infructueuses, huit cents Vaudois des plus déterminés, conduits et commandés par Arnaud, un de leurs pasteurs, prirent les armes, traversèrent le lac de Genève dans la nuit du 16 août 1689, résolus de périr ou de rentrer dans leurs vallées.

Il n'entre pas dans le dessein de cet ouvrage de rapporter les prodiges de valeur par lesquels ils s'illustrèrent. Ils ne commirent aucune violence envers ceux qui ne voulurent point s'opposer à leur marche, et arrivés dans leurs vallées, ils se consacrèrent à faire revivre la foi chrétienne. Néanmoins, leur tentative fut plutôt inspirée par le patriotisme que par l'esprit du christianisme, car ils transgressèrent ce précepte divin : « Si l'on « vous persécute dans une ville, fuyez dans une « autre. » (MAT. X, 23). Les combats qu'ils livrèrent durant leur marche, la destruction de leurs prisonniers, quoique indispensable pour leur sûreté, nous les montrent plutôt comme un peuple persécuté et animé d'un ardent patriotisme que comme de vrais disciples de Christ, « oubliant le pays qu'ils ont quitté pour ne songer qu'à leur vé-

---

[1] Léger, liv. I, p. 189. *Voyez aussi Bresse.*
[2] *La Rentrée Glorieuse*, préface.

ritable patrie, qui est au ciel » (Heb., xi, 15, 16). Loin de nous la pensée de blâmer ce peuple opprimé : nous voulons seulement caractériser l'esprit de cette tentative[1].

Le duc de Savoie, informé de leur retour, envoya des troupes contre eux; et malgré leur infériorité, les Vaudois résistèrent pendant neuf mois. Et quand à la fin, réduits à un petit nombre, chassés de leur dernière retraite, ils paraissaient près de succomber, la Providence intervint en leur faveur. Le duc de Savoie, en guerre avec la France, offrit la paix aux Vaudois, leur permit de s'établir dans leurs vallées, et les prit à son service. Ce prince, obligé à son tour de fuir devant ses anciens alliés, trouva un asile dans le village de Rora, chez un peuple qu'il avait naguère proscrit et persécuté, dans un lieu où, quelques années auparavant, les satellites de son prédécesseur n'avaient pas laissé un seul Vaudois pour raconter les souffrances de ses malheureux compatriotes[2].

Ces vallées sont encore habitées par les descendans d'un peuple qui ne plia jamais sous le joug de l'Eglise de Rome. — Les historiens des Vaudois attribuent ces sanglantes persécutions à l'Eglise romaine plutôt qu'aux princes du Piémont. Pour étouffer la vérité, on employa contre ce petit peuple les moyens qui avaient réussi dans d'autres contrées. La cruauté excitée par un zèle superstitieux exerça ses ravages parmi eux. Ces massacres, prémédités et exécutés de sang-froid, ne doivent point être mis au rang des violences militaires

---

[1] Le roi d'Angleterre, Guillaume III, qui venait d'accomplir la révolution de 1688, qui garantit la liberté civile et religieuse de l'Angleterre, envoya un régiment d'infanterie au secours des Vaudois, et accorda un brevet d'officier à Henri Arnaud.

[2] Plusieurs de ces exilés se réfugièrent en Hollande et en Allemagne, où leurs descendans sont encore désignés sous le nom de Vaudois allemands.

commises dans un moment d'animosité. Ces cruautés doivent être attribuées aux prêtres et aux inquisiteurs, décidés à user de tous les moyens pour parvenir à leurs fins. Les mauvaises passions des soldats n'étaient que des instrumens entre les mains du clergé, comme la torture dans d'autres pays[1]. Les prêtres se servirent des moyens qu'ils avaient en leur pouvoir, avec une persévérance et une ardeur sans exemple ; mais le Très-Haut manifesta ainsi qu'il ne permettrait jamais que les portes de l'enfer prévalussent contre son Eglise.

En 1800, le Piémont ayant été occupé par la France, les Vaudois furent mis sur le même rang que leurs concitoyens catholiques[2]. Une autre mesure fut d'abolir la plupart des cures catho-

[1] Dans quelques cas, comme dans l'exécution de Jean Paillas, les moines qui accompagnaient l'armée en 1655 servirent eux-mêmes de bourreaux. Léger, liv. II, p. 134.

[2] Dans une audience que M. Peyrani, modérateur des églises vaudoises, obtint de Napoléon, à la tête d'une députation qui avait été envoyée auprès de lui, l'Empereur, l'abordant avec beaucoup de bonté, et même avec respect, lui dit :

« Vous êtes du clergé protestant ? — Oui, sire, et modérateur des « églises vaudoises. — Vous êtes schismatiques aux yeux de « l'église romaine ? — Nous ne nous regardons pas comme schismati- « ques, Sire ; mais nous nous sommes séparés de cette église par « des scrupules de conscience, et nous croyons que des motifs tirés des « Ecritures mêmes justifient notre conduite.

« Vous avez eu de braves gens parmi vous. Mais, après tout, « vos montagnes sont pour vous la meilleure de toutes les défenses. Ce « ne fut pas sans peine que César franchit vos défilés avec cinq lé- « gions. Cette histoire de la *rentrée glorieuse* d'Arnaud est-elle exacte ? « Oui, Sire ; mais nous croyons en même temps que la Providence « vint au secours de nos pères. — Depuis quelle époque avez-vous « formé une église indépendante ? — Sire, depuis le temps de Claude, « évêque de Turin, vers l'an 820. — Quel est le traitement de votre « clergé ? — Pour le moment, on ne peut pas dire que nous ayons « aucun traitement fixe. — Vous receviez des secours réguliers, une « pension de l'Angleterre ? — Oui, Sire, les rois d'Angleterre furent « dans tous les temps pour nous des bienfaiteurs et des protecteurs ; « et la pension dont parle Votre Majesté ne nous a été retirée que de- « puis que nous sommes devenus ses sujets. — Avez-vous une orga- « nisation ? — Non, Sire. — Préparez un mémoire ; envoyez-le « à Paris, et vous serez organisés sans délai. »

liques que les Vaudois avaient été contraints d'entretenir, quoique la population catholique, très peu nombreuse, ne demandât pas ces frais. Les prêtres reçurent des pensions du gouvernement français.

Jusqu'à 1813, les Vaudois jouirent en paix de la liberté de conscience si nouvelle pour eux. Mais lors de la restauration du roi de Sardaigne, ils jugèrent nécessaire de le supplier de leur continuer les mêmes droits et libertés dont jouissent le reste de ses sujets, et de s'adresser au lord W. Bentinck, commandant en chef des forces britanniques à Gênes, et de le prier d'intercéder en leur faveur. Mais le roi rendit, immédiatement après son entrée à Turin, un édit par lequel il remettait en vigueur toutes les lois intolérantes que ses prédécesseurs avaient rendues.[1] Le triste état des Vaudois excita en Angleterre, parmi des milliers de chrétiens des différentes communions, le plus vif et le plus profond intérêt. Les ministres dissidens de Londres s'assemblèrent publiquement, et envoyèrent au gouvernement une députation prise dans leur sein, pour demander que, par son intervention, les secours fondés

[1] Tableau de plusieurs des ordonnances relatives aux Vaudois, qui ont été remises en vigueur par le roi Emmanuel.—Edit de 1609 : défense d'établir des écoles.—Edit de 1622 : défense de se présenter aux marchés sauf foires.—Edit de 1672 : défense aux pasteurs de résider dans la commune de Saint-Jean ou d'exercer aucune fonction spirituelle (dans cette commune il y a 2,000 protestants et 50 catholiques); les Vaudois étaient obligés de transporter leurs enfans nouveau-nés à Angrogne, et comme cette commune est assez éloignée, ils souffraient beaucoup du froid.—Edit de 1618 : défense d'avoir des cimetières entourés d'une haie; ils ne pourront se réunir plus de six pour rendre les honneurs funèbres à un frère.—Edit de 1602 : défense de contracter des mariages avec des catholiques, sans qu'au préalable ils eussent fait serment d'abjurer.—Edit de 1600 : permission octroyée aux catholiques de louer à gages des travailleurs hérétiques, mais non de les prendre pour domestiques, ni de vivre sous le même toit.— Edit de 1665 : les enfans pourront être enlevés de force à leurs parens et enfermés dans des couvens, les garçons avant leur douzième année, et les filles avant leur dixième.

par Cromwell, renouvelés par Guillaume III, et qui n'avaient été suspendus qu'en raison de la prise de possession des vallées par les Français, fussent de nouveau payés aux églises vaudoises, et, sans se laisser décourager par le refus qu'ils essuyèrent, ils firent entre eux une souscription dont le produit fut envoyé à leurs frères malheureux.[1] Plusieurs écrits publiés à cette époque appelèrent l'attention publique sur leur situation, ravivèrent l'intérêt dont ils étaient dignes; et dès que la chose fut praticable, des Bibles et autres livres religieux leur furent expédiés pour les besoins de leurs églises et pour l'instruction de leur jeunesse. Ils reçurent des marques de sympathie de la Hollande et d'autres parties de l'Europe, et des secours effectifs de leurs frères protestants. Depuis lors, ils ont obtenu des adoucissemens aux mesures intolérantes qu'on avait prises contre eux, et quoiqu'ils soient toujours sous un régime exceptionnel, et que leur résidence soit limitée aux vallées, cependant ils ont été protégés dans l'exercice du culte public et dans la profession de leur foi.[2]

Ils se sont trouvés ainsi en état de rendre à leurs églises du moins une apparence de prospérité extérieure, favorable aux progrès de l'instruction

---

[1] En 1768, le roi d'Angleterre autorisa une collecte pour les Vaudois; le produit de cette collecte, dont le but était de leur fournir les moyens de soutenir leurs pasteurs, leurs écoles et leurs pauvres, fut confié à la *Société pour la propagation de la religion dans les pays étrangers*; l'intérêt des sommes ainsi recueillies devait être appliqué aux besoins des habitans de la vallée. On n'a qu'à se louer de la fidélité avec laquelle ces fonds ont été administrés.

[2] Nombre et population protestante et catholique des communes vaudoises: — La Tour, 1,600 prot., 300 cath.; — Saint-Jean, 2,000 prot., 50 cath.; — Angrogne, 2,000 prot., 100 cath.; — Villars, 2,000 prot., 200 cath.; — Bobi, 2,000 prot., 20 cath.; — Rora, 800 prot., 30 cath.; — Praustin, 1,500 prot., 30 cath.; — Pramol, 1,200 prot.; — Pral, 800 prot., 25 cath.; — Saint-Germain, 800 prot., 60 cath.; — Pommaret, 660 prot., 20 cath.; — Pinache, 500 prot., 100 cath.;

religieuse et du zèle chrétien. Puissent les Vaudois des générations présentes et des générations à venir ne pas cesser de prouver qu'ils ont conservé intact et pur le dépôt de « la foi qui a été donnée une fois aux saints! » Puissent-ils faire voir, par la sainteté de leur vie, qu'ils sont les dignes descendans de ces héroïques martyrs à qui « la vie n'était pas précieuse, pourvu qu'ils rendissent témoignage à l'Évangile de la grâce de Dieu! »

— Massel, 500 prot., 40 cath.; — Riclaret, 600 prot., 50 cath.; — Ville-Sèche, 500 prot.; — Faet, 400 prot., 200 cath.; — Rocheplate, 400 prot., 20 cath.; — Rodoret, 350 prot., 40 cath.; — Manègle, 300 prot., 50 cath.; — Salsa, 300 prot., 60 cath.; — Bovile, 150 prot., 100 cath.; — Chenevière, 150 prot.; — Saint-Martin, 100 prot., 150 cath.; — Traverses, 100 prot., 30 cath.; — Chabrant, 60 prot., 50 cath.

Total de protestans, 19,770; de catholiques, 1,725. — Majorité protestante; 18,045.

FIN.

TABLE DES MATIÈRES

CONTENUES

DANS LE TROISIÈME VOLUME.

SIXIÈME SIÈCLE.

Chap. Ier. Vie de Fulgence et situation des Eglises d'Afrique à l'époque où il vivait.........*Page* 1

Fulgence, évêque de Ruspe. — Sa patience dans la persécution. — Banni et rappelé. — Sa mort; ses écrits.

Chap. II. Etat de l'Église de Christ dans les autres parties de l'empire romain, jusqu'à la mort de Justin, en y comprenant la vie de Césaire...... 10

Césaire, évêque d'Arles; ses sermons, sa mort. — Etat de l'Église en France, etc. — Dounonas, roi juif, et Elesbaan, roi d'Abyssinie.

Chap. III. Etat de l'Église de Christ sous le règne de Justinien................................. 16

Caractère et actes de Justinien. — Concile d'Orange. — Concile de Vaison. — Concile de Clermont. — Afrique. — Belisaire. — Controverse des trois Chapitres. — Eutychius et Anastase. — Mort de Justinien.

Chap. IV. Affaires diverses jusqu'à la fin du sixième siècle..................................... 27

Justin. — La Grande-Bretagne et la Bretagne. — Samson. — Malo. — Gildas. — Colomban chez les Pictes. — Radegonde. — Les Lombards. — Climmagne. — Prison du mont Sinaï. — Lévigilde, roi des Visigoths.

Chap. V. Grégoire Ier, évêque de Rome; son zèle et ses travaux.................................. 34

Mission de Grégoire à Constantinople; — élu évêque de Rome. — Sermons pendant la peste. — Sa conduite pastorale. — Ecrits de Grégoire; — ses plaintes; — sa fermeté et son activité; — sa charité. — Il réforme divers abus. — Ses lettres au roi d'Espagne, aux évêques de Marseille, aux évêques de la Sicile, à Natalis, à Dominique, à l'évêque Félix, à Thendelinde, à Anastase, évêque d'Antioche. — Censure de Jean le Jeûneur — Lettres à Grégoria et à André; à Sérénus, sur les images; à la reine Brunehaut. — Sa patience dans la maladie. — Usage qu'il fait des afflictions; — sa lettre sur l'évêque Paschase.

CHAP. VI. Conduite de Grégoire envers les empereurs Maurice et Phocas.................... 63

Son différend avec Maurice. — Remontrances aux nobles sardes. — Lettres sur la Sardaigne. — Maurice tué par Phocas. — Grégoire reconnaît l'usurpateur. — Il ne censure pas les crimes de Phocas.

CHAP. VII. Conduite de Grégoire par rapport à l'Angleterre.............................. 71

Le christianisme en Angleterre. — Le roi de Kent épouse Berthe. — Grégoire envoie Augustin dans l'île de Thanet. — Augustin à Cantorbéry; son ambition et son arrogance. — Instruction de Grégoire à Augustin. — Démêlés d'Augustin avec les évêques bretons. — Dinoth, abbé de Bangor. — Massacre des moines.

CHAP. VIII. Ouvrages de Grégoire............... 86

Mort de Grégoire. — Ses litanies. — Commentaires sur le livre de Job; sur le cantique de Salomon; sur quelques paroles de saint Jean.

CHAP. IX. Auteurs du sixième siècle............ 91

Fulgence. — Ennodius. — Jean Maxence. — Facundus. — Grégoire de Tours.

SEPTIÈME SIÈCLE.

CHAP. Iᵉʳ. Église d'Angleterre................. 94

Ethelbert et Edbald. — Laurent, Mellit, Juste. — Travaux de Paulin. — Conversion d'Edwin. — Conversion des Saxons du nord et des Anglais orientaux. — Paulin, évêque de Rochester. — Aidan et Oswald. — Birin baptise Cinégisle. — Londres revient au christianisme. — Aseph. — Wilfrid de York.

Chap. II. Propagation de l'Evangile en Allemagne et dans les contrées voisines.................. 107

Omer. — Colomban. — Gall. — Massacre de Kilien. — Barratus. — Villebrod. — Rupert de Worms. — La Bavière. — Emmeran. — Eloy chez les Flamands.

Chap. III. Histoire générale de l'Eglise de Christ dans ce siècle........................... 113

Mort de Phocas. — Jean l'Anmônier. — Eglise d'Alexandrie. — Chosroès et Héraclius. — Les nestoriens; les eutychiens; les monothélites. — Sophrone. — Origine du mahométisme. — Conquêtes de Mahomet. — Maxime. — Concile de Latran. — Martin condamne le monothélisme. — Fermeté de Maxime. — Martyre de Maxime. — Concile de Constantinople. — L'Orient et l'Occident comparés. — Les Arabes en Afrique.

Chap. IV. Auteurs du septième siècle.......... 128

Isidore de Séville. — Colomban. — Sophrone. — Martin. — Maxime.

HUITIÈME SIÈCLE.

Chap. Ier. Le vénérable Bède, prêtre anglais..... 131

Vie de Bède; sa mort; ses écrits. — Commentaires. — Lettres. — Ses conseils à Egbert.

Chap. II. Evénemens divers.................. 139

Lambert, évêque de Maestricht. — Corruption de l'Eglise de Rome. — Les Mahométans en Espagne. — Les Arabes défaits par Charles Martel.

Chap. III. Controverse sur les images. — L'antechrist arrive à sa maturité................... 143

Progrès de la papauté. — Causes de l'idolâtrie des images. — Culte des images défendu par la Loi et par l'Evangile, et combattu dans les six premiers siècles. — Léon proscrit les images. — Germanus et Grégoire les soutiennent. — Rébellion contre Léon. — Conflit entre l'empereur et les papes. — Débats entre Grégoire III et Léon. — Constantin VI, empereur. — Zacharie soutient Pépin. — Etienne sacre Pépin. — Les papes deviennent princes. — Adrien et Charlemagne. — Second concile de Nicée. — Livres carolins. — Le culte des images triomphe.

CHAP. IV. Propagation de l'Evangile dans ce siècle, et vie de Winfrid ou Boniface, archevêque de Mayence.................................. 171

Willibrod et Winfrid en Frise et en Allemagne. — Winfrid, archevêque ; son zèle et ses succès ; — sa lettre à Pépin. — Il est assassiné à Dochum. — Liefuvyn en Saxe. — Villebad, évêque de Brême, et autres missionnaires.

CAAP. V. Auteurs de ce siècle..................... 186

Jean de Damas. — Alcuin. — Paulin.

NEUVIÈME SIÈCLE.

CHAP. Ier. Vue générale de l'état de la religion dans ce siècle.. 193

Progrès de la papauté. — Etat de la France et de l'Angleterre. — Alfred.

CHAP. II. Les pauliciens........................... 199

Constantin. — Les pauliciens faussement accusés. — Succès de leurs efforts. — Persécutés. — Leur massacre sous Théodora. — Le pape fait son éloge. — Faute et décadence des pauliciens.

CHAP. III. De l'opposition que rencontre la papauté pendant ce siècle, et en particulier de la part de Claude... 210

Claude, évêque de Turin ; — ses commentaires ; — il s'oppose aux images ; — son apologie ; son influence ; — sa mort.

CHAP. IV. Gottschalk............................ 220

Gottschalk répand les doctrines d'Augustin ; — il est persécuté et battu de verges ; — sa mort ; — succès de ses doctrines.

CHAP. V. Propagation de l'Evangile dans ce siècle. 226

Cyrille en Bulgarie. — Charazes et Moraves évangélisés. — L'Evangile en Russie. — Frédéric d'Utrecht. — Haimon d'Halberstadt ; — ses écrits. — Adelard de Corbie. — Adelard le Jeune. — Anscaire prêche dans la Frise ; — en Suède ; — à Hambourg et à Brême. — Ses travaux et son caractère. — Rembert. Jéron. Tanes. — Alfred, roi d'Angleterre.

DIXIÈME SIÈCLE.

Chap. Ier. Aspect général de l'Eglise de Christ pendant ce siècle........................ 245
  Opposition à Rome. — Arnoul d'Orléans. — Dépravation de Rome. — Othon, empereur. — Progrès des Turcs.

Chap. II. Propagation de l'Evangile dans ce siècle. 252
  Progrès de l'Evangile en Hongrie. — Adalbert de Prague. — Wolfgang de Ratisbonne. — L'Evangile en Brandebourg. — Unni de Hambourg en Danemarck. — Suède. — Norvége. — Adalbert et les Russes. — Rollon et les Normands. — La Pologne. — Olga, reine de Russie.

Chap. III. Apologie des missions évangéliques.... 264

Chap. IV. Auteurs et hommes remarquables de ce siècle.................................... 267
  Brunon. — Unni. — Adaldague. — Ansbert. — Théophylacte. — Gislebert. — Radulph. — Nil.

ONZIÈME SIÈCLE.

Chap. Ier. Aspect général de l'Eglise de Christ dans ce siècle............................ 288

Chap. II. Opposition aux erreurs du papisme... 284
  Gandolfe en Italie. — Bérenger de Tours.

Chap. III. Propagation de l'Evangile dans ce siècle. 288
  Etienne, roi de Hongrie. — Gotheschalc, duc des Vandales. — Olaus II, roi de Suède. — L'Evangile en Suède, en Norvége et en Danemarck. — Son influence dans le nord et le midi de l'Europe.

Chap. IV. État du christianisme en Angleterre... 297
  Siège de Cantorbéry. — Conduite et mort d'Alphage. — Canon d'Elfric. — Guillaume-le-Conquérant. — Marguerite, reine d'Ecosse.

CHAP. V. Anselme, archevêque de Cantorbéry.... 304

Anselme se démet de son siége; — ses travaux et son influence. — Rappelé par Henri Ier; — sa mort; — ses écrits.

DOUZIÈME SIÈCLE.

CHAP. Ier. Coup d'œil sur la vie de Bernard...... 323

Austérités de Bernard; — son zèle pour les croisades; — sa jeunesse; — sa conduite à Clairvaux; — son humilité; — ses lettres à Eugène III; — son ascendant sur Théobald; — ses prédications.

CHAP. II. Bernard défend les vérités évangéliques attaquées par Abeilard................... 333

Jeunesse d'Abeilard; — sa suffisance. — Héloïse et Abeilard. — Ambition d'Abeilard; — ses écrits; ses erreurs. — Concile de Soissons. — Commentaire d'Abeilard. — Visite de Bernard au Paraclet. — Guillaume de Saint-Thierry et Bernard. — Assemblée à Sens. — Dispute. — Lâcheté d'Abeilard. — Lettre de Bernard au pape. — Abeilard condamné. — Mort d'Abeilard. — Conduite d'Héloïse.

CHAP. III. Disputes de Bernard avec plusieurs autres personnages hérétiques ou traités comme tels. Les cathari.................... 364

Gillebert de Poitiers. — Pierre de Bruys et Henri. — Piété des prétendus hérétiques. — Martyrs à Cologne; — leurs opinions; — leur caractère. — Préjugés de Bernard. — Les cathari. — La Noble Leçon.

CHAP. IV. Revue des ouvrages de Bernard....... 380

Lettres de Bernard à Bruno, — à Guigue, — à Jean de Chartres, — à Baudoin, — au pape Eugène. — Ses cinq livres sur la considération. — Traité sur la conversion. — Sermons sur le cantique de Salomon, — sur le Psaume xci. — Autres extraits.

CHAP. V. Mort et caractère de Bernard......... 403

CHAP. VI. État de l'Église de Christ dans ce siècle. 405

Urbain et les croisés. — Renaissance des lettres. — Gratien. — Oxford et Cambridge. — Giselbert. — Pierre Lom-

DES MATIÈRES.

bard. — Etat de la religion en Occident et en Orient. — Etat de l'Angleterre. — Règne de l'antechrist. — Richard, roi d'Angleterre; — sa soumission au pape.

Chap. VII. Propagation de l'Évangile.......... 417

Othon. — Poméraine. — Waldemar. — Rugen. — Henri d'Upsal. — Vicelin — La Sclavonie.

Chap. VIII. Ecrivains et personnages remarquables du douzième siècle...................... 422

Meginher. — Arnolphe. — Rupert. — Alphonse. — Heinric. — Vicelin. — Anselme. — Pierre le Vénérable. — Isidore.

TREIZIÈME SIÈCLE.

Chap. Ier. Pierre Waldo...................... 428

Conversion de Waldo; — son amour pour la Bible; — sa traduction de la Bible. — Il se déclare contre la papauté — Persécutions contre Waldo et contre ses disciples. — Martyrs et progrès des Vaudois.

Chap. II. Caractère véritable des Vaudois....... 437

Les Vaudois calomniés comme les premiers chrétiens. — Ils réfutent de fausses accusations. — Témoignages de leurs ennemis. — Sainteté de leur vie. — Leurs connaissances bibliques. — Témoignages de de Thou, Bèze, Luther, Vignaux et Walden. — Aveux des persécuteurs.

Chap. III. Doctrine et discipline des Vaudois.... 450

Leurs catéchismes et confessions — Pureté de leur doctrine. — Exposé des dix commandemens et de l'Oraison dominicale. — Leurs prières. — Leur zèle pour le culte. — Visites aux malades. — Soins pour les enfans. — Discipline spirituelle. — Histoire de Perrin. — Traité sur l'Antechrist.

Chap. IV. Persécution des Vaudois............ 473

Tyrannie du pape. — Servilité des rois. — Albigeois accusés et persécutés. — Innocent III et l'inquisition. — Mission de Dominique. — Raymond de Toulouse. — Conférences à Montréal. — Les troupes du pape. — Bulle. — Souffrances des Albigeois. — Mort de Raymond. — Défense de traduire la Bible. — Vaudois du Dauphiné. — Persécutions en Piémont; — dans les vallées. — Philippe de Savoie. — La

Bible imprimée. — Les Vaudois viennent en France. — Colonie des Vaudois en Calabre. — Vaudois de Provence. — Leurs lettres à OEcolampade, etc.— Massacres de Mérindol ; — en Bohême et en Autriche. — Echard. — Lollard.— Persécutions en Flandres. — Persécution générale.

SUPPLÉMENT A L'HISTOIRE DES VAUDOIS.

SECTION Ire. Le caractère des Vaudois établi principalement d'après les témoignages de leurs adversaires.. 507

Témoignage de Reinerius Sacco ; — d'un inquisiteur bohémien ; —d'Æneas Sylvius ou Pie II ; — de Claude Seissel ; — des inquisiteurs de Toulouse ; — de Reinerius sur leurs colporteurs ; — de l'évêque de Cavaillon, à Mérindol ; — de Geoffroy Varaille. — Autres témoignages tirés de leur discipline.

SECTION II. Éclaircissemens sur les doctrines des Vaudois tirés de leurs écrits.................... 528

Extraits de la Noble Leçon ; — de sermens et traités ; — de l'ancien catéchisme ; — de l'almanach spirituel ; — de traités sur l'antechrist, et sur l'invocation des saints ; — des confessions de foi. — Origine de la foi des Vaudois.

SECTION III. Persécution contre les Vaudois.—Leur état au commencement du dix-neuvième siècle.. 551

Jubilé à Rome en 1650. — Persécutions en 1655. — Intervention des états protestants ; — zèle de Cromwell ; — et des princes protestants ; — Traité de Pignerol ; — Persécutions de 1686 ; — Les restes des Vaudois exilés en Suisse ; — La Glorieuse rentrée ; — Les Vaudois sous Napoléon ; — Les Vaudois après la restauration, et jusqu'à ce jour.

TABLE DES MATIÈRES........................ 565

FIN DE LA TABLE.

www.ingramcontent.com/pod-product-compliance
Lightning Source LLC
Chambersburg PA
CBHW060508230426
43665CB00013B/1436